U0749625

甘阳 主编

文化：中国与世界新论

*

汉语的意义

语文学、世界文学和西方汉语观

童庆生 著

生活·讀書·新知 三联书店

Copyright © 2019 by SDX Joint Publishing Company.
All Rights Reserved.

本作品版权由生活·读书·新知三联书店所有。

未经许可，不得翻印。

图书在版编目（CIP）数据

汉语的意义：语文学、世界文学和西方汉语观／童庆生著. —北京：生活·读书·新知三联书店，2019.1
（"文化：中国与世界"新论）
ISBN 978 – 7 – 108 – 06286 – 4

Ⅰ.①汉…　Ⅱ.①童…　Ⅲ.①汉语－研究
Ⅳ.① H1

中国版本图书馆 CIP 数据核字（2018）第 077684 号

责任编辑　王晨晨
装帧设计　薛　宇
责任校对　常高峰
责任印制　宋　家
出版发行　生活·讀書·新知 三联书店
　　　　　（北京市东城区美术馆东街 22 号　100010）
网　　址　www.sdxjpc.com
经　　销　新华书店
印　　刷　河北鹏润印刷有限公司
版　　次　2019 年 1 月北京第 1 版
　　　　　2019 年 1 月北京第 1 次印刷
开　　本　787 毫米 × 1092 毫米　1/32　印张 14.25
字　　数　296 千字
印　　数　0,001 – 5,000 册
定　　价　52.00 元
（印装查询：01064002715；邮购查询：01084010542）

缘　起

百年前，梁启超曾提出"中国之中国"，"亚洲之中国"，以及"世界之中国"的说法。进入 21 世纪以来，关于"世界之中国"或"亚洲之中国"的各种说法益发频频可闻。

但所谓"中国"，并不仅仅只是联合国上百个国家中之一"国"，而首先是一大文明母体。韦伯当年从文明母体着眼把全球分为五大历史文明（儒家文明，佛教文明，基督教文明，伊斯兰文明，印度教文明）的理论，引发日后种种"轴心文明"讨论，至今意义重大。事实上，晚清以来放眼看世界的中国人从未把中国与世界的关系简单看成是中国与其他各"国"之间的关系，而总是首先把中国与世界的关系看成是中国文明与其他文明特别是强势西方文明之间的关系。二十年前，我们这一代人创办"文化：中国与世界"系列丛书时，秉承的也是这种从大文明格局看中国与世界关系的视野。

这套新编"文化：中国与世界"论丛，仍然承继这种从文明格局看中国与世界的视野。我们以为，这种文明论的立场今天不但没有过时，反而更加迫切了，因为全球化绝不意味着将消解所有历史文明之间的差异，绝不意味着走向无分殊的全球一体化文明，恰恰相反，全球化的过程实际更加突出了不同人民的"文明属性"。正是在全球化加速的时候，有关文明、文化、民族、族群等的讨论日益成为全球各地最突出的共同话题，既有所谓"文明冲突论"的出场，更有种种"文明对话论"的主张。而晚近以来"软实力"概念的普遍流行，更使世界各国都已日益明确地把文明潜力和文化创造力置于发展战略的核心。说到底，真正的大国崛起，必然是一个文化大国的崛起；只有具备深厚文明潜力的国家才有作为大国崛起的资格和条件。

哈佛大学的张光直教授曾经预言：人文社会科学的 21 世纪应该是中国的世纪。今日中国学术文化之现状无疑仍离这个期盼甚远，但我们不必妄自菲薄，而应看到这个预言的理据所在。这个理据就是张光直所说中国文明积累了一笔最庞大的文化本钱，如他引用 Arthur Wright 的话所言："全球上没有任何民族有像中华民族那样庞大的对他们过去历史的记录。二千五百年的正史里所记录下来的个别事件的总额是无法计算的。要将二十五史翻成英文，需要四千五百万个单词，而这还只代表那整个记录中的一小部分。"按张光直的看法，这笔庞大的文化资本，尚未被现代中国人好好利用过，因为近百年来的中国人基本是用西方一时一地的理论和观点去看世界，甚至想当然地以为西方的理论观点都具有普遍性。但是，一旦"我们跳出一切成见的圈子"，倒转过来以中国文明的历史视野去看世界，那么中国文明积累的这笔庞大文化资本就会发挥出其巨大潜力。

诚如张光直先生所言，要把中国文明的这种潜力发挥出来，我们需要同时做三件事，一是深入研究中国文明，二是尽量了解学习世界史，三是深入了解各种西方人文社会科学理论，有了这三个条件我们才能知所辨别。做这些工作都需要长时间，深功夫，需要每人从具体问题着手，同时又要求打破专业的壁垒而形成张光直提倡的"不是专业而是通业"的研究格局。这套丛书即希望能朝这种"通业研究"的方向做些努力。我们希望这里的每种书能以较小的篇幅来展开一些有意义的新观念、新思想、新问题，同时丛书作为整体则能打破学科专业的篱笆，沟通中学与西学、传统与现代、人文学与社会科学，着重在问题意识上共同体现"重新认识中国，重新认识西方，重新认识古典，重新认识现代"的努力。

之所以要强调"重新认识"，是因为我们以往形成的对西方的看法，以及根据这种对西方的看法而又反过来形成的对中国的看法，有许多都有必要加以重新检讨，其中有些观念早已根深蒂固而且流传极广，但事实上却未必正确甚至根本错误。这方面的例子可以举出很多。例如，就美术而言，上世纪初康有为、陈独秀提倡的"美术革命"曾对20世纪的中国美术发生很大的影响，但他们把西方美术归结为"写实主义"，并据此认为中国传统美术因为不能"写实"已经死亡，而中国现代美术的方向就是要学西方美术的"写实主义",所有这些都一方面是对西方美术的误解,另一方面则是对中国现代美术的误导。在文学方面,胡适力图引进西方科学实证方法强调对文本的考证诚然有其贡献,但却也常常把中国古典文学的研究引入死胡同中,尤其胡适顽固反对以中国传统儒道佛的观点来解读中国古典文学的立场更是大错。例如他说"《西游记》被三四百年来的无数道士和尚秀才弄坏了",认为儒道佛的"这些解说都是《西游记》的大敌",但正如《西游记》英译者余国藩教授所指出,胡适排斥儒道佛现在恰恰成了反讽,因为欧美日本中国现在对《西游记》的所有研究成果可以概观地视为对胡适观点的驳斥,事实上,"和尚,道士和秀才对《西游记》的了解,也许比胡适之博士更透彻,更深刻!"

同样,我们对西方的了解认识仍然远远不够。这里一个重要问题是西方人对自己的看法本身就在不断变化和调整中。例如,美国人曾一度认为美国只有自由主义而没有保守主义,但这种看法早已被证明乃根本错误,因为近几十年来美国的最大变化恰恰是保守主义压倒自由主义成了美国的主流意识形态,这种具有广泛民众基础而且有强烈民粹主义和反智主义倾向的美国保守主义,几乎超出所有主流西方知识界的预料,从而实际使许多西方理论在西方本身就已黯然失色。例如西方社会科学的基本预设之一是所谓"现代化必然世俗化",但这个看法现在已经难以成立,因为正如西方学者普遍承认,无论"世俗化"的定义如何修正,都难以解释美国今天百分之九十以上的人自称相信宗教奇迹、相信上帝的最后审判这种典型宗教社会的现象。晚近三十年来是西方思想变动最大的时期，其变动的激烈程度只有西方 17 世纪现代思想转型期可以相比，这种变动导致几乎所有的问题都在被重新讨论，所有的基本概念都在重新修正，例如什么是哲学，什么是文学，什么是艺术，今天都已不再有自明的答案。但另一方面，与保守主义的崛起有关，西方特别美国现在日益呈现知识精英与社会大众背道而驰的突出现象：知识精英的理论越来越前卫，但普通民众的心态却越来越保守，这种基本矛盾已经成为西方主流知识界的巨大焦虑。如何看待西方社会和思想的这种深刻变化，乃是中国学界面临的重大课题。但有一点可以肯定：今天我们已经必须从根本上拒斥简单的"拿来主义"，因为这样的"拿来主义"只能是文化不成熟、文明不独立的表现。中国思想学术文化成熟的标志在于中国文明主体性之独立立场的日渐成熟，这种立场将促使中国学人以自己的头脑去研究、分析、判断西方的各种理论，拒绝人云亦云，拒绝跟风赶时髦。

黑格尔曾说，中国是一切例外的例外。近百年来我们过于迫切地想把自己纳入这样那样的普遍性模式，实际忽视了中国文明的独特性。同时，我们以过于急功近利的实用心态去了解学习西方文明，也往往妨碍了我们更深刻地理解西方文明内部的复杂性和多样性。21 世纪的中国人应该已经有条件以更为从容不迫的心态、更为雍容大气的胸襟去重新认识中国与世界。

　　承三联书店雅意，这套新编论丛仍沿用"文化：中国与世界"之名，以示二十年来学术文化努力的延续性。我们相信，"文化"这个概念正在重新成为中国人的基本关切。

甘　阳

2007 年中秋于杭州

目　录

第一章

绪　论

在社会科学中，知识进步的前提是我们在对
知识条件的认识上的进步。

皮埃尔·布尔迪厄，《实践的逻辑》[1]

对语言的定义总是间接或直接的对生活在世
界中的人的定义。

雷蒙·威廉斯，《马克思主义与文学》[2]

〔1〕 Pierre Bourdieu, *The Logic of Practice*, trans. Richard Nice
    （Stanford: Stanford University Press, 1990）, p. 1. 本书所引英
    文文献中译文，除注明出处的以外，均为作者翻译。
〔2〕 Raymond Williams, *Marxism and Literature*（Oxford: Oxford
    University Press, 1977）, p. 21.

西方（主要是西欧）在了解、研究和想象中国的漫长的历史过程中，积累了大量的言论、评论、意见和观点，为了便于叙述和讨论，我们不妨将其统称为西方的"中国观"。作为认知形态的观念（idea），既不同于完整的知识体系和系统的理论架构，又有别于具体的、孤立的、经验性的、可实证的信息，虽不是经过严密的逻辑论证和系统的考据研究得出的结论，但相对于偶然的经验或个人的意见，又具有一定的抽象性、普遍性和代表性。西方对中国文化、中国社会和中国人的误读、再误读，想象、再想象，挪用、再挪用，构成了其中国观的主要内容，涉及中国社会、政治、经济、历史、语言、文学等各个方面，对历史上的中西交流产生过深远的影响，在过去几个世纪里，转述复制，循环往复，历久不衰，留下的文献材料汗牛充栋。今天，在新的历史条件下，西方的中国观仍以不同的形式，在不同的场景中不断地出现在我们眼前，继续影响着世界对中国的认识和想象，同时也影响着中国人对自己的社会、文化和历史的认识。

面对浩瀚的历史文献，我们难免感叹学术生命的短暂，时间的无情，纵然穷经皓首，仍有未曾涉猎或遗漏的文本材料和人物观点。这就给研究者提出了严肃的方法论上的问题。罗曼语语文学家、文学思想史家埃里奇·奥尔巴赫（Erich Auerbach, 1892—1957）在其著名的论文《语文学和世界文学》中指出，世界文学研究中最大的挑战首先是方法论上的，我们必须找到合适的"出发点"（Ansatzpunkt）和"抓手"（handle），[3] 研究的成败往往取决于切入点的选择和材料的取舍。我们可以从多种角度，在不同层面上考察西方的中国观，而我最关心、最感兴趣的则是西方有关中国语言的论述和想象。这主要是因为西方有关汉语，尤其是汉语书面语的论述尤为丰富，具有相当高的历史和学术价值，值得研究。当然，历史上论者有关汉语的观点五花八门，并不一致，也不可能完全一致，他们论及汉语的原因或初衷也因人、因时、因地而异。尽管如此，在研究方法上，我们可以将西方有关汉语的著述、言论视为一种集体的表述和话语形态（a discursive formation），为了讨论和叙述的方便，统称为西方"汉语观"。

汉语观不仅集中表达了西方思想界、学术界对汉语的总体认识，更是西方对中国文化、社会和历史的总体想象中的核心内容，是其中国观的重要组成部分，为我们审视、分析和研究西方思想界对中国的认识和想象及其带来的后果，提供了极佳的切入点和抓手。需要强调的是，西方汉语观同时也构成了西方现代思想史的一部分，是西方现代知识生产过程中的重要环

---

[3] Erich Auerbach, "Philology and *Weltliteratur*," trans. Maire and Edward Said, *Centennial Review* 8, no. 1（winter 1969），p. 14.

节和产品，故而同时为我们认识、解读和批判西方现代思想谱系提供了独特的视角。从世界文学的角度看，讨论西方汉语观的形成、发展和影响，不必囿于西方对中国语言文化的认识，同时可以考察西方语言思想和理论对中国文化和中国知识分子的影响，特别是对"五四"前后语言文字改革运动的影响。对所谓"他者"的认识，无可避免地构成了自我思想体系的一部分，最终将影响自我身份的建构和认同。

　　讨论西方汉语观的形成和发展并非研究汉语本身，也不是研究西方汉学体系的形成和发展，尽管汉学学术体制的建立对后期汉语观的发展有着重要的影响。我无意在西方汉学史的框架下讨论西方汉语观的发展和流变，总体上看，本书未涉及汉学家的中文研究。这首先是因为西方汉学作为建制内的学科出现较晚，在欧洲汉学的重镇，汉学专职研究教学职位的设立大都在 19 世纪后半期。[4]本书关注的重点是西方思想史视野下的汉语观。在西方思想界集体注视下的汉语与后来汉学研究中的汉语不尽相同：前者不是，至少不完全是简单的研究对象。在欧洲早期现代化的历史语境中，汉语往

――――――

[4] 一般认为，欧洲汉学作为建制学科始于 1814 年。这一年，Jean-Pierre Abel-Rémusat（1788—1832）被任命为法兰西学院第一任汉学讲座教授。相比于法国，英国学院建制内的汉学研究起步较晚。牛津大学于 1876 年设立汉学讲座席位，理雅各（James Legge, 1815—1897）为首任教授，而剑桥大学汉学讲座席位创立于 1888 年，首任教授为威妥玛（Thomas Francis Wade, 1818—1895）。有关西方汉学的发展情况，中国学界一直较为关注，莫东寅的《汉学发达史》（1949）（上海：上海书店，1989）应该是第一部较为系统介绍海外汉学的著作。另可参看 David Honey, *Incense at the Altar: Pioneering Sinologists and the Development of Classical Chinese Philology*（New Haven, Conn.: American Oriental Society, 2001）; M. Wilson and J. Cayley, eds. *Europe Studies China: Papers from an International Conference on the History of European Sinology*（London: Han-Shan Tang Books, 1995）; 刘正，《图说汉学史》（桂林：广西师范大学出版社，2005）; 熊文华，《英国汉学史》（北京：学苑出版社，2007）。

往成为思想家们探索和思考语言起源和分布、人类史和世界
文明史等宏大课题的重要材料、例证和参照系。在这样的话
语体系中，汉语的意义已不限于汉语本身，讨论汉语的目的
不在于界定和确认汉语的特征，而是为了探索一系列关乎人
类文明进程的重要问题。相比之下，汉学研究中的汉语是界
限清晰的对象，汉语本身是研究的起点、重点和目的。所以，
西方汉语观与西方对汉语的专业研究史属于两个不同的领域
和范畴。

西方对汉语开始产生兴趣并开展严肃的讨论至少可以
上溯到 17 世纪，历经几个世纪不衰。大致说来，欧洲对汉
语较为系统的认识始于利玛窦。这位在中国传教长达十七年
之久的意大利传教士身后留下了大量的文字材料，并以日记
随笔的形式详细记录了他对中国社会、历史和文化的观察与
认识。其《中国札记》用意大利语写成，由金利阁 1614 年
从澳门带回罗马，整理辑集，译成拉丁文，于 1615 年出版。
后多次再版，并迅速翻译成法语、德语、西班牙语、意大利
语等多种语言，在欧洲广为流传。17 世纪出版的《中国札记》
英译本只是摘译本，1625 年收入著名的《珀切斯朝圣者丛
书》，而英文足本还要多等三百多年，直到 20 世纪中叶才完
成出版。[5]《中国札记》记录了利玛窦亲身经历的中国，是
他直接观察、学习、研究中国社会、文化和历史的总结，具
有极高的史料文献价值，出版后立即成为欧洲中国观的重要

---

[5]   Matthew Ricci, *China in the Sixteenth Century: The Journals of Matthew Ricci: 1583—*
          1610, trans. Louis J. Gallagher, with a Foreword by Richard J. Cushing (New York:
          Random House, 1953 [1942]).

来源。[6]其中有关中国语言的论述，为西方汉语观定下了基调，直接或间接地成为历代西方思想家论述汉语的参照和材料来源。18世纪末、19世纪初，随着比较语文学（comparative philology）的兴起和发展，欧洲历史上积累的汉语观成为包括施勒格尔兄弟、洪堡特、谢林、黑格尔等在内的一大批思想家和语文学家讨论中国文化、社会、民族和政治的常见的切入点，并在此基础上发展出一系列充满偏见和歧视的观点、立场和看法，进一步充实和强化了汉语观的东方主义倾向。然而，讽刺的是，20世纪初中国学者对流溢着帝国主义思想和情绪的比较语文学产生了浓厚的兴趣，陈寅恪、傅斯年、姚从吾、罗家伦、毛子水，以及稍后的季羡林等，都曾在国外留学期间研习过比较语文学或与其相关的梵文和"印度学"，其中傅斯年更是在建制的层面上依据比较语文学的学科范式，于1928年推动成立了历史语言研究所，在中国现代人文学科的发展中扮演了重要角色。[7]

西方在长期的历史过程中积累下来的有关汉语的言论、观点、态度等，通过各种渠道和途径，辗转挪移，直接或间接地影响了中国人对自身语言文字和文化的理解和认识，在19世纪末激发了声势浩大的语言文字改革运动。"五四"时期激进的知识分子、思想家和社会活动家表现出明显的"自我东方主义"，有意无意地接受并传播西方汉语观，在中国

〔6〕 See Translator's Preface to *China in the Sixteenth Century*, p. xvii. 另见中译本《利玛窦中国札记》，何高济、王遵仲、李申译（桂林：广西师范大学出版社，2001）。
〔7〕 见张谷铭，《Philology 与史语所：陈寅恪、傅斯年与中国的"东方学"》，《"中央研究院"历史语言研究所集刊》，第87本，第2分（2016年6月）。

本土演绎了汉语观巨大的实践力量，至今我们仍然可以感受
到这一话语实践的影响。汉语观中的汉语和萨义德的东方主
义中的"东方"一样，并非仅仅停留在观念和建构的层面上。[8]
观念不仅是抽象的，也不仅仅生活在文字里，更可以转化为
强大的物质和社会力量，成为改变和改造现实的动因，正所
谓"观念是有后果的"。[9]

　　西方汉语观的形成和传播——在西方思想史内的承续以
及对中国知识分子的影响——及其在思想史上的意义，是本
书关注的重点。如果说对汉语的认识构成了西方现代知识的
一部分，那么，追溯其传播的方式和扩散的途径，不可避免
地涉及西方现代知识的发展过程，拷问汉语观的话语体系必
然同时拷问现代知识体系的政治。汉语观是流动变化的观念，
是"旅行"的思想，在不同的时间和空间扩散和传播，不停
地印证、肯定和确立自身的存在，影响了欧洲数百年来对中
国语言文化的认识和立场。[10]本书考察西方汉语观形成、发
展、传播和扩散的过程，并非满足于书写汉语观的历史，而
是旨在讨论思想史中那些决定和影响西方认识汉语文化的因
素和条件。而将汉语观与中国语言文字改革运动联系在一起，
则是为了发掘现代语言思想和现代知识话语体系之间在历史
与思想上的联系，以期说明中国语言改革运动和新文化运动
并不是孤立的和完全本土化的社会实践，而是具有世界意义

---

[8]　Edward Said, *Orientalism* (London: Penguin Books, 2003), p. 5.
[9]　引言取自 Richard M. Weaver, *Ideas Have Consequences* (Chicago: University of Chicago Press, 1984) 书名。
[10]　Edward Said, "Travelling Theory," in *The World, the Text, and the Critic* (Cambridge, Mass.: Harvard University Press, 1983).

的现象。

诚然，西方汉语观是（前）东方主义的表现和产物。[11]
在近三个世纪的历史进程中，西方学者有关汉语的言论，鲜
有新意，他们互相征引，不断重复，反复挪用既存的观点，
服务于种种宏大叙事。这些言论虽然在不同时期有不同的表
现，但在态度和立场上保持着明显的延续性和一致性。西方
汉语观既相对稳定，又在历史过程中自我调整和修正，反复
相互挪用，在传播扩散和演变发展中不断试图证实自身的合
理性、合法性和可信性。欧洲思想家和学者对汉语的认知和
论述多依赖二手、三手的材料，以转述、援引为其主要的知
识来源和表述模式，充斥着想象和歪曲，舛讹和偏见，这自
不待言。然而，我们的讨论不能因此而停留在辨析其真伪对
错的层面上，这主要有两个原因。首先，在批判历史上西方
汉语观的同时，通过纠正其谬误进行自我辩护和自我弘扬，
极易陷入阐释的怪圈，犹如和古人理论，在亡者墓前自我辩
白，根本无法揭示西方汉语观的历史必然性以及支撑它的现
代西方知识体系的意识形态。其次，16世纪以降，西方思想家、
学者对中国文化和中国语言的言论不可胜数，留下的文献卷
帙浩繁，涉及多种欧洲语言，若以文献学或数据研究的方式
对这些言论进行全面完整的收集和整理，在实际操作上有着
相当大的难度，甚至是不可能的。需要在此说明的是，受到
客观条件和个人学识的限制，我只能依赖自己相对熟悉的英

─────────

[11] 萨义德的"东方主义"大体始于18世纪末19世纪初，而我这里说的"汉
语观"早在17世纪初开始形成和发展，故称之为"前东方主义"。见Said,
Orientalism, pp. 4, 7。

语材料，包括英文的翻译文献，顾及者少，遗漏者多。不过，在材料的整理和收集上，不管如何仔细和全面，即使通晓阅读这些材料所需的各种欧洲语言，可以预期的是，总会有遗漏的文本和言论；即便真有可能把西方所有思想家、学者的所有言论收集殆尽，逐条勘误，我们得到的又是什么呢？最好的可能也许是建立一个历史资料库，囊括可供检索的西方有关汉语的所有论述，整理罗列其谬误，给后人的研究提供方便，但这对了解西方的中国观念和汉语观的发展帮助不大，遑论对西方思想史发展变化的认识了。

因此，在类似的考察和研究中，大可不必追求资料上的齐全和完整，只选取具有代表性的个例，在研究方法上，从个别始，思考其体现的普遍性现象。历史材料和文本并非研究思考的唯一对象，由材料引出的现象和问题有时意义更大。本书的重点是通过对汉语观形成的历史语境的考察，将西方学术思想界对汉语的认识与现代知识的形成和发展联系在一起，考察西方现代观念和现代知识体系中一些带有典型性和普遍性的问题及其对中国现代知识发展的影响。考察作为"抓手"和"出发点"的汉语观有以下几个目的。第一，梳理汉语观发展的轨迹和流变的谱系。西方在长期的历史过程中积累下来的有关汉语的代表性观点、论述和评论，分散在各个时代的不同文本中，数量相当可观；表面看来，各门各派的观点和论述之间并无必然的联系，但对这些分散的观点和论述进行基本的梳理和分析后可以看出，尽管西方汉语观的构成及其思想源流杂乱纷繁，但本质上仍然是福柯所说的话语体系，貌似无序的观点、立场、评论其实有着内在的发展脉络。

无论是西方学者对汉语的好奇和惊讶，还是传教士对汉语的研究和描述，汉语引发了西方思想界对文化和语言全球化的想象，对语文学——特别是在19世纪成为显学的比较语文学，对比较文学和世界文学，都曾产生过重要的影响。20世纪初的中国，一些投身于轰轰烈烈的新文化运动的知识分子，尤其是曾在西方留学的知识分子，受到比较语文学理论和实践的影响，试图将其付诸改造中国传统文化的实践。

第二，梳理汉语观的传播有助于认识汉语观在西方现代知识发展中曾经起过的作用，有助于思考世界体系中知识和思想的流动和传播。16、17世纪，在西方建构和发展"新科学"的集体项目中，语言和现实的关系，语言在人对外部世界认知中的作用等，构成了认识论的基本问题。与欧洲语言迥异的汉语，特别是汉字，成为重要的参照物和比较研究的对象。语言不仅是思想的媒介，更是思想的构成要素，这是欧洲语言思想史上的基本共识。如果说表音的字母书写系统已经为思想家们提供了一套认知的体系和方法，那么作为象形文字的汉字又是如何把握表现与被表现之间的关系的呢？此时的欧洲思想家们面对汉字特殊的表现力感到惊讶，他们对汉字的兴趣不无东方主义式的猎奇。但需要强调的是，这种惊讶和猎奇已经构成了现代知识的一部分。欧洲思想界、知识界对中国的认识，特别是对中国语言的认识，在时间上与欧洲现代知识结构、现代人文科学和现代思想体系的发展几乎是同步的。17世纪初，汉语逐步受到西方知识界和思想界的重视，而此时的欧洲正处在"新科学"和世界通用语兴起并蓬勃发展的历史时期，这并非时间上的巧合。将汉语观置于西方现代人文科学兴起的大环境下考察，不仅为认识汉语在西方现代知识体系建构中的历史作用提供了新的视角，同时也为批判建制中的现代知识系统及其所代表的意识形态提供了具体的例证。西方对汉语的想象构成了现代人文知识史中的组成部分，讨论西方汉语观的发展可以揭示其在西方现代思想史中所起的作用，从不同的侧面描述现代知识的形成和发展。

第三，通过讨论汉语观的形成和发展，考察思想、语言、文本跨文化传播的机制和条件，以及负面的观点和思想（包括偏见）在跨文化认知中的作用和价值。汉语观凝聚了现代西方两百多年来对汉语的认识和理解，这些观点和描述在今天看来可能充满谬误、歪曲和偏见，却催生了包括印欧语系论在内的一些重要的思想潮流和运动，并且直接影响了19世纪末至20世纪初中国新文化运动中最为重要的语言文字改革运动。误解向来都是双向的。中国学者对汉语观的"误解"，集中体现在对比较语文学中的汉语观的挪用，以及对作为学科建制的比较语文学的推崇。我想强调的是，谬误、歪曲、偏见和挪用既是历史的一部分，就应该是跨文化交流的内容和跨文化研究的对象。历史观念的意义不在于它的对错，而是更多体现在对后世的影响及其在思想史中扮演的角色。对于那些错误的观念，我们首先需要厘清的是，它们在思想发展史的"证据链"上所处的具体位置和曾经产生的影响。讨论历史上有影响的观念，在方法论上较为有效的手段是描述观念形成的谱系，尽可能全面地展示其来龙去脉，分析和讨论它们在时间中的传承和流变、变化和挪用，考察它们何以会产生如此深远的影响。对我而言，讨论西方汉语观的重点在于描述和揭示其传播过程和流通渠道，以及对中国现代文化和思想，尤其是语言观念的影响。西方对汉语的认识可以影响中国人对自身语言、文学和文化的认识，或者说，中国人在改造自己语言、文学和文化的过程中可以策略性地挪用西方汉语观。这充分说明现代知识（包括现代语言和文学知识）是具有普遍性的。

全球化，包括文学思想的全球化，是无法回避和否认的现实。重新认识、理解语文学和世界文学的理念和实践既是全球化的要求，也是在文学、文化领域对全球化的反应。在思想谱系上，西方汉语观的形成和现代语文学（philology）的发展有着紧密联系。众所周知，以意大利语文学家维柯的学术思想为代表的语文学，是西方现代人文科学发展史上的重要成果，直接影响了 18 世纪末和 19 世纪初出现的世界文学的概念。讨论西方汉语观，无法绕过语文学、世界文学和现代人文科学。今天，在重新认识世界文学对文学研究的意义时，我们自然而然地重新将目光投向语文学的传统和汉语观，汉语因而成为西方现代学术与现代中国文化之间直接接触的纽带和媒介。世界文学是现代社会的产物，与语文学和现代人文知识结伴而来，表达了启蒙运动的普世人文主义的思想。我们不必将世界文学视为独立的学科，而是可以将它回归到人文思想建构的早期，揭示语文学、世界文学和汉语观的关联与重叠之处。本书的基本思路是，从世界文学的思想谱系出发，追问其普世主义的政治，进而论述语文学和世界文学的关系，并在此基础上，通过讨论 17 世纪人造世界通用语运动和稍后的比较语文学，分析西方汉语观的形成和发展及其对中国语言文学思想现代化的影响。奥尔巴赫将世界文学的理念和实践追溯到维柯的人文主义，强调语文学和世界文学有着共同的倾向：它们所关注的不仅是本地、本文化、本民族的问题，而且是具有一定共通性、普遍性和世界性的问题：人类所面临的共同的挑战、危机和变迁。将语文学和世界文学的发展置于现代人文科学的传统中，研究的视野可能更为开阔，关注的问题也会更具普遍性。奥尔巴赫正是这种语文学和世界文学研究的杰出代表。萨义德终身服膺和推崇奥尔巴赫，在自己的批评实践中坚持强调文学研究的历史性和实践功能，以人文主义入世（secular）的态度，从过去的文本中审视当下和周遭带有普遍意义的问题。

第二章

语文学、世界文学和人文科学

简短些说，［资产阶级］按照自己的形象，
为自己创造出一个世界。

马克思、恩格斯，《共产党宣言》[1]

语文学是整个欧洲语言学必不可少的，独有的
标识……不管语言学分类和方法的历史可以追
溯到多么久远，我们随时随地都能遇到语文学
家。不仅是亚历山大人，希腊人（亚里士多德
就是位典型的语文学家）以及古罗马人都是语
文学家。还有古印度人也是语文学家。

V. N. 沃洛西诺夫，《马克思主义和语言哲学》[2]

我们的文化里缺乏精神传播的具体范畴，确
保文化传统的纯正和传承的任务就总是落在
语文学的身上。这也是为什么了解语文学的
本质和历史应该成为一切文学教育的前提，
但这种知识即使在语文学家中也难以找到。

吉奥乔·阿甘本，《幼年与历史》[3]

〔1〕 马克思、恩格斯,《共产党宣言》,《马克思恩格斯全集》(北京：人民出版社，1958），第 4 卷，470 页。

〔2〕 V. N. Vološinov, *Marxism and the Philosophy of Language*, trans. Ladislav Matejka and I.R. Titunik（New York: Seminar Press, 1973），p. 71.

〔3〕 Giorgio Agamben, *Infancy and History: The Destruction of Experience*, trans. Liz Heron（London: Verso, 1993），p. 145.

1. 比较文学和世界文学

　　文学研究和批评的进步源于不懈的自我认识和自我批判。学术建制中的文学研究，包括比较文学在内，都是特定历史社会条件下的产物。比较研究，尤其是中西比较研究，是中国现代学术体系构成中的重要组成部分，而西方对中国、中国文化和中国文学的认识、了解和研究构成了中西比较研究的主要内容。中国现代学术是 19 世纪下半叶国门被强行撞开，西学大量涌入后逐渐发展起来的，其方法、目的、对象等都与传统学术有着显著的，甚至是本质上的区别。现代学术并非传统中学的延续和发展，也不是国学传统内的有机产物，而是在传统断裂的情况下，由外力催生，在波澜跌宕的时代中成长起来的。现代学术的发展历程，可说是中国现代史的缩影。[4]因此，中国现代学术在总体上无可避免地以

---

〔4〕　现代学术体系在中国的形成和发展模式是值得深入研究的重要课题，对学术研究的发展和进步，特别是学术主体的自觉具有特殊意义。现代学术及其相关的现代知识体系的形成和发展是思想现代性的具体表现，福柯（转下页）

西方为主要的参照系和比较对象，而中西比较理所当然地成为中国现代学术体系中的重要分支。就文学而言，中国现代文学思想，总体说来，不论是在观念上，还是在研究方法上，都与西方现代文学思想有着千丝万缕的联系。

包括比较文学在内的中西比较研究可以是直接的比较：平行类比中外文化之间的异同之处，梳理分析中外文化相互影响及其带来的后果；也可以是间接的比较：对外国文学思想、理论批评和文本的介绍、翻译、评述、挪用乃至批判。比较文学研究中，无论是平行研究还是影响研究，均致力于发现不同民族文学之间的联系，发掘沉淀在时间中的文学记忆，寻找文化间共同的情感结构、经验历史和人文诉求，论证不同文学传统共享的，具有普遍意义的理想、原则与实践。就文学而言，关注跨文学、跨文化的互动和交流，及其对认识和实践的重大影响，不仅是对昔日的文学活动做档案式的研究，更是对人类文化资源的采掘和利用，通过比较的手段，确认为了共同的事业和前途所需付出的努力。在一定意义上说，比较文学的流行已经印证了世界文学的存在，因为比较文学的目的之一乃是寻求民族文学体系间可以互通的共性之处。

然而，比较文学中的"比较"终究是一种手段，而比较的前提是国别文学间并无必然内在联系的预设：之所以需要

（接上页）对现代知识建构过程的批判对我们认识知识的政治仍然具有示范性意义。我国学者在这方面著述丰硕，包括汪晖《现代中国思想的兴起》（全四册）（北京：生活·读书·新知三联书店，2008），罗志田《国家与学术：清季民初关于"国学"的思想论争》（北京：生活·读书·新知三联书店，2003）和陈平原《中国现代学术之建立：以章太炎，胡适之为中心》（北京：北京大学出版社，2010）。

比较，是因为民族文学有着相对独立的传统，有着先验自设的语言、文化和地域的疆界。比较文学研究的目的之一，是将原本割裂的世界文学版图尽可能地重新连缀在一起，其视野和对象应该是超越民族疆界的世界文学。就此来说，比较文学与世界文学两者之间有着某种内在的联系，实现从比较文学向世界文学的转变，不仅可能，而且完全必要。这将不仅有助于推动世界文学研究的发展，同时也能为比较文学自身的发展开辟新的空间，创造新的可能。

从世界文学的角度重新思考比较文学的出路，也是比较文学发展的内在要求。众所周知，20世纪60年代末至70年代初，文学研究在西方经历了革命性的转变。1966年，德里达在霍普金斯大学结构主义学术会议上的著名演讲"人文科学话语中的结构、符号、戏动"，强烈震撼了英美文学批评界，颠覆了占据近半个世纪统治地位的实践批评（Practical Criticism）和美国新批评（the American New Criticism）。[5]此后，法国源源不断地向世界输送着似乎只有法国人才能构想出来的理论框架和批评模式。不管我们如何评论这些框架和模式本身的得失，必须承认的是，法国式的理论旋风刮完后，传统文学研究、文学批评和文学理论的园地，已是落红狼藉，干折枝摧。在这样的学术背景下，已无法再回到过去，如果不想沉湎在怀旧的思绪中追忆文学研究的似水年华，我们所能做的就是检视和反思习以为常的研究方法和思维模式，以

---

〔5〕 Jacques Derrida, "Structure, Sign, and Play in the Discourse of the Human Sciences," in *Writing and Difference*, trans. Alan Bass（Chicago: The University of Chicago Press, 1978）.

期获得更大程度的自醒和自觉，并在可能的条件下，探索新
的思想角度和研究手段。世界文学正是在这样的背景下，在
上世纪 90 年代重新受到人们的重视。

学术界似乎有这样一个共识：比较文学的建立和发展与
19 世纪颇为流行的世界文学的观念息息相关。众所周知，歌
德在 1827 年做出了著名的断言："民族文学在现代算不了很
大的一回事，世界文学的时代已快来临了。现在每个人都应
该出力促使它早日来临。"[6]歌德从文学现象的变化中感受到
世界的变化，认识到世界文学不仅是全球一体化的产物，同
时也是全球化的具体表现。19 世纪初，国别文学间的交流已
经司空见惯，触发歌德这番有关世界文学感慨的文学实例，
是他当时正在阅读的一本中国小说。有感于文学全球化中民
族文学身份可能出现的变化，以及民族文学间可能出现的交
叉影响，歌德敏锐地感到，将国别文学孤立分割的研究方法
即将成为过去的认知模式。面对萌芽中的世界文学，歌德要
求人们超越习以为常的思维方法，从新的角度看待超越民族
体系的文学现象。此时，刚刚出炉不久的新词"世界文学"
（*Weltliteratur*），经歌德之口不胫而走，广为流传，成为比较
文学学科的经典论断。

在歌德发出世界文学的呼吁后不久，马克思和恩格斯在
《共产党宣言》（1848）中，从资本主义社会发展的历史逻辑
出发，高屋建瓴地预言民族文学在资本主义经济全球化的过

---

[6]　歌德，《歌德谈话录，1823—1832》，朱光潜译（北京：人民文学出版社，
　　 1982），113 页。

程中将会不断边缘化，并最终被世界文学取代。资本主义文化如同资本主义经济，其本质和内在冲动就是在全球范围内不可逆转地向外扩张：

> 资产阶级既然榨取全世界的市场，这就使一切国家的生产和消费都成为世界性的了。不管反动派怎样伤心，资产阶级还是挖掉了工业脚下的民族基础。旧的民族工业部门被消灭了，并且每天都还在被消灭着。它们被新的工业排挤掉了，因为建立新的工业部门已经成为一切文明民族的生命攸关的问题；这些部门拿来加工制造的，已经不是本地的原料，而是从地球上极其遥远的地区运来的原料；它们所用的产品，已经不仅供本国内部消费，而且供世界各地消费了。旧的需要为新的需要所代替，旧的需要是用国货就能满足的，而新的需要靠非常遥远的国家和气候悬殊的地带的产品才能满足了。过去那种地方的和民族的闭关自守和自给自足状态已经消逝，现在代之而起的已经是各个民族各方面互相往来和各方面的互相依赖了。物质的生产如此，精神的生产也是如此。各个民族的精神活动的成果已经成为共同享受的东西。民族的片面性和狭隘性已日益不可能存在，于是由许多民族的和地方的文学形成了一种世界的文学。[7]

马、恩的论断带有强烈的经济决定论的色彩，但与歌德

---

[7] 马克思、恩格斯，《共产党宣言》，《马克思恩格斯全集》，第4卷，469—470页。

的言论相比还是要深刻得多。他们认为，世界文学是资本主
义内在的普世化冲动和欲望的结果与表现，因而是历史发展
的必然。这类有关世界文学的言论与19世纪流行的宏大叙
述的书写方法如出一辙，虽不免流于空泛，但呼吁或想象世
界文学的努力激发了学术创造的热情，直接催生了比较文学
的理念和实践。

　　尽管歌德、马克思和恩格斯的观点具有相当的前瞻性，
然而，严格说来，他们对世界文学的期待或想象基本停留在
经验的层面上，流于缺乏分析的直感和观察，主要是对业已
存在或即将出现的世界文学做出的直觉性的反应。后来的比
较文学研究者，包括中国比较文学学者，不停地发掘、阐释、
扩充歌德和马克思、恩格斯的论述，试图将他们的片言只语
系统化、理论化，但是世界文学的概念仍然极为抽象、模糊，
基本上无法在分析的层面展开。世界文学到底是什么？世界
文学的内涵是什么？世界文学有无内在的规律？这一概念对
讨论超越民族文学的文学流通和传播的作用以及意义何在？
世界文学的对象和方法是什么？世界文学与民族文学之间的
关系如何？为什么要研究世界文学？诸如此类的问题，歌德
和马克思、恩格斯都未详细讨论并给予清楚的回答，甚至没
有给后人留下具有启发性的思考方向。近两个世纪后的今天，
在经济全球化的语境中重提世界文学，当然不能停留在歌德
和马克思、恩格斯论述世界文学的那几段话上，反复从不同
的角度推论、猜测他们的用心所在。否则，这一本来生动活
泼的观点，只会渐渐变得空乏而索然无味。

　　马克思和恩格斯在《共产党宣言》中有关世界文学的论

述，是针对资本主义在全球范围内的必然扩张而做出的预言。21 世纪初，我们正经历着深刻、全面的全球化运动，虽然不同于 19 世纪资本主义的经济扩张、帝国主义的掠夺、殖民主义的占有，但是后现代世界经济的一体化，国际政治格局的深刻变化，科学技术革命性的发展和突破，使得传统意义上的民族国家以及与此相关的民族文学的概念受到了前所未有的冲击和挑战。这对我们理解在世界体系中流通的民族文学，提出了新的要求和期待，我们的文学经验因此也正经历着深刻的转变。重新考察世界文学不仅是全球化经济发展的要求，更是文学研究自身的要求。文学研究者应该对这一现象做出合理的、有意义的阐释。20 世纪 90 年代起，一批学者开始对世界文学这一历史现象进行了认真的回顾、梳理和反思，在理论上有一定的突破，为我们重新认识世界文学提供了新的可能和视角。过去三十多年中，这方面的研究成果丰硕，著述可观，下面将简单讨论与本书主旨联系较为紧密的几例。

2. 帕斯卡尔·卡萨诺瓦（Pascale Casanova）

当代法国文学社会学家帕斯卡尔·卡萨诺瓦的《世界文学共和国》（*The World Republic of Letters*）是一部极富想象力的学术著作。[8] 她的著述不算多，在《世界文学共和

---

〔8〕　这里将书名译为《世界文学共和国》，而非《文学世界共和国》，主要是因为"文学共和国"（the republic of letters）一词早在 18 世纪就广为流传，已成固定词组，"世界"一词为后加，修饰和扩展"文学共和国"的含义。

国》出版前，著有《抽象的贝克特》（*Beckett the Abstractor*，1977），在英语学术界并不知名。《世界文学共和国》1999 年在法国初版后，随即引起了英美学术界的高度重视，哈佛大学出版社于 2004 年出版英译本，受到广泛好评。佩里·安德森（Perry Anderson）甚至认为，此书的出版具有里程碑式的意义，其重要性可与萨义德的《东方主义》媲美。[9]安德森的评价是宣传推介此书的溢美之词，还是对它学术价值比较客观公正的评价，这里暂不讨论。重要的是，卡萨诺瓦认识、分析和解读世界文学的视角和方式都颇有新意，为我们重新认识世界文学提供了纵深的历史维度。《世界文学共和国》是新的全球化条件下的学术想象，承接欧洲传统的世界文学观，同时又具有鲜明的时代特色。从标题即可看出，这是一本论述世界文学系统和机制的著作，很容易使人联想到歌德的世界文学观，及欧洲思想界对文学的普世价值和全球统一知识构造的想象。

卡萨诺瓦认为，文学作品在世界范围内的传播、发行有其自身的渠道、机制和规律，是一个完整的历史和物质性的过程，与世界范围内的资本和贸易流通颇为相似。在卡萨诺瓦的描述中，世界文学不再是简单的文学研究类别，也不同于歌德和马克思所期待出现的全球性文学现象，而是一个物质性的、实实在在的、早已在历史中形成并长期存在的文学

---

[9] Perry Anderson, "Union Sucrée," *London Review of Books*, September 23, 2004. 这里将 *Orientalism* 译为《东方主义》，而非《东方学》，主要是因为萨义德将 "Orientalism" 定义为一个复杂的话语体系，而 "东方学" 仅仅是其中的一部分。从构词上看，"Orientalism" 的意义也超出了 "东方学" 的范围。参见萨义德《东方主义》"导论" 和本书第六章有关东方主义和西方汉语观之间异同的有关讨论。

体系，是被一只无形的手所支配、掌控的文学空间。简单说，所谓"世界文学共和国"即是在世界范围内形成的，超越民族、语言和国别文学界限的现代世界文学体系和空间。卡萨诺瓦认为，这个文学共和国于 16 世纪首先在欧洲出现，英国和法国是其最主要的领土疆域。此后，它从未停止过在世界范围内的扩张，其疆域及辐射的范围愈来愈宽广，直到今天仍未完成其扩张的进程，继续在全球范围内扩展着自己的版图。卡萨诺瓦在《文学的世界》（"Literature as a World"）一文中，提纲挈领地描述了世界文学共和国建立和发展的历史过程：

> 这一文学空间当然不是一夜之间就成了现在这样，而是一个历史过程的产物，并在这一历史过程中渐趋独立。大致说，这一文学空间 16 世纪在欧洲出现，法国和英国是其最早的领地。在得到巩固以后，它在 18 世纪特别是 19 世纪，在赫尔德民族理论的推动下扩展到中欧和东欧。在 20 世纪，主要是通过持续至今的去殖民化运动，它继续扩张……尽管这一文学空间在世界各地都已建立起来了，但是它最终在全球的统一还远未完成。[10]

文学共和国是相对独立的空间，在不同的历史时期有不同的中心，或者说不同的文学都市——文学共和国的首都。不同语种的民族文学作品必须首先得到这一文学中心的承

---

[10] Pascale Casanova, "Literature as a World," *New Left Review*, January/February, 2005, pp. 73–4.

认，才有可能在文学共和国内更广泛地传播，获得世界性的
意义和影响，成为世界人民共同拥有的文学财富。其实，即
使在民族国家内，成功的文学作品也首先需要得到该民族文
化中心的接受和认可，才有可能产生全国性的影响，加入民
族文学的经典系列。在一定意义上，世界文学在更大的范围
内复制了民族文学体系内文学作品经典化的过程和机制。卡
萨诺瓦特别强调，世界文学空间并非凭空而来，而是在现代
民族国家间的激烈竞争中形成和发展起来：

> 16 世纪，正值文学在欧洲开始成为竞争的源流时，
> 国际文学空间形成，从此就一直没有停止过扩张与延伸
> 自己的范围。随着最早一批欧洲国家的形成和发展，文
> 学上的权威和认可（recognition）——及其带来的民族
> 间的竞争——也由此产生。文学此前隶属于相互孤立的
> 地区，而现在却成为共同的战场。……世界文学共和国
> 有自己的运作模式：它有制造种种等级制度和不同形式
> 暴力的经济，更为重要的是，它有自己的历史，尽管由
> 于人们一直在民族范围内（因此，也是在政治层面上）
> 近乎系统地挪用文学的地位，这一历史长期以来被掩盖
> 了，迄今尚未书写出来。[11]

在时间上把世界文学共和国的出现锁定在 16 世纪，卡

---

[11] Pascale Casanova, *The World Republic of Letters*, trans. M. B. De Bevois（Cambridge, Mass.: Harvard University Press, 2004），pp. 11-2.

萨诺瓦将歌德心目中的世界文学的概念和实践大大推前了两百多年，其深刻之处，不仅是在时间上将世界文学的历史向前延伸，更重要的是在这一概念中灌注了历史的物质性，赋予其具体的历史形态。她的世界文学共和国因此不再如歌德的世界文学那样抽象和空洞，也有别于马克思、恩格斯笔下的世界文学，不完全隶属于资本主义的经济逻辑。在卡萨诺瓦细腻而丰满的描述中，世界文学有着悠久的历史，早在16世纪已初具雏形，与现代人文主义文化、现代国家意识和欧洲现代性的发展几乎是同步的，是欧洲现代文学史、现代思想学术史中必不可少的一部分。

值得注意的是，卡萨诺瓦笔下的世界文学与民族文学全球化是不同的概念。世界文学共和国与现实中的政治世界和经济世界完全不同，其"疆界"、"首都"、"高速公路"和"交流方式"等，有着自己的运作方式。[12]成熟发达的民族文学必然期待突破本民族语言和文学机制的限制，以求在全球范围内延伸影响，获取更多的文化利益，而这种突破不可能在本民族文学体系内完成，必须通过世界文学共和国的机制和体系来实现。曾几何时，像巴黎、伦敦等欧洲都市占据了世界文学共和国的中心地带，凭借其文化中心的优势和文化市场的力量与资源，在将民族文学推向国际市场的同时，又在更大范围内制定、统一和规范文学创作中的基本要素，如主题、形式、叙述方法、语言等等，在形式上为世界文学的实践确立了可供各民族文学复制的模式和标准。显然，世界文

---

〔12〕Casanova, *The World Republic of Letters*, p. 11.

学共和国从它诞生的那天起，就带有内部机制的失衡和不公平。民族文学间不平等的现象普遍存在，然而正是这些内在的、体制性的不平等，以及民族文学间无休止的竞争、博弈、冲突和矛盾，让人真实地感受到世界文学共和国的存在。[13]

　　将文学作为一个相对独立的跨国空间和体系来研究，描述和分析这一空间内的各种利益关系，意味着我们应该承认，民族文学并非文学生产唯一合理的存在形式，换言之，文学不仅可以是民族的、国别的文学，也可以是世界的文学。这对我们重新认识和理解民族文学以及民族文学和世界文学间的关系有着重要的意义。以民族、语言或地域对文学进行划分的传统方法，在一定程度上制约了我们对文学的世界性的理解。卡萨诺瓦的"世界文学共和国"对于传统的比较文学观不啻一次颠覆。前面提到，传统比较文学观的前提是民族文学的合理性和唯一性，其研究的重点是在不同的民族文学间发现并确认相同或相似的成分。然而，在世界文学共和国中，文学文本的合理性并不完全依赖其民族文学的身份，事实上，民族文学文本世界化的过程也是其民族性被淡化，甚至被消解的过程。一旦民族身份不再构成文学文本的合理性的基础，比较文学的认知框架也就失去了必要的稳定性。卡萨诺瓦的世界文学观首先确认的，是超越民族文学存在的全球文学流通体系，并通过制定在全球范围内可以共同接受和遵循的原则进一步界定文学价值，规范文学创作。这些共同遵守的原则当然不仅是某些创作形式或体裁上的技术性规定。为了迎

〔13〕 Casanova, "Literature as a World," p. 74.

合世界读者群和适应国际市场流通，民族文学传统内的作家，在立足自身语言和传统的同时，必须考虑如何在不牺牲自己文化身份的前提下尽可能地满足国际读者的趣味和需求，以吸引更加广泛的读者群。一旦进入到世界文学体系，不管承认与否，不管愿意与否，民族文学在传播的途径上已受到了世界文学体系和机制潜在的影响、规范甚至控制。

传统比较文学观的最大问题是将民族文学视为各自独立，在本质上互不相关的体系。相比之下，卡萨诺瓦的世界文学观认为，虽然民族文学在各自的历史文化地域内生存、发展和发挥作用，但民族文学间一直都存在着互动、交叉影响和相互挪用的现象，这说明在民族文学体系之外，还有一个至今仍未受到充分重视的世界文学体系。值得注意的是，民族文学间的互动、影响和挪用并非世界文学体系存在的前提，恰恰相反，由于有了世界文学体系的存在，民族文学间的互动、影响和挪用才有了实际的意义和价值。世界文学体系与民族国家体系相似，虽在各自文化地域内生生不息，绵延生长，但同时又是在世界体系内生存和活动；因为有了这种世界体系，民族国家与民族文学的存在才有更加丰富的意义。

世界文学并非民族文学的总和或集合，也不仅仅是文学在全球范围内的整合，或是在商业取向引领下，文学主题、形式、语言和故事类型的统一化、规范化和标准化。在卡萨诺瓦的历史叙述中，文学共和国有其内在的机制和具体的组织形态。与现代国家体制一样，它并不完全平等。文学共和国内部的不平等突出地表现在两个方面。一是制定、组织、实施和颁发文学奖的世界性的组织机构，如诺贝尔文学奖委员会，具有审查、规范和定义文学作品价值的权力，并通过这一机制赋予的权威对民族文学做出具有明显价值取向的区分和归类。二是确立超越民族、国别文学界限的文学经典，并将其转化为现代审美的尺度标准，规定和引导各国的文学创作；这些世界文学共和国的文学经典，占有至高无上的地位，如易卜生的戏剧，福克纳的小说等等。世界文学共和国成为民族文学的奥林匹克，民族文学必须积累足够的文学资源才能进入世界文学共和国并参与激烈的竞争，在这一体制中，不同民族文学的地位和影响并不相同，进入的时间越早，参与竞争的时间越长，能够获得经典作品的数量越大，积累的资源也就越雄厚，在文学共和国中就能占据更重要的位置。民族文学只有在进入世界文学共和国之后，才有可能产生世界性影响。

为了达到世界文学共和国的门槛，民族文学必须首先接受世界文学共和国内通行的审美价值体系和其他相关规则、制度和标准。世界文学共和国以自身的标准规范民族文学，世界文学经典的产生也是对世界文学审美标准的阐释、呈现和发展。换言之，世界文学共和国施行着自以为是的普世主义的文学观和审美标准，而各国文学不仅可以，而且必须以世界文学所要求的尺度来衡量其价值和成就。理论上，民族文学可以不去理会世界文学共和国制造和生产文学经典的标准，继续在本国文学传统中延续本土形成的价值、典范和规则，满足于世界文学共和国以外的生存发展空间。但在全球化的今天，世界文学共和国对民族文学空间的影响极大，完全自足独立的民族文学体系实际上不可能存在，民族文学不可避免地与世界文学联系在一起。当然，民族文学也可以通过积极介入世界文学共和国的体系，逐步影响和改变其既定的原则和标准，使之更加有利于本民族文学在世界文学空间中的存在和发展。

由于民族语言的限制，进入世界文学共和国，翻译是无法回避的难题。卡萨诺瓦以易卜生为例，说明即便是来自"边缘国家"使用"边缘语言"的文学家，仍然可以通过独具慧眼并处于中心的世界文学中介人翻译家，在世界文学共和国中获得承认。当然，易卜生的边缘性不同于中国作家的边缘性。易卜生的边缘乃是文学共和国中心内部的边缘，挪威语仍是欧洲语系的一种，伦敦的萧伯纳，巴黎的安东尼，在理解易卜生的作品时遇到的障碍相对较小。同样处于相对边缘的东欧和拉美，语言也不应该成为其文学作品经典化的主要障碍。而汉语与西文相去之远，互译之难，有过译事经验的人都会有所体会。对于汉语文学和西语文学间存在的这种"先验"的不同，卡萨诺瓦似乎没有过多深入讨论。严格说来，文学作品是无法翻译的；一部好的作品，读译本与读原文的感觉完全不同，通过翻译进行文本的对等移植是不可能的。必须解决的问题是：如何通过翻译家的再创作，将审美现代性民族化，在民族语言的语境中阐释文学现代美，并将之运用到文学创作中；同时把民族文学的特性融入创造世界文学的过程中，从而达到卡萨诺瓦所说的理想目标，既发展了民族文学，同时又促进了世界文学的共同发展。翻译不仅是语言的转换，更是文化思想的融合，如何更加准确地把握翻译实践在世界文学发展史中的特殊作用和地位，是研究世界文学必不可少的环节。

3. 佛朗哥·莫瑞蒂（Franco Moretti）

　　如果说卡萨诺瓦从历史主义和文学社会学的视角描述和解读世界文学共和国成长和发展的过程，在全球经济一体化的物质条件下分析和探讨世界文学体系的结构机制和运作模式，那么莫瑞蒂则认为，世界文学只能是一种观念形态和形式范畴。在莫瑞蒂看来，我们无法对世界文学在本体论上做出实质性的界定，世界文学的概念首先是一个理论设想，是一个研究的方法论问题。围绕着诸如世界文学的内容、范围和价值等问题，曾经出现过不少争论，但莫瑞蒂认为这样的争论意义不大。对待文学现象，无论是世界文学还是民族文学，重要的是在方法论上提出能够实际操作的研究手段和建构可供讨论的平台。他指出："真正的问题不是我们应该做什么——问题是怎么做。研究世界文学，这到底意味着什么？我们怎么来做这件事？"他的回答是："世界文学不是一个目标，它是一个问题，一个要求新的批评方法的问题。"[14]世界文学首先需要解决如何研究文学的问题，而对这个方法论问题的阐释和分析需要从理论设想开始。

　　对文学现象做本体论的界定和规定，在传统文学研究中十分常见。然而，文学研究中最重要的问题并非定义文

---

[14] Franco Moretti, "Conjectures on World Literature," *New Left Review,* Jan./Feb., 2000, p. 54.

学，而是如何解读复杂纷繁的文学现象，因此，世界文学研究中最为棘手的依然是方法论问题。按照达姆罗什（David Damrosch）的说法，对世界文学的认识理解大概有以下三种：世界文学是业已被接受的一组经典名著，或是一组演变中的传世之作，又或者是了解世界的多扇窗口。[15] 在文学和文学作品之间画等号，也许是定义文学时最常见、最普遍的做法。已经被接受的经典，将来的经典，了解世界的窗口等种种说法的共同之处，是将世界文学直接理解为世界文学作品和文本，带有明显的实证主义的色彩。然而，"文学"和"文学作品"是两个不同的概念，文学不等于（经典）文学作品，更不是文学作品和文本的总和。莫瑞蒂指出，考察世界文学现象不应该停留在或局限于对文学作品的考察。这是文学研究中一条基本的方法论原则，应该得到充分的重视。仅从作品的角度，几乎无法掌握和解读世界文学现象，因为就阅读的基本经验而言，我们无法掌握世界上所有的民族语言，遑论遍读所有民族文学作品，甚至单一民族文学内部的作品也难以穷尽。讨论世界文学从何处入手，由哪里切入，是困扰莫瑞蒂的问题之一。他提及自己在研究英国小说时，深深感到以文本为基础和框架的传统的文学研究方法，尤其是所谓细读（close reading）文本的方法的局限。他写道：

……我在研究各国书目时体会到，我们自己文学研

[15] David Damrosch, *What Is World Literature ?* （New Jersey: Princeton University Press, 2003）, p. 15.

究领域的那一亩三分地是何等之小，两百本 19 世纪英
国经典小说听上去很多（比起现在被接受的经典小说数
目要大得多），但还不到实际出版小说数量的百分之一：
两万本，三万本，或更多，没有人真正知道到底有多
少——这里，细读无助于事，每天读一本小说，要花差
不多一个世纪的时间……而且这根本不是一个时间的问
题，是方法上的问题，要理解如此庞大的领域，不能通
过将零碎分散的知识缝缀在一起，因为它不是个案的总
和，而是一个集合体系（a collective system），只能将其
作为这样的集合体系从总体上把握……[16]

　　既然民族文学不是民族文学作品的总和，世界文学更不
可能是各民族文学作品的总和。因此，世界文学研究的主要
对象不应是个别孤立的文学文本，研究的注意力不应该局限
在文学经典上。这里，莫瑞蒂以自己研究英国小说的切身经
历说明，文学不等于文学文本，世界文学不同于经典世界文
学作品——不管是公认的经典，还是将来的经典。将世界文
学的存在理解为经典作品的存在，显示出认识上的偏差，更
为严重的是，这样的定义有可能将我们的认识和研究引入一
条死胡同。莫瑞蒂认为，世界文学必须在类别上有别于传统
意义上的文学概念，世界文学研究应该关注超越民族文学传
统的文学现象及其带来的各种问题，因此，世界文学研究的

[16] Franco Moretti, *Graphs, Maps, Trees: Abstract Models for a Literary History* (London: Verso, 2005), pp. 3–4.

对象是我们可以观察到的世界文学中存在的问题及其之间的关系。他引用马克斯·韦伯（Max Weber）说，"决定不同学科范围的并非'事物'间的实际联系，而是问题和问题之间在概念上的联系"。[17]世界文学是概念性范畴里形形色色的问题组成的现象，并不是由既定文学经典文本组成的实体文学，也不是具有固定内容和界限的文学体系。

卡萨诺瓦和莫瑞蒂的世界文学观有着诸多相同或近似之处，而他们之间最大的不同是切入世界文学的角度。卡萨诺瓦以历史为依托，从文化唯物主义的角度思考世界文学的形成和运作机制，因此，世界文学共和国不再是抽象的、想象的文学空间，而是一个有着物质基础，与资本主义现代性和物质文明同步发展的文学空间。资产阶级人文主义天生具有普世主义的要求，而普世人文主义代表的是资产阶级的价值体系。在资本主义完全掌握了自身的命运后，它便立即以自己的普世主义替代神权的普世主义。作为建立全球性新秩序的始作俑者，新兴资本主义是全球化历史的起源。在探讨早期资本主义全球化时，我们常常将眼光停留在经济贸易上，较少关注早期殖民主义和宗教文化的扩张在全球化过程中起到的作用和带来的后果。卡萨诺瓦的世界文学观可以弥补这方面的欠缺。世界文学共和国虽不是有形的组织机构，没有可见的疆界，但其内在的规范和逻辑，体系机制和等级制度则是实在的存在。相比之下，莫瑞蒂更多关注的是观念形态上的世界文学和作为方法的世界文学，强调文学形式的普遍

---

〔17〕 Moretti, "Conjectures on World Literature," *New Left Review*, Jan./Feb., 2000, p. 55.

意义和价值。莫瑞蒂认为，世界文学和比较文学研究的目的
之一是摆脱民族文学研究的局限，通过对世界文学的研究，
培养文学研究的国际视野和人文情怀。因此，抵制和反对文
化民族主义乃是文学研究的作用和价值："做一枚刺针，永
不停息地挑战民族文学——特别是地方文学，这是世界文学
（也是比较文学系科）存在的唯一的理由。比较文学如果不
是这样的，那就一钱不值。"[18]以世界文学的眼光，在民族文
学和民族文化交流碰撞的背景下思考文学现象和实践，常常
可以带来惊喜。萨义德认为世界文学"将世界上的文学作为
一个交响的整体来研究，可以在理论上将这一整体理解为既
保存了国别文学的个性，又不失整体感"。[19]他的《东方主义》
以世界文学的观点和方法考察表现"他者"的政治，是世界
文学研究中的范例，而萨义德奉行的语文学的研究方法，更
是为比较文学和世界文学研究开拓了新的视野，提供了新的
研究范式。

4. "世界文学共和国"与"世界公民"

卡萨诺瓦的"世界文学共和国"是个令人印象深刻的书
名，同时也是有着深厚历史文化内涵的概念，可以说，是我
们认识世界文学现象和历史的一个关键词。众所周知，锁定
一些关键词，由此切入相关的文本、问题和现象，是雷蒙·威

---

〔18〕Moretti, "Conjectures on World Literature," p. 68.
〔19〕Edward Said, Preface（2003）to *Orientalism*（London: Penguin Books, 2003），p. xviii.

廉斯解读文学史和进行文化批评的方法。我们不妨依照这一方法，寻觅文学共和国的历史轨迹，庶几可以更具体地理解作为历史现象的世界文学。"文学共和国"（the republic of letters）一词在 18 世纪的广泛使用，反映出此时人们对文学活动和现象产生了新的认识，同时表达了早期资产阶级在文学创作领域里蓬勃向上的精神和积极的政治态度——文学世界和民主政治的国体并无不同，这里同样可以建立理想的"共和"体制。[20] 在这个理想化了的文学共和国里，作者们可以享有同等的权利、平等的地位和写作的自由。

一则文坛轶事或许可以说明 18 世纪的英国文坛充溢着共和民主的思想和对贵族等级制度的厌弃。塞缪尔·约翰逊（Samuel Johnson, 1709—1784）是 18 世纪英国文坛的无冕之王，其门生和传记作者詹姆斯·博斯韦尔（James Boswell）在和《世界公民》（*The Citizen of the World*）的作者戈德史密斯（Oliver Goldsmith, 1728—1774）一次谈话中说：约翰逊是我们这个时代的文学巨人，无人可望其项背。戈德史密斯对这样的个人崇拜，尊约翰逊为作家之王的现象甚为不满。他立刻反驳博斯韦尔说："你这是将原本应是共和国的国度变成君主国了。"[21] 博斯韦尔是约翰逊的追随者，吹捧

---

〔20〕"文学共和国"英文为"Republic of Letters"；"Letters"一词多指文字的艺术，意同"good letters"，近似"美文"的意思，因此又特指文学。《牛津英语词典》记载，早在 13 世纪"letters"就已经有了类似用法。当然，现代意义上的"文学"（literature）要到 18 世纪后期才出现，与"letters"的内涵并不完全相同。关于"文学"与资本主义现代性的关联，参见 Williams, *Marxism and Literature*，尤其是第三章"Literature"。

〔21〕 William S. Walsh, *Handy-Book of Literary Curiosities*（Philadelphia: J.B. Lippincott Company, 1892），p. 960.

约翰逊并不让人感到意外，不过在戈德史密斯看来，将约翰逊推向文学的神坛，接受读者和其他作家的膜拜却破坏了文学共和国内的平等原则，至少是打破了作家和读者们对平等机制的向往和期待。现代主义小说家维吉尼亚·沃尔夫（Virginia Woolf）的父亲，英国思想史家莱斯利·斯蒂芬（Leslie Stephen）认为，博斯韦尔将个人的喜好转化为评判文学成就的标准，他对约翰逊的评价带有明显的个人偏见。[22] 然而，此等偏见却有相当的代表性，将文学大师经典化、丰碑化的现象普遍存在。就这一个例而言，戈德史密斯对博斯韦尔独尊约翰逊的反感或许有嫉妒的成分，文人相轻的现象中外皆有，但戈德史密斯的反驳多少说明，文学共和国的理念和平等思想在 18 世纪的英国文坛已经深入人心，直接影响了人们对作家之间关系的理解。稍后的托马斯·胡德（Thomas Hood）指出，文学共和国指作家的群体形态，并无严密的机制，只是一种松散的社会形式，其基本的特点或要求就是消除作家之间的等级和高低贵贱之分，没有至高无上的文学权威，更没有君临众生的文学之王。[23] 不难看出，英国现代文学的发展与英国社会形态的现代化是同步的，与资本主义的民主政治、社会多元化的发展顺向而行。戈德史密斯对文学共和国的短评似乎表达了对新的文学秩序的想象，此时，旧时文学界的等级制度与现代文学发展的大趋势已明显格格不入。当然，在实际历史中，正如卡萨诺瓦所说，文学共和国

---

〔22〕Leslie Stephen, *Samuel Johnson*（New York: John W. Lovell Company, 1883），p. 34.
〔23〕Walsh, *Handy-Book of Literary Curiosities*, p. 960.

与现代社会一样，充满了权力斗争，不平等现象比比皆是。

在早期全球化的过程中，文学生产的全球化已相当普遍。而作为较为自觉的文学思想和观念，世界文学观可能出现得更早，滥觞于16世纪和17世纪的人文主义"新科学"。世界文学的思想源流主要有以下两支：一是欧洲思想史中源远流长的乌托邦思想，对世界大同、普世平等和人类共同进步的诉求和想象；二是启蒙运动中勃兴的人文主义的知识理论，即将人置于具体社会历史条件下，以人的行为活动为认知对象的现代知识体系。现代知识以普世主义原则为出发点，其对象并非具体的个人，或是个别社群，而是人类共同体。毋庸置疑，这是一种以欧洲（人）为中心的知识体系，不过，从历史主义的角度看，受到时代的局限，现代知识体系的欧洲中心主义也是不可避免的。对于我们来说，更重要的是考察和解读世界文学背后的精神世界，以及置身于这个精神世界的思想家和文人（men of letters）的开阔的视野和对人类共同体的情怀。他们视人类及人的生存活动为有机的整体，以发展和推动具有普遍性意义的新知识为最终目标。此时的欧洲，正在进行着知识再造的工程，而世界文学构成了这一工程中重要的组成部分。

对世界文学的想象有着悠久的传统，和对乌托邦的政治想象一样，也是对普世主义道德的追求。与此相关的是18世纪颇为流行的另一个关键词，"世界公民"（the citizen of the world）。在一定意义上说，世界文学也是世界公民的文学实践，并以世界公民社会的形成和存在为可能性条件。戈德史密斯既信奉文学共和国，也是世界公民的阐释者，他的同

名作品《世界公民》让这个响亮的名字深深镌刻在文学史的
记忆中。由于书中的主人公是来自中国的哲学家,《世界公民》
被认为是 18 世纪中英文化交流的标志性文本,深受中国学
者的重视,范存忠、陈受颐和钱锺书等都曾讨论过戈德史密
斯在此书中表达的中国观。[24]然而,在英美文学界,《世界
公民》似乎并未得到应有的重视,企鹅经典文学丛书系列中,
《世界公民》至今仍然缺位。在文学全球化的大环境下,充
分认识戈德史密斯及其对世界文学的贡献具有迫切的现实意
义。这不仅因为他是18世纪英国文学中一位多产的重要作家,
也不仅因为《世界公民》描写的是一位中国智者在英国的经
历,因而对中国读者有着特殊的意义,更重要的是,18 世纪
是英国文学史中一个重要阶段,是英国现代文学活动全面发
展壮大的时代,而戈德史密斯是这个时期英国文学集体中的
重要一员。包括戈德史密斯在内的 18 世纪英国作家筚路蓝缕,
为建设现代文学共和国做出了重要的贡献。

　　现代文学是资本主义市民社会的文学创作,是资产阶
级在城市这一新的生活和社会空间中,以表现自身生活为主
要内容的创作活动。现代文学写作的主要形式或体裁,如现
代小说(现实主义小说)和文学批评,在18世纪啼声初试,
脱颖而出,继而长足进步,最终成为主流的文学种类。这段
时期的英国文学史与 20 世纪初我国现代文学史的发展有诸
多相似或重合之处,虽然两者所处的时代不同,地域不同,

----

[24] 见范存忠,《中国文化在启蒙时期的英国》(上海:上海外语教育出版社,
    1991);陈受颐,《中欧文化交流史论丛》(台北:台湾商务印书馆,1970);钱
    锺书,《钱锺书英文文集》(北京:外语教学与研究出版社,2005)。

但它们相似的发展路径却印证了现代文学在不同民族文学的框架内可能有着相同的成长历程，为我们认识世界文学的特性提供了独特的视角。我会在本书的最后一章重返这个问题。

18世纪，英国文学集体想象世界文学的成果丰美。《世界公民》的出版并非偶然，无论就实际文学创作而言，还是就其象征意义而言，它对我们认识18世纪的英国世界文学观都极有价值，可以说，《世界公民》的出版是一个标志性事件。戈德史密斯在书中虚构了一位来自中国的世界公民游历欧洲的感受，这说明，跨越遥远地域的交流已是18世纪英国公众社会生活中的一部分。来自中国的思想、文化、文学可能还属于"他者"，但对于英国大众传媒的读者已不再神秘和不可思议。《世界公民》最初发表在伦敦的一份日报《公薄报》（*Public Ledger*）上，全书为中国哲学家李安·济·阿尔坦基（Lien Chi Altangi）的通信集，统称"中国书简"（Chinese Letters）。头两封信于1760年1月24日刊出，此后每周约两次，前前后后，历时近两年，戈德史密斯共写了119封"中国书简"。戈德史密斯随后将这些"中国书简"集结成书，更名为《世界公民》于1762年出版。[25]戈德史密斯是职业的专

---

〔25〕书中的主人公阿尔坦基，籍贯中国河南，哲学家，是一位名副其实的世界公民。他在广州与一位荷兰商人共事，并通过他与在广州的英国商人相识还从他们那儿学会了英语。18世纪的伦敦已逐渐显露出国际大都市的气象，阿尔坦基为了目睹伦敦的富庶繁华，与他的荷兰朋友结伴而行，历经"七百个痛苦的日子"（函二）终于到达目的。"中国书简"有一部分书信是阿尔坦基写给儿子的，他为了追随父亲，只身前往欧洲，不幸在途中被一个波斯暴君捕获囚禁，后与被这暴君当作性奴的一位欧洲姑娘相爱，两人结伴逃出了这个暴君的魔爪。"中国书简"大部分是写给一个叫Fun Hoam的人。Fun Haom在北京做官，阿尔坦基与他的关系亦师亦友。Fun Haom有可能是"凤凰"的音译。一些中国神话传说在18世纪的欧洲广为流传，英国读者对"凤凰"不会陌生。

栏作家，主要以为报纸杂志定期撰文为生。可以说，是报纸
这种新型的大众媒体造就了戈德史密斯，也成就了《世界公
民》。大众传媒的繁荣标志着英国消费文化和大众文化已经
相当成熟，一大批专职为报纸杂志写作的文人涌现出来，而
文人的这种生存模式在18世纪以前是难以想象的。[26]同时，
大众传媒的兴起也标志着市民社会和公共空间的建构，这对
现代文学的发展和繁荣起到了至关重要的作用。哈贝马斯认
为，社会公共空间是资本主义社会形成的表现和象征，而彻
底商业化的大众传媒的繁荣则是资本主义市民社会和公共空
间必不可少的条件。[27]特里·伊格尔顿（Terry Eagleton）从
公共空间理论的角度出发，具体考证了英国现代文学批评在
18世纪出现和发展的情况，认为现代文学批评是资本主义社
会中现代文化实践的产物。[28]

　　解读《世界公民》首先遇到的问题是如何对其进行体裁
上的归类。主人公阿尔坦基来自遥远的东方，是一位想象的
中国的智者，书中记录他在英国的所见所闻，均属虚构。有
了虚构的主人公和虚构的情节，大多数文学史都愿意将它归
为小说类。然而，纵观全书，从头至尾并无统一完整的情节，
也没有细致的人物塑造，更无正反面人物之间的冲突，现代
（现实主义）小说的要素几乎全部缺位。从形式看，《世界公民》

---

〔26〕 See Jeremy Black, *The English Press, 1621–1861* (Thrupp, Stroud, Gloucestershire:
　　　Sutton Publishing, 2000).

〔27〕 Jürgen Habermas, *The Structural Transformation of the Public Sphere: An Inquiry into
　　　a Category of Bourgeois Society*, trans. Thomas Burger (Cambridge, Mass: MIT Press,
　　　1991).

〔28〕 Terry Eagleton, *The Function of Criticism: From the Spectator to Post–Structuralism*
　　　(London: Verso, 1984).

与英国早期小说，如《鲁宾逊漂流记》有着明显的区别，与稍后的英国小说，如简·奥斯汀的小说差别更大，因此，将《世界公民》定义为小说并不恰当。那么，到底应该如何界定《世界公民》？其实，对作者来说，《世界公民》的文体并不重要，也许戈德史密斯自己并没有想过这个问题。《世界公民》的形式之所以成为问题，是因为后来的文学史家有了一套文体分类的标准和方法，而《世界公民》又很难被纳入单一的文学类别。可以认为，这是一部书信体小说（因为书中塑造了一个虚拟的人物，并以这个人物的所见所闻为主要线索），也可以说它是一组报章专栏作品（因为这些"中国书信"最初是在报纸上发表的），还可以认为它是一卷散文集（因为全书由相对独立的短文缀辑而成）。

18世纪的英国文坛百花齐放，百家争鸣，文学创作形态尚未定型，出现了不少难以按照今天的标准归类的作品。斯威夫特的《格列佛游记》也面临着类似的体裁分类上的争议。然而，文学分类是现代学院批评的产物，是文学建制内的想象。《世界公民》的体裁分类问题并非源于作者，而是后人对文学体裁的僵化分类造成的。文学分类学往往赋予文学体裁某种形而上的特点，将其视为跨越时空的存在，忽略了文学体裁的历史性、时间性。比如，我们讨论西方文学批评，往往从亚里士多德的《诗学》说起，似乎从古至今，文学批评的传统一直绵延不断。然而，我在前面提到，依照哈贝马斯和伊格尔顿的观点，现代文学批评直到17、18世纪才逐步兴起，而且在各个层面上都与此前的诗学旨趣迥异。小说是另一个现代文学体裁的例子，和现代文学批评一样，也是

现代社会条件下的产物，英国现代小说直到 18 世纪才开始
兴起和发展。新文体、新体裁的兴起，往往意味着某些旧文
体的衰老，甚至消亡。[29] 文学形式的历史性应该引起充分的
重视，忽略文学体裁和形式的历史变迁和转化，文学史研究
将无法准确把握文学发展的时代特征。这对我们认识中国现
代文学的形式特征尤其重要。在本书的最后一章我会较为详
细地讨论这个问题。

　　鉴于《世界公民》的体裁难于归类，这里姑且将它视为
书信体文学的范例。18 世纪在英国文学史上是个充满创造活
力的时代，此时的英国已经开始了被威廉斯称为"漫长的革
命"的工业革命。[30] 作为新型生活空间的现代城市的出现，
教育的普及、读者群的增长和大众传媒的繁荣，这些都为现
代文化生产模式的发展提供了必要的社会物质基础，是包括
书信体文学在内的现代文学普及和流行的必要条件。写作形
态和作品的文体与社会和物质条件密不可分，只有在现代社
会形态下，书信文体才有可能在文学创作中获得空前的普及
和发展。这就像在今天的数字时代，很难想象传统书信写作

----

[29] 现代小说（主要是现实主义小说）和现代文学批评不同于诗歌和戏剧，是现
代资本主义文明的产物，在前工业社会条件下，这两种文体是不可能出现
的。有关现代英国文学批评和资本主义公共空间的关系，可参看 Eagleton, *The
Function of Criticism, From the Spector to Post-Structuralism*，Peter Uwe Hohendahl,
The Institution of Criticism（Ithaca: Cornell University Press, 1982）和童庆生、周小
仪，"Criticism and Society: The Birth of the Modern Critical Subject in China," *boundary 2:
an international journal of literature and culture* 29:1（2002），pp. 153–76。Ian Watt, *The
Rise of the Novel: Studies in Defoe, Richardson, and Fielding*（London: Chatto & Windus,
1957）和 Michael McKeon, *The Origins of the English Novel, 1600–1740*（Baltimore:
Johns Hopkins University Press, 1987）详细讨论了现代小说兴起的条件和背景，
对于我们认识小说这一体裁的现代性和历史性具有一定的参考价值。

[30] See Raymond Williams, *The Long Revolution*（London: Chatto & Windus, 1961）.

还能继续成为主要的交流工具，书信体文学可以继续成为流行的创作体裁。18世纪的英国，书信写作被称为"笔谈"（the converse of the pen），是文字世界中静静的晤谈，是连接友谊的纽带。同时，书信写作又是一种文学教育和人文教养，是日常练笔的最佳形式之一。一般来说，这个时代的作家都有极好的文字功夫和相对成熟的写作风格，这与他们早年接受大量的写作训练（包括书信写作）应该不无关系。

在18世纪的实际生活中，人们需要书信的"笔谈"，是因为彼此地域上的阻隔，"面谈"困难。资本主义的蓬勃发展极大扩展了人的活动和发展空间，早期帝国主义和殖民主义的实践使得现代欧洲人具有了更大的流动性。在世界范围内跨越地理、文化疆界的旅行，包括旅行者的旅行和观念的旅行，让世界文学的概念获得了更大的空间和更具体的物质内容。游记或旅行书写（travel writing）在欧洲，尤其在英国和法国风行一时也就不足为怪了。孟德斯鸠的《波斯人信札》（1721）先于戈德史密斯的《世界公民》出版，是此类文体的范例。书信体和游记的结合是极佳的形式组合，旅人通过书信和家人朋友分享异国他乡的经历再自然不过。书信体游记作品中的主要人物不一定都是虚构的，但对主人公的选择却大有讲究。来自遥远东方的旅人因带有一丝异域的浪漫而备受青睐。《世界公民》选择了一位来自中国的哲学家作为主人公，也是迎合了一般读者猎奇的心理，满足了读者对异国风情的向往。以一位东方访客的眼光看欧洲，可视欧洲人所未见。此外，选择外国旅人作为叙事者，至少还有其他两层含义：一是"外国"旅者对本国社会文化现状的批评往往具有更大的权威性，因而能更有效地传达作者的目的；二是这类虚构的信札通常会针砭现实，借"外国"旅者之口说出，可以无所顾忌，毫不留情，而虚构的叙事者可以掩盖作者的意图，也能起到保护作者的作用。

　　仅从《世界公民》的书名就可以看出作者对普世主义理念和实践的向往。这是个响亮的书名，也是戈德史密斯内心的呼声。此前，他也曾用过"世界公民"这个词组，现在再次用它作"中国书简"的书名，可见戈德史密斯对这一概念有着强烈的认同。当然，"世界公民"的说法古已有之，并非戈德史密斯的发明。古希腊历史学家、作家、哲学家普鲁塔克（Plutarch，46？—120？）可能是使用"世界公民"的第一人。他在《论流放》中说，苏格拉底并不是雅典人，也不是希腊人，而是一名世界公民，苏格拉底的国家不只是希腊，而是整个世界，他的同胞不仅是希腊人，而是整个人类。[31]愿意放弃自己的家园和故土，流亡他乡去实践自己的理想，这种世界主义的情怀浸染着乌托邦式的想象。然而，对于戈德史密斯和其他浪漫的人文主义者来说，这源自一千五百多年前的理想并不完全是空想。在他们看来，人类的发展史似乎已经表明，文化的进步和发展，总是通过不断扩展生存的地理空间获得成长的机遇：从家庭到部落，从部落到社群，从社群到国家，从国家到世界。而在实际历史中，乌托邦式的普世主义思想从未消失过，总是与文明的发展相伴而来，

----

[31] Plutarch: "Of Banishment, or Flying One's Country," in *Plutarch's Morals*, corrected and revised by William W. Goodwin (Boston: Little, Brown and Company, 1878), vol. iii, p. 19.

曾经驱动过全球化的进程，也构成了世界文学共和国的政治伦理之基础。托马斯·潘恩（Thomas Paine，1737—1809）自豪地宣称："我的国家是世界，我的宗教是做好事。"（My country is the world, and my religion is to do good.）[32]英国诗人丁尼生（Alfred Tennyson）在诗中写道：

> 我潜行至未来，放眼看去
> 见到愿景中的世界，及其神奇的一切
> ……
> 直至在人类国会里，世界联邦中，
> 战鼓不再擂动，战旗永远偃息。[33]

在硝烟弥漫，杀戮不绝的欧洲，又有多少人会和丁尼生一起想象和憧憬着没有战鼓连天、旌旗蔽日的和平。丁尼生以诗歌的语言和意象呼吁建立人类共有的"国会"和"世界联邦"，正是企图以国际社会组织的形式调和、解决民族矛盾，为理想中的世界和平建立制度上的保障。丁尼生所处的时代，正是大英帝国逐渐形成并在全球扩张的时代，此时对世界体系的想象多是通过帝国扩张和殖民占领，通过文化输出和对世界文化体系的想象建构得以实现的。然而，丁尼生的"世界联邦"是对政治管理的全球化想象，具有一定的前瞻性。

---

〔32〕 Thomas Paine, *Rights of Man, Common Sense and Other Political Writings*, ed. Mark Philp（Oxford: Oxford University Press, 1995）, p. 281.

〔33〕 Alfred Tennyson, "Locksley Hall," in *Tennyson: A Selected Edition*（revised edition）, ed. Christopher Ricks（London: Routledge, 2007）, p. 189.

20 世纪中期，在经历了残酷的两次世界大战后，与他当年想象中的"世界联邦"十分相似的国际组织——联合国终于建立。

世界公民所体现的乌托邦思想，构成了欧洲人文主义传统中的重要组成部分，也是世界文学思想的重要脉络。当然，应该同时看到，普世主义思想中内在的矛盾，特别是其中隐含的帝国主义意识形态。一方面，在世界大同的旗帜下，启蒙思想家们推崇的民主自由的理念和实践对增进文化间的理解，消除民族间的偏见，减少种族和国家间的争战和屠杀有一定作用。另一方面，也正是普世主义的理念和原则为帝国主义扩张和殖民主义统治提供了理论支持，将西方在世界范围内的掠夺、侵略实践合理化和合法化，这不能不说是对早期人文主义的普世主义情怀的背叛和亵渎。

5. 人文科学和语文学（Philology）

在对世界共同体的集体想象中，戈德史密斯塑造的世界公民阿尔坦基的形象，直接而清楚地表达了在全球公共空间中，跨越地域、种族和文化隔阂，实现人类共同进步的乌托邦思想。戈德史密斯理想中的世界公民似乎只能是来自中国的智者，这位智者应该具备以下的基本品格：胸怀全球，自觉自愿跨越民族、国家和语言的界限，关注人类共同面临的问题，竭力推动人类的共同发展和进步。想象中的东方哲人阿尔坦基集智慧、道德、思想于一身，游走在知识和文学的世界中，生动地演示了世界公民的政治意义、道德价值和人格魅力。18 世纪的欧洲对来自他乡异国的思想、文学、习俗

已经不会感到过分的惊奇和陌生，此时距离卡萨诺瓦所说的
"世界文学共和国"之建立已经过去至少百年了。那些曾经
为世界文学共和国，为普世的人文主义思想和人文科学的建
立付出的努力，此时已经硕果累累。世界文学的政治伦理起
点和目的都可以追溯到人文主义的普世主义思想原则。启蒙
运动时期知识生产领域的革命，以人为研究对象及中心的知
识再造运动，包括语文学（Philology）在内的现代知识体系
的蓬勃发展，都为人文主义思想积累了大量的文化和思想资
源，也为世界文学及其普世主义的理想提供了思想理论上的
支撑。

　　培根和维柯式的新科学的发展以传统学术体系的瓦解为
前提，而在这之前，长期占据主导地位的学术构成是经院哲
学（Scholasticism）。尽管在经院哲学思想体系中，信仰与理
性也许并不矛盾，但其研究理性的最终目的是为了建立和强
化宗教信仰；即使是研究人的智性，经院哲学中的"智性的
'真正对象'是存在（Being），适当地研究人类就是研究上
帝"。[34]文艺复兴时期，发展人文主义和人文科学的目的之
一在于冲破经院哲学的束缚。按照威廉斯的说法，新型教育
理念"文化"的兴起，从根本上动摇了经院哲学的中心地位，
随之而起的人文教育强调"自由技艺"的重要，揭开了现代
人文知识发展史和教育史的崭新一页。[35]

　　"自由技艺"（"liberal arts"）原意指"自由人"应该而

---

〔34〕Basil Willey, *The Seventeenth Century Background*, *Study in the Thought of the Age in Relation to Poetry and Religion*（London: Chatto & Windus, 1946）, p. 14.
〔35〕See Williams, *Marxism and Literature*, especially Chapter 1 "Culture".

且值得拥有或掌握的知识和技能。《牛津英语词典》(*Oxford English Dictionary*) 对 "liberal" 的释义为：形容词，通常用来修饰技艺 (arts) 或科学 (sciences)，与 "奴性的" (servile) 和 "机械的" (mechanical) 等词相对。"自由技艺" 或 "自由科学" 是较高社会阶层的专利和特权，也是绅士们必备的技艺和知识，故而学习自由技艺不同于技术和职业训练，主要目的在于开拓思想，培养独立自由之精神。Liberal 一词同时还含有慷慨和胸襟宽广的意思，因而 "自由技艺" 与汉语中的 "博雅" 在表面词义上较为接近。[36] 与自由技艺相对的 "机械技艺" (mechanical arts) 则指以手工劳动为主要形式的技艺，对身体各相关部分有不同的要求，包括各种手工职业，如铜匠、鞋匠等，由于雕塑主要依靠手工完成，也归类为机械技艺。这类手工技艺主要以个人从师的方式学习，而自由技艺却必须在课堂中系统学习。中世纪学堂中的自由技艺可以分初级和高级两等，前者包括三门技艺 (科目) (the *Trivium*)：修辞、语法和逻辑，后者含有四门 (the *Quadrivium*)：数学、天文、音乐和地理。修习这些技艺或科目一般前后共需七年时间，顺利完成学业后，在英国和法国可以获得 "技艺硕士" (Master of Arts) 的头衔，而在德国则可获得 "哲学博士" (Doctor of Philosophy) 的名号。[37] 值得注意的是，初级 "三艺" 的科目：修辞、语法和逻辑几乎都是围绕语言知识和技能展开的。

──────────

[36] See "Liberal" in the *Oxford English Dictionary*.
[37] G. G. Coulton, *Medieval Panorama: The English Scene from Conquest to Reformation* (Cambridge: Cambridge University Press, 1949), p. 411.

米歇尔·福柯（Michel Foucault）在《词与物》（英文版题为《事物的秩序》）中，对西方现代知识体系的形成和发展做了整体的审视、考察和批判，特别强调了语言研究在早期人文科学发展过程中发挥的独特作用。福柯指出，西方现代知识，或所谓的"人文科学"（the human sciences）——即关于人的知识——是围绕人的三个基本生存条件发展起来的：人的身体（body）、劳动（labour）和语言（language）。对福柯而言，现代知识的出发点和关注点是具体的、社会的人的本身，即对作为活着的人、劳动的人和说话的人的了解。福柯写道：

> 事实上，人文科学针对的是活着的人，说话的人，生产的人。作为活着的生命体，人生长，人发挥作用并产生需求，人可以看到一个开放的空间，而这一空间的移动的部分在人这里相遇交汇。总体上，人的肉体的存在与外部的生命世界完全交融在一起。由于人生产物品和工具，交换所需要的东西，组织完整的流通网络以供自己所需的消费品进行流动，这样人就成了网络中的一处中介点，人的存在便立刻与他人交织在一起了。最后，人因为有语言，便可以为自己组建一个完整的象征性宇宙（a whole symbolic universe），置身其中，人便和自己的过去，和事物，和他人就有了联系，在此基础上，人同样可以建立一个知识体系（特别是建立有关自己的知

识，再由人文科学赋予它某种可能的形式）。[38]

　　在福柯的"知识考古学"（the archaeology of knowledge）中，
现代知识体系建立的过程也即现代人自觉意识成长的过程，是
现代人努力从各个方面增进对人自身的认识和理解的过程。与
人的生存条件不可分割的三个活动领域：生活（living）、生产
（producing）和讲话（speaking），自然成为现代知识关注的重点，
因此构成启蒙运动以来的西方现代知识的主体部分，在此基础
上发展出最早的三门现代知识体系：生物学（biology）、经济
学（economics）和语文学（philology）。生物学关注人的身体；
经济学关注人生存的物质条件——劳动生产；语文学关注人们
通过语言相互交流、自我表述、认识社会关系的行为。以此为
起点，现代知识进一步发展演化为分类更为细致的知识学科。
　　福柯的着眼点并非现代知识体系和学科分类本身的对
错得失，他所关注的是，不同知识体系到底是如何产生、形
成和发展起来的，又如何在发展的过程中影响和改变了人
自身的生存条件和发展轨迹。因此，人文科学（the human
sciences）考察的对象并非人的本质这类抽象的问题，而是具
体人的具体社会行为，以及包括生活、言语和劳动在内的生
存形态和条件："人文科学并不是去分析人在本质上是什么，
而是从分析实证中的人（即活着、讲话和劳动的人）延伸到
分析到底是什么因素使得这样的人可以了解（或试图了解）

----

〔38〕Michel Foucault, *The Order of Things: An Archaeology of the Human Sciences*（New York: Vintage Books, 1973）, p. 351.

什么是生活，劳动的本质和规律是如何构成的，以及在何种意义上人能够说话。"[39]这些具体的认知领域的开拓和发展为人类认识自我提供了有效的途径和平台，同时为西方现代知识体系的进一步发展和完善以及与此相联系的现代意识的建立奠定了基础。

　　福柯的知识考古叙事不仅重现了现代知识的人本（文）主义的历史渊源，在方法论上对于思想史的研究也有重要的启示。他在理论和历史的层面上提醒我们，对人或物只做形而上的或本体论的探讨和定义是错误的，因为这只会将思考带入死胡同。他认为，认知的对象应该是事物的"秩序"（the order of things），而不是事物的"本质"（the nature of things）。所谓事物的秩序，就是组成世界的人和物的关系、序列和组织。话语不仅是有关某物或某事的话语，其本身就是"物"和"事"；话语不仅是对历史的阐释，其本身就已经构成了历史，是历史的一部分；话语不仅是阐释的手段和记录，更是我们需要阐释的对象，不仅是知识的表述和载体，同时也是已经经过反复论证并被普遍接受的知识体系。所有对于人有意义的"事"和"物"，都是历史的，都是话语系统的产物，也只有在话语的历史语境中才能获得有意义的阐释。在福柯对现代知识谱系的厚实描写（thick description）中，语文学是西方现代知识中最早发展和成熟起来的人文学科之一。它以人的语言研究为重点，考察"讲话的人"。显然，现代学术在其发展初期就已经认识到语言在人的经验中不可或缺的

---

[39] Foucault, *The Order of Things*, p. 353.

重要地位。

　　然而，语文学的历史不仅是人文科学的历史，也是世界文学的历史。在历史主义的观照下，世界文学与语文学共生，皆源于早期人文主义试图了解人以及人的生存和发展条件的强烈冲动。英文 philology 可以有多种译法，"语文学"、"语言学"、"言语学"和"文献学"等。据《牛津英语词典》记载，philology 源于拉丁文 philologia，由 Philo（热爱）和 Logia（词、文字、语言）两部分组成，在意义上与哲学 philosophy 相对：前者热爱语言，后者热爱智慧。Philology 的基本意义包括热爱学问和文学，热衷于辩论和推理，喜欢演讲和讨论，与前面提到的"三艺"训练的宗旨和目标完全一致。从词源看，将 philology 译成意义宽泛一些的"语文学"似乎更加贴近原意。尽管 philology 在词源上较为古老，但作为知识学科领域的语文学直到 17 世纪才开始迅速发展。《牛津英语词典》注明，英语中最早在现代意义上使用语文学一词的是托马斯·福乐（Thomas Fuller），他在 1661 年将语文学定义为包括各种门类的人文研究的学问。语文学关注的范围十分广泛，包括一切保留在文字中、文本里的人的活动。在现代知识的发轫期，"语文学是唯一可以涵盖语言、外国语言和文本研究的标签"。[40] 在研究方法上，语文学重视历史文档，通过考察解读各种文献文本，分析和批判历史、社会。因此，语文学在其发展的早期，几乎等同于人文科学，直到 18 世纪晚期，

―――――――

〔40〕James Turner, *Philology: The Forgotten Origins of the Modern Humanities*（Princeton: Princeton University Press, 2014）, p. 3.

语文学才渐渐演变成专业化的语言学研究，特别是历史语言学和语言分类学。[41]

语文学的发展与卡萨诺瓦描述的世界文学共和国的兴起在时间上是重叠的，这应该不是偶然的巧合。作为一种新型的知识生产模式和研究方法，语文学所关注的是有关人的综合的历史知识，其研究对象包括一切文字记录的有关人的知识，当然也包括文学文本；这是一个整体性的"标签"，没有更细的学科分类，没有文本体裁的区分，也没有（民族）语言的界限。语文学的兴起从一开始就体现了欧洲现代意识中普世主义的诉求和胸襟：实现对民族文化语言的超越。语文学意味着包罗万象的知识体系，吐纳百代文本，融会贯通人类迄今为止所有文字记载的历史。因此，语文学不仅是综合的、跨学科的人文知识，也是解读世界和把握世界的全新的认知领域，昭示着现代人文学科的精神、取向和方法。

现代语文学的奠基人、意大利思想家维柯（Giambattista Vico，1668—1744）是现代人文学科发展史上的一座丰碑。他在理论上将语文学与人文主义和现代人文科学的发展紧紧联系在一起，同时将语文学定义为有着具体实践意义的知识体系。维柯的语文学是彻底的综合性知识体系，其理论和实践也是统一的。他认为人是可以认识并改变自己的生存条件的主体："民政世界既然是由人类创造的，人类就应该希望

---

[41] See "Philology" in the *Oxford English Dictionary*.

能认识它。"[42]维柯这一著名论断将超验的知识转化成世俗的
人的知识，将抽象的思辨转化为可以实践的知识。人之所以
可以认识和了解人的世界，是因为人创造了自己生活的社会，
并在创造的过程中认识人自己的行为。有了创造，才有可能
认识，没有创造，何来认识？

就人类知识生产的过程和范畴而言，维柯认为有必要区
分"意识"（consciousness）和"科学"（science），尤其要区
分二者之间在研究对象和研究方法上的不同，而区分的目的
是为了更好地认识、把握，进而规范知识生产。维柯区分的
原则简单而直接。他认为意识的认知对象是可以确认的事件
和现象，比如历史事实或事件，风土民情，法律制度，社会
机制等等，虽然它们在历史的长河中不断变化，但是通过仔
细观察和研究，人们可以在某个特定的历史时期把握、认识
它们。相比之下，科学关注的是超越时空限制，永恒不变的
原则，并非具体个别的社会现象或机制。显然，维柯所说的
"意识"是历史范畴的知识，"科学"则属于形而上的认知范
围。在区分了意识和科学两者在考察的对象和范围上的相异
之处后，维柯得出了这样的结论：语文学的任务是考察和研
究意识，即可以确认的历史中的人物、事件和现象，而哲学
则专注于科学，其主要任务是揭示绝对真理。维柯在《新科学》
中写道："哲学思考理性，从而达到对真理（the true）的认识；
语文学观察来自人类选择的东西，从而达到对确凿可凭的事
物（the certain）的认识。"维柯接着对语文学家的范畴作出

[42] 维柯，《新科学》（上），朱光潜译（北京：商务印书馆，1989），154页。

了进一步的说明：

> （139）这条公理的下半截在语言学家们之中，包括所有的语法学家、历史学家和批评家，这些人都从事于研究各民族的语言和行动事迹，包括国内的，例如习俗和法律，以及国外的，例如战争、和平、联盟、旅游和贸易。
>
> （140）这条公理还显示出：哲学家们如果不去请教于语文学家们的凭证，就不能使他们的推理具有确凿可凭性，他们的工作就有一半是失败的；同理，语文学家们如果不去请教哲学家们的推理，就不能使他们的凭证得到真理的批准，他们的工作也就有一半失败了。如果双方都向对方请教，他们对他们的政体就会更有益，而且也就会比我们早一步构思出这门新科学了。[43]

维柯的论述中有两点值得注意。第一，维柯认为哲学和语文学的目的和性质都有所不同，前者关注的是抽象的绝对理性，寻求超验的真理及认识绝对真理的途径，而语文学以人和社会为本，关注的是人的经验范围内的事物或现象。因此，语文学有别于超验的神学和形而上的思辨哲学，是入世的世俗知识。第二，语文学研究的对象和媒介是语言，尤其是以文字记录的人类的历史经验，在语文学内并无进一步门类学科的分野，所有记录在文本中的有关人的事迹（如战争、

---

[43] 维柯，《新科学》（上），103页。笔者根据英文版 *The New Science of Giambattista Vico*, trans. T. G. Bergin and M.H. Fisch (Ithaca: Cornell University Press, 1984), 对中译做了个别文字上的调整。

和平、旅游和贸易等）以及有关人的生活的社会机制（如习俗和法律等），都是语文学审视、认识和研究的对象。

我们知道，17 世纪是欧洲现代知识蓬勃发展的时代。《新科学》的书名表达了作者建构新的人文知识体系的雄心和自信。"新科学"之"新"，新在知识领域的蜕变和革新，从方法到内容，"新科学"都不同于旧时的经院哲学。然而，何谓"新科学"？"新科学"的主要内容是什么？维柯总是试图界定"新科学"的范围和意义，从不同的角度、以不同的方法去解释"新科学"的对象和原则，但最终也未能清楚说明"新科学"为何物。奥尔巴赫在"维柯和语文学的观念"中，带着一丝静静的幽默写道，对于新科学，"维柯提供了太多的答案，但从未给出一个统一完整的答案"。[44] 尽管如此，维柯发展新科学的目的和思路清晰明确；他希望在寻求绝对真理的哲学和关注人的语文学之间建立某种平衡。虽说维柯要求哲学和语文学能够相互"请教"，取长补短，恐怕他更加希望的是哲学家多向语文学请教。就认知模式而言，哲学的形而上与神学的形而上没有本质的区别，因此强调历史的语文学的世俗特点具有特殊的意义，这不仅因为语文学研究的对象和关注的中心是人和有关人的事件——生活中或历史中的具体的人和人的事件，更重要的是因为语文学的最终目的是为了改造和改进人的现实生存的条件，促进社会和文明的进步。人可以而且应该了解自己所创造的事物，包括社会、制度、习

---

[44] Erich Auerbach, "Giambattista Vico and the Idea of Philology," in *Time, History, and Literature: Selected Essays of Erich Auerbach*, trans. Jane O.Newman (Princeton and Oxford: Princeton University Press, 2014) , p. 25.

俗和法律等，并以此为起点改进或改变自己的创造物，这是维柯的语文学的基本信念。这里没有孤立、抽象的人；人的特点只有在一定的社会关系中，一定的历史条件下才能体现出来，人的本性——如果人真有本性的话——也只是人的社会关系和不停变化中的社会机制的反映。显然，维柯的语文学是人学，重点关注人在社会中的活动和发展，是彻底的世俗化的人文科学。与伽利略对天体和牛顿对自然的研究一样，维柯期望建构一套完整的人的科学体系。语文学始终都是维柯新科学中的重点，它构成了，甚至可以说等同于他自己未曾明确定义的新科学。在维柯关于人类历史和思想的宏大叙事中，语言竟占有如此特殊重要的地位。他撰写《新科学》基于这样的认识：民族和民族之间，个体的人与人之间，必然有相通的品质、性格、禀赋和习性，因此应该存在一种超越民族语言的"精神通用语"（*lingua mentale comune*），即属于人类内心世界的通用语，一种超验的元语言，而民族语言或个体的语言只是这种元语言的不同反映。维柯的语文学思想对世界文学的观念和实践产生了深远的影响。

6. 奥尔巴赫：语文学和世界文学

20 世纪伟大的语文学家埃里奇·奥尔巴赫被认为是"比较文学的奠基者""流亡知识分子的榜样""世界文学研究的预言家"。[45] 他继承并发扬光大了欧洲深厚的语文学传统，

————————

〔45〕James I. Porter, "Introduction" to *Time, History, and Literature*, p. x.

以宽广的视野，将人类的文学经验与人类的成长史联系在一起，指出世界文学是语文学传统中的重要组成部分，其文学研究展现出一幅幅宏大的人文主义全景，具有动人的学术思想魅力。二战前，奥尔巴赫在德国马尔堡大学语文学系教学。1935 年，纳粹崛起后，他被迫离职，尔后离开德国，流亡伊斯坦布尔。1947 年移民美国，先在宾夕法尼亚州立学院任职，后于 1950 年任耶鲁大学罗曼语语文学教授。奥尔巴赫逃离德国时，只带了一箱资料和书籍，在流亡伊斯坦布尔的孤寂中，凭借着有限的图书资料，写下了不朽的名作《摹仿论：西方文学中现实的再现》(*Mimesis: The Representation of Reality in Western Literature*)。1953 年，《摹仿论》英文版由普林斯顿大学出版社出版。奥尔巴赫是从德国语文学传统中走出来的学者，博大精深，通晓多种语言，兼容并蓄，善于融会贯通一切可为文学批评所用的思想、知识、文本和材料。《摹仿论》是语文学传统在文学批评、比较文学和世界文学领域内的一座丰碑。2003 年，在萨义德的推动下，普林斯顿大学出版社隆重推出了《摹仿论》五十周年纪念版，萨义德写了长篇序言，高度评价了奥尔巴赫对文学研究的贡献及其人文主义语文学在新的历史条件下的意义、价值和作用。

萨义德是奥尔巴赫语文学的忠实追随者。早在 1969 年，他就将奥尔巴赫的经典论文《语文学和世界文学》(1952)翻译成英文。在译者前言中，萨义德简明扼要地总结了奥尔巴赫所代表的欧洲语文学传统，指出语文学的研究范围包括人类主要社会历史活动如法律史和经济史等方面的文字材料；语文学的研究方法是彻底的历史主义的方法；语文学不同于哲学，它所探寻的并非永恒、抽象的真理，而是具体的社会历史条件下的相对真理；在研究切入点上，语文学从最基本、最具体的历史层面入手，但并不局限于文学文本。[46]奥尔巴赫在《拉丁古典后期和中世纪的文学语言及其受众》一书中是这样界定语文学的，"语文学是通过对文献的阐释来分辨历史上曾经被确认的真理的科学。因此，在德国，语文学意味着思想史（*Geistesgeschichte*），包括法律史和经济史在内的所有历史学科"，[47]当然还有文学史。

　　由于语文学的方法是以历史为支撑的，奥尔巴赫认为，他写作《摹仿论》其实也是在书写历史。奥尔巴赫特别强调，语文学并不期待获得形而上的永恒的认识，只求在某个时代所能达到的认知水平上获得相对的真理。在《语文学和世界文学》一文中，奥尔巴赫对语文学和世界文学的关系做了深刻的论述，清晰勾勒出世界文学和语文学的历史渊源。文中，奥尔巴赫首先回顾了歌德提出世界文学概念的历史条件，然后指出，人们对世界文学的认识，源自历史的、人文的关怀，源自语文学的历史主义，世界文学的传统便是启蒙时代的人文主义传统，以及代表这一传统的语文学。奥尔巴赫写道："我们世界文学的知识归功于历史人文主义给予那个时代的冲动；人文主义所关心的不仅是发现材料和研究方法的进

----

〔46〕见萨义德为奥尔巴赫的《语文学和世界文学》写的题记。Erich Auerbach, "Philology and *Weltliteratur*," trans. Maire and Edward Said, *Centennial Review* 8, no. 1（winter 1969）: 1-2.

〔47〕Erich Auerbach, *Literary Language and Its Public in Late Latin Antiquity and in the Middle Ages*, trans. Ralph Manheim（New York: Bollingen Foundation, 1965）, pp. 15-6.

步，而是通过对这些材料和方法的检视和评估，去书写一部
人类的内在历史（an inner history of mankind），而这内在历
史建立了人在多样性中的统一。"[48]

奥尔巴赫认为，世界文学的宗旨是探索人类心灵深层结
构中具有普遍意义的人文主义精神，以及人文主义传统所体
现的人的心灵史。研究人类内心史不仅是语文学的任务，也
是世界文学的基础：

历史是最能直接影响我们，最能深深打动我们，最
能有力推动我们走向自我意识的科学。只有在这门科学
中，人类才会集体走到我们眼前。在历史的指引下，人
们不仅可以了解过去，而且懂得一般事件的进展，所以
历史包含着现在。过去一千年的历史就是人类获得自我
表达能力的历史：这便是语文学这一历史性学科研究的
对象。这一历史包含着人在认识自我生存条件和实现内
在潜能的道路上勇敢无畏向前迈进的记录。[49]

在奥尔巴赫看来，过去的一千多年是欧洲人自我觉醒的
历史过程，约从 10 世纪起，欧洲现代民族国家逐渐摆脱了
拉丁语这一帝国语言的统治，先后获得了语言文化上的自觉
和独立。这一漫长的思想自觉的过程为现代欧洲文化的形成
和发展创造了必要的历史条件，也为现代欧洲思想史拉开了

---

[48] Auerbach, "Philology and *Weltliteratur*," p. 4.
[49] Auerbach, "Philology and *Weltliteratur*," p. 5.

序幕。在语文学精神引导下的世界文学，同样试图在具体的历史过程中探索人的内心史——人的精神史，并以此为出发点，为实现人在多元条件下的统一做出贡献。那么人的内在精神历史到底是怎样的历史？奥尔巴赫对此做出了进一步解释：人类心路历程中最普遍、最突出的部分就是人类不断努力加深对自己生存条件和环境的认识，并在这种认识的基础上永不止息地试图改变和改善自己的生存条件和生存环境。

　　奥尔巴赫认为，维柯和赫尔德（Johann Gottfried Herder, 1744—1803）开启并发展了语文学的传统，而以维柯和赫尔德为代表的欧洲语文学传统是世界文学的思想源流和生长的文化土壤。学界通常认为，歌德在1827年提出世界文学的概念是世界文学和比较文学的起点。然而，奥尔巴赫明确指出，维柯和赫尔德的语文学思想才是世界文学最重要的来源和组成部分，因而将世界文学的概念和实践大幅推前了一百五十多年。世界文学之所以是"世界"的，不完全因为经济全球化，更重要的是语文学和世界文学中综合的、普遍性的人文主义的关怀。维柯和赫尔德思想的核心内容便是这种普世的人文关怀。奥尔巴赫指出："自维柯、赫尔德以降，语文学真正的目的一直就是这种人文主义，语文学由于有了这样的目的，而成为人文学科中最主要的一支。"[50]德国语文学的传统植根于德国学术中特有的历史人文关怀，在这一伟大的传统中，赫尔德和稍后的施勒格尔兄弟（A. W. Schlegel 和 F. Schlegel）都认为历史的发展体现在个体的民族精神（*Volksgeist*）之中，

───────────

[50] Auerbach, "Philology and *Weltliteratur*," p. 4.

并将此定义为语文学研究中最重要的主题。[51]

　　然而，奥尔巴赫并没有完全沉浸于德国思想史上惯有的宏大叙事，忽略了普遍主义思想中反人文主义的因素。或许是出于一种天生的反讽气质，语文学要求我们正视其普世主义的悖论。奥尔巴赫在强调人类共同进步、共同繁荣的重要性的同时，对于他所处时代的人的生存状况和条件表达了深深的不安和忧虑。在我们这个日益变小的地球上，全球化的力量正在无情地消解着文化多元性和不同民族文化的个性，让极权思想和独裁实践获得了滋生的土壤。在解释歌德的世界文学的概念时，他指出：

　　　　我们的地球，也就是世界文学的领地，正变得越来越小，失去其多样性。然而，世界文学不仅指一般意义上的相同和人性的东西，而是认为人性是人类成员之间富有成果的交流的产物。世界文学的设想是基于一个幸运的错误（*felix culpa*）：人类分化成不同的文化。然而，今天我们的生活不断标准化，强制标准化的过程源于欧洲，仍然在进行中，破坏着所有不同的传统。[52]

　　现代化的过程与全球化的过程高度重叠，而全球化又是统一化、标准化的过程，是摒弃多元性，甚至通过暴力的手段铲除人类经验中本应存在的差别的过程。奥尔巴赫在亲历

---

[51] Auerbach, *Literary Language and Its Public in Late Latin Antiquity and in the Middle Ages*, p. 5.

[52] Auerbach, "Philology and *Weltliteratur*," p. 2.

了第二次世界大战的血腥、残酷和黑暗后写下的这段文字，理性沉静的语言背后流淌着挥之不去的忧思。这位战时流亡异国、独居伊斯坦布尔的犹太人亲身经历了纳粹征服世界的野心给人类带来的巨大灾难，认定在文学领域中对世界极权主义最好的抵抗就是坚持世界文学的人文主义理想，尽最大可能在人类共性和民族个性之间取得某种平衡：既要努力追求人类共同的精神，同时也要尊重民族发展的不同需要。

奥尔巴赫对世界文学历史源流的勾勒高屋建瓴，极富远见卓识，他似乎觉得有必要提醒今天的读者，任何时候都不应忘记，深沉的人文主义关怀仍然是语文学和世界文学的最终目的。语文学的研究方法中所蕴含的人文主义精神是奥尔巴赫对世界文学的追求，其历史人文主义旨在维护历史精神和人本主义的统一。奥尔巴赫将现代意识中的人文主义情怀与语文学的历史传统联系在一起，以语文学的方法分析世界文学，使得世界文学不仅获得了纵深的历史感和丰润的思想土壤，而且充满了浓烈而浪漫的人文主义情怀。毋庸讳言，奥尔巴赫的学术思想中留有19世纪宏大叙事和启蒙时期乌托邦思想的痕迹，洋溢着过多的理想主义色彩。然而，我们今天的文学研究中缺少的或许正是这种深沉的感情、紧迫的现实感和略带感伤的理想主义。

确实，这种人文主义的理想和情怀浓缩沉淀在奥尔巴赫的世界文学观中。他引用12世纪的教士圣维克多的雨果（Hugo of St. Victor）的一段话作为《语文学和世界文学》一文的结束语：

　　　道德的坚实的基础……在于，具有实践精神的心灵

慢慢地学会首先在可见的、暂时的事物中做出改变，而
后再将它们完全放下。感觉只有故乡甜美的人，尚属青
涩的初学者；待每一片土地如故土之人是强者；但对完
人而言，整个世界都是异国他乡。[53]

　　奥尔巴赫饱蘸着情感写下了对这段文字的感受："雨果
的文字是写给那些想要摆脱对世界之爱的人的，但是对于那
些希望推动为世界而爱的人，也同样适用。"[54]"对世界之爱"
和"为世界而爱"代表了两种不同的态度和立场，表达了两
种不同的文学观和人生观，在英文译文中以两个介词"of"
和"for"做区分。"对世界之爱"（love of the world）中的"世
界"是爱的对象，也是期望拥有或占有的对象，这种爱虽然
已经十分宽广，但仍然受制于外部世界。"为世界而爱"（love
for the world）中的世界并非爱的对象，也不是期待占有或拥
有的对象，而是爱的理由；因为世界而爱，没有具体物质对
象的爱，无功利的爱，这是无私的博爱。只有当思想融合了
深沉的道德诉求和理想，只有当我们有了超越自我——自己
的传统、文化和民族的意愿和胸怀，文学研究才有可能超越
技术性的学术研究，才会具有令人怦然心动的感染力。
　　萨义德在 20 世纪 60 年代将《语文学和世界文学》译
成英文，其中雨果的这段文字给他留下了深刻的印象，其深

---

[53] Auerbach, "Philology and *Weltliteratur*," p. 17.
[54] 这段话的英文译文为："Hugo intended these lines for one whose aim is to free
    himself from a love of the world. But it is a good way also for one who wishes to earn a
    proper love for the world." Auerbach, "Philology and *Weltliteratur*," p. 17.

沉的情感和宏大的视野在萨义德心中挥之不去。他在《东方
主义》（1978）中解释了雨果的这段话："人们越是能够离开
自己的文化家园，就越容易判断家园以及整个世界，因为真
正的见识有赖于超脱和宽容的心态。如此亦亲亦疏的心态也
让人更易于评估自我和外来文化。"〔55〕在《文化与帝国主义》
（1994）中，萨义德再次提到雨果的这段话，写下了这段感人
的文字：

> 我发觉自己一遍又一遍地重温 12 世纪萨克森地区
> 的教徒，圣维克多的雨果这段令人无法忘怀的美丽的文
> 字……二战期间流亡土耳其多年的伟大的德国学者埃里
> 奇·奥尔巴赫引用这段话，乃是为所有期望超越帝国、
> 民族和区域限制的人——男人和女人——树立一个榜
> 样。以历史学家为例，只有以这样的态度才能全面把握
> 人类经验及其文字记录的多样性和特殊性……〔56〕

一位 12 世纪的教徒的文字在七百多年后仍然如此撼人
心魄，或许是因为在"语文学和世界文学"的语境中，这段
话对《东方主义》的作者有着特殊的意义。萨义德和奥尔巴
赫一样，也是一位流亡他乡的批评家。这里，我们自然想起
了被普鲁塔克称为世界公民的苏格拉底，也想起了戈德史密
斯《世界公民》中的那位中国智者，以及托马斯·潘恩、丁

---

〔55〕 Said, *Orientalism*, p. 259.
〔56〕 Edward Said, *Culture and Imperialism* (New York: Vintage Books, 1993) , p. 335.

尼生等,他们都在"自我流放"中关注并感受着陌生的世界。显然,萨义德选择翻译奥尔巴赫的这篇文章并非偶然,亦非单纯的学术译事,更像是一次人文主义理想的演示。在真正的语文学话语体系中,批评的理念和实践应该是统一的。作为一位巴勒斯坦学者,一位为巴勒斯坦人民解放事业奔走呐喊的批评家,萨义德如此推崇一位犹太裔学者,这并非一个无足轻重的细节,其中或许蕴含着政治道德的深意。

　　奥尔巴赫竭力推动并身体力行的语文学,作为一种研究方法,尤其值得重视和学习。如果说战时在伊斯坦布尔做研究的障碍是资料匮乏,奥尔巴赫在战后和平时期碰到的问题正好相反。二次大战后,等待他的是一个信息爆炸的时代。面对大量的材料、数据和文本,奥尔巴赫颇有力不从心的感觉。在《语文学和世界文学》一文中,他提出研究方法必须与时俱进。任何领域的研究都面临着点和面的矛盾,若要深入讨论,就必须找到处理材料的"抓手"(a handle),找到有效进入问题或文本的起点(a point of deaparture)。[57]在《摹仿论》中,奥尔巴赫由小到大,从个别到一般,研究西方文学对现实的表现,是语文学研究方法的典范,对建立世界文学的研究范式极具启发。

　　概而言之,奥尔巴赫语文学研究模式有以下两个重要特点。首先,语文学的研究对象是语言,是用语言记录下来的历史文献,不仅是文学文本,而是包括所有相关学科的文本,有关人类经验的历史文献是不分领域的。流亡伊斯坦布尔期

---

[57] Auerbach, "Philology and *Weltliteratur*," p. 14.

间，受到战时客居他乡造成的研究条件的限制，奥尔巴赫的
《摹仿论》主要取材自文学作品，但奥尔巴赫在书中的旁征
博引显示出他雄厚的知识积累以及浇灌在这些积累中的精细
深邃的思想和深切的人文关怀。语言是一种社会实践，正如
威廉斯所强调的，语言的物质性（the materiality of language）
是语文学学者，以及所有人文学者应该接受的前提。[58]因此，
语文学不同于以非文本为对象的文化研究和形式语言学。威
廉斯进而认为，语言尤其是文学语言是实践性意识（practical
consciousness），对于认识历史和社会具有档案材料的价值。
威廉斯本人的文化批评实践大都以文学作品为基础或起点，
与语文学的方法并行不悖，和欧洲人文主义的学术传统一脉
相承。其次，奥尔巴赫反复强调，语文学的研究方法以（文
学）文本为起点，但不以文本为终点。在具体操作上，语文
学从具体、个别的文本出发，对文本进行细致的比较，涵泳
玩味其语言、风格、修辞，但语文学终须超越文本本身，进
入具有普遍意义的思考和分析的层面。奥尔巴赫的《摹仿论》
便是践行这种研究方法的范例。

这里强调奥尔巴赫语文学研究方法的意义，也是因为有
感于这样一种现象：长期以来，我国学院内的文学研究和教
学，特别是外国文学学科，似乎已经习惯了将（经典）文本
视为唯一和最终的学习对象。20世纪20年代在英国剑桥大
学设立的"剑桥英语"和40年代在美国流行的新批评，在
文学研究方法论和课堂教学实践上影响了几代人，一直持续

---

[58] See Williams, *Marxism and Literature*, especially Chapter 2 "Language".

至今。英美学院派文学批评之父、剑桥实践批评的创始人
伊·阿·瑞恰慈（I.A. Richards，1893—1979）在课堂上引导
训练学生阅读匿名的诗篇：不提供作者姓名和作品标题，要
求学生只凭孤立的文本进行解读。脱离了社会历史背景，学
生当然难以通过诗人的生活经历来阐释诗篇的意义，他们所
习惯的由作家到作品的传统批评方法完全失效，只能根据诗
篇的语言结构来理解和阐释该诗可能表现的内容和思想感情。
孤立的诗篇成了实践批评唯一的起点、焦点和终点。不难想
象，不同的人对这些孤立的诗篇的阐释各不相同，有时甚至
完全相反。然而，瑞恰慈的实践批评课程获得了巨大的成功，
他将学生对这些诗篇的不同反应和解读进行整理，附以评论，
汇编为《实践批评》（1925），将这种新颖的教学和批评方法
推向了世界。瑞恰慈的实践批评使文学批评成为可操作的教
学手段和学生阅读文学作品时可以操作的分析手段，为文学
批评开辟了一条新的道路，对后来的美国新批评派产生了深
远的影响。

　　批评方法固然是工具性的程序，但总是基于一定的批评
理论和意识形态，是相应的文学理论在实践中的延伸。在瑞
恰慈的实践批评中，有几点值得注意的普遍性问题。第一，
实践批评反映出当时文学界力求以"科学""客观"的态度
来研究文学作品的立场和要求，似乎剔除了作者的文本才是
客观的研究对象。第二，将诗篇本身作为文学批评的唯一对
象，坚持只能通过对诗歌语言的分析来探求该诗的意义，这
就突出了孤立的文学语言对于理解文学作品的重要性，大大
缩小了文学研究的范围。第三，阐释作品意义的过程也就是

考查文学语言运用的过程，而由于言与义这两者的关系受到诸多变量影响，因此对某一诗篇有不同的解释不仅是正常的，而且是必然的。换言之，文学表达中的歧义（ambiguity）和多义（multiple meaning）是普遍现象，而批评实践就是在不同的解释中，找到一种兼顾各方，相对贴切的意义。

就在实践批评和新批评的细读法在英美盛行之时，奥尔巴赫正在伊斯坦布尔以语文学的方法撰写《摹仿论》。表面上看，奥尔巴赫细读文本的模式同样强调文本和语言，似乎与实践批评和新批评有相似或重合之处，但细究之下，不难看出两者在本质上相去甚远。语文学虽以文本为起点，但不受制于文本的桎梏；虽以文学作品和语言为主要材料，但不止于作品，甚至不止于文学。语文学的研究方法，不但要超越文本，更要注重文本的历史。相反，实践批评和新批评一类的批评方法是反历史的，从文本出发，终止于文本，永远走不出，也不愿走出文学语言，特别是诗歌语言的迷宫。对文本的顶礼膜拜，是 20 世纪文学批评最大的成功——瑞恰慈的实践批评和美国新批评的文本中心主义至今仍然影响颇巨——但同时也是文学批评自我庸俗化的鲜明例证。

相比之下，奥尔巴赫以自己的批评实践展示了语文学独特的思想魅力。今天重提奥尔巴赫，正是希望今日的人文研究不要忘记语文学的光荣传统。从维柯、赫尔德到奥尔巴赫，语文学和世界文学的理论和实践构成了欧洲文艺思想中极具人文精神的历史传统，在人文主义的原则下，憧憬和想象人类的团结、和平和进步，同时不忘改善人类生存条件的可能和责任。语文学本质上是历史主义的研究方法，是以人为起点和终点的知识和阐释系统。正如奥尔巴赫说："不管我们是什么，我们在历史中成长，只有在历史中我们才能保持我们存在的方式，并由此得到发展；以人类历史的世界为空间的语文学家的任务就是要揭示这一点，使之浸染我们的生活，不会被遗忘。"[59] 萨义德推崇奥尔巴赫的语文学，身体力行地提倡和推行语文学的方法和实践，并非仅仅出于个人的学术喜好，更非学科的门户之见，而是在积极回应他所面对的批评理论界的现状。萨义德对 20 世纪 70 年代兴起的后现代批评日趋明显的形式化的倾向深感忧虑。如果说20世纪上半叶，文学批评的主流是形式主义和文本主义，那么 20 世纪后半叶，则是文化研究和后结构主义主导了批评理论实践，而这些批评和理论的思潮在不同程度上都带有反历史主义和反人文主义的倾向，与语文学的精神渐行渐远。萨义德推崇奥尔巴赫，或许正是希望批评界能够重拾语文学的优秀传统，更多关注当下人的生存条件的改变和进步。

前文提到，奥尔巴赫是在资料文献极其匮乏的情况下写作《摹仿论》的。写成后，他感到书中尚有诸多漏洞，但苦于缺乏参考文献而无法填补，为此颇感遗憾。在《摹仿论》的结尾，他写道：

> 我或许应该提一下，本书是战争期间在伊斯坦布尔写成的，那里的图书馆在欧洲研究方面藏书不丰。国际交流受到阻碍；我几乎读不到任何杂志，看不到最新的

[59] Auerbach, "Philology and *Weltliteratur*," p. 6.

研究成果，有些文本没有可靠的学术版本可用。所以，我或许，甚至极有可能忽略了本应该考虑的一些问题，提出了一些已经被现代研究否认或修正过的观点……从另一方面看，本书的存在完全有可能归功于没有这么一个丰富而专门的图书馆。如果可以了解如此之多课题的研究成果的话，或许我永远都不会动笔。[60]

奥尔巴赫一方面为自己书中的缺陷抱憾，另一方面又觉得得益于这些欠缺。战争造成了《摹仿论》材料上的缺憾，但也成就了这部伟大的欧洲文学史。语文学研究的对象是文本，但更重要的是关注人类的生存现状以及研究者对这些条件的感受和认识。《摹仿论》不仅是一部学术著作，它还展示了灾难中人类文明生存（civilizational survival）下去的勇气和决心。[61]伊斯坦布尔十一年流亡生涯中的分离、孤独、匮乏和苦难，奥尔巴赫写来却是波澜不惊，风轻云淡，仿佛这一番生离死别最多只是《摹仿论》的一个尾注。书中沉静

〔60〕 Erich Auerbach, *Mimesis: The Representation of Reality in Western Literature*, trans. Willard R. Trask（Princeton: Princeton University Press, 1953），p. 557. 流 亡 土 耳其期间，奥尔巴赫还写了部教材《罗曼语系和文学导论》。他在前言中谦虚地写下了一段类似的话：

　　　　这本小书是 1943 年在伊斯坦布尔写的，目的是为我的土耳其学生提供一个框架，可以让他们更好地理解课目的起源和意义。那是战争期间，我远离欧美图书馆，长期看不到新书和新杂志。现在，我忙于教学和其他工作，无法考虑修改这本手册。读过书稿的朋友认为，即使不做修改，它也可能是有用的。然而，我必须请具有批评精神的读者在审视这本书时，不要忘了本书写作的时间及其目的。

Erich Auerbach, Preface to *Introduction to Romance Languages and Literature: Latin, French, Spanish, Provençal, Italian*, trans. Guy Daniels（New York: Capricorn Books, 1961）.

〔61〕 Edward Said, "Secular Criticism," in *The World, the Text and the Critic*（Cambridge, Mass.: Harvard University Press, 1983），p. 6.

的批评语言、高度学术化的叙述、严谨周密的分析交织着作者"流亡的痛苦",[62]悄然将读者带入了一个理性与感性交融的世界。《摹仿论》结尾的这段个人感怀,仿佛一道划过的光电,霎时照亮了奥尔巴赫人文主义思想的轨迹。

[62] Said, "Secular Criticism," p. 6.

第三章

普世主义的政治:
大众语、"原始语言"和汉语

所以,白话催生了欧洲。

　　　　　　翁贝托·艾柯,《寻找完美的语言》[1]

我必须极尽我的智力所能,冒险去探讨毫无权威可以依靠的问题: 本来同一种语言成为多种语言的变化过程。

　　　　　　　　　　　但丁,《论白话》[2]

起源这里意指某物为某物以及某物作某物的来源和途径。我们将某物作为此某物的东西称作本质或本性。某物的起源即为此物本性之来源。有关艺术作品起源的问题探讨的正是其本性的来源。

　　　　　　马丁·海德格尔,《艺术作品的起源》[3]

　　"人类"这个词在柏拉图和亚里士多德那儿是找不到的; 人类是一个大家庭,是同一个上帝的孩子的观念是基督教创造的；没有基督教，关于人的科学，以及关于人类语言的科学，永远都不会产生。当人们被告知应视所有人为兄弟时——只有在这时，人类语言的多样化在惯于深思的观察家眼中才会成为一个需要解决的问题。所以我将语言科学的真正起点定在五旬节的第一天。

马克斯·缪勒，《语言科学演讲录》[4]

〔1〕 Umberto Eco, *The Search for the Perfect Language* (Oxford: Blackwell, 1995), p. 18.

〔2〕 但丁，《论白话》(《论俗语》)，《缪灵珠美学译文集》(北京：中国人民大学出版社，1987)，第 1 卷，272 页；Dante, *De vulgari eloquentia*, edited and translated by Steven Botterill (Cambridge: Cambridge University Press, 1996), p. 19。译文以缪灵珠译本《论俗语》为基础，参照英译本，做适当调整修订，题目改译为《论白话》；下同。参见本章注 11 和注 18。

〔3〕 Martin Heidegger, "The Origin of the Work of Art," in *Poetry, Language, Thought*, trans. Albert Hofstadter (New York: Harper and Row, 1971), p. 17.

〔4〕 Max Müller, *Lectures on the Science of Language* (New York: Charles Scribner, 1862), p. 128.

中西比较研究和跨文化研究似乎从未真正走出二元对立的阴影。形形色色的二元对立中，较典型和常见的有普世主义与区域主义、世界主义与民族主义间的矛盾与调和、冲突与融合。如果说鸦片战争开启了中国现代史，那么这部现代史的主线自始就注定是中国与西方列强（及日本）的关系史，是中国、中国人和中国文化与西方、西方人和西方文化的关系史。如何解读和解构中西这对终极的二元对立是中国现代意识中挥之不去的困惑。特定历史条件下的普世主义是人文主义和语文学的题中之义，也是世界文学存在的基础。可以确定，人的历史经验中如果没有可供思考、讨论和研究的某种共通性，人文科学将不复存在。当然，这里所说的共性只能是特定历史条件下的产物；只有受到时空限制的相对普遍性原则，而没有绝对的，放之四海而皆准的原则。与普世主义相对的多元文化主义（multiculturalism），其道德理想的逻辑归宿是地区本位主义（regionalism/localism）。普世主义和多元文化主义的对立不仅是中国现代性的内在矛盾，也是人文主义与生俱来的悖论。前一章提到，尽管奥尔巴赫相信并强调语文学中的人文主义和普世主义原则，但他在《语文学和世界文学》一文中，对于二战后世界的一体化，特别是文化价值标准化的趋势，显得忧心忡忡。在全球化已成为日常生活经验的今天，如何处理和协调普世主义和多元文化主义不同的政治伦理倾向，仍然是十分棘手的问题。查尔斯·泰勒（Charles Taylor）承认，一元和多元的矛盾是伦理哲学中不可避免，无法回避的悖论，不管我们如何小心翼翼地对待它们，这对矛盾在历史的关键时刻总会出现在我们面前，而我们因难以在两者之间做出选择陷入无法自拔的道德困境。[5]

以赛亚·伯林（Isaiah Berlin）认为，这种困境，这种无法在二元对立中做出选择的困境，是人类经验中挥之不去的悖论。他引用古希腊诗人阿奇洛克思（Archilochus）的寓言诗形象地比拟这一悖论："狐狸懂得很多事情，而刺猬只知道一件大事。"（The fox knows many things, but the hedgehog knows one big thing.）人对世界的认知大体也可分为两种：有些人如狐狸，对各种事物都感到好奇，而另一些人则更像刺猬，只关心着一件自以为重要的大事。接着，伯林以十分雕琢的英文写下了这段话：

> 各类之间，有一道巨壑：一边的人凡事归系于某个
> 单一的中心识见、一个多多少少连贯密合成条理明备的

---

[5] See *Philosophy in an Age of Pluralism: The Philosophy of Charles Taylor in Question*, ed. James Tully (Cambridge: Cambridge University Press, 1994), p. 214.

体系，而本此识见或体系，行其理解、思考、感觉：他
们将一切归纳于某个单一、普遍、具有统摄组织作用的
原则，他们的人、他们的言论，必惟本此原则，才有意义。
另一边的人追逐许多目的，而诸目的往往互无关联，甚
至经常彼此矛盾，纵使有所联系，亦属于由某心理或生
理原因而做的"事实"层面的联系，非关道德或美学原
则；他们的生活、行动与观念是离心，而不是向心式的；
他们的思想或零散、或漫射，在许多层次上运动，捕取
百种千般经验与对象的实象与本质，而未有意或无意把
这些实相与本质融入或排斥于某个始终不变、无所不包，
有时自相矛盾又不完全、有时则狂热的一元内在识见。[6]

　　显然，伯林所说的第一类人是"刺猬"，第二类人是"狐
狸"。刺猬可说是普世主义者（universalists），固执而教条地
只关注一种可能；多元文化主义者（multiculturalists）犹如
狐狸，兴趣广泛，愿意包容不同的人和物，却没有思想的焦
点。依照伯林的说法，思想家也可分成两大类：他们或是刺
猬，或是狐狸；他们在价值取向上的区别和矛盾是一道横亘
在两者之间的鸿沟。

　　在某些特定的历史条件下，二元对立并非总是针锋相
对的，这有时可能制造出一种错觉：似乎通过主体的选择
取舍，可以在两者之间获得平衡。然而，伯林和泰勒都指出，

---

[6]　以赛亚·伯林，《刺猬与狐狸》，《俄国思想家》，彭淮栋译（南京：译林出版社，
　　　2001），26—27页。

普世主义和文化多元主义对于文化个体来说，也许是一种
选择，即个体的人可以在刺猬和狐狸之间做出选择，但是
就社会的总体发展和人类的整体经验来看，二元对立并不
是一种选择，而是一种必然和合理的存在。我们所能做的
就是尽量缩小二者间的差距，减少二者间矛盾的尖锐程度，
但我们无法根除二者间的矛盾。试图从根本上消除文明间
的差异、矛盾和冲突，是不切实际的幻想，恰如世界大同
主义，不过是人们无法解决自身矛盾时的一种自我慰藉。
因此，普世主义与文化多元主义间的二元对立成为思想和
知识发展的可能性条件。

17、18 世纪前，思想史中根深蒂固的普世主义主要来
自宗教话语体系，其后在哲学、伦理学、美学、文学和语
言学等领域得到了进一步巩固和发展。早期资本主义社会
和文化的发展表现出资产阶级蓬勃的自信心，认定自己创
造的现代工业文明代表着人类的未来，相信自己的价值体
系放之四海而皆准。英国第一部现代小说，笛福的《鲁宾
逊漂流记》淋漓尽致地宣泄了早期资产阶级在自我认同和
自我评价上的自信。照理说，自我中心感如此强烈，甚至
有些自恋的资产阶级应该是排斥他者的，但这不等于说，
它同样排斥普世主义的价值和原则。早期资产阶级解决自
我和他者这一内在矛盾的手法简单而直接：它视自己的价
值为普世价值，视自己的文化为普世文化，视自己的文明
为普世文明，一旦条件许可，便不顾一切地在全球范围内
将自我的存在演绎为普世的存在，将自我的发展模式转化
为适用于他者的范例。不论在个人的层面上，还是在民族

国家的层面上，资本主义的文明遵循着这条冷酷的逻辑：首先确认自我，继而在此基础上，将自我的价值原则上升为适用于他者的普世的价值原则。

1. 民族、现代性和罗曼语

民族国家的建立标志着多元文化观开始影响国家意识形态。民族认同是民族国家的必要条件，在确认和接受民族构成要素的基础上，民族认同是对该民族共有的物质条件和内在属性所形成的共识。民族首先是一种组织，具有强烈的集体性和高度的稳定性。克雷格·卡尔霍恩（Craig Calhoun）在《民族主义》（*Nationalism*）一书中列举了以下八个民族构成要素。一、民族拥有共同的领土疆界和共同的人口；二、民族是有机整体，不可分割，民族内部个体之间有着内在的联系；三、民族是独立、自足、自治的实体；四、民族成员有共同参加和决定集体事务的义务，在战争时期或大型社会运动中这种义务更为突出，可以成为一种责任；五、民族成员自动拥有所属民族的身份，在这一点上，民族成员之间是绝对平等的；六、民族拥有共同的语言和文化，包括共同的信仰、价值观和习惯；七、民族的构成需要一定的时间积淀，作为共同体的民族在时间中发展和存在，其先人和后代拥有共同的历史和传统；八、民族成员具有相同的种族特性。理论上，民族的构成需要符合上述要求，但这八点是构成理想民族的条件，并非构成所有民族的必要条件。因此，现实中的民族并不都具备这八点要素。但卡尔霍恩认为，一个独立的民族至少需要符合其中的三点要求：具有相同的种族根源，享有共同的文化传统（其中最重要的是语言），拥有共同生息的土地。民族国家是在上述民族基础上形成的国家管理组织。[7]共同的语言是构成现代民族国家的必要条件之一，现代民族身份认同与对民族语言价值的确认几乎是同步的，语言的统一和独立是现代民族国家首先必须完成的任务。在这一点上，20世纪中期获得民族解放和国家独立的前殖民地国家则是例外。前殖民地国家（如印度）有着长期殖民地历史，加之其种族、宗教和语言的构成复杂，殖民者的语言（如英语）反而成为各方比较容易接受的通用语言。

意大利批评家、作家翁贝托·艾柯（Umberto Eco，1932—2016）认为，现代欧洲民族国家的崛起以民族语言的独立为前提，在一定意义上说，是现代"白话催生了欧洲"。艾柯可谓一语点破了民族语言在欧洲民族身份的形成和民族国家独立等问题上的关键角色。独立的、现代的民族语言是凝聚民族国家认同不可缺少的历史条件，也是现代文化、现代学术和现代文学必要的土壤和媒介。因此，有关独立、统一和规范的民族语言对于民族身份构建的重要性的讨论，构成了欧洲现代思想史的关键。直到18世纪后期，赫尔德仍然需要关注德国特殊的语言状况，反复强调语言对于建构民族文化身份的重要性，呼吁人们充分认识并重视语言问题。

早期现代欧洲民族语言的崛起，实际上否定了拉丁语作

---

〔7〕 Craig Calhoun, *Nationalism* (Minneapolis: University of Minnesota, 1997), pp. 4–5.

为欧洲通用语的合法性，同时也否定了通用拉丁语所代表的普世主义的语言观。不无讽刺的是，在民族语言的地位完全确立后，语言乌托邦主义却又悄然而至。有无可能找到一种超越民族语言的世界通用语，以促进不同语言社群间的交流，从而有效遏制，至少降低由于语言隔阂造成的种族与地域之间的偏见和仇恨？欧洲历史上，语言观念经历了合而分，分而又合的变迁。历史的反复真实地折射出语言和其他话语体系之间错综复杂的关系，同时反映出语言一元论和语言多元论之间的矛盾。欧洲的这段历史与中国 19 世纪末至 20 世纪初的语言文字改革运动，有着诸多可资比较参鉴之处，这一点留待后文讨论。

欧洲现代民族语言的发展过程其实就是罗曼语（the Romance Languages）（即艾柯所说的"白话"）的发展过程。奥尔巴赫在流放土耳其期间，除了《摹仿论》一书外，出于教学的需要，还为他的土耳其学生写了部教材《罗曼语系和文学导论》。书中，奥尔巴赫从语文学的角度详细描述了欧洲现代语言、现代文化和现代知识兴起的历史过程。大约自公元 4 世纪起，在长达近十个世纪的历史中，拉丁语在欧洲广泛使用，几乎等同于欧洲通用语。拉丁语原为罗马城附近的拉丁姆（Latium），即今天的拉齐奥（Lazio）地区的语言。随着罗马帝国的扩张，拉丁语在欧洲广为传播和扩散而成为"罗马人"的语言。"罗马人"（the Romans）不仅指居住和生活在罗马城内的居民，奥尔巴赫指出，"罗马人"其实是司法治理（juridical）上的概念，是罗马帝国的"政治的象征"和"管理体系"。经营、管理和扩张罗马帝国，不能只靠土生土长的罗马人，一个小城的居民，不足以统治庞大的帝国。
历史学家们所说的"罗马人"是后来逐渐罗马化的、来自各
地区的人群的概称。[8]因此，"罗马人"并非历史人类学上的
分类，也非现代意义上的种族或民族社群的概念，甚至不算
是文化地理上的概念。罗马帝国的统治不同于一般的殖民统
治，其殖民扩张和治理主要通过罗马化来完成。被帝国征服
的民族和人群，可以实现身份的转换，逐渐由被征服者成为
征服者的一部分，成为既非出生在罗马，又不在罗马居住的
"罗马人"。通过这种殖民同化的过程，罗马帝国不仅迅速有
效地扩展了管理的疆域版图，而且培养出更多的"罗马人"，
并随之将学校、文艺作品、剧场和奢侈消费品等，源源不断
地输出到帝国的各地。由此，拉丁语作为罗马人的语言在帝
国的广袤疆域内得到了物质、行政、文化的全面支持和保障，
成为帝国辖区的通用语：

> 拉丁语成为行政管理和重要生意往来的语言。这样，
> 罗马帝国的声望地位，加上实际的利益，促使被征服民
> 族中的高层首先接受了拉丁语，为了后代的发展，他们
> 又将自己的儿子送到罗马学校上学。普通人也随之接受
> 了拉丁语。与今天相比，那时的乡村对中心城市的依赖
> 性更大；所以，继城市之后，乡村也相对缓慢地罗马化
> 了。（这一过程通常需要几个世纪去完成。）帝国经济和
> 行政的统一有利于这样的发展。甚至宗教也变得越来越

[8] Auerbach, *Introduction to Romance Languages and Literature*, p. 17.

相像，地方性的神灵被认定为朱庇特、墨丘利、维纳斯，如此等等。[9]

　　罗马帝国扩张的历史就是将所征服地区全面罗马化的过程，在政治和经济上如此，在语言上更是如此。接受了帝国的语言等于接受了帝国的文化和身份；语言的同化带来其他领域的同化。尽管在地中海东部盆地，希腊语的地位此时远高于拉丁语，长期以来一直扮演着"通用语"的角色，但在西部地区，拉丁语逐步击败了相对独立的地方语言。从此，这些地方语言不复存在，拉丁语取而代之，成为这些地区的通用语言。在语言上被罗马化的地区统称为"拉丁"地区，包括伊比利亚半岛、法国、比利时部分地区、阿尔卑斯山脉西南地区的国家、意大利及其附属岛屿等。公元330年至442年间，拉丁文本中出现了一个新词 Romania，指的就是这些在语言上已经罗马化的地区。[10]

　　语言拉丁化首先是拉丁白话（Vulgar Latin）在拉丁区的接受、流传和使用。[11]口语和书面语之间本来就有差距，而

---

〔9〕　Auerbach, *Introduction to Romance Languages and Literature*, p. 20.

〔10〕　Auerbach, *Introduction to Romance Languages and Literature*, p. 20.

〔11〕　"Vulgar Latin"多译为"拉丁俗语"。"俗"字应是"vulgar"的直译，但不准确。据《牛津英语词典》，"vulgar"为限定词，用于修饰语言时意为："Of language or speech: commonly or customarily used by the people of a country; ordinary, vernacular"，与中文的"大众语""白话"较接近，而与"俗语"有别；"大众语"与"白话"之间则没有本质的区别。黎锦熙在界定"白话"等概念时做了以下简单明了的区分："'国语'是对'外国语'说的，'白话'是对'文言'说的，'大众语'是对'小众语'说的。"大众语当然是白话，所谓的"小众语"也是白话，尽管它是少数人使用的语言（如"买办式的白话"和"职业用语"）。应该注意的是，《白话》和《大众语》都是历史的概念；"宋元话本明清白话小说之类，大都是根据当时的'大众语'做的，但到现在却有许多不能说而且不能懂了"（见黎锦熙，《国语运动史纲》，上海：商务印书馆，1935，7页）。（转下页）

在罗马帝国时代，拉丁书面语和口语之间的差距则更大。拉丁区的学校里教授的拉丁文是罗马文学黄金时代的文学语言，西塞罗精致的文风是学生们研习模仿的典范，而在学校围墙外，社会下层的士兵、奴隶、流徙的移民使用的则是拉丁白话。拉丁白话自身也不统一，拉丁区中各地使用的口语有着巨大的地区差异。奥尔巴赫指出，意大利、西班牙、高卢、北非等地区和国家虽然采用拉丁白话，但这些地区在罗马化之前都有自己的语言传统。[12] 虽说这些地方语言最终被拉丁语取代，但旧时的语言习惯和用法，如发音、句式和表达上的习惯，无可避免地会在后来的拉丁白话中留下种种痕迹。这些带有鲜明地方特色的语言习惯在使用中逐渐固定下来，久而久之，成为当地拉丁语特有的语言要素，继而又在此基础上逐步发展，在传播流动中产生分化，演变为不同的拉丁白话。

罗马帝国自公元 5 世纪开始衰亡，拉丁语区域分化，出现了一些独立的语言社群。5 世纪至 10 世纪间，帝国中的通

（接上页）文言和白话都是书面语，但构成了两相对立的概念。张中行区别二者时，云："文言和白话，实物是古已有之，名称却是近几十年来才流行的。两个名称相互依存，互为对立面：因为提倡照口语写，所以以传统为对立面，并称文言；因为一贯用脱离口语的书面语写，所以以革新为对立面，并称作白话。文言，意思是只见于文而不口说的语言。白话，白是说，话是所说，总的意思是口说的语言。"可见，同口语的亲疏远近是文言和白话最大的区别。又云："'五四'时期的文学革命，举出白话以反对文言，用意是不再用文言'写'，写出来的称为'白话文'，后来有些人称为'语文体'，总之都是'文'，所以也是书面上的。"（见张中行，《文言和白话》，收入《张中行作品集》，北京：中国社会科学出版社，1995，第 1 卷，3、6 页。）"白话"为"白话文"的简称。《现代汉语词典》"俗语"条定义云："通俗并广泛流行的定型的语句，简练而形象化，大多数是劳动人民创造出来的，反映人民的生活经验和愿望。"依此定义，"俗语"只是语言（口语和书面语）中一种表达的方式，是语言整体中的一部分。此外，"俗语"略含贬义，容易被理解为社会底层用语，甚至是粗俗的语言。据此，本书将"Vulgar Latin"译为"白话"，而不用"俗语"。参见本章注解 18。

[12] Auerbach, *Introduction to Romance Languages and Literature*, p. 23.

用语开始了不可逆转的分裂，衍生出多种方言式的拉丁白话，最终演变为十几种独立的语言。这些独立的、融合了当地居民语言特点和习惯的新型拉丁白话即为罗曼语的前身。拉丁区地域辽阔，分化出的地方性的拉丁白话众多，作为通用语的拉丁白话已名存而实亡。此时的拉丁白话已不能算作单一的语言，更确切地说，它只是语言分类上的统称，包括所有由拉丁语演化而来的、带有方言性质的地方性拉丁白话。依照奥尔巴赫的叙述，我们不妨可以这样理解拉丁语的传播：拉丁语在拉丁区的传播经历了两次"白话运动"。第一次是拉丁白话在传播扩散中取代各地的方言，在一定时间内建立了较为统一的拉丁口语社群，并因此拉开了与拉丁书面语言的距离。第二次演变是随着罗马帝国的衰亡，失去了强有力的帝国在政治和经济上的支持，拉丁白话进一步地方化和口语化，衍生出罗曼语，为后来出现的欧洲现代民族语言打下了基础。这两次历史的转换在走向上正好相反：第一次是拉丁白话对地方方言的干预介入以促使统一口语社群的形成，第二次则是统一的拉丁白话在拉丁区被分化和地方化，催生出独立多元的欧洲现代民族语言。

　　据彼得·伯克（Peter Burke）判断，9世纪末至10世纪初，在拉丁区已无人将拉丁口语作为母语使用，以拉丁语为母语的社群基本全部消失。至此，帝国时代的拉丁语只剩下书面语，由于失去了母语社群，实际上已是无根的语言，类似人造书面语。[13] 此后，在10世纪到13世纪的几个世纪中，在

────────────

〔13〕 Peter Burke, *Languages and Communities in Early Modern Europe*（Cambridge:（转下页）

分离独立后的地方性"拉丁白话"区，开始出现记录当地口语的文字书写系统，逐渐取代拉丁文字，发展出现代欧洲主要的民族语言，如法语、意大利语、西班牙语等，历史语言学家将这些语言统称为"罗曼语"，同属拉丁语系。

由于罗曼语的前身拉丁白话是社会下层人士日常生活用语，没有相对稳定的语法结构，能用文字保留下来的拉丁白话的材料极少，后世对罗曼语形成的具体历史过程所知有限，因此，现代罗曼语也是研究已经消失的拉丁白话（Vulgar Latin）的语言素材和历史材料。正是在此意义上，奥尔巴赫将"拉丁白话"界定为一个语系，包括大多数罗曼方言区的地方语，而非单一具体的语言。[14] 他提醒读者，语言的一元和多元是互相交替的。罗曼语是拉丁白话整体分化的结果，但在罗曼语基本成形后，又必须进行局部的整合和统一，因此，罗曼语系中的语言可谓同中有异，异中有同。[15] 罗曼语系这一漫长的分化演变的过程与欧洲主要民族国家建立的过程在时间上基本上同步，然而，各国确认和发展民族语言的做法不完全一样。一些国家，如葡萄牙，主要通过语言立法加速完成民族语言的建立，而在其他一些地区如意大利，诗人和作家们自觉以本地白话作为创作语言，促进了该地区书面语非拉丁化的过程，有力地推动了民族语言的发展。从词源看，"Romance"原意为"以罗马白话写成的文本"，后衍生出"白话"和"大众语"的含义。16 世纪后，随着现代印

（接上页）Cambridge University Press, 2004），p. 44.

[14] Auerbach, *Introduction to Romance Languages and Literature*, p. 26.

[15] Auerbach, *Introduction to Romance Languages and Literature*, p. 23.

刷术和大众传媒的发展，年轻的罗曼语在各自的地理、民族、政治区域内得到了进一步的整合、统一和规范，由此诞生了现代标准罗曼语。

这一过程与我国"五四"时期语文改革运动统一方言，废弃文言，有意识地大量使用白话写作和创作的情况极为相似。当然，中国从未彻底沦为殖民地，并未受到外来帝国语言的统治，虽然直到19世纪末仍未建立统一的口语系统，但毋需像印度那样借助帝国语言英语去克服方言的阻隔。中国需要的恰恰是由政府和社会组织的领导力量，规划和推动统一的、可以在各方言区通用的白话。从20世纪早期的统一读音运动到现在已经广泛使用的普通话，这些行政主导，由上至下的运动都有效推动了语言的整合和统一。虽然普通话也是"人造"口语系统，但不同于强制性的外来语言，它是通过国家行政手段规划和确立的通用口语系统，在实际使用中，不必也不可能完全取代其他方言，在方言区内部可与方言并行，而在方言区之间则可以超越方言的阻隔，促进沟通。这种双轨语言现象在现代西方社会中也十分常见，普通语（标准化的大众语）和方言之间的关系既统一，又矛盾。社会个体在语言选择上的矛盾往往显示出社会阶层间的矛盾，以及不同生活形态和方式之间的矛盾。[16]

---

[16] 威廉斯在《乡村和城市》中指出，19世纪英国乡村生活在现代（城市）文明的冲击下发生了转变。哈代的名著《苔丝》的深刻之处，在于作者以饱满的同情、百般的无奈，描述了女主人公苔丝身处的历史困境及其正视困境的勇气。这部分表现在苔丝的语言上：苔丝使用"两种"语言，在外工作和出席较为正式的场合，和受过教育的绅士淑女交谈时使用的是标准英语，而在家和父母交谈时，则使用本地人世代使用的方言。Raymond Williams, *The Country and the City* (Oxford: Oxford University Press, 1973), p. 201.

2. 白话、大众语和民族文学

罗曼语内部的发展并不平衡，与此相应的欧洲民族文学的
发展速度和进程同样参差不齐。民族文学不可能是单向线性的
发展，即使仅从民族语言的角度考察民族文学的源流，也难以
确认一个清晰的民族文学的起点。但为了叙述的方便，我们可
以选取有代表性的事例作为切入点，讨论民族语言和民族文学
的关系。与法国和英国相比，意大利民族语言和文学的发展相
对滞后。众所周知，但丁是意大利民族文学道路的先驱，在现
代意大利文学的崛起和发展史中起到了无可替代的作用；他的
创作和语言理论在意大利，乃至整个欧洲文学史和思想史上留
下了深深的烙印。对本书而言，但丁的意义和价值还体现在他
在探索民族语言和民族文学道路上表现出来的多面性。拉丁语
是借来的语言，如何从现代意大利语出发，走出拉丁语的阴影，
开辟一条民族文学的道路？作为诗人的但丁，以自己的创作回
答了这个问题。被奥尔巴赫称作"诗性的百科全书"的《神曲》
以意大利语写成，成为意大利文学史上不朽的光荣。[17]但丁在
意大利文学的处女地上开垦出一片勃勃生机，同时还为这片土
地浇灌了理论的营养。但丁是一位极具思想性的语文学家，他
在《论白话》中全面论述了使用白话进行诗歌创作的正当性和
合理性。但丁身处历史的转折点，在民族意识、民族语言和民

---

〔17〕 Erich Auerbach, "The Three Traits of Dante's Poetry," in *Time, History, and Literature: Selected Essays of Erich Auerbach*, p. 188.

族文学自觉的历史转变过程中，作为当事人，作为意大利民族文学的开创者和实践者，不可能完全超越当时的语言条件。他以意大利语进行诗歌创作，却选择了用拉丁文写作《论白话》。但丁在语言选择上的不确定性，恰恰反映出意大利民族语言在初创阶段的不确定性。

《论白话》（*De vulgari eloquentia*）未完稿，约写于 1303 年至 1305 年间，是但丁流放早期的著作。[18] 全书两卷，卷一 19 章，卷二 14 章。但丁在第一卷第一章开宗明义，点出他写作《论白话》的目的和原因：

> 因为我觉得在此之前尚未有人讨论过白话的理论，还因为我们深知这种语言是人人所必需的，不仅男子，就是妇女儿童，莫不尽其性灵之所能及去掌握它，但愿皇天庇佑，我将尽我所能，就关于讲普通话的那些人的语言说点有用的东西，况且我们希望能够略为启迪某些人的识力，他们好像盲人走路那样，把明明是在前面的东西当做是在后面。[19]

---

[18] 但丁的 *De vulgari eloquentia*（On eloquence in the vernacular）书题为后人所加，中文通常译成《论俗语》。题中"俗"字应从 *vulgari* 而来，但译成"俗语"似有不妥，汉语中的俗语有"野语村言"或带有语言等级区分的含义，如此演绎但丁的 *De vulgari eloquentia* 与其原意相去甚远。英文译文中的 eloquence 意指修辞或演讲中"雄辩""流畅"等一类的品质，但也有"口语"或"语言"的意思（参见 *Oxford English Dictionary*）。在《论白话》中，但丁甚少在修辞学的意义上使用"eloquence"，比如卷一，第十一章中，但丁以"eloquence"指"日常用语"和"优雅用语"。"Eloquence in the vernacular"在意义上比较接近"口语""大众语"等，英文 vernacular 与 vulgar tongue 意近。据此理解，本书将但丁书名改译为《论白话》。参见本章注解 11。

[19] 但丁，《论白话》（《论俗语》），《缪灵珠美学译文集》，第 1 卷，263 页；Dante, *De vulgari eloquentia*, p. 3。

　　《论白话》所关注的论题是大众作为母语使用的白话。
但丁认为，人们每天都在使用它，但对它的作用和特点知
之甚少。此时的意大利民族语言犹如黑夜里远方地平线上
的一片无名之地，面对它，但丁希望照出一道光亮。那么
何谓白话？但丁对白话定义清晰明了，显示出他出色的语
文学天分：

　　　　所谓白话，就是孩提在起初解语辨音之时，从其周
　　围的人们听惯而且熟习的那种语言，简而言之，白话乃
　　是我们不凭任何正规的教育从模仿乳母而学来的那种语
　　言。从白话又产生离我们稍远的第二种语言，罗马人称
　　之为文言（*grammatica*）。……在这两种语言中，白话更
　　为可贵，首先因为它是人类最初使用的语言；其次因为
　　全世界都使用它，尽管各地发音不同，用词用字不同；
　　第三，因为对我们来说，它是自然的，而文言相比之下
　　却是人为的。[20]

　　显然，但丁这里所说的"白话"相当于母语中的口语，
主要通过模仿习得，是牙牙学语的孩童尝试自我表达时使用

---

〔20〕但丁，《论白话》（《论俗语》），《缪灵珠美学译文集》，第 1 卷，263—264 页。
　　　"文言"（*grammatica*），英文直译为"grammar"。据斯蒂芬·博特瑞尔（Steven
　　　Botterill）解释，但丁用"*grammatica*"意指"受制于各种语法规则的文学语言"。
　　　但丁在《论白话》中都是在此意义上使用 *grammatica* 的。See Dante, *De vulgari
　　　eloquentia*, p. 3; Note 1, p. 90.

的口语；在这种近乎自然的母语语言实践中，语法、修辞和文体等层面上的原则规范并不存在或作用甚微，因而白话的表达形态变化较多，在句法结构、词汇、表达方式等方面都不太固定。这是口语和书面语的不同之处，也是白话较书面语优越的原因。《论白话》的核心论点之一就是，与书面语相比，白话大众语的优势是其"自然"。

但丁论证"白话"优越性的思想直接影响了欧洲作家和诗人对民族语言的反思和认识；通过比较本民族口语和拉丁语来论证自然语言对诗歌创作的重要性，几乎成为一种论述的范式。罗兰·格林（Roland Greene）在《五个单词：莎士比亚和塞万提斯时代的批评语义学》中写道："但丁对大众语的推崇在其身后留下了一条深深的人文主义的传统：早期现代欧洲对语言——对'自然'语言的反思以比较为主要的分析论证模式，大多比较本地区、本民族的（口语）大众语和拉丁语（有时也涉及其他语言），主要目的是论证前者的自然和优越。"[21] 与白话相比，文言或文学语言（*grammatica*）的建立主要是为了将流动变化的口语固定下来。但丁写道：

> 这是文言艺术（*the art of grammar*）发明者们的起点。所谓"文言"，其目的不过是要求一种语言历千载而不变、放之四海而皆准罢了。这种文言的规则是在许多民族的

---

[21] See Roland Greene, *Five Words: Critical Semantics in the Age of Shakespeare and Cervantes* (Chicago: University of Chicago Press, 2013), p. 55.

共识的基础上制定的，不以个人的意志为转移；因此，它不会改变。所以，他们发明文言是为了避免语言因个人主观判断而改变，致使我们对古人的行为和权威性的书写（writing），或其他地区由于距离与我们不同的人的言行和书写，完全不懂或不能全懂。[22]

文言显然是指经过高度提炼的拉丁书面语。白话与文言在本质上是两种不同的语言。由于文言规则严格繁复，必须通过长期的学习才能掌握。在但丁所处的时代，文言仍然是课室里唯一的教学语言。今天，"拉丁学校"（Latin schools）和"语法学校"（Grammar schools）在英国等一些欧洲国家仍在运作。这些学校和但丁时代的学校已完全不同，但正如弗朗索瓦·瓦克（Françoise Waquet）在《拉丁文，或一种符号的帝国》中所说："'拉丁学校'这一称谓本身……充分说明拉丁文在学校这个世界里的分量。"[23]相对于"不凭任何正规的教育从模仿乳母而学来"的白话，通过课本习得的拉丁文显得格外不自然。然而，吊诡的是，拉丁文正是凭借其"非自然"的习得和传播方式获得了极高的语言结构上的稳定性，其严格而僵硬的规则不会因为时空变化而轻易改变。罗曼语崛起后，拉丁语失去了母语社群，已成死语言，然而在语法学家的努力下，通过设立严格的语言规则，具有稳定结构的

---

〔22〕但丁，《论白话》（《论俗语》），《缪灵珠美学译文集》，第 1 卷，273 页；Dante, *De vulgari eloquentia*, p. 23。

〔23〕Françoise Waquet, *Latin or the Empire of a Sign: from the Sixteenth to the Twentieth Centuries*, trans. John Howe（London: Verso, 2001）, p. 19.

拉丁书面语在教会和教育机构中传承并进一步固化，成为欧洲通用书面语。[24]

　　在区分白话和拉丁文的同时，但丁做出了鲜明的价值判断和取舍：他更强调语言的自然性和白话的优越性。从但丁的行文看，他所谓的自然语言至少包含两个特质：第一，它必须是产生于本土的语言，对于使用者来说，它如同母语或第一语言，与生俱来，无需经课堂教授即可获得；第二，它必须扎根在民族的土壤中，是溶化在民族血液中的活着的语言，有稳固的母语社群为依托。但丁几乎毫无保留地赞赏白话，这在理论上为他选择意大利语进行诗歌创作提供了强有力的支撑，特别是为接下来《神曲》的创作做了必要的理论和技术上的准备。尽管白话没有西塞罗、维吉尔式的拉丁文体的精美和崇高，但它来源于生活，植根于社群，具有强大的表现力。但丁在自己的诗歌创作中淋漓尽致地展示了意大利语的表现力。在一定意义上说，本土的、有着广泛口语社群的白话是民族文学生长和发展的最基本、最重要的前提条件。白话文学的对象是本民族的大众；民族文学发展的过程，特别是在其早期，也是大众文学的发展过程。意大利民族语言为但丁的诗歌创作提供了丰富的语言材料，而他的诗歌创作成果成为白话文学文本的范例，有力推动了白话的形式化和标准化。但丁在意大利民族文学兴起和发展的道路上，筚路蓝缕，是第一位意大利民族诗人和民族语文学家，同时在创作和理论两个层面上为意大利民族语言的统一和发展奠定

---

[24] See Eco, *The Search for the Perfect Language*, p. 36.

了基础。

建构统一的民族大众语是发展民族文学的前提条件。18
世纪后期，赫尔德面临着相似的问题。此时，拉丁语已不是
阻碍德国民族语言和民族文学发展的唯一因素，但建构统一
的德国民族文化身份，依然任重道远。[25]赫尔德在理论上最
重要、影响最为深远的创新或许是他以宏大叙事的模式，阐
述了民族语言对民族文化和民族认同的独特作用，通过重新
定义文化，再次强调建构民族文化的合理性。自赫尔德起，
"文化"一词在词义和用法上都发生了变化，最明显的标志是，
"文化"从不可数名词转变为可数名词。"文化"词义和词法
上的变化在欧洲思想史上具有重要的意义，昭示着民族文化、
文化多元主义以及民族主义思想的出现。对于这段错综复杂、
千头万绪的思想史，需要专门的研究进行仔细的梳理和辨析，
这里无法充分展开。雷蒙·威廉斯在《马克思主义与文学》
的前三章中，以不到 60 页的篇幅，高屋建瓴地勾勒了这段
至今仍令人怦然心动的文化、语言和文学思想流变转换的过
程，这是我迄今所见最为简洁、准确的描述。

威廉斯以其标志性的关键词的讨论模式，在第一章"文
化"中首先指出，"文化"不是一个"概念"（concept），而
是一个问题（problem），一个充满矛盾和变化的问题，一个
至今未能完全解决的历史问题。我们或许可以定义已经固定

---

[25] 有人曾对 18 世纪中期德国语言状况总结如下：那时候德国人依照他们所讲的
语言被分成三类："宫廷和贵族讲法语，学者们讲拉丁语，一般市民和农民则
讲一种拼拼凑凑的德语（ein Mosaik–Deutsch）。"参见姚小平，《17—19 世纪的
德国语言学与中国语言学》（北京：外语教学与研究出版社，2001），18—19 页。

成型的概念，但对于"文化"这样居于思想史核心的关键词，我们需要的不是简单的定义，而是厚实的描述。"文化"（culture）的原意是"农作物和牲畜的成长与培育"，由此衍生出"人类能力的成长和培养"。[26]"文化"更像一个动名词，一个"过程名词"（a noun of process），特别是"内在过程名词"（a noun of inner process）——描写人的内在素质成长过程的名词，[27]因而是不可数名词，不同于后来属于某地区、社群或民族的"文化"。因此，"文化"原意中并不包含民族文化的思想和意义，当然也就没有英国文化、德国文化或中国文化这样的区分；"文化"关注的重点是人自身的发展及对自我的思考和认识。威廉斯指出，正是"文化"中含有的普世主义思想，构成了维柯的人文主义和人文科学的起点，也构成了语文学和世界文学的逻辑起点。然而，到了赫尔德这里，所有这一切都改变了。威廉斯写道：

> 他［赫尔德］同意，"文化"概念侧重人类自身的历史发展，但认为这种发展十分复杂，不宜简单归为一种单一原则的演进，特别不宜将其简化为"理性"一类抽象概念的发展；他进而认为，人类自身的发展十分多样，不可能归结为以"欧洲文明"为归宿的线性进程。因此，他认为有必要指出"文化"是复数，而不是单数，以确认文化的多元性，并认识到同一文化内部各种动力

---

〔26〕Williams, *Marxism and Literature*, pp. 11, 17.
〔27〕Williams, *Marxism and Literature*, p. 13.

的复杂性和多变性。[28]

赫尔德首次提出，不同的民族必然拥有不同的文化，世界上可以有德国文化、英国文化、法国文化等等分类，即使是同一文化，由于其来源和构成的多元性，也有可能呈现出特有的多样性和复杂性。赫尔德的多元文化论为他以及后来的思想家们想象民族文化身份认同开辟了一片广阔的空间。

那么，究竟是哪些因素决定了民族文化身份，令其独特化，并有别于其他民族文化？赫尔德认为文化与其所属的特定地区、社群等客观环境有着紧密有机的联系。他所说的客观环境主要包括以下几个要素：一、自然地理和气候环境；二、本地区的历史；三、民俗特质或群体性格。[29]这三点侧重各有不同，但它们之间有着内在的紧密联系，相辅相成，特别是第二点和第三点互为表里，构成地方（民族）文化的来源和主要内容。赫尔德的民族文化理论直接催生了现代文化民族主义的思想，对德国现代民族意识的形成发挥了重要的作用。事实上，"民族主义"一词可能就是赫尔德创造出来的。[30]

在其民族文化理论的基础上，赫尔德在两个层面上阐述了民族文学的主要条件。首先，民族文学的存在和发展依赖民族语言的独立、成长和成熟。18 世纪的德国学术界，仍弥漫着

---

〔28〕 Williams, *Marxism and Literature*, p. 17.

〔29〕 Carlton J. H. Hayes, "Contributions of Herder to the Doctrine of Nationalism," *The American Historical Review*, Vol. 32, No. 4（Jul., 1927）, p. 723.

〔30〕 See Isaiah Berlin, "Herder and the Enlightenment," in *Vico and Herder: Two Studies in the History of Ideas*（London: Chatto & Windus, 1976）, p. 181.

以拉丁语为荣，以德语为耻的风气。如果民族语言是构成民族身份认同的基础，那么只有在德语彻底占据了主导地位后，才有可能想象德国自己的民族文化和文学身份；只有首先颠覆拉丁语的统治，民族白话文学才有可能成长壮大；只有摆脱了古典文学范式，民族文学才能走出自己的道路。这是赫尔德一以贯之的立场。在著名的比较文学论文《古代和现代不同民族诗歌比较的结果》中，赫尔德指出："诗歌在不同民族中是普罗透斯神，根据民族语言、习俗、习惯，根据民族性情，气候，甚至根据他们的口音，改变自己的形式。"赫尔德进一步解释民俗、语言和文学如何在变化中发展，在发展中变化：

> 随着民族的迁徙，语言的交融和变化，随着人们受到新事物的触动，人们喜好的改变及为之努力的目标的改变，随着新的模式影响着他们塑造形象，定义概念，甚至随着舌头这个小小部位的动作的变化，随着耳朵习惯了不同的声音：这样一来，诗歌艺术不仅在不同民族间有变化，在同一民族中也有变化。[31]

民族语言与民族文学的成长过程并非简单线性的或先后相继的有序过程，二者相互交叉渗透，相互促进。赫尔德认为，民族意识的凝聚力来自统一的民族语言，独立的民族语言支撑起独立的民族文化，严格说来，没有独立语言的民族，不能算

---

[31] Herder, "Results of a Comparison of Different Peoples' Poetry in Ancient and Modern Times," in *The Princeton Sourcebook in Comparative Literature*, eds. David Damrosch, Natalie Melas, and Mbongiseni Buthelezi (Princeton: Princeton University Press, 2009), p. 4.

作独立的民族，语言是构建民族身份的根本条件之一。[32]在世界民族之林中，民族语言之于民族身份犹如军队之于国家，强国不以刀剑治天下，文功胜于武略，优越的民族语言是提高国家的世界地位的最佳武器，拉丁语的帝国正是这样建立的。而在殖民和后殖民时代，英语一直都是英国极为重要的文化资源和软实力，是一则现代版的拉丁语帝国的故事。众所周知，民族语言与民族文化认同之间的关系是欧洲思想史上的重要课题。在德国思想界，除了康德，几乎所有重要的思想家、哲学家和语文学家，如费希特、A. W. 施勒格尔、F. 施勒格尔、黑格尔、谢林、洪堡特等，都从各自的角度，在不同的层面上阐发、论证和想象语言对民族文化和民族性格构建的重要性。

　　其次，在文学创作的范式问题上，赫尔德认为，德国民族文学必须摆脱古典主义的创作原则和模式，找到适合自己的发展道路。在这一点上，英国文学，特别是莎士比亚给德国文学的发展带来了巨大的灵感和创作活力。1770 年，赫尔德"偶然"发现了莎士比亚的戏剧创作，其磅礴的想象力和置古典戏剧形式于不顾的自信，极大地震撼了赫尔德。莎士比亚剧作就是一部讲述历史、天命和人世的巨著，引领赫尔德进入一个奇特的想象空间，置身于这一空间中，剧场、人物、场景等技术性的细节一一消失，历史的暴风骤雨呼啸着掠过书面，赫尔德眼前飘舞着一片片吹散的书页。莎剧中的那些人、物、财产、灵魂、形形色色的道具，各不相干，但在莎翁的笔下全都"走到了一起，组成了一个完整统一的意象，

―――――――

[32] Burke, *Languages and Communities in Early Modern Europe*, p. 164.

一个只有这位诗人才能够俯察的无与伦比的宏伟事件"。[33]
诗人以文字想象建构的世界竟如"创世记"一般美妙。赫尔
德猛然感到，莎士比亚的剧作不正是古典文学压迫下的德国
文学苦苦寻找的出路吗？德国语言和文学的现代化应该从接
受和效仿莎士比亚开始。

　　三年后，赫尔德发表了著名的《莎士比亚》（1773）一
文，以感性的语言，尽情宣泄了他对这位天才的"北方"诗
人、剧作家的仰慕。这篇文章不仅是对这位英国诗人剧作家
的礼赞，更是一份发展德国民族文学的独立宣言。在比较"南
方"的古希腊戏剧和"北方"莎士比亚戏剧的基础上，赫尔
德的结论清晰明确：莎士比亚代表的是北方民族文学发展的
未来。在古希腊戏剧和莎士比亚之间，赫尔德更倾心于后者。
这不仅是美学趣味的选择，更是政治和时代的选择。赫尔德
的选择并不是对古典戏剧的拒绝，而是在新的历史条件下，
为发展独立的民族文学必须进行的探索。

　　此时，赫尔德对长期主宰欧洲的法国古典戏剧早已心生厌
倦，对那些匍匐在古典戏剧规范和原则脚下的法国戏剧家不屑
一顾，称之为"傀儡、模仿者、猿人"。[34]莎士比亚是不知"模
仿"为何物的天才，这位文学的天神，不仅属于英国，也属于
德国，属于全欧洲——此时，赫尔德所能看到的世界文学的疆
界，大概也就止于此了。赫尔德据此在古典戏剧和现代戏剧之

---

〔33〕 Herder, "Shakespeare," in Johann Gottfried Herder, *Selected Writings on Aesthetics*, translated and edited by Gregory Moore（Princeton: Princeton University Press, 2006）, p. 299.

〔34〕 Peter Uwe Hohendahl, ed. *A History of German Literary Criticism, 1730–1980*（Lincoln and London: University of Nebraska Press, 1988）, p.73.

间划出了一条边界，但他并没有抛弃古典传统。他仍然认为民族文学需要有时间的纵深，因为历史和传统是民族性格的源泉，只不过他觉得应该建构一种不同于法国古典文学的传统。赫尔德敏锐地感到，在荷马、《旧约》和莎士比亚之间有着某种内在的有机联系，但绝不是简单的模仿和直接的承续。至于三者之间这种气质上的延续性是否确实存在并不重要，关键是赫尔德在此勾勒出另一种欧洲文学传统，同时描绘出德国文学发展的路线图。在这张文学版图上，莎士比亚是一座无可替代的丰碑，而一旦确认了这一点，德国文学也就拥有了自己的新的文学传统——浪漫主义。毫不夸张地说，赫尔德对莎士比亚的"发现"（或者说挪用和想象），催生了德国浪漫主义文学，影响了包括英国在内的整个欧洲浪漫主义文学思潮，从而完成了一个奇妙的超越民族文学的影响圈。

以上，我以但丁和赫尔德为例，概述了他们在想象和建构民族语言和民族文学过程中面临的问题以及为此付出的努力。但丁和赫尔德相距五百多年，所处的时代不同，但他们面对着相似的问题，也有着相近的目标。但丁有关白话（大众语）之于民族文学的重要性的讨论，赫尔德为发展德国民族语言和民族文学寻找新的理论支持和创作模式，与"五四"时期以胡适为代表的知识分子推动白话文学的努力有着相似和重合之处。当然，中国 20 世纪初面临的问题并非外来的帝国语言和本土语言之间的博弈，但文言和白话的冲突使胡适等人面临着与但丁和赫尔德相似的境遇和选择。胡适在《文学改良刍议》中强调现代白话文的时代性，关注的主要是形式和技术上的问题，并未像但

丁在《论白话》中那样，从语言的起源、本质以及语言与
现实的关系等角度去论证白话的必要性和优越性，也没有
以此为基础系统论证白话之于创作现代白话文学的作用和
价值。这里，将13世纪意大利民族文学、18世纪德国民族
文学和20世纪中国现代文学并置讨论，不仅是为了显示它
们之间的相似和重合之处，更重要的是为了揭示白话文的
构建与新型民族文学发展之间紧密的联系，并说明，从统
一的白话文和民族语言身份的建构出发，想象和推动现代
民族文学的发展，是中国和欧洲现代文学共同走过的道路。
从民族土壤中首先孕育出活生生的口语，继而发展出最大
限度贴近口语的白话文，这些都构成了新型民族文学产生
的必要条件。最终，摒弃"非自然"的语言——不论是外
来帝国的语言，还是已经失去口语社群依托的书面语（如
拉丁文和中国的文言文），采用本民族的白话文，是民族文
学走向繁荣的共同道路，构成了世界现代文学的历史共性。
这一点已经在但丁和赫尔德代表的欧洲民族文学运动和中
国"五四"时期新文学运动中得到了反复的实践和证明。

3. 罗曼司传奇和现代文学

　　在德国思想史上，赫尔德的宏大叙事具有一定的代表性。
然而，观念上的巨变常常始自细微之处，比如，某个关键词
的词义变化。上文提到"文化"一词词义的转变，特别是其
词性从不可数的"过程名词"转变为可数名词就是典型的一
例。柯勒律治曾精辟地指出："有些情况下，一个词的历史

比一场运动的历史能够传达出更多有价值的知识。"[35]有着悠久历史的关键词具有丰富的内涵，常常记载着重大的变迁。本章的关键词之一是 Romance。如前所述，Romance 是罗曼语系的统称，但它亦指中世纪流行的新型文学体裁：罗曼司小说或传奇故事。中世纪，所谓严肃文学仍然是拉丁文书写的文学，但大众叙事文学，如罗曼司故事则大都以通俗的民族白话写成。现代小说兴起前，欧洲最流行的叙事文学非罗曼司传奇莫属。从词源上看，romance 源自拉丁语 romanice，意为"罗马式地"或"用拉丁白话写成"，在拉丁口语转化为罗曼语的过程中，其意义逐渐演变为"用法语写成的"作品，尤其是从拉丁文译为法语的作品，并由此衍生出"法语流行诗"和其他语言流行诗的含义。此外，据《牛津英语词典》记载，12 世纪初，romance 主要指"法语白话"，后词义扩展，成为集体性名词，指由拉丁白话转化而来的罗曼语系；相关的其他词义包括：从拉丁原文翻译和改编成法语的文本或作品，以白话（而非拉丁文）写成的中世纪流行叙事文学，等等。Romance 一词中这些相关的意义于 10 世纪中前期出现，并在广泛而长期的使用中沉淀固定下来，形成了稳定的词义。从词源上看，Romance 主要的两层意义——现代罗曼语系和中世纪流行文学体裁罗曼司传奇——之间有着内在的历史联系，其词义的演变记录了从拉丁书面语向欧洲现代民族语言的转变和现代罗曼司叙事文学的兴起这两个过程。罗曼语在不同地区的崛起和强势发展，标志着具备高度民族性和地方

---

[35] S.T. Coleridge, *Aids to Reflection* (London: William Pickering, 1839), Note, p. 6.

性的白话的胜利，在取代了欧洲通用语拉丁语后，罗曼语的发展是现代民族文学发展的必要条件，而现代民族文学的发展又有力地促进了民族白话的成熟和丰富。

在语言形式上，罗曼司传奇的发展早期以诗体为主，后以散文体为主。威廉斯在《关键词》中指出，中世纪传奇文学泛指"冒险、骑士或爱情的诗歌故事"，后在16世纪西班牙传奇文学的影响下，散文体罗曼司故事渐渐流行。这种新型的叙事文学多为夸张而感伤的故事，以不羁的想象安排故事中的人物和事件。18世纪末出现的浪漫主义文学的称谓和趣味正是源自罗曼司传奇体裁及其丰富的想象力。[36]文学体裁的兴衰折射出文学思想史的变迁。在罗曼语全面取代拉丁语的过程中，史诗，这一在前现代社会形态下辉煌一时的文学体裁，开始渐渐衰落，而迅速崛起的罗曼司传奇给欧洲带来了别样的文学经验和叙事方式。W. P. 克尔（W. P. Ker）在《史诗和罗曼司传奇》中指出，史诗诞生于"英雄时代"，而罗曼司传奇则流行于"骑士时代"，两者之间的区别相当明显。"英雄时代"是"骄傲和勇敢的时代"，在这样的时代中，"没有任何极端的政治组织可以压制个人的才能和成就"，也"不可能通过民族或大众意识去孤立英雄"。[37]克尔对史诗形成的历史社会条件的描述简洁、准确，但同时暗示了史诗必然走向衰落的历史原因：史诗中的"英雄"只能在没有政治组

---

〔36〕 See Raymond Williams, *Keywords: A Vocabulary of Culture and Society* (London: Fontana, 1983), p. 275.

〔37〕 W. P. Ker, *Epic and Romance: Essays on Medieval Literature* (New York: Dover Publications, Inc., 1957), pp. 20–1.

织机制，没有自然社群，更没有民族意识和身份认同的社会历史条件下存在。所以，一旦这些早期现代社会的因素出现，史诗英雄就必然面临着"生存的危机"（existential crisis），而表现英雄事迹的史诗也必然随之衰落。

从英雄诗篇到骑士传奇转变的历史，反映了欧洲现代民族"总体进步"的历程。Romance 首先在法国流行，冲击了欧洲各国的史诗传统，影响极大，而新兴民族文学很快放弃了史诗，接纳采用新型的传奇叙事形式。[38] 作为现代叙事文学体裁的先声，罗曼司传奇并非局部的、地方性的文学体裁，也并非仅属于法国，而是具有一定普遍性并广为流传的文学形式。在相当长的一段时间里，罗曼司都是广受欢迎的叙事性文学，但它表现现实的态度和方式备受质疑。传奇故事并不注重文学表现的真实性，毫不掩饰其虚构的成分，其人物和事件与理性的、合乎常识的生活观和日常经验往往相悖。1605 年，托马斯·霍布斯（Thomas Hobbes，1588—1679）总结罗曼司传奇文学的特点时指出，这类故事总是充斥着一些不可思议的叙述元素，如"坚不可破的铠甲，魔幻的城堡，金刚不坏之身，铁人，飞马"等等，严重违反了文学应该忠实于现实的基本原则。霍布斯对罗曼司传奇的批判对英国文学产生了深远的影响，成为新古典主义理论的先声。[39] 约翰逊博士（Samuel Johnson，1709—1784）在其《英文词典》中沿用了这样的看法，将罗曼司定义为：流行于中世纪的军事

---

[38] Ker, *Epic and Romance*, pp. 3–4.
[39] See Logan Pearsall Smith, *Words and Idioms: Studies in the English Language*（London: Constable and Co. Limited, 1925），p. 71.

故事，有关战争和爱情的极度冒险的故事，热衷于不可能的事与物，完全是虚构的。[40]

　　上面提到，如果将 romance 视为欧洲文学史上的关键词，浪漫主义文学（Romantic Literature）中的"浪漫"与罗曼司传奇在词源和文学倾向性上皆有内在的联系。浪漫主义勃兴前，在新古典主义的话语体系里，形容词"浪漫的"（romantic）基本意思为"和传奇一样的"，"不真实的"，不入高雅艺术殿堂。[41]正如传奇文学在 12 世纪后逐步取代古典史诗，它自身也将被新型的叙事文学形式所取代。18 世纪初，英国现代小说崛起，很快取代了传奇文学，成为新型叙事文学的范式。在 18 世纪读者的眼里，传奇文学讲述的是遥远的过去，它所代表的是中世纪和文艺复兴时期的美学趣味，与 18 世纪新古典主义的追求相去甚远。然而，文学形式本来是历史性的，没有永远的主流和不变的体裁；流行的会被遗忘，被遗忘的可以被重新发现，稍加修正，再度流行。本来带有贬义的 Romantic——"浪漫的""罗曼司传奇式的""虚假的"等——即将迎来又一次意义上的转变，在 18 世纪末至 19 世纪初完成了一次华丽的转身，由一个贬义词转变为一个色彩斑斓，蔚为壮观的文学运动的名称。

----

〔40〕Samuel Johnson 是 这 样 定 义 "romance" 和 "romantick" 的："Romance: 1. A military fable of the middle ages; a tale of wild adventures in war and love. 2. A lie; a fiction"；"Romantick, *adj*. 1. Resembling the tales of romances; wild.... 2. Improbable; false. 3. Fanciful; full of wild scenery"。 见 *Samuel Johnson's Dictionary: A Modern Selection*, ed. E. L. McAdam, Jr., and George Milne（New York: Pantheon Books, 1964）, p. 349.

〔41〕See Merilyn Butler, *Romantics, Rebels and Reactionaries: English Literature and Its Background, 1760—1830*（New York: Oxford University Press, 1981）, p. 1.

　　此时，在浪漫主义诗人和一般读者眼里，"浪漫的"等同于"充满想象和创意的"。在著名的《文学生涯》中，柯勒律治谈到他和诗友华兹华斯共同创作《抒情歌谣集》过程中的合作分工时说：华兹华斯专写日常生活中普通的人与事，而他自己则负责表现超自然的人和物，"至少也是浪漫的人物和性格"。[42] 显然，柯勒律治所谓"浪漫"的人和物是带有浓烈的想象色彩，富有诗意，超越现实世界的人物和事件，这些描写未必符合日常生活的经验和逻辑，却饱含着诗人绚丽的想象，在别样的时空中演绎了日常社会生活的意义。柯勒律治的名篇《古舟子吟》就是一部"浪漫的"诗作，以诗的意象具体阐释了"浪漫"的意义，生动展示了浪漫主义文学追寻遥远和陌生的美的冲动，以及对超越现实局限，在想象的世界里自由创作的渴望。柯勒律治在观念和实践这两个层面上同时对"浪漫"做出了新的解释，这是英国文学史上正面使用"浪漫"一词较早的实例，从中可以看出诗人企图借助罗曼司传统的资源，拓展诗歌表现空间的创意，以及以华兹华斯和柯勒律治为代表的第一代英国浪漫主义诗人美学趣味的变化。在浪漫主义诗人寻求新的表现对象和形式的过程中，被新古典主义和现实主义叙事文学所摒弃的罗曼司传奇获得了新的意义。

　　从约 12 世纪到 19 世纪初这段漫长的历史中，"罗曼司"这个关键词在欧洲现代文学的发展中扮演了多种不同的重要

---

〔42〕柯勒律治，《文学生涯·第 14 章》，刘若端译，收入《十九世纪英国诗人论诗》，刘若端编（北京：人民文学出版社，1984），63 页。

角色。作为语言分类学概念，"罗曼司"一词的演变过程显示出拉丁语言区的分化和罗曼语崛起的过程，标志着欧洲在构建民族文化身份认同和文学现代性的道路上迈出了至关重要的第一步。另一方面，作为中世纪流行的文学体裁，罗曼司传奇的发展，特别是其形式上的演变表明，文学的发展，尤其是形式和文体的发展与语言的发展是同步进行的。罗曼司传奇的流行也是文学本土化和大众化的过程。由于年代久远，缺乏第一手文献材料，今天我们无法详尽描述作为现代语言类别的"罗曼司"和作为想象性叙事文学体裁的"罗曼司"之间的关系，但这并不影响我们的总体判断：民族白话的发展是现代文学（这里主要指传奇叙事文学）崛起的前提之一，罗曼司传奇的流行进一步巩固和提高了民族白话的地位。没有罗曼语，罗曼司传奇文学难以迅速发展，广为流传。以拉丁语创作传奇故事是难以想象的。

　　简单回顾"罗曼司"及相关词义的变化，并非为了探讨传奇文学自身的发展和变化，而是希望得出几点具有一定普遍意义的结论。关于"罗曼司"词义的发展和演变对认识中国现代语言文学的启示，后文将进一步论及。这里，暂且就前述讨论进行总结。一、"罗曼司"一词的发展说明，早期欧洲文学的发展同样经历了"从白话的文学到文学的白话"这一历史过程。如果说罗曼语和罗曼司文学的崛起拉开了欧洲思想文化的现代性的序幕，那么语言和文学现代性的首要条件是语言的本土化，而语言本土化又意味着语言大众化。只有在理论和实践的两个层面上同时确认白话和大众话的主导地位，现代民族文学才有可能获得生长的土壤和养料。二、文学体裁和形式是历史的。罗曼司传奇最终取代史诗不仅是由于读者美学趣味的改变，更重要的是史诗赖以生存的社会历史条件在中世纪中后期已渐渐消失，"骑士时代"取代"英雄时代"的过程不仅是历史时代的更替，更是社会制度和政治秩序的变迁。在新的社会历史条件下，史诗辉煌不再，最终被罗曼司传奇取代只是时间上的问题。三、文学体裁并非民族和地方性的，而是在反复传播过程中获得了普遍的意义和价值。罗曼司传奇虽然依托于地方性白话，但作为文学形式的罗曼司具有一定的广泛性和普遍性。上面提过，罗曼司最初指"法语"并因此而得名，它首先在法国发轫，继而在原拉丁区的其他罗曼语区流行，成为全欧洲的文学形式，其影响广泛而深远。尽管在18世纪开始衰落，但它所代表的审美趣味在浪漫主义文学和实践中得到了继承、修正、提升和充实。在今天的大众文艺中，"现代罗曼司"仍然具有一定的影响，在英国007系列电影中的詹姆斯·邦德身上，我们可以看到罗曼司传奇里骑士的身影。

4. 民族语言的标准化：分离还是统一？

尽管拉丁白话早已演化为多种罗曼语，并且罗曼语已经在各自的民族国家体系内深深扎根，成为民族文学创作的主要媒介，但拉丁文在少数特定的社会空间和阶层内继续使用，游离于各新兴民族国家语言之外，扮演着欧洲"知识共和国"（Republic of Learning）通用书面语的角色。减少和削弱拉丁文的影响是一个长期的过程。即使是在民族语言发展得最早、最好的法国，诗人约阿希姆·杜·贝莱（Joachim Du Bellay, 1522—1560）仍然感到古典语言对法国民族文学发展的负面影响。他在《法语辨析》（*Déffence et Illustration de la Language Française*, 1549）中强调，必须为法语注入新的活力，并在诗歌形式上大胆创新。《法语辨析》是法国 16 世纪新诗运动的一部宣言。文艺复兴时期的英国也有类似情况，培根和霍布斯创作了大量拉丁文著作。直到 18 世纪中叶，随着大英帝国的蒸蒸日上，英文地位不断上升，英国总体的拉丁文水平才有所下降。即便如此，在当时，以拉丁文写作仍然是风雅的时尚。

据载，约翰逊博士的传记作者詹姆斯·博斯韦尔一次将自己准备向爱丁堡律师学会提交的拉丁文论文呈交约翰逊过目。该学会以前收到的论文，拉丁语表述都很规范和优雅，因为都经过已故新拉丁学者、编辑托马斯·拉迪曼（Thomas Ruddiman）的校订。而博斯韦尔的拉丁文实在不敢恭维，可谓错误百出。约翰逊读了博斯韦尔的论文，连连摇头，不禁长叹一声：拉迪曼已经死了！[43] 拉迪曼之后，再难看到像样的拉丁文了。这则轶事从一个侧面表明，18 世纪的英国，拉丁文已完全失去了必要的语言环境和社会空间。此时距拉丁文成为"死语言"的那一刻已有七八百年，仍以拉丁文写作，不免让人有时空穿越的感觉。这与在 21 世纪的今天，读到中学生以文言作文的感受颇有几分相似。如果真正的古文大

---

[43] Anthony Grafton, *Worlds Made by Words: Scholarship and Community in the Modern West* (Cambridge, Mass.: Harvard University Press, 2009), p.155.

师仍在世，他们是否会发出与约翰逊博士相同的感慨？15
世纪后的欧洲，除了少数拉丁文专家外，受过一般教育的文
人、学者、神职人员的拉丁文水平已经是江河日下。伊拉斯
谟（Desiderius Erasmus，1466—1536）的一位朋友曾经听到
一名牧师布道时误用拉丁文，将"Sumpsimus"（"坚持正确
的用法"）说成"Mumpsimus"（"以讹传讹"），他便善意地
提醒这位牧师，但牧师漫不经心地答道，他这样表述已有 20
多年了，现在实在看不出有什么必要纠正这个错误。[44]

　　彼得·伯克（Peter Burke）在《早期现代欧洲的语言和
社群》中指出，文艺复兴时代的欧洲知识分子在写作中首先
面临的问题是选择何种语言。他以伊拉斯谟和马丁·路德
（Martin Luther，1483—1546）为例，说明这段时期欧洲文人
在使用语言上的考量及其比较典型的做法。伊拉斯谟的母语
是较小的语种，为了摆脱地域和语言上的限制，在知识共和
国里更广泛地传播自己的思想，他选择以拉丁文写作。相比
之下，路德虽然在面向知识界读者时仍以拉丁文为主，但他
更感兴趣的是如何能深入到社会下层，为讲德语的"普通人"
写作。路德的拉丁文极好，流畅程度不亚于德语。据说，他
能以拉丁文和自己的学生聊他在梦中的见闻和魔鬼现身一类
的话题。然而，此时尚无统一的现代德语，两个村庄相隔不
到五十公里，语言已互不相通。路德选择以德语翻译《圣经》，
为建构统一的现代德语打下了重要的基础。[45]

---

〔44〕Grafton, *Worlds Made by Words*, p. 155.
〔45〕Burke, *Languages and Communities in Early Modern Europe*, pp. 55, 103; Grafton,
Worlds Made by Words, p. 152.

至 17 世纪中叶，随着现代欧洲民族国家意识进一步增强，在学术界、知识界长期占据中心地位的拉丁文不断受到来自各方的质疑和挑战。进一步边缘化拉丁文有助于民族语言的发展和完善，因此，在这段时期，对民族语言的赞美和颂扬司空见惯。此前，英国学者们大多看不起自己的母语，认为英语是"干枯荒芜"、缺乏表现力的语言，但随着民族身份认同的加强和文化民族主义的兴起，英语的地位有了显著提升，在读者的心目中也就自然成为充满活力、"丰腴滋润"的语言。同样地，路德声称，在所有语言中（包括拉丁文），"德语是最完美的"。[46] 这段时期，对语言的价值，尤其是对民族语言价值的推崇将欧洲对语言的认知推向了新的层面。语言已不仅是表达思想的工具、灵魂的外衣，更是思想的物质性的构成要素。正如上文所说，赫尔德正是从这个角度重新阐释民族语言在建构民族文化身份过程中的价值和作用的。

在理论上阐明民族语言的重要性，只是第一步，接下来还需要进一步在实践中推广。罗曼语从近似方言的地方语发展而来，与拉丁语相比，其形式不免粗糙，在语法、句式、拼写、发音等方面都需进一步统一和规范。制定相关的原则和规则，让民族语言在结构和用法上稳固下来，为不同时代、地区和阶级的语言社群制定统一的语言标准，这是建构和发展民族语言身份的基本要求。语言的统一化和标准化对民族语言的发展至关重要，需要权威性的国家机构制定、推广和实施相关规范。在写出英国文学史上第一部现代小说《鲁宾逊漂流

---

[46] See Burke, *Languages and Communities in Early Modern Europe*, p. 68.

记》（1719）之前，笛福便热衷于英语的改革和管理。他曾呼吁建立一个类似国家科学院的机构，专门监管英语的使用，认为英语只要经过系统的"打磨提炼"，必然会成为世界上"最高贵、最完整的白话"：

> 如果国王陛下觉得合适，他可以亲自设立一个学会，其成员都是第一流的学者……学会的工作包括：鼓励雅学（polite learning），完善精炼英语，促进被忽略的正确使用语言的能力，建立纯净得体的文体，清除由于无知和装腔作势带来的文体不规范之处……通过这个学会的工作，我敢说我们英语文体的真正的光荣会展示出来，在世界上所有有教养的地方受到敬重……[47]

在整顿规范统一民族语言，提高民族语言地位的实践上，法国远远走在了英国的前面，早在 1635 年就建立了法兰西科学院（*Académie Française*），负责监督和管理法语的使用及其相关的事务。当时，英法两国在几乎所有重要的领域都是竞争对手，但法国继续引领着欧洲大陆的文化美学趣味，法语比英语的使用范围更广，认受程度更高。然而随着英国

---

[47] Daniel Defoe, *An Essay on Projects* (London: Printed by R. R. for Tho. Cockerill, 1697), pp. 232–34. 乔纳森·斯威夫特（Jonathan Swift）对通过国家的力量统一规范英语同样深感兴趣。在笛福提出建立国家科学院后，斯威夫特于 1712 年发表了《关于订正、改进、确定英语的建议》(*A Proposal for Correcting, Improving and Ascertaining the English Tongue*)，主张建立规范使用英语的国家机构，由上至下地制定标准，使得英语的语法和用法固定下来。《皇家学会史》(*History of Royal Society*, 1667) 的作者托马斯·斯普拉特（Thomas Sprat, 1635—1713）做过类似的提议。

蒸蒸日上，漫长的工业革命即将全面展开，英国的文化民族主义也开始膨胀，让英语走向世界的冲动悄然在大英帝国的早期民族意识中搏动。难怪笛福觉得，英国在语言上应该奋起直追，建立权威的国家科学院，规范并净化英语，将它磨炼打造成可与法语一争天下的世界性语言。然而，在自由主义深入人心、尊奉个人主义为至高无上的政治伦理的英国，除了法律，又有什么行政制度可以规范个人使用母语的行为呢？国家语言科学院一类的机构最终没有成立，规范英语使用的重担于是落到了个人和学术组织的肩上，他们通过编写词典、撰写语法指引等，逐步引导和规范英语的使用。17世纪和18世纪，英国较有影响的词典有罗伯特·鲁宾逊（Robert Robinson）的《发音的艺术》（*The Art of Pronunciation*,1617）、威廉·约翰斯顿（William Johnston）的《读音和拼写词典》（*Pronouncing and Spelling Dictionary*, 1764）以及约翰逊博士亲自编纂的《英文词典》。

　　另一个促进民族语言统一化、标准化的重要因素是大众传媒和出版业的迅速崛起。17、18世纪，印刷技术突飞猛进，为以报纸为代表的现代大众传媒的市场化流通提供了物质和技术支持。与此同时，随着现代出版业的兴起，现代书籍"在语言的形成和规范管理上起到了根本性的作用"。[48]书籍和报纸需要读者，读者也需要书报，书报阅读日益成为日常生活的一部分。大众传媒和现代书籍将来自

---

[48] Lucien Febvre and Henri-Jean Martin, *The Coming of the Book*: *The Impact of Printing*, *1450–1800*（London: Verso,1997）, p. 319. 另参见 Burke, *Languages and Communities*, p. 91。

不同方言区的读者凝聚在一起，形成新的读者社群，他们对书报语言有相同或相近的期待，语言的标准化、统一化成为读者群体的基础和纽带。在大众文化传媒中，书面语和口语达到了最大限度的一致。成熟的语言必须具有结构上的统一性、稳定性和可预期性。在一定意义上，民族语言的进一步统一化、标准化和形式化已经不仅是语言的问题，而是现代社会整体发展的要求。

　　从这一角度看中国 19 世纪末 20 世纪初的语文改革运动，也许我们会得出和胡适相同的结论：中国的语文改革运动开始的标志是白话报纸的出版和发行。[49] 当然，胡适这一判断基于经验和直觉，并未从根本上揭示中国语文改革，特别是汉字改革的历史必然性。中国语言文字改革，包括以白话取代文言，统一读音和拼音汉字等，只能发生在中国起步走向现代社会的历史转型期。白话报纸的出现说明，19 世纪末的中国终于初步具备了汉语改革的物质社会条件。统一标准的语言是现代社会的基本前提条件之一，而现代社会的兴起和发展也要求语言的统一化和标准化。以下即将讨论的欧洲"原始语言"运动，以及下一章讨论的世界通用语运动，可以说都是规范和统一语言的工程，它们企图在更大范围内管理语言的使用。在这两次发生在欧洲的语言运动中，汉语都扮演了关键角色。

----

〔49〕胡适，《国语运动的历史》，《胡适学术文集·语言文字研究》，姜义华主编（北京：中华书局，1993），307 页。

5. "原始语言"的迷思

民族语言的发展和巩固是现代民族国家的必要条件，然而，在欧洲民族语言相继独立，取代拉丁语的同时，寻求新的欧洲甚至世界通用语的努力也悄然开始了。虽然新兴民族国家的独立和随之而来的民族语言的独立成为现代欧洲崛起的前提，但后拉丁时代语言的碎片化给欧洲内部的交流带来了隔阂和困难。[50] 与此同时，欧洲列强几乎同时开始了在海外的殖民扩张和宗教文化扩张，其全球意识不断增强，跨国的人员、物品和商贸往来日趋频繁，在与不同语种，特别是与欧洲语系以外地区的交流中，语言隔阂造成的困难更加反衬出想象中的通用语言的便利。世界通用语因此有了某种客观上的需要和一定的合理性。在欧洲现代化的早期，当第一次真正意义上的全球化过程启动后，对零障碍的跨文化、跨语言交流的向往，成为新的历史条件下对普世主义的诉求。这个时期在欧洲兴起的世界通用语运动是世界一体化过程中极其重要的一环。世界通用语运动主要是在两个层面上展开的：一是依照《圣经》的描述，寻找人类在巴别塔丢失的原始语言；二是依照理性主义的原则和"新科学"的方法，创建一种全新的世界通用语。这里首先讨论 17 世纪在欧洲出现的寻找原始语言的运动，人造世界通用语的问题留待下一章讨论。

建立和传播全球性的知识体系——超越种族、文化、

---

〔50〕 参见 Erich Auerbach, *Introduction to Romance Languages and Literature*, especially Part One , "The Origins of the Romance Languages," pp. 13–81。

国别、语言的知识体系——的愿望，在西方源远流长。人
类一统是《圣经》的基本立场和叙事起点，而文化和语言
的分化则是人类的"错误"造成的，尽管或许如奥尔巴赫
所说，这是个"幸运的错误"（*felix culpa*），它所带来的直
接后果是语言、文学和文化的多元性。[51]世界万事万物同
宗同源是《圣经》普世主义价值体系的基础，这突出表现
在《圣经》的语言观念上：人类的语言本来是统一的，后
来才分道扬镳，各奔东西，衍生出不同的语言。《创世记》
（11：1-9）里这样写道：

> 那时，天下人的口音，言语，都是一样。他们往东
> 边迁移的时候，在示拿地遇见一片平原，就住在那里。
> 他们彼此商量说，来吧，我们要作砖，把砖烧透了。他
> 们就拿砖当石头，又拿石漆当灰泥。他们说，来吧，我
> 们要建造一座城和一座塔，塔顶通天，为要传扬我们的
> 名，免得我们分散在全地上。耶和华降临，要看看世人
> 所建造的城和塔。耶和华说，看哪，他们成为一样的人
> 民，都是一样的言语，如今既作起这事来，以后他们所
> 要作的事就没有不成就的了。我们下去，在那里变乱他
> 们的口音，使他们的言语彼此不通。于是，耶和华使他
> 们从那里分散在全地上。他们就停工，不造那城了。因
> 为耶和华在那里变乱天下人的言语，使众人分散在全地
> 上，所以那城名叫巴别。闪的后代记在下面。洪水以后

---

[51] Auerbach, "Philology and *Weltliteratur*," p. 2.

二年，闪一百岁生了亚法撒。[52]

对17世纪以前的欧洲学者而言，人类原本只有一种语言。这是再简单不过的逻辑：具有同样理性的人怎么可能有不同的语言？著名的《圣经》学者、神学家约翰·加尔文（John Calvin, 1509—1564）认为，人类语言共同体分裂的唯一合理的解释是，这是上帝对人的报复："确实，必须将语言的多样性视为极为古怪的现象。因为语言是大脑的印记，具有同样理性，生来即在社会中生活的人不用同一种语言交流。这是怎么发生的呢？……上帝正当的报复将他们的语言分裂开了。"[53]建造巴别塔表现出人类的傲慢和虚荣，理应受到上帝的惩罚。从此，"巴别塔"成了一道沉重的符咒。丢失了共同的语言，也就丢失了共同的理性和共同的文化记忆，人类与生俱来的共性便无从谈起。既然世界的分化始于语言的分化，那么世界的一统，自然首先是语言的统一。在《圣经》的叙述中，语言的分化本来就是不应有的错误造成的。经历了漫长的语言交流的混乱、隔阂后，人们重新将目光投向《圣经》，投向上帝最初赋予人的语言，对完美的原始语言的憧憬又重新开始了。

整合碎片化的人类和普世文明最有效的办法，似乎就是找回已经失落的"原始语言"。恢复前巴别塔时代的统一语

---

[52]"中文圣经在线"，http://www.chinesebibleonline.com/book/Genesis/11，2016年10月4日。

[53] John Calvin, *A Commentary on Genesis*, translated and edited by John King (Edinburgh: The Banner of Truth Trust, 1965), pp. 325–26.

言也是人类在宗教意义上通过语言进行自我救赎的努力。这里所说的"原始语言"（the primitive language）指的是传说中亚当的语言（*Lingua Adamica*）。"原始语言"中的限定词"原始"的英文"primitive"有"第一"、"最初"、"原生"和"唯一"的含义，因此中文"原始"其实不能完整涵盖"primitive"的多重意义，但苦于没有更好的对应中文，姑且用之。那么，亚当的语言到底是什么样的语言呢？能否找回这个失去的"原始语言"呢？当时，许多学者潜心从事这项今天看来近乎毫无意义的研究。然而，在特定的历史背景下，欧洲思想界对"原始语言"的想象又有其内在的逻辑和合理性。17世纪前，欧洲思想界研究和讨论语言现象离不开《圣经》，语言哲学和理论的依据主要也是《圣经》，我们迄今所见的17世纪以前有关语言起源的讨论，绝大部分都是以前述《创世记》中的叙述作为讨论的起点。[54]

例如，上面提到的但丁，也是在《圣经》有关语言起源和原始语言的框架下，论证白话对于建构意大利民族诗歌传统的价值和作用。在《论白话》中，但丁首先需要回答：什么是语言，什么样的语言才是"自然"的语言等问题。这类有关（自然）语言本质的问题直接涉及语言的起源。在一定意义上，语言的本质关乎语言起源；起源决定本质，本质体现起源，了解和认识语言起源同时也是了解和认识语言的本质，可以说，语言的起源和本质是同一问题的两个方面，两

---

[54] See Paul Cornelius, *Languages in Seventeenth- and Early Eighteenth-Century Imaginary Voyages* (Genève: Librairie Droz, 1965) , p. 5.

种表述。在《论白话》中，但丁完全接受并详细复述了《圣经》有关人类语言起源的叙述。他认为，亚当的语言首先是上帝为其创造的口语，这种语言必然是最自然的语言，其语法结构拥有内在的逻辑和意义，名词和称谓词与所指外界事物有着内在的必然联系。天下语言本来归一，然而，巴别塔计划造成了语言的混乱，致使原来统一的语言分裂开来，互不相通，直接导致了人类群体的分化、迁徙和重组。但丁是这样描写这段想象的人类语言迁徙史的：

> ……语言之混乱可以让我得出并非无关紧要的观点：人类初次散开，到世界的每一处温度区和可居住地区，直到天涯海角的僻壤。因为人类的主根是种在东方地区，我们的种族也是从东方散开，枝梢百出，四面八方，终于达到西方的边陲。所以，也许正是那时候理性的人类初饮欧洲清新的河流之水，或者至少是其中一些河流的河水。然而，不论那些人是第一次初到欧洲，还是在欧洲出生现在重返故地，总之他们带来了欧洲三个支系的语言；他们中间有些定居在南欧，有些定居在北欧，第三组，即今日我们所称的希腊人，则一半在欧洲一半在亚洲。[55]

但丁描绘了一幅巴别塔后人类语言流动分布的历史地图。经历了横跨亚欧的大迁徙后，重新回到欧洲定居的移民

---

〔55〕但丁，《论白话》（《论俗语》），《缪灵珠美学译文集》，第 1 卷，270—271 页；Dante, *De vulgari eloquentia*, p. 17.

带回了三支语系：一、东欧－希腊语；二、北欧语言；三、南欧－罗曼语。[56]有人认为，但丁对欧洲语言分布的描述是欧洲文学史上最早使用罗曼语分类的例子，不过近年来有学者对此提出了质疑。[57]对当时欧洲的语言现状，尤其是意大利的语言现状，但丁深感不满。巴别塔造成的千年的语言混乱必须得到纠正，即使一时还无法找到亚当的语言和恢复完美的原始语言，至少可以在回归欧洲的语言分支内首先建立某种形式的统一。既然原始语言已经失去，此刻但丁所能做的就是在现存语言的基础上思考和寻找民族语言的出路，为此他走遍了意大利半岛，却未能找到令他满意的、可以统一方言的白话，去重新激活意大利的诗歌传统。意大利似乎也正等待着但丁自己去完成这项伟大的事业。此时的但丁，颇有天将降大任于斯人的感觉。前面说过，但丁写作《论白话》的一个重要目的，就是在理论上阐明统一的意大利白话的重要性，而他的诗歌创作则在实践的层面上展示了新型民族白话的魅力。

但丁之后的几个世纪中，面对持续的语言混乱，寻找亚当的语言的工作蒙上了一层神圣的色彩。虽然上帝分化了人

---

[56] See A. Ewert, "Dante's Theory of Language," *The Modern Language Review*, vol. 35, No. 3 (Jul., 1940), p. 358.

[57] A. Ewert 在 "Dante's Theory of Language" 一文中具体描述了但丁对欧洲语言的分类。尽管但丁对欧洲语言分布的论述仅是片言只语，但 Ewert 认为，但丁早在 13 世纪初就提及罗曼语文学的概念，令人印象深刻。See A. Ewert, "Dante's Theory of Language," *The Modern Language Review*, vol. 35, No. 3 (Jul., 1940), pp. 355–66. Marcel Danesi 持有不同意见，认为但丁并未提出罗曼语系的概念，参见 Danesi, "Latin vs Romance in the Middle Ages: Dante's *De vulgari eloquentia* Revisited," in *Latin and the Romance Languages in the Early Middle Ages*, edited by Roger Wright (London and New York, Routledge, 1991), pp. 248–58。

类的语言，但原始语言或许并未消失，只是驻留在地球的某一处，不再担负人类通用语的职责。但丁推想，人类最早的语言是希伯来语（Hebrew），这种观点直到 17 世纪还颇为流行。然而，猜想和寻找《圣经》中的原始语言，犹如打开了潘多拉的盒子：17 世纪的语文学家们提出了各种充满想象的理论和形形色色的假设。除希伯来语外，一说是法语，一说是佛兰德语（Flemish）或瑞典语（Swedish），不一而足，可谓众说纷纭。然而，让人最感意外的是，17 世纪后半期和 18 世纪早期开始流行一种观点，认为汉语是亚当的语言。比如，曾在中国传教并在清廷工作过的法国传教士白晋（Joachin Bouver, 1656—1730），相信汉语这个古老的语言就是上帝赋予人类的原始语言。[58] 如果说，来过中国，粗通汉字，对中华悠久历史和文化有所了解的传教士们推崇汉语还可以理解，那么那些完全不谙汉语，更未曾来华的欧洲文人也对此深信不疑，则令人诧异。早在白晋之前，英国人约翰·韦伯（John Webb, 1611—1672）依据《圣经》的描述，参照他当时所见的有关中国历史、文化和语言方面的材料，得出了汉语为原始语言的结论，并洋洋洒洒写成一部篇幅不小的著作加以论证：《论中华帝国语言可能是原始语言的历史论文》（*An Historical Essay Endeavoring a Probability that the Language of the Empire of China Is the Primitive Language* [1669]）。在韦

---

[58] Burke, *Languages and Communities in Early Modern Europe*, p. 21; 参见 George J. Metcalf, "The Indo–European Hypothesis in the Sixteenth and Seventeenth Centuries," in *Studies in the History of Linguistics*, ed. Dell Hymes (Bloomington: Indiana University Press,1974)。

伯的笔下，汉语这个"异教徒"的语言却成了基督教徒正统的原始语言，听来令人啼笑皆非。

韦伯是职业建筑师，师从英国早期著名建筑师英尼哥·琼斯（Inigo Jones）。从 1628 年随琼斯学徒到 1652 年琼斯去世，在 24 年职业生涯中，韦伯似乎一直生活在老师的阴影之下，未有任何骄人的建树。或许是为了提升自己的学术声誉和地位，在学术界博得一席之地，韦伯加入了这场有关原始语言的大讨论，写了这部充满争议的《历史论文》。韦伯书中依据的材料多是传教士带回欧洲的有关中国历史和汉语的信息，包括利玛窦和金尼阁的著述。然而，韦伯并未对这些信息进行必要的梳理甄别，去伪存真，而是按照自己的需要，大胆使用和挪用这些材料，并在此基础上发挥自己的想象，既不依照事实，也不遵循严密的推理，轻易将汉语定义为《圣经》中的原始语言。韦伯最重要的论据就是，汉语有着悠久的历史，早在巴别塔之前就已经存在了。

> 东方世界的大部分地区在巴别塔大分离之前就已经存在了，在出现语言混乱（the Confusion of Tongues）之前，整个地球只有一种语言，一种发音。毫无疑问，诺亚以及那些追随诺亚但并没有去示拿（Shinnar）的人，肯定不在那里，因此无缘参加那项虚荣的工作，卷入到那里的混乱之中，也不会背负混乱语言的诅咒，而是完整保留了从诺亚那里继承的原始语言。[59]

---

〔59〕John Webb, *An Historical Essay, Endeavoring a Probability that the Language*（转下页）

　　亚当的语言并没有在上帝的诅咒下消失，而是在对欧洲人来说极其遥远而陌生的东方完整无瑕地保存下来了。至此，韦伯的奇特想象愈发不可收拾，他觉得完全有理由相信，中国人就是诺亚的后裔。在传教士有关描述的基础上，韦伯加上自己的推论，声称根据史册的记载，中国上古时期也发生了大洪水，治理洪水的卓越领袖尧帝（Jaus）应运而生，这在时间上和巴别塔前的大洪水相吻合，因此，尧帝可能就是诺亚。中国地处远离语言混乱的遥远的东方，在英明的尧帝的领导下，得以保存了原始语言，并在此基础上建立了统一而强大的帝国。优越的语言是国家繁荣的基础，中国创造了非凡的物质文明，冠于全球，这充分说明汉语的优越。此外，中国帝王的文治武功、雄才大略是中国的社会稳定和经济繁荣的重要保障。除了尧帝，韦伯还推崇汉武帝（Hiavouur）和成吉思汗（Chingus Xius）等中国帝王，前者一面对外征伐，扩张中华帝国的版图，一面铁腕治理内政，而后者无情镇压一切的骚乱和反抗，以强大的武力统一国家，韦伯认为他们都是值得欧洲君主们研究、学习和效仿的榜样。韦伯对中国的科举制度更是赞不绝口，认为中国依赖知识精英治国的理念和实践是中国开明政治和智慧治国的基础："中国的国王可说是哲人，哲人可谓是国王；一切都由他们管理。"[60]在他看来，只有拥

　　（接上页）of the Empire of China Is the Primitive Language（1669）（London: Printed for Obadiah Blagrave,1678）, p. 32.

[60] Webb, *An Historical Essay*, p. 93.

有上帝的语言的族群才能创造出如此的辉煌。

　　韦伯对自己的观点很是得意，觉得已经找到了亚当的语言。尽管当时就有人质疑汉语即大洪水前的原始语言的说法，但韦伯自负地认为，历史上所有重要的发明、发现都超越了所在时代的认识高度，自然很难为同代人理解和接受。[61] 带着一丝自嘲，韦伯将自己比拟为"发现血液循环的第一人"，虽然不为人理解，但他告诉自己，发现汉语就是原始语言的重要意义毋庸置疑。韦伯的宏大叙述今天听起来简直匪夷所思，近乎荒唐，但在特定的历史背景下，自有其特定的逻辑和意义。韦伯写作《历史论文》的意图并不限于讨论原始语言，表达对中国文化的向往，极有可能是为了宣泄自己对英格兰政治和社会的不满及其怀才不遇的郁结情志。[62]

　　17 世纪关于原始语言的争论，可谓百家争鸣，百花齐放，限于篇幅，这里无法面面俱到地讨论。巴别塔的故事讲述了语言乌托邦的可能性，其道德感召力吸引了许多人投身于寻找通用语的宏伟事业。人性中似乎天生带有自我毁灭的倾向，只有当理性恢复后才能回顾往昔的过错，自我反思和改进，重新发现自己，获取新知。寻找原始语言不完全是工具理性的冲动，不仅是为了日常交流的便利，也是一场人类自我救赎的伦理实践。这是早期语言普世主义者共同努力的方向。在欧洲早期现代性的发展中，语言成为至关重要的问

---

〔61〕 John Bold, "John Webb: Composite Capitals and the Chinese Language," *Oxford Art Journal*, vol. 4, no. 1（Jul., 1981）, p. 9.

〔62〕 See Rachel Ramsey, "China and the Ideal of Order in John Webb's an 'Historical Essay...'," *Journal of the History of Ideas*, vol. 62, no. 3（Jul., 2001）, pp. 483–503.

题，而语言问题的关键又是民族国家内的地方语和普通语，世界范围内的民族语言和通用语之间的矛盾和统一的问题。帝国的统一语言建立在殖民霸权的基础之上，对于向往独立的民族文化形成了压迫，而相互独立并行的民族语言又给民族社群间的交流造成了隔阂，不利于民族国家和欧洲的总体发展和繁荣。《圣经》中描述的巴别塔语言的分裂与真实历史中拉丁语的分裂和罗曼语的崛起有诸多契合之处。巴别塔带来的混乱首先是语言多元化带来的交流上的隔阂和语义上的混乱，人与人之间，民族与民族之间失去了统一的语言基础。此外，寻找原始语言的运动尚有另一层常常被人所忽视的含义。原始的语言——亚当的语言——必定是尽善尽美的语言，是人们获得终极真理的最佳工具和途径。[63]分裂后的现代语言无法与之相提并论，距离上帝、真理和真实必然更为遥远。原始语言运动以宗教的权威宣传并建立通用语的合理性和合法性。

然而，经过几代人的努力寻找，原始语言仍然踪迹全无，而欧洲面临的语言碎片化问题仍然需要解决。于是新的解决方案出现了。首先，规范民族语言，争取在表意上达到最大程度的清晰和准确；其次，克服独立的民族语言间交流上的障碍和阻隔。上文讨论过，前者是通过国家权威机构对民族语言进行全面、系统的整理和监管；后者的解决方法是，在找不到原始语言的情况下，设计和创造出一种科学的人造世界通用语。不

---

[63] James Knowlson, *Universal Language Schemes in England and France, 1600–1800*（Toronto: University of Toronto Press, 1975）, p. 13.

难看出，这些语言问题的背后乃是挥之不去的一元和多元的冲突。17 世纪寻找原始语言的运动和下章讨论的人造世界通用语运动，并不是偶然的、孤立的努力，而是具有代表性的思想史运动，其中固然有重新阐释和论证《圣经》有关论述的虔诚和神秘乌托邦思想的冲动，但它们出现在欧洲民族语言获得完全独立和充分发展之后，无疑是对欧洲现代文明带来的人的分化的一次集体反思，对世界共同文明的一次集体憧憬。

第四章

人造通用语、比较语文学和西方汉语观的形成

一个古老的谚语说：上帝依照重量、度量和数量创造了万物。

莱布尼茨，《通向一种普遍文字》[1]

在所有知识领域，我们都必须首先注意知识的来源或起源。

康德，《自然地理》[2]

1800年前，我们所知的世界是完全古典的（classical）世界，或者说，在一定意义上一直是已被分类的（classified）世界。

雷蒙·施瓦布，《东方文艺复兴》[3]

我们要点燃德国对印度语的热爱，至少也得为研究造势……

弗·施勒格尔，《论印度人的语言和哲学》[4]

〔1〕 莱布尼茨,《通向一种普遍文字》(1677),《莱布尼茨自然哲学著作选》,祖庆年译(北京:中国社会科学出版社,1985),1页。

〔2〕 Immanuel Kant, *Physical Geography* (1802), in *Kant: Natural Science*, ed. Eric Watkins (Cambridge: Cambridge University Press, 2012), pp. 434– 679(p. 445).

〔3〕 Raymond Schwab, *The Oriental Renaissance: Europe's Rediscovery of India and the East, 1680–1880*, trans. Gene Patterson–Black and Victor Reinking (New York: Columbia University Press, 1984), p. 23.

〔4〕 Friedrich von Schlegel, *On the Language and Philosophy of the Indians*, in *The Aesthetic and Miscellaneous Works of Friedrich von Schlegel*, trans. E. J. Millington (London: George Bell & Son, 1900), p. 427;中文译文(节译)见本书附录二"论印度语言"。

在 17 世纪的欧洲，寻找或创建可供全世界通用的语言似乎成了实践普世主义最具体、最有效的方法之一。上一章论及，因无法确定亚当到底使用的是何种语言，寻找"原始语言"的运动以失败告终。然而，几乎同时出现的人造世界通用语（universal language）的思想和实践又给普世主义者、理想主义者和乌托邦主义者带来了新的希望。从思想史的角度看，发现或发明一种超越国界和文化疆界的通用语，其意义并不限于促进便捷的交流。在启蒙理性的主导下，即将全面登上历史舞台的资产阶级及其普世价值体系同样期待着以自己的语言、形象、思想和知识体系整合碎片化的世界。就此来说，世界通用语运动是新兴资产阶级科学理性的自我表述，是资本主义为进一步在全球扩张，实现自我期许的普世价值所做的准备和努力。人造通用语运动从一个侧面反映了欧洲现代性与全球一体化之间的历史联系，而对本书的讨论尤为重要的是，它同时记录了汉语全面进入欧洲视野的轨迹，以及汉语在这场运动中扮演的角色和产生的影响。在现代知识的宏大话语体系中，西方思想界、知识界首先在语言领域

内，环顾当时可能了解到的，包括汉语在内的世界上的主要
语言系统，加以比较研究，试图从中提取和搜集设计人造通
用语的元素和材料。[5]在此过程中，汉语直接启迪了西方学
者对世界通用语，特别是通用书写系统的想象，为他们设计
人造通用语提供了不同于字母表音文字的实例。建立和推广
不分种族、文化、语言的普世性知识体系是启蒙运动的核心，
17世纪欧洲通用语运动正是这种普世主义价值体系的具体表
现。在这一场运动中，汉语的意义已经远远超出了汉语研究
本身，知识界和思想界对汉语的认识和解读构成了欧洲现代
知识话语体系的重要环节。

　　在这样的历史背景下，汉语再次引起欧洲主流思想界和
学术界的高度重视，然而，正因如此，汉语在西方的形象和
意义也渐渐被固定化、教条化，西方汉语观逐渐形成了某种
思维定式。在对汉语的集体解读中，局部的误读扩展为整体
的判断，偏见被视作真理，想象和事实的界限日益模糊。更
为严重的是，这些思想界和知识界对汉语的误读、想象和偏
见逐步构成了某种"共识"以及相应的表述方式，不停地被
引述和沿用，重复之频繁，挪用之广泛在中西交流史上实属

---

〔5〕　受到篇幅限制，这里无法详细讨论世界通用语工程的历史细节，有关欧洲思
　　　想界17世纪以来对世界共同语的想象及其在这方面所做的努力，可参看 Paul
　　　Cornelius, *Languages in the Seventeenth- and Early Eighteenth-Century Imaginary
　　　Voyages* (Genève: Librairie Droz, 1965), Umberto Eco, *The Search for the Perfect
　　　Language*, Umberto Eco, *Serendipities: Language and Lunacy*, James Knowlson,
　　　Universal Language Schemes in England and France, 1600–1800 (Toronto: University
　　　of Toronto Press, 1975), Robert E. Stillman, *The New Philosophy and Universal
　　　Languages in Seventeenth-Century England: Bacon, Hobbes, and Wilkins* (London:
　　　Associated University Presses, 1995), and M. M. Slaughter, *Universal Languages and
　　　Scientific Taxonomy in the Seventeenth Century* (Cambridge: Cambridge University
　　　Press, 1982)。

罕见，对中国在西方的形象产生了极为负面的影响。这里需要说明的是，本书讨论的西方汉语观有别于汉学界对汉语的认识和研究，以及在此基础上产生的有关汉语的专业性知识。哲学家和思想家们不同于中国文化和汉语专家，他们对汉语和中国文化的了解极其有限，在讨论汉语时主要依赖早期来华传教士的有关论述。因此，汉语观不同于汉学研究，两者在性质和影响上都有很大的区别：前者属于广义的思想史的范畴，后者则是汉学这一特定学科领域内的活动。本书讨论的西方汉语观是集体性的意见、观点和立场，是漫长的历史进程中积淀下来并被普遍接受的某种既定思想方式，在西方现代思想史上占有重要的一席。这也是西方汉语观的重要性所在。

1. 传教士的发明

　　重大的历史事件往往是在偶然中酝酿和发生的。利玛窦虽非首位将汉语介绍到西方的人，但他是首次依据第一手材料，较为系统和全面论述汉语文化的西方传教士。在华传教期间，为了便于识读汉字，他以西语字母标注汉字读音，类似我们初学英文时用汉字为英文词注音（现代汉语词汇中一些外来词语还带有这种原始注音法的印记）。然而，正是这一无心之举和权宜之计，为三百多年后声势浩大的语言文字改革运动埋下了种子，这恐怕是利玛窦始料未及的。当然，在利玛窦之前，欧洲已出版过不少有关中国文化和汉语的著述，但这些论著大多不太可靠。金尼阁在《利玛窦中国札记》

的卷首语"致读者"中写道:"到现在为止,有两类写中国
的著者:一类想象得太多;另一类听到很多,不假思索就照
样出版。"[6]利玛窦的《中国札记》出版之前,西方对中国语
言和文化的认识,大多依赖这两类作者的书。[7]尽管发行量
不小,且颇为流行,这些著述的知识性和学术价值都相当有
限。相比之下,利玛窦的《中国札记》堪称中外文化交流史
上的里程碑。

　　利玛窦1582年8月到达澳门,1610年5月11日卒于北京,
前后在中国生活、工作长达28年,几乎占去了半生岁月。出
于传教的需要,利玛窦学习汉语,最终能较为熟练地以汉语
写作。他在中国用意大利文写下的日记和笔记,由金尼阁整
理、补充后,又译成当时欧洲通用书面语拉丁文,1615年在
德国出版,后很快被译成多种语言,在欧洲广为流传。利玛
窦在中国生活多年,又比较系统熟练地掌握了汉语,他在汉
语上的造诣,其他传教士难以望其项背。[8]《中国札记》出版

---

〔6〕 利玛窦、金尼阁,《利玛窦中国札记》,何高济、王尊仲、李申译,何兆武校(北
　　　京:中华书局,1983),41页。
〔7〕 比如,门多萨的《中华大帝国史》是其中比较出名的一部。但门多萨从未到过
　　　中国,书中多是转引的材料。谈到汉语时,门多萨写道:"这个国家既能写又
　　　能读的人很少,而他们没有跟我们一样的字母,只有图形书写,同时他们要
　　　长时间,很困难地学会它,因为几乎每一个词都有一个字……他们一共有六千
　　　多彼此不同的字,但他们写得很快……它是一种书面比口语更容易理解的语言
　　　(如希伯来语),因为每个不同的字表示的含义肯定不同,这在口语中不那么容
　　　易区别。他们书写的顺序和我们的截然不同,因为他们是从上往下写,但很整
　　　齐;他们同样从右边开始朝左边写,跟我们相反。……该国人们说着各不相同
　　　的语言,可是总的说他们通过文字相互理解,用口语则不成。原因在于,一个
　　　图形或字,对他们说都表示一件事物,尽管读音不同。……日本人、琉球人、
　　　苏门答腊(Samatra)人、交趾支那国的人及邻近中国的人都用这种方式跟他
　　　们交谈;而他们的谈话和语言很快,并不比希腊人跟塔斯康人(Tuskanes)之间
　　　更能理解。"门多萨:《中华大帝国史》(1585),何高济译(北京:中华书局,
　　　1998),111—112页。
〔8〕 有关《利玛窦中国札记》对西方汉语研究的历史意义和学术价值,(转下页)

之时，正值欧洲世界通用语运动兴起之时，书中有关汉语的论述，为热衷于创造完美人造通用语的学者们提供了可信的第一手材料，成为西方汉语观的重要起点。利玛窦在书中写道：

> ……他们使用的字形很像古埃及人的象形文字。在风格和结构上，他们的书面语言与日常谈话中所用的语言差别很大，没有一本书是用口语写成的。一个作家用接近口语的体裁写书，将被认为是把他自己和他的书置于普通老百姓的水平。然而，说起来很奇怪，尽管在写作时所用的文言和日常生活中的白话很不相同，但所用的字词却是两者通用的。……所有中国的字词无一例外都是单音字。我从未遇到过双音或多音字，虽然有些字可能包含两个甚至三个元音，其中有些是双元音。……中国人不习惯说元音和辅音，因为每个字正好像每个对象一样，都是用它自己的汉字或符号来表示的，用于代表一个意思。因此汉字符号的数目就等于字的数目，措词的单位不是字而是音节。……虽然每个对象都有它自己恰当的符号，但由于许多符号所组成的方式，所以总数不超过七万或八万。一个人掌握了大约一万个这样的符号，他受的教育就达到了可以开始写作的阶段。这大概是写作通顺所要求的最低数目。

（接上页）参见 Rüdiger Schreyer, *The European Discovery of Chinese (1550–1615) or the Mystery of Chinese Unveiled* (Amsterdam: Stichting Neerlandistiek VU, 1992)。同时代中国文人对利玛窦的评价极高。李贽说，利玛窦"凡我国书籍无不读，请先辈与订音释，请明于四书性理解其大义，又请明于六经疏义者通其解说。今尽能言我此间之言，作此间之文字，行此间之仪礼，是一标志人也，中极玲珑，外极朴实"。李贽，"与友人书"，《续焚书》（卷一）（北京：中华书局，1974），上册，91 页。

在整个国家或许没有一个人掌握了所有的符号，或者可以说对于中国语文有了完全的文字知识。有很多符号发音相同，写出来却很不一样，意思也很不同。所以结果是，中文或许是所有语言中最模棱两可的了。……人们运用重音和声调来解决我称之为含义不清或模棱两可的困难问题。一共有五种不同的声调或变音，非常难于掌握，区别很小而不易领会。[9]

将利玛窦的论述归纳一下，有以下几点值得注意：一、汉字是象形文字，均为单音节字，汉字是独立的表意符号，其数量等同于表意符号的数量；二、汉语同音字众多，在日常口语交流中容易产生歧义，因此汉语在表意上极不精确和稳定；三、汉语的书面语与口语差异巨大；四、汉语词汇量庞大，总数有七万到八万，使用汉语写作，至少需要掌握一万字左右的词汇量。利玛窦的结论是中文难学，汉字难学，耗费时间："没有一种语言是像中国话那样难于被外国人所学到的。"[10]由于汉语，特别是汉字繁难，学习汉语造成了巨大的资源浪费，致使文人难以腾出时间探索实用的知识："在这个国家，以文为业的人们从小到老都要埋头学习他们的这些符号。毫无疑问这种钻研要花去大量的时间，那本来是可以用来获得更有用的知识的。"[11]

篇幅所限，这里无法详细引述利玛窦的汉语观。事实上，

---

[9]《利玛窦中国札记》，27—29 页。
[10] 同上书，29 页。
[11] 同上书，31 页。

在综合描述中国历史、文化和社会的《中国札记》中，他对汉语的评论只是一小部分。即便如此，利玛窦有关汉语的论述和汉语注音的实践在西方产生了深远的影响，成为后代思想界和学术界讨论汉语时主要的参照系和信息源，而在利玛窦言论基础上衍生出来的汉语观更是广为流传，被反复征引沿用，渐而演变为一套既定的话语体系，成为欧洲思想界、知识界集体想象汉语的原型和基础。自利玛窦来华到20世纪初，在长达三个世纪的时间中，西方在汉语及其与中国民族性、文化和社会的关系等问题上，生产和积累了大量的著述和观点，究其源头，大都可追溯到利玛窦和17世纪的人造通用语运动。

利玛窦有关汉语的论述在多方面启迪了人造通用语的理念和实践。他在《中国札记》中特别指出，汉字在相当广泛的地区扮演了通用文字的作用。这可以从两个方面看出。首先，由于历史和地理的原因，中国各地区方言间的差别巨大，以至口语不通，在实际交流中有着巨大障碍，只能依靠书面语进行沟通。因此，在口语断裂的情况下，汉语书面语实际上起到了"通用"书写系统的作用。其次，在本土汉语区以外的地区，如今天的朝鲜、日本、越南等地，虽然各国有自己的民族语言，但由于这些国家在本国书面语言体系中大量采用了汉字，甚至以汉语书面语作为本国书面语的基础，汉字在这些国家间的实际交流中起到了"通用书面语"的作用。利玛窦写道："有些国家在他们的口语方面互相之间有很大的不同，但书面语却是共通的，他们最后可以通过交换书籍和信件相互接触，这是通过说方言所无法做到的。"他举例说：

"日本人、朝鲜人、交趾人和琉球人有一些大家都有的书，但是他们口语却差别很大，以致谁也听不懂别人的话。他们都能看懂同样意义的书面语，但是各个民族却都说它自己特殊的方言。"利玛窦认为，这种情况类似中国境内方言分割的情况："在中国的各个省份，口语也大不相同，以致他们的话很少有共同之点。然而书写却构成彼此接触的充分基础。"[12]

利玛窦对汉字和汉语书写系统的描述引起了思想界极大的兴趣，对于那些苦苦思索何种文字更加适用于世界通用语的学者来说，这不啻是一项惊喜。在其早期发展阶段，人造通用语运动的重点是设计可供各民族使用的书面文字或符号。象形文字不同于表音字母文字，直接表意，超越地区口语之间的差异，可为不同的口语社群所用，被培根称为"真正的文字"（Characters reall）。[13]艾柯高度评价利玛窦的中文研究，认为他的有关著述"直接开启了自培根以来的寻求真正文字的努力"，是 17 世纪欧洲通用语思想和实践的主要灵感来源之一。[14]

2. 完美的理性和不完美的语言

奥尔巴赫说过，17 世纪是"理性乌托邦"的时代。[15]

〔12〕《利玛窦中国札记》，29—30 页。
〔13〕Francis Bacon, *The Advancement of Learning*, ed. Michael Kiernan（Oxford: Clarendon, 2000）, p. 120.
〔14〕Umberto Eco, *The Search for the Perfect Language*, p. 158.
〔15〕Erich Auerbach, "Giambattista Vico and the Idea of Philology, " in *Time, History, and Literature*, p. 27.

在语言问题上，"理性乌托邦"最为突出的表现是期盼人类共享一门统一完整、严谨实用、简明便捷的人造世界通用语。众多17世纪思想家和饱学之士对于创造人造世界通用语的设想表现出极大的兴趣，其中有来自欧洲大陆的笛卡尔、伽桑狄（Pierre Gassendi，1592—1655）、马林·梅森（Marin Mersenne, 1588—1648）、夸美纽斯（J. A. Comenius，1592—1670）、阿塔纳斯·珂雪（Athanasius Kircher, 1602—1680）、莱布尼茨，以及来自英国的弗朗西斯·培根、牛顿、罗伯特·玻意耳（Robert Boyle, 1627—1691）、塞思·沃德（Seth Ward，1617—1689）、威廉·佩蒂（William Petty, 1620—1687）、约翰·沃利斯（John Wallis，1616—1703）、约翰·雷（John Ray，1627—1705）和约翰·威尔金斯（John Wilkins，1614—1672）等一大批重要的哲学家、科学家、语文学家和文人。[16]在欧洲这场人造通用语运动中，英国知识界的贡献尤其引人注目。在英国学术传统中，不少学者不仅是知识疆域的开拓者，同时也是具有极强实践能力的行动者。这里无法逐一讨论世界通用语的各位推动者，仅以约翰·威尔金斯为例，简要回顾英国17世纪世界通用语的研究状况。

约翰·威尔金斯是英国重要的学术机构"皇家学会"（the Royal Society）的创始人之一，并担任该学会首任秘书长。在他身边科学家云集，他们研究兴趣有别，方向各异，但有着共同的理念和志向：推动理性的、实践性的新科学的发展，重新认识包括语言在内的宇宙万物及其相互关系，并在此基

---

〔16〕See Knowlson, *Universal Language Schemes in England and France, 1600–1800*, p. 8.

础上发展出解读自然和社会的新知识和新理论。皇家学会初创之时就已经认识到，科学研究必须具有现实意义，学会的主要工作便是鼓励和支持实用科研项目。作为现代科技强国，英国早在 17 世纪就已建立了类似我们今天审批、资助科研项目的组织体系，极大地促进了英国现代科学和知识的进步。威尔金斯自己的人造通用语研究项目，也在皇家学会赞助之列。因此，他的人造通用语研究并不是孤立的个人研究，而是带有一定组织性质的科研项目，这多少能说明，当时英国主流科学界和思想界已经认识到人造通用语的意义和潜在价值。

在现代学科分类建立前的 17 世纪和 18 世纪，杰出的思想家、作家、学者都是知识渊博的"文人"（men of letters），其兴趣之广、著述之博，与今天的治学之道大相径庭。威尔金斯就是这样的文人，仅从他出版的著作题目，我们就可以感受到那时的学者在知识想象的空间中如何自由欢快地遨游：《发现月球上的世界》（*The Discovery of a World in the Moone*）（1638），《论新星球》（*A Discourse Concerning a New Planet*）（1640），《神奇数学》（*Mathematical Magick*）（1648），《论自然宗教的原则和责任》（*Of the Principle and Duties of Natural Religion*）（1675）；与语言直接有关的著作主要有两部：《墨丘利神，或秘密、快速的信使》（*Mercury, or The Secret and Swift Messenger*）（1641）和 1668 年在伦敦出版的《论真正的文字和哲学语言》（*An Essay towards a Real Character, and a Philosophical Language*），前者是英国第一部研究密码语言的著作，后者是讨论世界通用语的专著。《论

真正的文字和哲学语言》在 17 世纪欧洲人造通用语的运动
中占有极为重要的位置，是英国人造通用语著述中的经典之
作。艾柯认为，威尔金斯在此书中设计的人造通用语是 17
世纪最为完整和系统的分析性语言，[17]与当时形形色色的世
界通用语方案相比，他的通用语书写系统更加简洁、规范和
实用。

　　在《论真正的文字和哲学语言》书首"献辞"中，威尔
金斯开宗明义，指出他写作此书和创立人造世界通用语言的
目的，是为了摆脱人类长期背负的"混乱的诅咒"。上帝对
人类建造巴别塔的惩罚是剥夺人类本来共享的语言，在现实
世界中，形形色色、互不相通、彼此排斥的语言书写系统，
就是这一"混乱诅咒"的现实注脚，而更为糟糕的是，除了
语言之间的隔阂，每种语言的内部还存在着不同程度的语义
混乱，夹杂着大量的比喻和不标准的词汇，表意不清，进一
步加剧了理解和交流的困难。他写道：

　　　　因为比喻和词语用法所带来的歧义，在所有成型的
　　语言中都存在，非常明显，非常多样化，故无需在此举
　　例说明。任何语言都有自己特定的词语，如果直译到另
　　一种语言，会显得不合常理（wild）、无意义。我们的
　　英语中这样的词语太多了。看看下面这些词吧：*Break,
　　Bring, Cast, Cleare, Come, Cut, Draw, Fall, Hand,
　　Keep, Day, Make, Pass, Put, Run, Set, Stand,*

---

〔17〕Eco, *The Search for the Perfect Language*, p. 238.

Take，查一查词典就可以知道，根据它们在词组中的用法，每一个词都有三四十种意思，有些词有一百多种意思。尽管语言中的词语的多样化有助于演讲的优雅和修饰，但如同其他有意而为的修饰一样，不利于演讲应有的简明，给演讲带上了伪饰的面具。此外，和其他时髦的东西一样，它们非常易变，一代人有一代人的词语。看看我们这个时代，特别是近一段时间，装腔作势的堂皇的词语吞噬了各行各业中的牢靠的知识，［这样使用语言的人］都是地位极高的人，他们精于哗众取宠的演讲形式，在其他方面却一窍不通。[18]

威尔金斯这里列举的常用英语单音节动词，因为多义而模糊，不同的搭配竟然可以产生几十种意义和用法。除了词义，冗繁的用法和不断翻新的修辞手法更是令威尔金斯分外沮丧。为什么不能一词对一物呢？一个可以表达几十乃至上百种意思的词如何能做到精准表意？难道还要再加上"优雅的修饰"，使得本来歧义丛生的语言更加意义含混？同一事物真需要几个甚至几十个词语来表达吗？同一个词真的需要有几十种意义吗？为什么语义用法可以如此多变，每一代人总要造出属于自己的词汇？威尔金斯对语言的现状深感不满，而更加令他忧心的是，冗繁、重叠、多元的词汇表达必然会扭曲所指的意义，使语言成为认识和真理之间的一道屏

［18］John Wilkins, *An Essay towards a Real Character, and a Philosophical Language*（London: S. Gellibrand, 1668），pp. 17–8.

障,引发思想的混乱和道德的堕落。17 世纪英国科学家认为,
一词多义,多词同义,尤其是喻指或其他修辞手段,乃语言
运用之大弊;比喻类的修辞手段(明喻、暗喻、拟人、寓言
等),总是以迂回的语言取代直截了当的表达。[19]前一章提到,
比威尔金斯晚生约半个世纪的小说家笛福,建议设立专门的
国家语言科学院,监管英语的使用和发展,目的也是规范语
言的用法。但对威尔金斯来说,消灭语言混乱最有效的办法,
就是再造一种科学的语言,一种没有歧义的语言,供世界各
国使用。试想一下,如果有这样一种通用语言系统,一物一词,
一事一词,没有讽喻和曲隐,只有严谨的表述,人际和国际
交流便可变得简洁高效,免除歧义和误解,岂不人类的幸事?
这正是威尔金斯思考、设计人造通用语的缘由。

　　威尔金斯满怀语言乌托邦的浪漫想象,但并非完全脱
离现实。他十分清楚,他的语言改革有可能面临的质疑:
既然世界上已经存在如此之多的书写系统,各门语言的缺
陷又如此之多,再造一种全新的语言,岂非乱上添乱? 这
世界上多一门语言,犹如增加一种新的“疾病”,人造通用
语的理念、思想和实践有何价值可言? 然而,威尔金斯鼓
励自己不必为这种可能出现的质疑感到泄气。他在书中告
诉读者,同时也是告诉他自己,为了促进世界各民族间在
贸易、“自然知识”和“宗教知识”等各方面的交流往来,

---

〔19〕See Richard Foster Jones, "Science and Language in England of the Mid-Seventeenth Century," in *The Seventeenth Century*: *Studies in the History of English Thought and Literature from Bacon to Pope* (Stanford, Calif: Stanford University Press. 1951), p. 155.

人类应该有一种所有民族共享的新语言。既然语言并非人
与生俱来的自然属性，那么就有可能创造一种高度理性化
的语言。况且，人类不是曾经拥有过统一的原始语言吗？
原始语言已经失落，便有必要另辟蹊径，创造新的通用语。
威尔金斯的这部论著正是朝着这个方向努力的成果。[20]在
他看来，人造通用语是针对"混乱的诅咒"的一剂良药，
如真能创造出来，它将取代世界上现有的语言，从而一劳
永逸地解决"语言混乱"的问题。[21]

　　接下来的问题就是设计什么样的人造通用语，特别是什
么样的通用书面语。在新科学思想引领下，此时英国学术界
已经有了这样的共识：在理想的语言系统中，能指和所指之
间的关系应该是明确的，作为表意的文字与其所指事物之间
应该具有直接显白的联系。前面提到，文艺复兴以来，思想
界和学术界想象中的原始语言是带着宗教光环的，人们相信，
亚当的语言必定真实完美，透明直白，不夹杂丝毫的歧义和
晦涩。正因如此，现实中的语言更加显得杂乱粗糙。在直感
上，象形文字和所指事物及观念间的关系似乎最直接、最明
显，因而，相对于字母表音书写系统，象形文字可能更接近
原始语言。于是，在对原始语言宗教想象的驱动下，汉字作
为典型的象形表意文字受到广泛的重视。

　　17世纪，为数不少的世界通用语的论著和提案，均以
象形的方块汉字为主要参照物，这是因为文艺复兴以来欧洲

---

[20] Wilkins, *An Essay towards a Real Character*, pp. iv–v.
[21] Wilkins, *An Essay towards a Real Character*, p. 13.

普遍存在着这样的观点：最自然的书写符号应该是直接表意的。埃及文字，几何、速写符号等都有象形或直接表意的功能，但在 17 世纪早期汉语观中，汉字是最为典型的象形表意文字，是"真正的文字"，似乎可以有效克服语言交流中词与物之间的障碍。通过传教士的著述，17 世纪初的欧洲开始"发现"并逐渐认识汉字的特性。利玛窦是这方面知识和信息的最重要的来源。不过，此前西方就已经对象形文字表现出强烈的兴趣。胡安·冈萨雷斯·德·门多萨（Juan González de Mendoza, 1545—1618）的《中华大帝国史》（*The History of the Great and Mighty Kingdom of China and the Situation Thereof*）于 1585 年出版。三年后又由罗伯特·帕克（Robert Parke）译为英文，于 1588 年在伦敦出版。书中刊印了汉字，这大概是汉字首次出现在公开发行的欧洲书籍中，使一般读者可以直观感受到汉字与字母的不同（见图 1）。19 世纪，由 12 岁曾和父亲随马戛尔尼使团访华并受到乾隆接见和赏赐的著名汉学家乔治·斯当东（Sir George Staunton）编辑，《中华大帝国史》分两卷于 1853 年和 1854 年在伦敦再版。

　　第一位提出依照汉字制定一套"真正的文字"的人可能是培根。[22] 他所谓的"理性知识"中的一个重要部分是知识的"表达"和"传播"，他将这类知识称作"传统"（tradition）。传统存在的唯一形式是语言，只有在书面文字中传统才

---

[22] See M. M. Slaughter, *Universal Languages and Scientific Taxonomy in the Seventeenth Century*, p. 85.

pollicie and curiosity : to tel you now of their characters, and
the manner they haue in writing, and then of the colledges
and schooles. Now vnto the first. You shall finde verie
fowe in this kingdome but can both write and reade, yet
haue they not the alphabet of letters as we haue, but all that
they doe write is by figures, and they are long in learning of
it, and with great difficultie, for that almost every word hath
his character. They do signifie the heauen, which they

do call Guant, by one character alone, which is this 雲 :[1]

the king, whom they doo call Bontay,[2] by this 皇 , and by
consequent the earth, the sea, and the rest of the ele-
ments. They do vse more than sixe thousand characters
different the one from the other, and they doo write them
verie swiftly (as it hath beene seene many times at the Phi-
lippinas, by manie Chinos that are there, and come thither
daily) ; it is a kinde of language that is better vnderstood in
writing then in speaking (as the Hebrue toonge), by reason
of the certaine distinction of points that is in euery charac-
ter differing one from the other, which in speaking cannot
be distinguished so easilie. Their order of writing is cleane
contrarie vnto ours, for that they doo beginne their lines
from aboue downewards, but in verie good order : likewise
they begin their lines at the right hande and write towards

Size these
read cha-
racters in
writing.

[1] This character is so vague as to be scarcely recognizable. The
proper Chinese word for heaven is tien. The word here given may per-
haps mean tsang, the azure sky, which is sometimes used metaphorically
for heaven. At the same time the modern Chinese character for Keen,

also pronounced Kan 乾, which is likewise a very old word for heaven,

appears somewhat to approximate in form to the character given in the
text.
[2] Evidently hwang ta, the character here given corresponding with

the modern Chinese character Hwang. 皇   R

图 1

能被保存下来。他在《学术的进步》(*The Advancement of Learning*, 1605)中写道:

> 传统的工具不是言语(speech)就是书面语(writing);亚里士多德说得好:"词语(words)是思想(cogitations)的形象(images),字母(letters)是词语的形象。"然而,思想并非只能用词语的媒介来表达。所有可以充分区分出差异,同时又能被感官认识的手段,在本质上都能有效地表达思想。……我们知道,中国和黎凡特的一些王国习惯使用真正的文字(Characters reall)书写,这些文字既不表达字母,也不表达词语,而是直接表达事物或观念,不同国家和地区间虽然语言不通,但能读懂各自的书写,因为文字较之语言(languages)延伸的程度可以在更大范围内被接受;所以他们文字的数量巨大,(我认为)和词根的数量一样多。[23]

培根认为,从文字和思想的关系看,文字分两种:一种文字与其所表达的观念有相似相通之处,两者之间有着内在的、天然的关联(affinity);另一种文字与其所表达的观念没有直接或自然的联系,两者之间的关系随意偶然、约定俗成。在培根的描述中,"真正的文字"由于能够直接表意,便可以在一定的范围内超越民族或社群语言的界限,扮演通用语的角色。表音字母文字的最大问题是语言所表达的意义需要通

---

[23] Bacon, *The Advancement of Learning*, pp. 119–20.

过字词这个中介的调和，而"真正的文字"无需依赖这一中介。

培根对中文的认识极其有限，甚至有误，但他是第一位将汉字置于总体的语言哲学及其新科学视野中加以考察的英国思想家，具有深远的意义。[24]威尔金斯晚于培根约半个世纪，不算同时代的人，但培根对汉字书写系统的论述，特别是其"真正的文字"所蕴含的语言哲学，对威尔金斯有重大影响，这从他的书名《论真正的文字和哲学语言》就可以清楚看出。威尔金斯不仅沿用了"真正的文字"这一表述，而且在实践的层面上践行培根的语言哲学，并在某种意义上超越了培根：他认为自己设计出了优于象形汉字的"真正的文字"。

威尔金斯比较了他所知的各国书写系统的特征，深入讨论了文字表意的本质和机制，在此基础上提出了理想文字的标准和世界通用语方案。他认为，理想的文字与其所指涉的事物之间应该有着某种直接而必然的关系，表意方式灵活，不但可以指称具体事物，还可以有效传达抽象的观念和意义。象形文字可以字形表意，这是它的优越之处，但也是它最大的缺陷：图形易于表达有形的人、物、动作等，却难以清楚表达无形的抽象概念。理想的文字应该一目了然，至少能示人以大意，同时它还应该能够表音，易于记诵。显然，要造出如此完美的书面文字难度极高，但这正是世界通用语应该努力的目标。具体说，威尔金斯认为理

〔24〕David Porter, *Ideographia: The Chinese Cipher in Early Modern Europe* (Stanford: Stanford University Press, 2001), p. 39.

想的通用语文字必须符合以下几条原则："第一，这些字应该简单易写，一笔，至多两笔，就能写成；第二，它们彼此易于分辨，以免混乱；第三，外观形态优美；第四，应该比较系统化，同类的字应有内在联系。这些特点对于理解、记忆和使用这种文字都有极大的好处。"[25]这是威尔金斯心目中的世界通用语需要达到的标准。理想的文字兼具形意和形声特性，实用而美观，简明而准确，便于人们理解、记忆和使用。

为了设计出这种近乎完美的"科学"和"哲学"的语言，威尔金斯认为，必须首先了解世界上现有的主要语言系统。威尔金斯应该熟知利玛窦的《中国札记》，早在1641年出版的《墨丘利神》一书中，他就提到汉语书面语作为地区通用语的功用。然而，尽管汉语书面语有种种优点，但与他心目中的"哲学"语言相比，汉语的"缺陷"暴露无遗。威尔金斯总结出汉字的以下"缺点"：

（1）字词量庞大，大约有八万字，有人说有十二万个字，至少要掌握大约八千到一万的词汇量，才能动笔写东西，才会被认为可以用文字表达自己的思想。（2）就其形状来看，这些汉字非常奇怪复杂，因而难学。……他们的阅读方法是从上到下，从右到左。（3）此外，汉语表意不精确，一字多意，有些字的字意多达二三十种。（4）据一位作者说，发音难，每个音节（比如音节 Ko）

---

[25] Wilkins, *An Essay towards a Real Character*, pp. 385–86.

多达十种发音法。……他们使用别人无法模仿的不同的
声调。音节 Ba 因其音调重音不同,有六个不同的意思,
相互间毫无关联且意义不相近。如果不多次重复解释自
己的意思,或用手指在空中、墙上或桌子上画出汉字的
形状,他们中间的专家也未必能准确分辨出发音……
(5)尽管他们的文字在某些方面好像是以事物哲学(the
Philosophy of things)为基础,但是并非所有的字都如
此。[26]

　　威尔金斯在书中插入一页友人送他的"主祷文"的中文
译文手稿,用以说明汉语象形文字的表意方式(见图2)。这
份手稿很有可能是由传教士带回欧洲的。译文汉字旁夹有罗
马注音字母,不过,对于不通中文的威尔金斯来说,这些所
谓的象形文字完全不能直接形意,他看到的只是一组组无意
义的符号。可能威尔金斯无法想象,即使对于母语使用者来
说,汉字的象形表意功能也已几近丧失,在实际使用中,汉
字的象形特点从未真正发挥过表意的功能。不能排除这样的
可能:威尔金斯过度解读了当时在欧洲广为流传的有关汉字
象形表意的论述,误认为读到陌生的象形文字,即可凭字形
会意。在插图下,威尔金斯带着一丝无奈写道:"这些文字
既困难,又让人困惑,而且,按照我的判断,这些字的形状
和它们所代表的事物既不一致,也非相互对立,两者之间似
乎并无任何的类比关系,也没有起码的规则揭示它们之间的

---

[26] Wilkins, *An Essay towards a Real Character*, pp. 450–52.

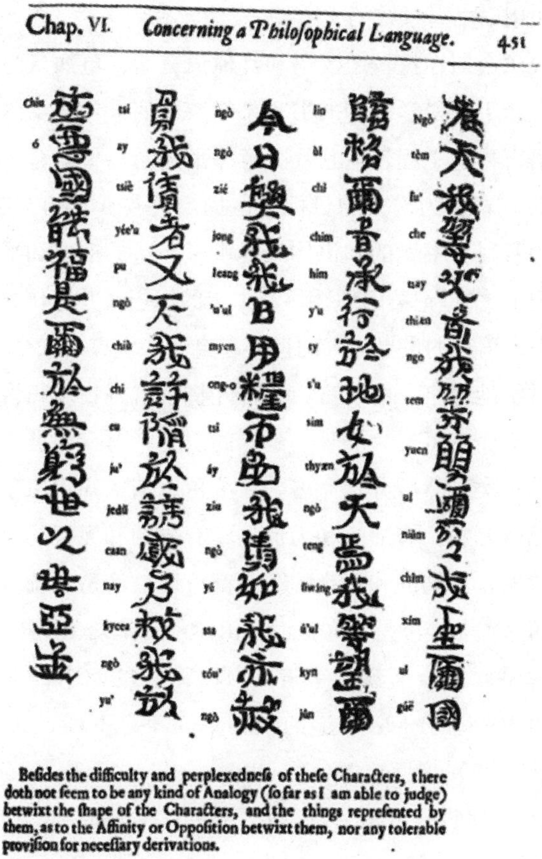
Chap. VI.　*Concerning a Philoſophical Language.*　451

Beſides the difficulty and perplexedneſs of theſe Characters, there doth not ſeem to be any kind of Analogy (ſo far as I am able to judge) betwixt the ſhape of the Characters, and the things repreſented by them, as to the Affinity or Oppoſition betwixt them, nor any tolerable proviſion for neceſſary derivations.

图 2

必然联系。"〔27〕汉字有如此之多的"毛病",与他心目中理想
的"哲学文字"相距甚远。他的结论自然是,汉字不宜用作
世界通用语书写系统的文字符号。

威尔金斯在比较了汉语和其他语言后,更加认为有必要
创造一套更为科学合理的书写系统。他的世界通用语计划是
一个语言再造工程,但其社会意义远远超出了语言本身。威
尔金斯有着更为宏大的目标,他提出的"真正的文字",为
他建构百科全书式的知识体系提供了合适的框架和平台,充
分体现了17世纪英国理性科学主义的思想及其运作方式。在
他看来,语言的世界与人的世界和自然的世界是完全对应的。
为了系统地造字、造语言,他首先将宇宙万物统归为四十个
大类,进而将每一大类分为不同的次类,再在次类中区分出
不同的小类,然后分别命名。在威尔金斯的知识想象中,宇
宙间万事万物,有形的和无形的,有机的和无机的,具体的
和抽象的,活动的和静止的……都可以被清楚系统地划分归
类,而这种分类法是建立普世知识体系的基础(见图3)。

现将威尔金斯囊括宇宙间万事万物的四十种类分列如
下:(1)超验的(Ⅰ):普遍的(Transcendental: General Ⅰ),(2)
超验的(Ⅱ):混杂的关系(Transcendental: Relation mixed
Ⅱ),(3)超验的(Ⅲ):行动关系(Transcendental: Relation
of action Ⅲ),(4)话语(Discourse),(5)上帝(God),(6)
世界(World),(7)元素(Element),(8)石(Stone),(9)
金属(Metal),(10)叶(Leaf),(11)花(Flower),(12)

---

〔27〕 Wilkins, *An Essay towards a Real Character*, p. 451.

Chap. I.　　　*The General Scheme.*　　　23

All kinds of things and notions, to which names are to be assigned, may be distributed into such as are either more

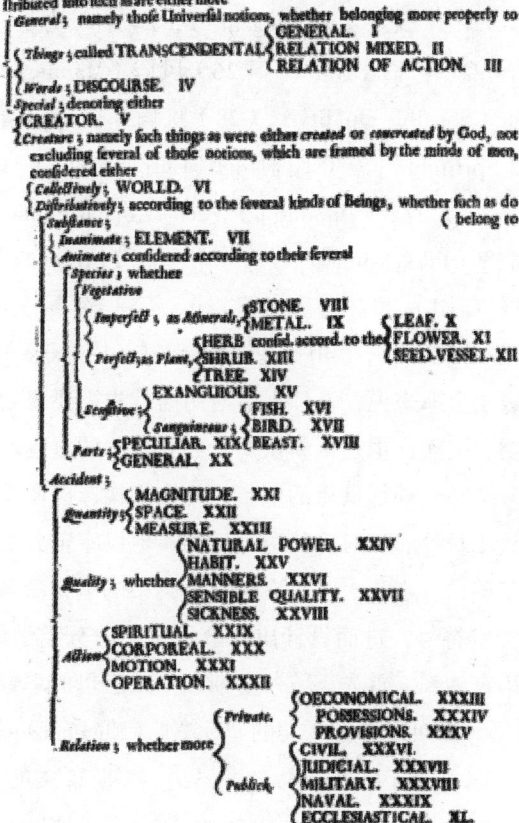

General; namely those Universal notions, whether belonging more properly to

Things; called TRANSCENDENTAL
- GENERAL. I
- RELATION MIXED. II
- RELATION OF ACTION. III

Words; DISCOURSE. IV

Special; denoting either

CREATOR. V

Creature; namely such things as were either *created* or *concreated* by God, not excluding several of those notions, which are framed by the minds of men, considered either

Collectively; WORLD. VI

Distributively; according to the several kinds of Beings, whether such as do (belong to

Substance;
- *Inanimate*; ELEMENT. VII
- *Animate*; considered according to their several

Species; whether

Vegetative
- *Imperfect*; as *Minerals*,
  - STONE. VIII
  - METAL. IX
- *Perfect*; as *Plant*, consid. accord. to the
  - HERB
    - LEAF. X
    - FLOWER. XI
    - SEED-VESSEL. XII
  - SHRUB. XIII
  - TREE. XIV

Sensitive;
- EXANGUIOUS. XV
- *Sanguineous*;
  - FISH. XVI
  - BIRD. XVII
  - BEAST. XVIII

Parts;
- PECULIAR. XIX
- GENERAL. XX

Accident;

Quantity;
- MAGNITUDE. XXI
- SPACE. XXII
- MEASURE. XXIII

Quality; whether
- NATURAL POWER. XXIV
- HABIT. XXV
- MANNERS. XXVI
- SENSIBLE QUALITY. XXVII
- SICKNESS. XXVIII

Action;
- SPIRITUAL. XXIX
- CORPOREAL. XXX
- MOTION. XXXI
- OPERATION. XXXII

Relation; whether more
- *Private*;
  - OECONOMICAL. XXXIII
  - POSSESSIONS. XXXIV
  - PROVISIONS. XXXV
- *Publick*;
  - CIVIL. XXXVI
  - JUDICIAL. XXXVII
  - MILITARY. XXXVIII
  - NAVAL. XXXIX
  - ECCLESIASTICAL. XL.

图 3

子房壳（Seed-vessel），（13）灌木（Shrub），（14）树木（Tree），（15）无血之物（Exanguious），（16）鱼（Fish），（17）鸟（Bird），（18）兽（Beast），（19）奇特的（Peculiar），（20）一般的（General），（21）巨型事物或范围（Magnitude），（22）空间（Space），（23）尺寸丈量（Measure），（24）自然力量（Natural Power），（25）习惯（Habit），（26）风俗（Manners），（27）理性品质（Sensible Quality），（28）疾病（Sickness），（29）精神的（Spiritual），（30）肉体的（Corporeal），（31）运动（Motion），（32）操作（Operation），（33）经济的（Economical），（34）财产（Possessions），（35）供给（Provisions），（36）国家社群（Civil），（37）司法（Judicial），（38）军事（Military），（39）海军（Naval），（40）基督教会（Ecclesiastical）。[28]

对威尔金斯来说，设计人造通用语首先需要规划和整理万事万物，因而这也是重新认识世界和自然的过程。对宇宙万物的分类是对外部世界的重新想象和建构，以便设计出与外部世界相对称、相对应的语言世界。他以宇宙分类的知识图谱为基础，分别为大类、次类、小类中的事物命名，设定相应的文字符号，进而设计出一套符合宇宙分类学的整齐、规范的语言体系。首先，威尔金斯以两个字母的单音节词命名各大类，例如，将第7类的"元素"（Element）称作 *de*，将第8类的"石"（Stone）命名为 *di*，将第22类的"空间"（Space）命名为 *pi*，将第38类的"军事"（Military）指定为 *si*，如此等等。然后，他以一个辅音命名大类下的次类，

[28] Wilkins, *An Essay towards a Real Character*, p. 23.

再以一个元音命名次类下的小类。例如，第 7 类 "元素" *de*
中的第一次类是 "火"，加一个辅音表示，于是 "火" 被称
作 *deb*，而 "火苗"（flame）是次类 "火" 下的小类，再加一
个元音表示：*deba*。[29]因此，在他的书写系统中，意为 "火苗"
的 *deba*，从其构词就可以看出，从 "火"（*deb*），从 "元素"（*de*），
有着规整而 "优美" 的逻辑序列："元素"（*de*）→ "火"（*deb*）
→ "火苗"（*deba*）。其他类别中的单词词义以此类推。

　　在威尔金斯建构宇宙知识图谱和人造通用语的过程中，
汉语是重要的参考。虽然汉字有 "瑕疵"，但他对汉字归类
表意的方法却颇感兴趣。他引用葡萄牙传教士曾德昭（Álvaro
de Semedo，1585—1658）的著述，认为汉字有两个突出的优
点：一、汉字表意的理论基础是 "事物哲学"（the Philosophy
of things），即汉字直接指称事物，而不必以字音为中介，尽
管在实际使用中，汉字几乎完全失去了以形达意的功能。二、
汉字在构词法上，以偏旁表意，这表明汉字的构造也是以对
世间万物分类为前提的，他举例说："表达任何树木的汉字
都必须加上木字；铁、铜、钢等必须和表达金属的字母（letter）
连在一起。"[30]威尔金斯回忆说，当他读到传教士有关汉字的
相关论述后，十分兴奋，大受启发，汉字的形意功能与他心
目中的事物分类法有诸多相同之处。可以认为，汉字的结构
体现出的语言原则也应该是世界通用语的语言原则，即能够
直接而有规则地表意。仅从这一点来看，汉字就大大优于拉

---

〔29〕See Jorge Luis Borges, "John Wilkins' Analytical Language," in his *Selected Non-Fictions*（New York: Viking, 1999），p.230.

〔30〕Wilkins, *An Essay towards a Real Character*, p. 452.

丁文以及欧洲其他的书写系统。但他又不无遗憾地指出，汉字构造的原则虽好，但未得到彻底的贯彻，汉字表意并不统一，部分汉字的构造有规律可循，但尚有许多例外。他为汉语书写系统的不完整、不统一和不规范感到失望。[31] 加之，汉语还有前面提到的诸多"弊端"，终究不适合作为世界通用语使用。

不难看出，人造世界通用语不仅是语言学的问题，本质上是哲学问题，因为设计、规划和创建通用语的基础是对自然和社会的再认识、再规范和再分类。重新排列大千世界中的万事万物，建构逻辑严谨、排列井然的事物的秩序（the order of things），是人造通用语的可能性条件。对事物的分类也是对知识的分类。在设计通用语的同时，威尔金斯已经悄然建构了一套宏大的知识谱系。这是一套极具时代性的知识体系，反映出英国17世纪知识分子对普世的、无所不包的现代知识的想象，与乌托邦式的全球主义的社会政治思想一脉相承。随着教育程度和识字率的提高，印刷技术的广泛使用，以及吕西安·费弗尔（Lucien Febvre）所说的"书籍的到来"，[32] 欧洲迎来了第一次信息爆炸，出现了大量前所未闻的事物。在这样的形势下，新的分类法有助于重建和规范事物的秩序，同时可以构建一套相应的语汇，用以辨识、界定和称呼新事物。斯劳特（M. M. Slaughter）在《17世纪的世界语和科学分类》中指出，17世纪世界通用语运动首先是

----

〔31〕 Wilkins, *An Essay towards a Real Character*, p. 452.
〔32〕 Lucien Febvre and Henri-Jean Martin, *The Coming of the Book: The Impact of Printing, 1450–1800*.

一场新科学运动，威尔金斯的分类法实际上"集百科全书、命名和词典于一身"，其"分类图表通过［对事物的］分类去定义［事物］，通过定义来命名，通过命名来设立一种语言"。[33]威尔金斯将自己设计的人造通用语称为"哲学"语言，这首先是指其书写系统背后的理念的科学、理性和完美。从语言设计的角度看，他认为自己的通用语系统逻辑严谨，能指和所指关系直白，单词拼写规范简洁，便于不同民族记忆和使用，实用性很强。此外，他突出其人造通用语的哲学性和分析性，也意在强调，这门语言还是人们认识世界万物的一把钥匙，一张普世的知识图谱。

三百多年后，威尔金斯的人造通用语体系仍然散发着神秘的魅力，引起了阿根廷作家博尔赫斯（Jorge Luis Borges，1899—1986）的浓厚兴趣。博尔赫斯认为，与其他拼音文字不同，威尔金斯人造通用语中的单词，并非仅仅表音，更不是"无意义或主观随意的符号（symbols），每一个字母都是有意义的"，[34]正如威尔金斯本人所言，这些单词"直接表达所指的事物或观念"。[35]博尔赫斯指出，威尔金斯设计的书写系统实用性很强，可以用作教材。如果在小学推广威尔金斯的哲学"文字"，"孩子们在并不知道这是人造语的情况下学会这门语言，然后在学校里他们会发现，这门语言还是一套普世的符码，一部秘密的百科全书"。[36]这样的语言岂能

---

〔33〕 M. M. Slaughter, *Universal Languages and Scientific Taxonomy in the Seventeenth Century*, pp. 66-7.

〔34〕 Borges, "John Wilkins'Analytical Language," p. 230.

〔35〕 Wilkins, *An Essay towards a Real Character*, p. 13.

〔36〕 Borges, "John Wilkins'Analytical Language," p. 230.

不让人心动？然而，越是"完美"的体系，往往漏洞也就越多。
威尔金斯的宇宙秩序中常有些奇葩的分类和归纳，令博尔赫
斯不胜惊愕。例如，他将第 8 类"石"，分为以下几个次类：
普通（燧石、碎石、石板），中等（大理石、琥珀、珊瑚），
珍贵（珍珠、蛋白石），透明（紫晶、蓝宝石）和非溶解性（煤、
漂白土、信石）。面对这样的分类，博尔赫斯哭笑不得。威
尔金斯的宇宙分类图谱中类似的"意外"之处比比皆是。不
过，博尔赫斯提醒读者，热衷于此类宇宙分类法的并非威尔
金斯一人。比如，布鲁塞尔文献所的分类法囊括一千种人、事、
物，其中教皇是 262 号，礼拜天学校 268 号，罗马天主教堂
282 号，婆罗门教、神道教、佛教和道教同列 294 号。[37]就
在同一篇讨论威尔金斯的文章中，博尔赫斯引述了一本未具
名的中国百科全书对事物的分类，凸显其逻辑上、思想上的
混乱和非理性，与威尔金斯及布鲁塞尔文献所的分类法一样
荒谬。在《词与物》中，福柯以这本想象的中国百科全书的"疯
狂"分类开始，对西方现代人文学术进行了全面的批判和清
理，这部从未存在过的中国百科全书成了后结构主义理论史
上的一大公案。[38]

　　威尔金斯所处的时代是一个知识的"实验的时代"，也
是英国新科学蓬勃发展的时期。[39]新科学研究不再是个人兴
趣，已悄然发展成为集体的实践。威尔金斯推动建立的皇家

〔37〕Borges, "John Wilkins'Analytical Language," pp. 230–1.
〔38〕See Michel Foucault, Preface to *The Order of Things*.
〔39〕See Richard Foster Jones, *Ancients and Moderns: A Study of the Rise of the Scientific Movement in Seventeenth Century England* (2nd edition)(St. Louis: Washington University Studies, 1961), p. viii.

学会，为新科学提供了机构组织上的支持。皇家学会的宗旨是以实证和实验的手段探索新的知识领域，建设和完善语言及其表述体系是其重要任务之一。皇家学会最早成员除去威尔金斯外，还有以上提到的罗伯特·玻意耳、威廉·佩蒂和约翰·沃利斯等人。这些科学家大都视语言为科学实验的对象，视语言研究为新科学的一部分。托马斯·斯普拉特（Thomas Sprat, 1635—1713）在其著名的《皇家学会史》（*History of the Royal Society*, 1667）中写到，皇家学会新生代的科学家一致认为，语言应该严谨、规范、直白，最大限度地接近"数学公式"的简明和程式化。[40]

17世纪有志于人造通用语的思想家普遍认为，语言是客观科学的符号系统，可以对其进行数学式的精确处理，人造世界通用语或通用文字的想象正是基于这样的认识。既然语言的表意符号和数学符号一样，设计人造语言的文字系统无异于书写一套复杂的数学公式。这种科学理性主义听上去颇为机械，却真实展示出这个时代的自信和对理性创造力的崇拜。对中国文化有着浓厚兴趣的莱布尼茨受到威尔金斯"哲学文字"的影响，醉心于寻找语言数学化背后幽深的奥秘。在威尔金斯的《论真正的文字和哲学语言》（1668）出版后不到十年，莱布尼茨在《通向一种普遍文字》（1677）中写道：

---

[40] See Richard Foster Jones, "Science and Language in England of the Mid-Seventeenth Century," in *The Seventeenth Century*: *Studies in the History of English Thought and Literature from Bacon to Pope*（Stanford, Calif: Stanford University Press. 1951）, p. 150.

　　确实，长期以来，不少杰出的人已经宣布了一种"普遍语言"或"文字"，在其中，各种各样的概念和事物都能用一个合适的顺序加以组合，借助于它，不同民族的人才有可能相互交流思想，把一种外来语的书写符号译成他们自己的语言。可是，迄今为止，还没有人已经掌握到这样一种语言，它既能包含发展新命题技术，又能包含对这些命题的批判的考察的技术。一般说来，这种语言的符号和文字，将会起到像计数的算术符号和计量的代数符号一样的作用。真好像在上帝把这两门科学授予人类时，他要我们去认识在我们的理智中隐藏着一个极其深奥的秘密，这是通过这两门科学预示出来的。[41]

　　莱布尼茨所说的"不少杰出的人"应该包括威尔金斯。这里，莱布尼茨并未提及威尔金斯的人造通用语方案，不过可以确定的是，莱布尼茨对威尔金斯人造通用语的实践和工作有所了解，并受到影响。他的《人类理解新论》(*New Essays on Human Understanding*) 初稿完成于1704年，但生前未出版，迟至1765年才正式出版。莱布尼茨在书中论及词语表意时写道："也许有些人造语言完全是人为的选择，完全是不自然的，就像中国的语言，或是像乔治·达尔加诺和已经去世的切斯特的威尔金斯主教创造的语言。"[42]

---

[41] 莱布尼茨，《通向一种普遍文字》，2页。

[42] G.W. Leibniz, *New Essays on Human Understanding*, translated and edited by Peter Remnant & Jonathan Bennett (Cambridge: Cambridge University Press, 1981), p. 279.

　　英国新科学主义对语言的期待，反映出正在逐步形成的工具实用主义思想，同时在政治和意识形态的层面上，呼应了影响日盛的清教思想。在这样的文化、学术和语言思想背景下，17世纪英国的科学语言学家们坚持认为，越是容易学的语言就越好，"语言学习应该服从对自然的实用的研究"。[43]上文提到，对于世界通用语的想象，最初可能是出于宗教情怀，目的是纠正和解除漫长的"巴别塔的诅咒"。但伴随新科学的发展，以及工具理性和清教精神的盛行，威尔金斯设计的"哲学的"和"科学的"人造世界通用语获得了新的正当性和合理性。就整合语言碎片化的世界来说，人造通用语的设计与找寻原始语言的努力相比，更实用、更具可操作性；就语言本身来看，人造通用语的书写系统与曾经长期扮演欧洲通用书面语的拉丁文相比，更科学、规范、简明。人们普遍认为，拉丁文已经基本完成了它的历史使命，[44]在"新科学"时代，拉丁文必然愈加边缘化。此时的英国，厚今薄古，生机勃勃的新科学让现代英国人和古人渐行渐远。

　　应该看到，人造世界通用语并不完全是空想的语言乌托邦，更像是奥尔巴赫所说的"理性乌托邦"。人造通用语运动是17世纪新科学运动的产物，从设计理念到实践程序都严格遵循新科学的理性和逻辑方法，采用分析性手段，

---

〔43〕Richard Foster Jones, *The Seventeenth Century: Studies in the History of English Thought and Literature from Bacon to Pope* , p. 147.

〔44〕Jones, *The Seventeenth Century: Studies in the History of English Thought and Literature from Bacon to Pope* , p. 153.

或用威尔金斯的话说，遵循了"哲学"的程序。从实际效果看，通用语的构想并非完全空想，毫无实现的可能。热衷于人造通用语的学者、思想家们清楚，通过行政机构和国家政策的引导，在一定的语言社群中全面推广和使用人造语并非不可行。外来语言可以本土化，人造语也可逐渐实现从不自然到自然的转变。这方面的例子不胜枚举：早期拉丁语在欧洲广泛传播和使用，进而衍生出罗曼语系；英语凭借帝国主义扩张和殖民主义的管制在世界各地传播，并在其前殖民地生根；日本、越南、朝鲜等国为减少汉字的影响而设计自己的书写符号或字母；等等。移植现有语言或借助人造符号改造语言系统，都经历了语言、文字或书写符号本土化的过程。从一定意义上说，现今广泛使用的普通话也是"人造"语言。在国家政策引导支持下，通过大众传媒、教育、政府机构、公共事业机关等组织机构的努力，普通话可以在相对较短的时间内克服方言的阻力，在全国范围推广和施行。

　　汉语，特别是汉字，对 17 世纪人造通用语的影响不言而喻，但人造通用语的研究者们大都不谙中文。威尔金斯只能参照当时在欧洲流传的中文知识，比较和分析中文与其他语言的异同，但这并不影响他进行世界通用语书写系统的研究。汉字的"瑕疵"也为他构想和设计"完美"的人造语言提供了反面例证。前面说过，17 世纪的欧洲对汉语的认识主要来自在华传教士的著述，其中利玛窦的《中国札记》极具代表性和影响力。因此，威尔金斯引述利玛窦和其他传教士的汉语观不足为奇，而且从知识传播史的角度看，他是否认真核实过相关论述，他对中文究竟有多少认识等问题，并不关键。重要的是，从威尔金斯引用利玛窦等传教士有关中文的论述和观点可以看出，西方汉语观在 17 世纪中叶已初具形态。知识的传播也是话语体系的延伸和扩张，威尔金斯这样的知识人置身其中，不仅受到总体话语体系的影响和制约，同时也参与和促进了这一话语体系的延伸和扩张，这是辩证的历史过程。威尔金斯将早期传教士有关中文的论述融入自己的知识体系，并在设计人造通用语的过程中将传教士的汉语观带入了欧洲主流知识界和思想界，从而巩固、强化和发展了早期的欧洲汉语观。当然，威尔金斯的人造通用语的实验最终还是成了闭门造车的想象。他似乎完全没有考虑到关键的一点：民族语言作为民族国家身份建构中不可或缺的成分，不太可能被外来语言轻易取代。他的"哲学语言"实践，与其他热衷于通用语的思想家、学者的工作一样，最终以失败告终，但是，设计一套简明有序的普世通用语的理想对后世的语言乌托邦主义者影响深远，直到 20 世纪，在遥远的中国仍然可以听到这一思想的回音。

3. 语言乌托邦的回响："基本英语"和世界语

　　17 世纪发生在欧洲的人造通用语运动，并没有直接影响 20 世纪初期中国的语言文字改革运动，尽管人造通用语运动浓厚的乌托邦情结与"五四"时期语文改革的政治理想之间有着明显的相似之处。尚无材料证明，"五四"语言文字改革运动的参与者了解 17 世纪欧洲人造通用语运动的有关情

况。如果说威尔金斯人造语的理论和实践对中国有某种间接
影响的话，那是通过"基本英语"在中国的推广实现的。20
世纪初，现代学院派文学批评之父、剑桥大学的瑞恰慈（I. A.
Richards）及其合作者奥格登（C. K. Ogden），受到威尔金斯
人造通用语的实践的启发，试图简化英语，创造了"基本英语"
（Basic English）。瑞恰慈承继了威尔金斯等早期人造世界通
用语学者的语言乌托邦思想，坚信若要消除国家和民族间的
误解、偏见和歧视，增进国际沟通和跨文化了解，世界需要
统一的语言，这也是争取世界永久和平的前提。威尔金斯的
"真正文字"虽然规范、理性和科学，但早已尘封于历史中。
瑞恰慈并不企图设计一套全新的语言体系，而是在现有语言
条件下探索世界通用语的可能，在自然语言（而非人造语言）
的基础上加以改进，设计一套简单、规范的语言。在他看来，
英语在世界上的广泛使用，一定意义上已经成为一种国际语
言，之所以尚未完全推广，最主要的原因是英语在词汇、语
法等方面太过复杂。如果系统简化英语，使其便于学习和使
用，他认为，英语完全可能成为真正的世界通用语，至少是
世界各国的第二语言。

　　带着这样的理念，他和奥格登大刀阔斧地削减英语词
汇，推出了"基本英语"。整个基本英语系统只有850个英
语单词，包括600个名词，150个形容词，18个动词和其
他类别的词汇如介词等。瑞恰慈断言，只要掌握了这850
个英语单词和基本的语法规则，便可在不同领域和场合充
分表达使用者的想法和意图，即使是表述抽象的思想，基
本英语也绰绰有余。瑞恰慈亲自以基本英语翻译了柏拉图

和多种文学名著，以证明基本英语丰富的表现力。当然，
基本英语的最主要功能是在国际日常生活的主要领域和交
流中扮演工作语言的角色。"基本英语"中"基本"的英
文 BASIC 是由五个英语单词的第一个字母组成的缩写：
British（英国的），American（美国的），Scientific（科学的），
International（国际的）和 Commercial（商业的）。这个名
称表明，20 世纪的英语意欲在国际事务中扮演旧时拉丁语
在欧洲的角色，同时赤裸裸地暴露了语言帝国主义的野心。
不过，从语言形式上看，基础英语明显带有威尔金斯"哲
学语言"的影子，两者都是英国工具理性的产物：冷漠的
逻辑和理性，严谨的自律和规范，没有一丝一毫的累赘，
如机器般整齐划一地运转。

　　瑞恰慈为在全世界推广"基本英语"而放弃了他在剑
桥的教职，以及曾经令他一度声名远扬的文学批评事业，从
1929 年起，他多次来到中国，在清华任教，推广基本英语，
前后在中国工作生活达四年多之久。对于瑞恰慈来说，中国
是推广基本英语的关键一站。首先，此时的中国，语言改革
运动初见成效，正在进一步推进汉字的拼音化。曾几何时，
钱玄同等人还呼吁以拼音语言，如法语、英语，甚至世界语，
取代汉语。20 世纪 30 年代，瞿秋白在上海仍在极力推动汉
字拉丁化，以拉丁新文字取代汉字。此时，瑞恰慈将基本英
语引入中国，可谓恰逢其时，满足了中国社会的需要，回应
了中国人对语言现代化的诉求。其次，上文提过，在西方的
话语体系中，汉语的书写系统和字母表音语言有着根本性差
异。如果基本英语的实验能在中国获得成功，这将表明基本

英语具有广泛的适用性和推广价值。基本英语既然适用于与
其语言条件完全不同的汉语世界，那么也自然可以在全球推
广。果然，基本英语受到赵元任、叶公超等人的热心支持，
当时南京国民政府教育部很快将基本英语列入议事日程，准
备在中学率先推广试用。但抗战爆发，提案遂被搁置。几十
年后，瑞恰慈仍对基本英语念念不忘，认为中国在经历了革
命的狂热后，也许会重新认识到基本英语的价值。1973 年，
他从哈佛给北大英文系寄去一批基本英语的文字和音像材料，
希望北大重新启动基本英语的研究和推广。当时北大英文系
主任以未署名的公函回复，感谢瑞恰慈寄来的材料，并表示
对他的语言学研究很关注和感兴趣，却只字未提基本英语。
这位"文革"中的系主任似乎并未理解瑞恰慈的良苦用心，
对其关注的问题，即基本英语在中国的运用和推广，没有做
出任何回应。1979 年，年届 86 岁的瑞恰慈，不顾医生的劝
阻，再次来华推广基本英语。他在讲学时病倒，被迫返回英国，
不久就在剑桥去世了。[45]

差不多就在瑞恰慈初到北京推广基本英语的同时，波兰
人柴门霍夫于 1887 年创造的"世界语"（Esperanto）也在中
国开始流行。在中国语言文字改革运动的背景下，世界语的
流行显示，中国在探索语言现代化的道路上尝试着一切可能

---

[45] 关于瑞恰慈在中国推广基本语的情况，参看拙作 "The Bathos of A Universalism, I.
A. Richards and His Basic English," in *Tokens of Exchange: The Problem of Translation
in Global Circulation*, ed. Lydia H. Liu（Durham: Duke University Press, 1999），pp. 331–
354。此文被译成中文：《普遍主义的低潮：I. A. 瑞恰慈及其基本英语》，程玉梅
译，周发祥校，收入《人文新视野：社会·艺术·对话》，周发祥编（天津：百
花文艺出版社，2004），第 2 辑。

的模式。20 世纪初期，进步知识分子形成了一定的共识，在综合考察了现存的拼音、注音方案的基础上，认为世界语是中国语言未来的发展方向。鲁迅对世界语充满了期待，他相信世界语能够成为在全球通行、被各国采用的通用语，并希望世界语在中国落地生根。他对钱玄同说，他赞成世界语的理由很简单，因为"人类将来，总当有一种共同的语言"。鲁迅虽不是语言学家，但他在通用语的问题上颇有远见卓识。他认为："学 Esperanto 是一件事，学 Esperanto 的精神，又是一件事。"[46] 那么，世界语的精神是什么呢？这里，鲁迅没有明说。1936 年 8 月，鲁迅病重卧床，他回顾了自己二十多年来支持和推动世界语的缘由，总结出如下几点：第一，通过世界语可以联合世界上所有的人，"尤其是被压迫的人们"；第二，世界语"可以互相介绍文学"；第三，"世界语家都超乎口是心非的利己主义者之上"。[47] 在生命的最后时刻，鲁迅以宽广的眼光，在全球政治和世界文学两个层面上表达了他的语言乌托邦思想和对自由平等的向往。[48]

鲁迅可能未必知道，世界语所承载的政治伦理在 17 世纪已经相当成熟了。以威尔金斯为代表的 17 世纪世界通用

[46] 鲁迅，《集外集·渡河与引路》，《鲁迅全集》，第 7 卷，34 页。
[47] 侯志平，《鲁迅与世界语》，《四川大学学报》，1982 年，四期，48 页。
[48] 有关世界语在中国传播的情况，已有不少研究成果，这里不再赘述。参见侯志平，《世界语运动在中国》（北京：中国世界语出版社，1985 年）；侯志平主编，《中国世界语运动简史》（北京：新星出版社，2004 年）；侯志平，《中国世运史钩沉》（北京：首都师范大学出版社，2015 年）等。另见张仲民，《世界语与近代中国知识分子的世界主义想象——以刘师培为中心》，《学术月刊》，第 48 卷，4 期（2016）；罗志田，《国家与学术：清季民初关于"国学"的思想争论》，第 4 章"种界与学理：抵制东瀛文体与万国新语之争"；刘进才，《语言运动与中国现代文学》（北京：中华书局，2007），第 2 章第 3 节"从 Esperanto 到国语罗马字"。

语运动虽然没有成功，但不难看出其理念和实践在 20 世纪
的影响。瑞恰慈本人直接受到威尔金斯"真正文字"理论的
启发，而 20 世纪的"世界语"可以说是威尔金斯"哲学语言"
或其他 17 世纪人造通用语的翻版。世界通用语的思想从未
真正消失，一直在历史的进程中若隐若现。20 世纪初，在中
国探索语言文字现代化的过程中，"基本英语"和"世界语"
似乎为中国知识分子提供了不同的表音语言模式和社会想象
空间。然而，以人造语言或外来语言替代民族语言文字，涉
及政治、社会和文化等各方面的问题，远远超越了语言的范
畴，不是语言改革本身所能解决的问题。

4. 汉语形象的转变

17 世纪人造通用语运动是一场新科学引领的语言乌托邦
运动，汉语正是在欧洲乌托邦的集体想象中进入其主流知识界
和思想界的视野。威尔金斯不同于传教士，也不同于汉学家，
他与中国文化、汉语并无特殊的关系。《论真正的文字和哲学
语言》并非讨论汉语的专著，他只是在策划"真正文字"的书
写系统的工程中，提及以往一直被认为是"真正文字"的汉字
的"缺点"。在 17 世纪现代科学精神和普世主义精神并进的背
景下，威尔金斯对汉语的批评和论述将汉语进一步定格在英国
和欧洲大陆思想界的视野中，这一历史意义远远超出了汉语研
究本身。上文已经提及，威尔金斯对汉语的论述，包括对汉语
"缺点"的批评，基本停留在语言技术层面上。然而，后来的
学者和思想家论及汉语时，渐渐远离语言，更多从汉语生发开

去，论及中国社会、文化、政治等各个方面。由此，西方的汉语观也开始转变，并据此逐渐形成了一套有关中国文化、社会和历史的固定僵化、充满偏见的话语体系，在此后的一百多年中，被众多思想家接受、引用、复述，成为主导西方中国观念的"范式"。在 18 世纪苏格兰哲学家、诗人詹姆斯·贝蒂（James Beattie，1735—1803）的《语言理论》（*The Theory of Language*）一书中，我们可以清楚看到这种转变的脉络。

贝蒂是苏格兰启蒙运动中重要的成员，一生著述丰硕，在 18 世纪英国学界和文学界颇有名望，1760 年出任苏格兰思想学术重镇阿伯丁大学教授，1773 年和 1774 年间，爱丁堡大学有意邀请贝蒂出任道德哲学讲座教授，但贝蒂拒绝了。《语言理论》是贝蒂《道德和批判论集》（*Dissertations, Moral and Critical*，1783）中的一部分，1788 年出单行本。全书分两大部分，第一部分讨论语言和思想理性的关系；第二部分具体探讨各种词类的性质和特点。书中多处涉及汉语，贝蒂毫无顾忌地将语言问题与中国的政治、历史、文化、社会和民族性等联系在一起。他在书中写道：

> 如果我们相信旅游者带回来的报告，在中国书写的艺术也有三四千年了，但他们至今尚未有表音字母系统。每个单词由固定的方块字表示。**据说**，词汇总量有八万个。如此说来，中国的学者学到老死时，才不过学会一半词汇……**又据说**，中国话说起来每个单词都是单音节；依据发声的音调，一模一样的音节可能表达十几种不同的意思。如果这些是事实的话，中文比起我们迄今

所听到的任何一种语言的声调都多。中文对外国人之困
难，就毫不足怪了。[49]

汉语词汇量庞大，汉字又多为单音节字，在贝蒂看来，
这毫无道理地增加了学习汉语的难度；学习汉语意味着大量
时间和社会资源的浪费。贝蒂对汉语的这些看法，我们并不
陌生，他只是重复着利玛窦等早期传教士的有关汉语难学难
用的观点，虽然无甚新意，却充分说明，在 18 世纪的西方，
以利玛窦为代表的传教士的汉语观已广为流传并被普遍接
受，构成了欧洲的公共知识。值得注意的是贝蒂在引用有关
汉语材料时的方式和语态，选用了没有主语的被动语态："据
说"（"it is said"），"又据说"（"it is further said"）。这里的"据
说"，到底是据谁说？而"又据说"的信息来源又是什么？
我将在第六章详细讨论这一句式的含义。

在材料的来源上，贝蒂和威尔金斯大概都会征引和沿用
传教士带回欧洲的信息，但仔细比较后可以发现，贝蒂讨论
汉语的角度和目的与威尔金斯已大不相同。汉语的"缺陷"
于威尔金斯而言，仍是语言上的"缺陷"，但到了贝蒂的笔下，
汉语的"缺陷"已经悄然成为与中国文化和民族性格有关的
"缺陷"了：

我们的一些现代哲学家十分赞叹和钟情于中国人

---

[49] James Beattie, *The Theory of Language*（1788）（New York: AMS Press, 1974）, pp. 113–14. 粗体强调为笔者所加。

的天才、政策和道德。而事实是，欧洲人对这一遥远的
民族所知甚少；我们总是易于赞叹我们不了解的人和
物……然而，如果考虑到他们的帝国已有四千年的历
史，那么中国人几乎每一门学科都很粗糙。尽管最博学
的中国人肯定听说过世界上其他地方有这种叫做字母的
东西，但他们从没想过是否值得发明或者采用一种表音
字母系统。他们的绘画虽然绚丽，但不讲透视，看上去
像一大堆人物、树木、屋宇、山峦重叠在一起。在广州，
安森船长（Commodore Anson）亲眼目睹了一场火灾，
他们不知救火，却捧出神灵的像；如果考虑到他们有着
欺骗和偷窃的倾向，他们低下的狡诈……我们会倾向于
认为，他们是愚昧、心胸狭窄的民族……[50]

　　在一本自称研究语言的哲学著作中，贝蒂竟对中国人
和中国文化横加指责，肆意诋毁，今天读到这些言论仍然
使人感到不快，甚至气愤。然而，在比较思想史和比较文
学史的研究中，不应该回避这些批评和贬抑中国的历史材
料和言论，否则我们将无法全面了解中国文化在西方传播
扩散的历史状况。贝蒂是 18 世纪重要的思想家，苏格兰启
蒙运动的重要成员，其汉语观，或推而广之，其中国观，
构成 18 世纪英国思想史的一部分。他在《语言理论》中对
中国语言文化和中华民族的诬蔑，至少可以让我们重新思
考一个颇为流行的观点，即中国形象在 18 世纪的欧洲基

----

[50] Beattie, *The Theory of Language*, pp. 115–16.

本上是正面的，只是到了 19 世纪下半叶，特别是鸦片战争后，中国形象才开始由正面转向负面。贝蒂的论述清楚表明，这种观点并不符合史实，至少是将西方的中国观简单化了。[51] 贝蒂在《语言理论》中从中国语言跳到中国画，再联系到广州的火灾，继而对中国民族性做了彻底的否定，如此天马行空的论述，今天看来，不免荒谬。然而，由于语言问题在西方思想史中占有极其重要的位置，如此将语言与政治、社会以至国民性联系在一起的论述模式，在 18 世纪末和 19 世纪几乎成为西方思想界、知识界的共识。以下我们还会反复碰到类似的论述。

前面提到，17 世纪欧洲思想界对汉语的兴趣集中在汉字，主要是因为汉字以形表意，与所指之物有着内在而自然的联系。在培根首先阐发了"真正文字"的语言哲学理论后，由于汉语悠久的历史和传统，韦伯等人认为汉语为亚当的语言的观点似乎有了一定的理据。然而，贝蒂对此持否定的态度。他写道：

> 对于大洪水之前的或是最初的书面语的性质，即到底是字母还是象形文字，我们只能猜想。人类祖先的智慧和简单的方式使我倾向于认为，他们使用的必定是字

---

[51] 其实，除去贝蒂，18 世纪对中国持排斥态度的大有人在，仅在英国就有不少这方面的例子。最出名的大概是有"英国小说之父"之称的笛福。他在《鲁宾逊漂流记》第 2 卷中对中国的评论与贝蒂的话如出一辙。当时欧洲的"中国风"（Chinoiserie）主要集中在中国的物质文化，尤以中国园林和茶叶为甚。然而，即使是在 18 世纪"中国风"的巅峰，对中国物质文化的排斥现象依然存在。如在英国，便曾就中国茶叶的利弊爆发了一场大辩论。

母，而象形字显得古怪，自作聪明。我们可以确定摩西
懂一种字母文字，甚至可以说，他是在他出生和受教育
的埃及学的这种文字。[52]

埃及的文字和汉字一样，也是象形文字，贝蒂在此特意
指出摩西有可能是在埃及学习字母书写，无非是想通过"原
始语言"话语体系的宗教权威，说明表音字母文字的优越和
象形文字的不足。当然，这些都是带着深深文化偏见的理论
构想，但从语言思想史的角度看，自培根以来认为象形文字
是自然的书写符号的观点至此已经被彻底颠覆。贝蒂对书写
系统的评判，直接影响到他对汉语和中国文化的看法。稍后
"印欧语系"理论和比较语文学的兴起则为贝蒂的观点提供
了新的"理据"。这一点留待下文讨论。

总的说来，17世纪出现的两场重要的语言运动：寻找
亚当的语言和人造世界通用语运动，虽然在出发点、目标
和形式上均有所不同，但都致力于消除"语言的混乱"，借
助某种理想化了的语言——不管是原始语言还是"科学"
的人造语——来打破民族语言间的隔阂，也就是说，通过
语言的手段，实现人类自身的整合和统一。这两场运动均
以失败告终：原始语言本就是子虚乌有的神话，而各式各
样的人造语，即使如威尔金斯的"哲学文字"那般"完美"
的书写系统，没有民族国家和语言社群的依托，也如秋潦
无源，浮萍无根，只能是文人们在书斋里想象的语言乌托邦。

---

[52] Beattie, *The Theory of Language*, p. 110.

但是，欧洲对通用语的想象并未因为这两场运动的失败而完全消失，寻找或发现某种通用语和原始语言的思想仍会以其他形式出现，认为人类语言同宗同源的观点仍然有着相当大的市场。这种信念突出表现在 18 世纪末、19 世纪初出现的"印欧语系"理论中，在此基础上发展出来的比较语文学（comparative philology）成为一时的显学，直到 20 世纪初，影响犹存，深刻影响了包括陈寅恪、傅斯年在内的一批中国学者，推动了我国现代学术思想的形成和发展。不出所料，在比较语文学的宏大叙事中，汉语再次成为参照、比较和批判的对象。

5. "印欧语系"之谜和比较语文学

1783 年 9 月 25 日，英国护卫舰"鳄鱼号"在加尔各答泊岸，船上走下的是前来赴任的孟加拉最高法院法官威廉·琼斯（William Jones，1746—1794）。琼斯不远万里来到印度，并非为了从事日后令他声名大噪的比较语文学研究，此时的他，绝不会料到他会以"第一位现代语言学家"的头衔留在思想史的记忆中。事实上，琼斯身上并无多少现代气息，更像一位典型的旧式英国绅士：早年入哈罗公学，后就读牛津大学，选择律师为终身职业，娶一位主教的女儿为妻，然后代表帝国管理印度司法体系，期望以此荣膺英皇授予的爵士头衔。琼斯到印度的另一个目的与绝大多数殖民地官员一样：迅速致富，而后提早退休回国，安享荣华富贵的晚年。然而，琼斯终究未能如愿荣归故里，于 1794 年在加尔各答病逝，终年 47 岁，离他向世界宣告他的比较语文学发现仅仅 8 年。[53]

无论是在琼斯短暂的一生中，还是在语言学史上，1786 年都注定是一座里程碑。这一年，他向全世界公布了著名的"印欧假设"（the Indo-European hypothesis）：印度的梵语和欧洲的希腊语、拉丁语等之间有着历史的"亲缘"关系，它们同宗同源，属于同一个语系。琼斯因此获得了"印欧语系"论之父的头衔。[54] 1786 年 2 月 2 日，琼斯在亚洲学会第三次年会上宣读了他的研究发现：

> 不管其古语形态是怎样的，梵语结构完美，比希腊语更完善，比拉丁语更丰富，比二者更精致高雅，但无论是在动词词根上，还是在语法形式上，与二者有着极强的亲缘性，这不可能是偶然的现象；三者之间的紧密关联，让语文学家们不得不相信它们是同源的，尽管这一源头或许已经消失了。出于类似的、尽管不那么充分的原因，我们可以假设，尽管哥特语和凯尔特语与不同的方言融合，它们也与梵语同源。如果我们在这里进一

〔53〕See James Turner, *Philology: The Forgotten Origins of the Modern Humanities* (Princeton: Princeton University Press, 2014), p. 93; Roy Harris, "Introduction: Comparative Philology: A 'Science' in Search of Foundations," *Foundations of Indo-European Comparative Philology, 1800–1850* (London and New York: Routledge, 1999), vol. 1. Michael J. Franklin 撰写的琼斯的传记 *Orientalist Jones: Sir William Jones, Poet, Lawyer, Linguist*, 1746–1794 (Oxford: Oxford University Press, 2011) 是近期有关琼斯生平较为全面的著作。

〔54〕Maurice Olender, *The Languages of Paradise: Race, Religion, and Philology in the Nineteenth Century*, trans. Arthur Goldhammer (Cambridge, Mass.: Harvard University Press, 2008), p.6.

步讨论波斯古迹的相关话题，古波斯语或许也可以加入
这一家族。[55]

R. H. 罗宾斯（R. H. Robins）在《语言学简史》中高度
评价了琼斯这一发现的历史意义，认为它"标志着历史语言
学的绝对的开端"。[56]从琼斯宣读论文的那一刻起，欧洲的
历史语言学和比较语言学也就诞生了。梵语、希腊语和拉丁
语及其他几门欧亚语言同宗同源的结论是基于琼斯在印度研
习梵语时的发现：梵语、希腊语和拉丁语在动词词源和语法
形态（变格变位）等多方面有着惊人的相似。在他看来，这
些语言在词法和句法上的共同特性，绝非偶然的巧合，不可
能是相互借用、相互影响的结果，因为相互借用或影响只能
表现为局部的，不规则的相似或相近。审视梵语、希腊语和
拉丁语之间的契合之处，琼斯似乎看到了它们之间结构上的
内在联系。他认为，唯一合理的解释是，这些共有的特征源
于遗传，这些语言之间有着共同的语言"基因"，属于同一
语言家族。换言之，琼斯相信，历史上曾经存在过"印欧语系"
的原型语言，梵语、希腊语和拉丁语是其后代或下属的分支
语言，尽管琼斯承认，这一共同的语言源头可能已经永远消
失了。值得注意的是，琼斯的印欧语系家族是开放性的概念，
除去其核心成员外，似乎还可以加上哥特语（Gothic）、凯尔

[55] See William Jones, "The Third Anniversary Discourse, delivered 2 February 1786," in *The Works of Sir William Jones* (London: Printed for G. G. and J. Robinson, 1799), vol. 1 (of 6 vols.), pp. 19–34. 中文译文见本书附录一。

[56] R. H. Robins, *A Short History of Linguistics* (London: Longmans, 1967), p. 134.

特语和古波斯语。琼斯是语言的天才,据说他通晓 11 种外语,另外略通其他 15 种语言,[57]毫无疑问,他的语言知识和才能是建构印欧语系说的关键条件之一。

　　琼斯以典型的英国式的清晰和简洁,描述了自己在学习梵语过程中观察到的这一组语言间的相通之处,其论据均取自这几种语言,都是可以实证的语言个例。琼斯的叙述没有夹带晦涩的理论和大量的学术考据,更没有当时学界讨论原始语言和原始文化时常见的神秘和故弄玄虚,只有具体坚实的例证,简单得有些过于浅白,近乎"浅薄"。然而,犹如牛顿受坠落的苹果启发发现万有引力,琼斯从自己学习语言的经历发展出"印欧语系"论,为在 19 世纪成为显学的世界史和人类史研究开辟了全新的思考空间。被海洋和大陆相隔的两大文明:古印度文明和欧洲古典文明,从此有了共同的语言文化根源,像是失散多年的亲人的重聚,这是多么神奇的"发现"!此刻,人们对 17 世纪寻找原始语言的失败还记忆犹新,因此"印欧语系"论重新开启了整合世界的可能。不难想象,琼斯演讲最后的结论给欧洲思想界、学术界带来的兴奋和期待:

　　　　古印度人与古代的波斯人、埃塞俄比亚人、腓尼基人、希腊人、托斯卡纳人、塞西亚人(即哥特人)、凯尔特人、中国人、日本人和秘鲁人自远古以来就有亲缘

---

〔57〕James Turner, *Philology: The Forgotten Origins of the Modern Humanities* (Princeton: Princeton University Press, 2000), p. 93.

关系；至此，尚没有论据表明印度和这些民族到底哪一方是殖民者，哪一方被殖民，因此我们可以公允地总结：双方都源于同一个中心国家，至于到底是哪一个国家，这将是我未来演讲要探讨的主题。[58]

　　总体上，琼斯的叙述带着英国式的低调和含蓄，没有明确涉及人类文明分布等宏大议题。就琼斯来说，他的发现只是语文学的发现，如果说这一发现有助于重新解释人类文明史的进程，那么这一宏大叙事也是渗透在他那些精巧、具体的实例之中。琼斯在论述形式上的谦虚与他的发现的重大意义形成了鲜明的反差，犹如一种反讽，而这种形式和内容上的落差使得琼斯的论文获得了始料未及的戏剧性的效果。随着德国语文学家的进一步阐发，"印欧假设"的意义终于得到了淋漓尽致的展现，上升到宏观理论的层面，成为解读人类文明前世今生的钥匙，重新勾勒世界文明和解读民族文化以及民族性格的框架。就这样，琼斯的"印欧语系"假设成就了几代德国语文学家的事业，而由此发展起来的比较语文学在德国大学里成为神圣的显学，以至一百多年后仍然魅力不减，深深地吸引了20世纪初的一批中国学子，对中国现代学术的发展影响深远。相隔两个世纪，今天重温这段学术思想史，仍让人感慨不已。

　　弗·施勒格尔（F. von Schlegel，1772—1829）的《论

---

[58] Jones, "The Third Anniversary Discourse, delivered 2 February 1786"；中文译文见本书附录一。

印度人的语言和哲学》（1808）是这段学术史中的又一座里程
碑，它记录了比较语文学从英国式的业余和"浅显"向德国
式的专业化、系统化研究范式的转变，具有继往开来的意义。
施勒格尔在书中首次提出了比较语文学的研究方法，进一步
论证了梵语、希腊语和拉丁语同源的语言学根据。他根据自
己学习梵语、研究印度古典文学的经历，指出以比较的方法
研究语言、文学、文化的重要性，可以说，《论印度人的语
言和哲学》也是施勒格尔在方法论上的一次成功探索，初步
确立了较为自觉而系统的比较语文学的研究模式。施勒格尔
指出："语言的比较研究，对厘清各民族的历史起源和发展
及其早期的迁徙和漂泊的状况极为重要。"[59]比较研究法似乎
可以有效地将具体的语言研究升华至更高层面的人类史的研
究。对我来说尤为重要的是，施勒格尔引述汉语作为"印欧
语系"的他者加以比较，通过揭示汉语的"弊端"反证印欧
语系语言的优越，并在此基础上初步提出了世界语言分类学
的想法。

　　19世纪初，欧洲学术研究仍处于学科建制前的"业余"
状态。施勒格尔本人只是一位梵语和印度文学的爱好者，一
位半路出家的比较语文学学者，但他的《论印度人的语言和
哲学》初步显示出比较语文学研究的雏形。施勒格尔从"词
根的近似"（第2章）和"语法结构"（第3章）等方面论述
印欧语言的同构性，列举了大量的语料例证。他清楚地知道，

---

[59] Friedrich von Schlegel, *On the Language and Philosophy of the Indians*, in *The Aesthetic and Miscellaneous Works of Friedrich von Schlegel*, trans. E.J. Millington（London: George Bell & Son, 1900）, p. 429；中文译文（节译）见本书附录二"论印度语言"。

在漫长的历史过程中，语言一定经历过千变万化，而这些变化的具体情况大都早已湮没在历史的尘埃中，无迹可寻，鲜为人知。因此，仅从词源或语法结构变化的角度，无法最终确认这几种语言是否同宗同源。然而，现存的语言是我们可以依赖的仅有的材料，具体确实的语料总是比随意的类比或自由的想象要可信，所得的结论也更为可靠。在这一点上，他和琼斯所见略同。施勒格尔写道：

> 如果以历史研究为依据，而不是用武断的理论来强行阐释的话，那么关于语言最初起源的假说，或是只能全盘放弃，或是要变换为全然不同的形式。有一种谬论认为，语言和智力的起源在各地都是相似的。相反，正由于起源类型繁多，迄今构建的任何理论，总能找到一门语言加以印证。[60]

此时，琼斯已经提出了"令人信服"的印欧语系论。施勒格尔认为，比较语文学的研究重点不应停留在语言起源的问题上，因为语言的起源只是无法证实的假设。如果说在时间的维度里无法更为深入探讨语言的起源和归类，那么在空间维度上——在横向的比较上，倒是大有可为。通过比较现存语言之间的同质性，论证它们同宗同源，可以逆向反证语言的起源。施勒格尔写道："相关的比较进一步证明，印度

---

[60] Schlegel, *On the Language and Philosophy of the Indians*, p. 453；中文译文见本书附录二。

语是最古老的,而后演变出了其他语种。"[61]他认为,词汇和语法规则的比较不仅可以显示语言的历史,更能证明印度语、希腊语和拉丁语之间的关系:

> 印度语语法和希腊语、拉丁语十分协调,可以说印度语与这两种语言的关系和这二者彼此之间的关系一样密切。规则的相似性是最关键的。任何程度的变化或是比较的表达,都不通过外加单独的缀词和助词,而是借助屈折变化,这样从始至终都清晰地保留了词根的独特形态……如果说希腊语、拉丁语和印度语的关系相当于意大利语和拉丁文的关系,可能言过其实了,但确凿无疑的是,这些语言中某些不规则形态以及介词的使用,已经预示了向现代语法结构的转变,而同样情况下,印度语简洁的规则无可争辩地证明了其更为古老的地位。[62]

比较不仅适用于同一语系的语言,同样适用于完全不同的语言。在施勒格尔看来,汉语与印欧语系的语言有着本质的不同,极具对照和比较的价值。在比较语文学的框架下,施勒格尔引入汉语,作为印欧语言的他者,比较的对象,讨论的参照物。他写道:"中文是典型的无词形屈折变化的语

---

[61] Schlegel, *On the Language and Philosophy of the Indians*, p. 429;中文译文见本书附录二。

[62] Schlegel, *On the Language and Philosophy of the Indians*, pp. 443–5;中文译文见本书附录二。

言，通过独立的单音节词来表达各种所需的变化，每个词都有独立的含义。思考这种特别的单音节形式，以及结构的高度单一性，有助于我们理解其他语言。"[63]在施勒格尔看来，汉语没有变位变格的词法、语法机制，只能以相关的单字表示语态的变化，汉字皆为单音节，意义孤立。这些特点表明，汉语与梵语、希腊语、拉丁语是两类根本不同的语言。

如果以上描述仅仅是对具体语言现象的探讨，施勒格尔倒也并无大错。然而问题是，施勒格尔最终却做出了语言分类学的价值评判。在他看来，汉语有着悠久的传统，正如它所承载的文化一样，但作为语言体系，汉语仍然处在初级的发展阶段，特别是汉语书面语可能直接阻碍了汉语内在机制的发展：

> 就中文而言，所有指示时间、人称及其他变化的缀词都是单音节词，是完整自足的，可独立于词根存在。因此，尽管这个民族在其他方面优雅而文明，其语言却位于最低阶段；看起来，中文的缺陷可能是很早发明的高度艺术化的书写系统造成的，其在语言的幼年期便占据主导地位，并使语言过早地定型了。[64]

施勒格尔为汉语的价值和地位定下了基调，他的这些论述对西方汉语观的定型和理论化影响深远，后来的比较语文

---

[63] Schlegel, *On the Language and Philosophy of the Indians*, p. 447; 中文译文见本书附录二。
[64] Schlegel, *On the Language and Philosophy of the Indians*, p. 448; 中文译文见本书附录二。

学家大都蹈袭了他的观点和方法：在印欧语系理论和比较语文学的指导框架下，通过比较和对照，指出汉语的"缺陷"，确认印欧语系语言的优越性。在施勒格尔和其后的德国比较语文学家对汉语的责难中，有几点值得重视。

首先，以施勒格尔为代表的比较语文学者，通过对印欧语系和汉语进行实证性比较和分析得出貌似客观的结论，从语言研究，特别是从词法和语法研究的角度，对汉语内在机制进行了全面的批判，并在此基础上发展出一套有机主义的语言理论，用以划分世界语言。梵语、希腊语、拉丁语等印欧语系的语言，由于具有内在变格变位的语法机制，被认定为"有机"的（organic）语言；相比之下，汉语没有屈折变化的语法机制，因而缺乏内在的语言制约和管理能力，算不上"有机"的语言。"有机"和"无机"都是饱含价值判断的形容词："有机的"即"自然的""有生命的""充满活力的"，而"无机的"则是"有机的"反面："机械的""无生命力的""不自然的"，等等。针对印欧语言的有机特性，施勒格尔写道：

> 在印度语和希腊语中，每个词根都是实义词汇，正如活着并发育的胚胎，所有状况或程度的改变都来自内部的变化；如此便赋予了它更广阔的发展空间，活力确实无可限量。而且所有从词根演变而来的词汇都有相似性，因为共同的来源和成长过程而彼此相联。这一结构一方面赋予语言丰富性和活力，另一方面赋予它力量和持久性。可以说，由于语言结构初期即已成熟，因此很快发育成为艺术化的精细的细胞组织。这样，即使数百

年后，也可以发现其中规律，并以此为线索，追溯其衍
生语言之间的关联；尽管这类语言散布全世界各地，也
可以追溯到单纯的原始源头。[65]

这段文字中的印欧语言犹如充满活力的生物。那么汉语
呢？在施勒格尔比较语文学的框架下，汉语必然属于"无机
的"语言：

　　相反，那些用补充性缀词，而非词根屈折变化来构
成词形变化的语言，没有这样统一的联系：他们的词根
不是活的发育的胚胎，而像是一团原子，呼口气便可轻
易散开。缀词只是机械相连，词汇之间没有内在联系。
这类语言自其发源即缺乏充分发展所必需的活力萌芽；
他们的衍变不足且欠佳，只是词缀的积累，未能产生更
高级的艺术性的结构，只产生了繁冗失灵的词汇，有损
语言真正的简洁和美。表面丰富，实际匮乏，并且这一
类的语言，无论其结构粗糙还是精细，都一律笨重，惑人，
常常过于主观、有缺陷。[66]

施勒格尔断言，汉语是"世界上最不自然的"语言体系。[67]

---

〔65〕 Schlegel, *On the Language and Philosophy of the Indians*, p. 449; 中文译文见本书
　　　附录二。
〔66〕 Schlegel, *On the Language and Philosophy of the Indians*, pp. 449–50; 中文译文见本
　　　书附录二。
〔67〕 Schlegel, *The Philosophy of History in a Course of Lectures*, trans. James B. Robertson
　　　（London: Henry G. Bohn, 1847）, p. 121.

由印欧语系论发展出来的世界语言分类理论影响深远，在比较语文学的框架内，汉语被彻底排斥在有机语言之外，其价值仅仅是反衬印欧语言的自然、严谨和规律。从这一角度审视汉语，威廉·冯·洪堡特（Wilhelm von Humboldt, 1767—1835）只能得出同样的结论：

> 从汉语到梵语，我们似乎可以认为二者之间是一个逐渐发展的过程。但如果我们真实地感觉到人类语言的本质，以及这两种语言的特质，并深入考察它们二者中思想与声音相结合的方式，那么我们就会发现，它们具有不同的有机体（Organismus），具有不同的从内部进行创造的原则。[68]

汉语与梵语的区别不仅在于两者在语言的进化链上所处的位置不同，而且在于它们在本质上是不同的语言机体。洪堡特认为，梵语内在的语法机制是梵语句式有机统一的根本原因，而汉语只能依赖字的排序获得句子的统一，两者的构造完全不同：

> 有些语言像梵语一样，在词的统一性之中已指明了词与句子的关系，使句子有可能被划分为一些组成部分，通过这些成分，句子的真实特性才为知性所认

---

[68] 威廉·冯·洪堡特，《论人类语言结构的差异及其对人类精神发展的影响》，姚小平译（北京：商务印书馆，1997），31 页。

识。这类语言仿佛是从这些成分中建立起了句子的统一
性。在有些语言如汉语里，不发生任何变化的词干词
（Stammwort）组成了句子，这样的词完全是分离、独
立的单位，因此可以在更严格的意义上说，句子的统一
性是由词构成的。[69]

其次，在德国比较语文学家看来，汉字为单音节构成，
句子中字与字之间缺乏有机的纽带和联系，复合构词的能力
弱，因此汉语词汇量巨大，不便于初学者识记。汉字的这一
特点成为他们讨论和批判汉语文化的起点和切入点。施勒格
尔在《语言哲学讲演录》中说：

> ［中文］……通过不同的声调区别词义，词汇量不少
> 于八万。一些有发言权的人和饱学之士都认为，尽管这
> 么大的词汇量中最多只有四分之一的词汇是实际使用所
> 需的，但是由于中文的基础并非活生生的口语，而是这
> 套不自然的书面语，出错的可能性仍然很大。因此，受
> 过教育的中国人在一起交谈时出现误解的现象颇为常见。
> 当然，这种情况在其他国家也存在，不过区别是，在前者，
> 误解的根源在于语言本身。只有在书面语中，中国人才
> 可以确认他们可以明确表达自己的真正意思。[70]

---

[69] 洪堡特，《论人类语言结构的差异及其对人类精神发展的影响》，167 页。
[70] Frederick von Schlegel, *The Philosophy of Life, and Philosophy of Language*, trans. A. J.
W. Morrison (London: Henry G. Bohn, 1847), pp. 395-6.

西方思想界对汉语词汇量庞大，高达八万字这一点，尤为津津乐道。我们不妨再引一段黑格尔的话，他说，拼音文字的词汇量是有限的，而"中国人要认识千千万万的字。经计算，必须的基本词汇量是 9353，如果加上新字，是10516；就书本记载的表意组合来看，汉字的总量在 80000到 90000 之间"。[71] 虽不能完全确定，但黑格尔所说的汉语基本词汇量很有可能来自《说文解字》，该书收录的汉字数量正好是 9353 个。果真如此的话，黑格尔极有可能征引了传教士带回的有关信息，只不过不谙汉语的黑格尔断章取义，以此证明汉语的艰难和繁杂。

第三，在比较语文学的话语体系中，汉语的问题已不仅是语言的问题。在德国人尤为擅长的宏大的思辨和叙述体系中，比较语文学者们从理论和实践两方面同时论证，语言是所属民族文化的综合：民族思想、民族性格、民族文化、民族文学等；语言不仅是文化的载体和表达思想的工具，更是构成民族思想、文化和性格的基本要素，语言的发展程度与民族和社会的发展水平一致。前一章中讨论过，赫尔德民族语言理论的基本观点是，民族语言体现了民族文化的特性。施勒格尔持有相同的观点，稍后的洪堡特更是在语言哲学的层面上对这种观点进行了恣意尽情的发挥，声称语言不仅是民族心理的反映，更是民族世界观的重要组成部分："语言是构成思想的器官……智力活动与语言是一个不可分割的整

---

[71] Hegel, *The Philosophy of History*, trans. J. Sibree（New York: Dover Publications, 1956）, p. 135.

体。"〔72〕又称，语言本是"民族语言意识的产物"："语言的
所有最为纤细的根茎生长在民族精神力量之中，民族精神力
量对语言的影响越恰当，语言的发展也就越合乎规律，越丰
富多彩。"〔73〕因此，在洪堡特看来，民族精神的差异是语言差
异的根本原因，民族语言的差异也是民族精神差异的关键所
在。语言构成思想，故而语言的缺陷也是思想的缺陷，进而
导致了文化的缺陷。在民族语言和民族性格之间的关系上，
施勒格尔甚至认为，中国的闭关自守与单音节的汉字有着某
种内在的联系："这个天朝帝国，使用的是单音节语言，不
久前还将自己封闭着，与世界上其他国家老死不相往来。"〔74〕
单音节汉字似乎是闭关自守的国家的象征，决定了它与外界
不相往来的文化传统。这样的汉语观自然也是洪堡特语言哲
学理论的逻辑归属："汉语习惯于把语音孤立、分隔开来（这
种习惯恐怕是汉民族固有的）。"〔75〕

　　包括施勒格尔在内的众多的思想家和学者，在不同的场
合和语境中，不厌其烦地重复着汉字的繁杂和难学以及汉语
落后的论调，以印证印欧语言的自然、规范和优雅。在对待
汉语，特别是汉字的态度上，19世纪德国比较语文学家们和
思想家们几乎无一例外地沦为了逻各斯中心主义的囚徒。比
较语文学以语言的"有机"或"无机"来划分世界语言，描
述民族文化的特性，这种生物学决定论不再是服从于叙述需

〔72〕洪堡特，《论人类语言结构的差异及其对人类精神发展的影响》，63页。
〔73〕同上书，17页。
〔74〕Schlegel, *The Philosophy of Life, and Philosophy of Language*, pp. 182–3.
〔75〕洪堡特，《论人类语言结构的差异及其对人类精神发展的影响》，279页。

要的比喻和对照，不再是研究方法和手段上的创新，最终成为一种语言观，一种学术信念，一种世界观。一方面声称比较语文学是科学的知识体系，另一方面据此进行价值的判断，这是 19 世纪比较语文学家思想中的根本性矛盾；"人们不应该在信奉科学分析的同时，呼吁道德的重要"。[76]

比较语文学影响深远，通过各种渠道形成话语网络，渗透到各个思想和知识领域。对于这类言论，我们其实并不陌生。此前提过，传教士在向欧洲介绍汉语时，夹杂了不少相似的评价；其后，威尔金斯和贝蒂等学者和文人都曾或多或少，在不同的语境下有类似评论；而后，在新知识生产条件下，施勒格尔等德国比较语文学家和思想家重复着这些观点。不过，应该看到，这些相似的表述有着不同的侧重点和倾向。比如，贝蒂是全面否定汉语的代表性人物，他从语言出发，直接推断和评判中国文化传统和民族性，不屑在理论上说明和论证语言与民族性格之间的关系。他那些裹挟着个人情感色彩，没有理论和分析支撑的评论，充满了偏见，显得粗糙、肤浅和幼稚。相比之下，在德国比较语文学的话语体系中，汉语在理论上被定义为印欧语系的他者，在具体分析中成为梵语、希腊语和拉丁语的反衬。前文提及，利玛窦《中国札记》出版后，书中有关汉语的基本认识和观点在欧洲已普遍为人接受，成为此后论述汉语的起点和参考，被反复沿用和征引，经久不衰，涉及语法学、词汇学、语义学等各个方面。此后，受到欧洲比较语文学影响的来华传教士们，又将这样的汉语观带回中国。他们持续不断

---

[76] Richard M. Weaver, *Ideas Have Consequences*, p. 1.

地制造和传播相似的信息、知识或叙述，进一步强化、充实既存的汉语观，使其不断合理化、常态化。然而，他们所看到的汉语已经是被印欧语系说定义和归类的汉语。在汉语问题上，19 世纪中后期赴华的传教士大都沿用了印欧语系理论，有的还在华著书立说宣传和推广印欧语系论，这对 19 世纪末、20 世纪初兴起的语文改革运动有一定影响。[77]

被反复传播、演绎和挪用的汉语观从根本上说是互文性的话语体系。施勒格尔的《论印度人的语言和哲学》激发了德国知识界对东方语言和文学的集体兴趣。19 世纪早期，德国涌现出一批比较语文学家，包括弗朗兹·葆朴（Franz Bopp, 1791—1867）和雅各布·格林（Jacob Grimm, 1785—1863）等。葆朴的《梵语动词变位与希腊语、拉丁语、波斯语、日尔曼语动词变位的对比》（1816）和《梵语、古波斯语、希腊语、拉丁语、德语、立陶宛语、哥特语及斯拉夫语言比较语法》（1833—1852）是比较语文学学科的奠基之作。葆朴早年求学时就受到施勒格尔的影响，对东方文化产生了浓厚的兴趣。1812 年，他前往欧洲东方学的中心巴黎学习梵语，1817 年转往伦敦。此时，洪堡特正在伦敦出任普鲁士驻英国公使。他在外交工作之暇，拜葆朴为师，学习东方语言和文化。1821 年，经洪堡特举荐，葆朴出任柏林大学"东方文学和一般语文学教授"，直到 1867 年去世。

至此，可以对比较语文学的发展轨迹做个简单的总结：

---

[77] 参见 Thomas Watters, *Essays on the Chinese Language*（Shanghai: Presbyterian Mission Press, 1889）。作者在书中详细介绍了比较语文学和印欧语系说中有关汉语的讨论及其主要观点。

琼斯 1786 年在亚洲学会年会上的演讲，从语言学的角度首次提出了印欧语系论，深刻影响了德国的东方语言文化研究，启发了一批比较语文学者，施勒格尔便是其中的代表性人物，而施氏的名作《论印度人的语言和哲学》继而影响了比较语法学大家葆朴，而葆朴又是洪堡特的启蒙老师。当然，比较语文学真实的历史要复杂得多，[78] 但这一简史仍然清楚显示，比较语文学的发展经历了几个有趣的转变：从英国转向德国，从琼斯经验性的、以个人观察为基础的、相对业余的比较研究到德国比较语文学家（如葆朴）的高度形式化、规范化和专业化的研究，从琼斯以语言为中心的研究到施勒格尔和洪堡特的高度哲学化、思辨化、政治道德化的论述。在这样的转变中，比较语文学在德国迅速地专业化、建制化，葆朴的学术职位聘任是这一过程中的重要事件。我无意重蹈 19 世纪宏大比较叙事的覆辙，据此宣称英德两国学术传统的不同，不过大致可以认为，将民族性格和民族文化引入比较语言学研究是德国语文学家和哲学家的一大发明。在他们将比较语文学转化为学院内的学科建制后，人们也渐渐遗忘了重要的一点：琼斯的印欧

---

〔78〕由于篇幅的限制，这里无法展开讨论比较语文学的历史，而且笔者的重点也不在此。对此有兴趣的读者可参看 Roy Harris, ed. *Foundations of Indo-European Comparative Philology* (London and New York: Routledge, 1999)，13 vols，本书收入德国比较语文学家的主要著作，共 13 卷。Roy Harris 的导论 "Comparative Philology: A 'Science' in Search of Foundations" 简洁明了地勾勒了比较语文学在 19 世纪上半叶的发展历程。另可参看 William R. Schmalstieg, *Indo-European Linguistics: A New Synthesis* (University Park and London: The Pennsylvania State University Press, 1980)；Michael N. Foster, *After Herder: Philosophy of Language in the German Tradition* (Oxford: Oxford University Press, 2010) 和 *German Philosophy of Language: From Schlegel to Hegel and Beyond* (Oxford: Oxford University Press, 2011)。

语系说原本只是一种理论假设。

6. 世界的语文学：帝国主义和神秘主义

有历史学家认为，1783 年琼斯到印度走马上任是"印度历史上的一个里程碑"。[79] 这当然是从大英帝国的立场而言。时任印度首任总督的沃伦·黑斯廷斯（Warren Hastings, 1773—1785）是琼斯的好友，琼斯赴印度之前，他对琼斯在语文学和东方学上的造诣已是由衷地敬佩。对他来说，欢迎琼斯上任不同于一般官场仪式，因为他所欢迎的不仅是一位同事，还是一位友人、著名的学者和诗人。琼斯的到来，令这位略带文人风范的英国驻印最高殖民官员十分欣悦；在冗繁的行政管理工作之余，他可以与这位著名的英格兰文人切磋语言文学上的问题。[80] 琼斯对黑斯廷斯鼓励东印度公司职员学习印度语言、了解印度历史和社会的政策也是赞赏有加，十分珍惜黑斯廷斯对自己的友谊、欣赏和支持。两人不时相聚，海阔天空，无所不谈。在文学方面，琼斯说他自己"总是受益者"，从黑斯廷斯那儿学到很多。[81] 黑斯廷斯自然格外鼓励和支持琼斯学习梵语，研究印度文学。1784 年，即琼斯到达印度的第二年，他和琼斯共同创建了著名的亚洲学会（the Asiatic Society）。

---

〔79〕 Garland Cannon, *The Life and Mind of Oriental Jones: Sir William Jones, the Father of Modern Linguistics* (Cambridge: Cambridge University Press, 1990), p. 200.

〔80〕 Cannon, *The Life and Mind of Oriental Jones*, pp. 200–1.

〔81〕 Keith Feiling, *Warren Hastings* (London: Macmillan, 1954), p. 236.

　　两年后的 1786 年，琼斯正是在学会的第三次年会上宣读了那篇有关印欧语系的著名论文。

　　黑斯廷斯的支持表明，琼斯的印欧语系论也是大英帝国海外知识生产的成果，构成英国东方主义的重要组成部分。这不仅因为琼斯的印欧假说产生于英国的海外属地印度，更重要的原因是，琼斯的研究项目受到了大英帝国在亚洲的殖民政府的鼓励和支持。在海外军事、经济和领土扩张的同时，英国启动了海外知识生产的工程。黑斯廷斯在统治印度期间，十分重视包括语文学研究在内的东方学的发展。他非常清楚，若想有效实施大英帝国的海外统治，更有效地管理帝国的殖民地，掌握当地的语言，了解当地的历史文化、政治宗教、风土人情等各方面的知识是必不可少的准备。作为代表大英帝国在海外的管理者，黑斯廷斯及其领导的殖民政府的任务之一就是收集、整理、分析有关当地的信息，编制系统可靠的知识，向伦敦反馈，为帝国进一步的征服和扩张提供可靠有用的背景知识。

　　在琼斯抵达印度前，黑斯廷斯就鼓励东印度公司的雇员学习印度语言和文学，深入了解印度及其周边地区的情况。正是基于这样的考虑，他于 1774 年派出了历史上首次出访西藏的英国使团。黑斯廷斯为使团团长乔治·博格尔（George Bogle, 1746—1781）制定的任务包括：和西藏贵族统治阶层建立良好关系，并通过他们和北京的中央政府建立联系，同时全面搜集有关西藏社会、宗教、历史、地理、文化等各方面的信息和材料。[82]博格尔出访西藏的使团应该是英国首任赴华外交使团，比1792年马戛尔尼使团早了18年。遗憾的是，博格尔未能到达拉萨，只在日喀则的扎什伦布寺拜会了六世班禅喇嘛。博格尔此行时间不长，前后仅几个月，却带回了大量有关西藏及周边地区的信息和材料。黑斯廷斯对这次外交出访的成果十分满意，计划派遣博格尔于1779年4月再度出使西藏，但由于班禅喇嘛正准备动身去北京而推迟了行程。后班禅喇嘛在京染上天花，于1780年11月去世，而博格尔次年也在加尔各答染疾身亡。[83]

帝国主义时代，英国东方知识的生产主要是在政府机构的资助下有组织、有计划地进行的。仅就印度来说，博格尔的出访、琼斯的印欧语系说、亚洲学会的成立等，都是黑斯廷斯殖民治理中重要的环节和措施。在此之前，有关亚洲和中国知识的整理和传输主要依靠个人的力量来完成，包括传教士、商人和旅游者等。相比之下，由帝国组织生产的知识更系统、更完整、更可靠，更容易融入正式的、建制性的知识体系，而这样生产出来的知识，首先服务于帝国的事业。比较语文学的历史表明，知识生产只能是一定历史和社会条件下的产物，所谓纯粹的学问和学术并不存在。正如雷蒙·威廉斯所说，以科学为名的印欧比较语文学，在对待其他外国

---

[82] Alastair Lamb, ed. *Bhutan and Tibet: The Travels of George Bogle and Alexander Hamilton, 1774–1777* (Hertingfordbury: Roxford Books, 2002), vol. 1, p. 177.

[83] 笔者另有专文讨论博格尔使团的历史和文化意义，特别是使团在西方想象西藏的叙述中所起的作用。见拙文 "'Lost Horizon': Orientalism and the Question of Tibet," in *Essays and Studies* (2016) (Cambridge: D.S. Brewer, 2016), pp. 167–187.

语言的态度上，表现出来的是文化帝国主义的立场。[84]如果离开了18世纪英国和欧洲的社会历史条件，根本无法解释印欧语系理论何以能够迅速崛起，并在相对较短的时间内取得长足的发展，成为学院内的显学。

琼斯的研究发现开创了历史语言学和语言分类学，为19世纪蔚为大观的比较语文学奠定了基础，而比较语文学作为一种学术体系和研究范式，又在理念和方法两个层面上启发了比较文学和世界文学研究。时值欧洲浪漫主义思潮方兴未艾，追寻未曾受到现代工业文明污染的原始文化成为思想界和文学界的热门话题。印欧语系论的最大诱惑是它鼓励人们去想象，梵语和欧洲语言在未曾异化的过去可能同根而生，这给浪漫主义思想家在语言领域内提供了有机原始文化的具体例证。前面说过，人类一统的有机历史观在西方思想史上有着深厚的传统，无论是赫尔德以抽象的人为考察对象的历史哲学，还是黑格尔宏大的先验目的论，其共同信念是人具有相同的特性、标准和目标。这类哲学历史观所体现的不仅是一种特定的叙事模式，同时也是一种世界观、意识形态和认识论。资本主义文化从一开始就以普世文化自居，任何与其普世原则、规范和标准不相符的现象或事物（如汉字），必然成为排斥和贬抑的对象。福柯指出，由于强调人类具有普遍的本质或本性，人文主义必然认为人类应有共同遵守的原则、规范和价值标准，因此人文主义不可避免地会走向自

---

[84] Williams, *Marxism and Literature*, p. 27.

己的反面，成为霸权的话语体系。[85] 在普世主义的旗帜下，
19 世纪相当数量的自由主义思想家都认为，西方可以"改造"
或"教化"其他文化，这在不同程度上为帝国主义的侵略扩
张及其霸权主义提供了理论支持和法理辩护。例如，在维多
利亚时代的英国，穆勒在赞美推崇个人主义、自由和平等的
同时，却无法摆脱以欧洲为中心的普世主义的意识形态。[86]

　　宏大叙事多为膨胀的自我建构。比较语文学对印欧语系
的同构性及其与汉语的差异性的演绎以及据此得出的结论，
终究是建构在假设上的叙事。尽管印欧语系论引证的语言材
料大都是可实证的个例，论述也以貌似客观的分析示人，但
这些只是分析性叙述的材料或工具，不等于论证的目的和结
果，并不能必然得出梵语、希腊语、拉丁语等同源的结论。
威廉斯说过，将分析性条件（terms of analysis）与本质性条
件（terms of substance）混为一谈，是人文科学分析、叙述和
讨论中常常出现的问题。[87] 琼斯、施勒格尔、洪堡特等人的
比较研究，显示梵语、希腊语、拉丁语等语言系统在词源、
句法等层面上的相似甚至相同，并不能确证这些语言同宗同
源，至多只能支撑印欧语系的理论假设（hypothesis）。然而，

---

〔85〕 福柯进而指出，历史上各式各样的人文主义，从马克思主义到存在主义，从
　　　 民族社会主义到斯大林主义，其实并没有提供这样统一有效的普世价值体
　　　 系。比如，启蒙人文主义从西方宗教、科学和政治等领域借用有关人的论
　　　 述，转而运用于抽象化的人类整体，反映出典型的狭隘的欧洲中心论。参见
　　　 James W. Bernauer and Michael Mahon, "Michel Foucault's Ethical Imagination,"
　　　 in *The Cambridge Companion to Foucault*（Cambridge: Cambridge University Press,
　　　 2003）, p. 149。
〔86〕 19 世纪英国的自由主义和殖民主义的关系，是一个亟待深入研究的课题。参
　　　 见 Uday Singh Mehta, *Liberalism and Empire*: *A Study in Nineteenth Century British
　　　 Liberal Thought*（Chicago: University of Chicago Press, 1999）。
〔87〕 Williams, *Marxism and Literature*, p.129.

比较语文学家们不可能满足于假设——假设的价值和意义都有限，其轰动效应必然大为削弱。只有当假设成为定论，印欧语系论才可以改写世界语言文化史，重新解释语言、文明和人的关系。比较语文学者们竭力证明本来无法证明的语言之起源，这最终只能让思想坠入神秘主义的迷宫，踏上一条不归路。

　　被萨义德称为"法国的博尔赫斯"的学者、小说家和文人雷蒙·施瓦布（Raymond Schwab, 1884—1956）的《东方的文艺复兴》（1950），是一部从传统的语文学角度研究东方文化、语言和文学等对西方影响的著作。遗憾的是，这部重要的语文学研究论著并未受到西方学术界的重视，而在中国有关该书的研究几乎完全阙如。施瓦布在书中指出，欧洲对世界的认识在18世纪末19世纪初出现了重大而深刻的转变。大致说来，19世纪前，一种普遍的观点是世界并非统一的世界，而是由不同等级、类别和组织构成的集合体，由多个不同的世界组成：西方世界和东方世界、文明世界和野蛮世界、宗教世界和世俗世界、物质的世界和思辨的世界等。世界依照"相异"或"不同"的原则组合运作，自我的世界和他者的世界天生相隔。施瓦布引用笛卡尔的话作为佐证："尽管波斯人和中国人中有理性的人数也许和我们一般多，但对我来说，最有用的做法似乎还是去适应那些我需要天生与其生活在一起的人。"孟德斯鸠和伏尔泰持有相同的观点。施瓦布说，这些启蒙运动的"儿子们"需要时间、材料，更需要灵感去想象一个统一的世界。18世纪末、19世纪初的欧洲，到处是躁动，对变革的渴望蔓延并孕育了社会危机和政治革命。正是在这样的历史条件下，"总体上与西方相异的东方研究开始了自己的起义"。[88]东方学的崛起不但冲击了欧洲的知识结构，更冲击了欧洲人的世界观，让他们看到东方和西方终究还是生活在同一个世界中。萨义德指出，在1770年到1850年这80年中，"东方"的引入和东方学的发展，促使欧洲思想界不得不重新思考一系列根本性的问题：如何理解"原始"的意义？"原始文化""原始语言"等到底首先源于东方还是西方？谁拥有"原始"文明？世界的中心何在？如何解读、区分、识别世界史研究中的"文明"与"野蛮"、"起源"与"终极"、"本体论"和"目的论"？[89]东方研究打破了欧洲文明中心观，促使欧洲重新认识人类共同拥有的世界。欧洲的犹太基督教传统不得不承认，在地球另一边，原来还有着更加古老悠久的文明。"多个世界"论已经崩塌，再无可能确认犹太基督教文明的绝对优越性，如想继续在世界中心地带占有一席之地，就必须首先接受东方文明更为悠久的事实，然后在此基础上建构一个为自己预留好位置的世界新秩序。然而，如何建构这个新秩序？这是一个怎样的世界秩序？此时，琼斯的印欧语系论不啻来自上天的答案。[90]

对于一个世纪前发生的寻找原始语言的运动，无论是琼斯还是施勒格尔大概都还记忆犹新。"巴别塔的诅咒"犹如失乐园的惩罚，这是欧洲宗教教育的一部分。寻找亚当的语

〔88〕Schwab, *The Oriental Renaissance*, p. 23.
〔89〕See Edward Said, "Foreword" to Schwab, *The Oriental Renaissance*, p. x.
〔90〕Schwab, *The Oriental Renaissance*, p. 13.

言也是人类自我救赎的努力，然而，这场运动是失败的，或者更准确地说，无疾而终。不过，西方思想界从未停止过思考世界语言的起源和分布，以及与此相关的世界文明的起源和分布等问题。语言的起源成了一桩悬而未决的公案，18 世纪中期再次成为思想界、学术界关注的焦点。学者，思想家，还有幻想家们，都跃跃欲试，无不试图解决这一千古之谜。柏林普鲁士皇家科学院于 1769 年设立专门奖项，昭告天下，征求语言起源之谜的解答。科学院收到来自欧洲各国的 30 多篇论文，其中有卢梭和赫尔德的论文。最终获奖的当然是德国人赫尔德，他的《论语言的起源》被评为最佳论文。语言起源之谜似乎有了"最佳"的答案，却没有最终的答案。"语言的起源"这个题目本身其实是一个伪命题。这一命题预设了"语言应该存在明确的起源"，而这一设定本身便是一项有待证实的假设。既然问题的前提是假设性的，答案也必然是假设性的。面对这样一个假设性的问题，再精妙的思辨性推理和想象性构建都无济于事。[91]

琼斯的印欧语系论则不同，它触动了欧洲，特别是德国思想学术界的神经，引起了巨大的反响。19 世纪头 10 年中，包括施勒格尔和约瑟夫·戈雷斯（Joseph Görres，1776—1848）在内的一大批语文学家、思想家开始将语言、宗教、神话的起源追溯到印度："我们热爱未知的远方，因为可以

---

〔91〕不难想象，面对众多这类有关语言起源的"学术"著作，读者会有怎样的反应。19 世纪，学者对于有关语言起源的讨论已经开始感到厌烦，以至于"1866年巴黎语言学会发表通告，禁止在会议上讨论这个题目"。见戴维·克里斯特尔编，《剑桥语言百科全书》，方晶等译（北京：中国社会科学出版社，1995），447 页。

将自己移送到那里，在那里有可能实现我们所能想象到的最美、最圣洁、最理想的东西。"〔92〕琼斯的印欧语系说适逢其时，不仅为印度、欧洲语言文明同源而出的神话提供了新的佐证，而且给世界文明史和人类史研究披上了一层实证科学的色彩。琼斯使用现存的、可实证的语言材料，使得有关语言起源的研究摆脱了高蹈的思辨常见的空洞和无聊。通过大量语言特征的对比，论证梵语、希腊语和拉丁语之间近乎基因上的同质性，也是以实证手段论证某种原始语言存在的可能。虽然印欧语系原型语言不同于《圣经》中的原始语言，但它也是横跨欧亚，在世界主要文明区域内广泛使用的语言。可以想象，在寻找亚当的语言运动失败后大约一个世纪，琼斯的这一近乎偶然的"发现"带给欧洲学术界怎样的惊喜和兴奋，正可谓："众里寻他千百度，蓦然回首，那人却在灯火阑珊处。"

众多的德国思想家、学者相信，人类文明的发展是一次伟大而光荣的时空之旅。它首先在遥远的东方古国印度诞生，传至波斯，途经埃及和希腊，最终抵达北欧。世界文明的历史犹如一种巨型的生命体，源于一点，衍生了文明的分支和后代，最终扩散至全世界。约瑟夫·戈雷斯认为，世界文明的发展就是原始文明滋生繁殖的过程："每一个年轻的时代降生时，环绕它的摇篮的四周堆满了东方、中土、西方的智者

〔92〕 这是法国哲学家查尔斯·德·魏乐思（Charles de Villers，1765—1815）对德国人何以痴迷印度语言文化做出的解释。他因不满法国大革命的暴力，移居德国。见 George S. Williamson, *The Longing for Myth in Germany*: *Religion and Aesthetic Culture from Romanticism to Nietzsche*（Chicago: Chicago University Press, 2004），p. 129。

带来的礼物。"〔93〕由此得出的人类文明同源论，与《圣经》对人类起源的叙述不谋而合。形形色色的语言同源、文明同源的理论叙述，折射出相似的思想冲动，它们携带的意识形态和情怀未必都是宗教性的，但几乎毫无例外地披上了神秘主义的面纱。

18世纪德国最具代表性的思想家、哲学家康德在其世界史的宏大叙事中，从形而上的思辨模式出发，推演出类似的观点：世界文明，甚至整个人类极有可能是同源同宗的。他认为，人类文明首先出现在地球上海拔最高的地带，其后扩散到欧亚大陆的平原，所以世界文明在空间和地理上的起点应该是西藏－印度高地。康德的思辨将读者和他自己一起带入了这个近乎神话的境界：

> 有关地处亚洲的西藏的更准确的知识是我们需要掌握的最重要的东西之一。我们由此将会得到所有历史的钥匙。这是地势最高的国家，也许是最早有人居住的地方，甚至可能是文化和科学的发祥地。特别是印度人的学问几乎可以肯定源于西藏，而我们的技艺，如农业、计数、棋艺等似乎都源于印度。据说亚伯拉罕住在印度的边界。这样一个技艺、科学甚至可以说人类的发祥地，当然值得仔细探究。〔94〕

〔93〕 Williamson, *The Longing for Myth in Germany*, p. 80.
〔94〕 Kant, *Physical Geography*（1802）, in *Kant: Natural Science*, p. 504.

康德叙述的人类史和世界史，散发着淡淡的神秘气息，犹如一部世俗版的"创世记"，令人再次想起 17 世纪寻找原始语言的运动和印欧语系同源论。有意思的是，1763 年至 1764 年，康德在柯尼斯堡大学讲授自然地理时，赫尔德正是康德的学生。康德讲到藏传佛教的灵魂转世和达赖喇嘛灵魂不死的神秘力量，给赫尔德留下了深刻的印象，这在他的课堂笔记中有详细的记录。[95] 众所周知，德国思想史上神秘主义的话语体系为 20 世纪纳粹主义的崛起提供了丰富的思想资源。1939 年，恩斯特·谢弗（Ernst Schäfer, 1910—1992）由纳粹党卫军资助，远赴西藏，寻找超乎自然的原始力量和那些能够驾驭这种力量的领袖和大师。

我们在阅读德国思想史时，无法忽视那条若隐若现的神秘主义的传统。[96] 康德对世界地理的描述，赫尔德的《人类史哲学的思考》（*Reflections on the Philosophy of the History of Humanity*），以及施勒格尔的《论印度人的语言和哲学》等，都在不同程度上流露出这种神秘主义的倾向。这些思想家、哲学家和比较语文学家们以各自的研究方式，共同论证现代文明的内在生命。显然，这些思想性的、知识性的工作带有强烈的意识形态的导向，得出的结论往往充满矛盾，经不住推敲。比如赫尔德一方面热衷于建构统一的世界历史秩序，另一方面又一再强调民族文化的多元性；他一方面推崇文化

---

[95] See Urs App, "The Tibet of the Philosophers," *Images of Tibet in the 19th and 20th Centuries*, ed. Monica Esposito（Paris: École française d'Extrême-Orient, 2008），vol. 1, p. 12.

[96] 有关德国思想史中的神秘主义，参见 Williamson, *The Longing for Myth in Germany: Religion and Aesthetic Culture from Romanticism to Nietzsche*。

多元主义，另一方面却又热衷于自身民族文化的神话建构，宣扬本民族文化的优越性，为狭隘的民族主义提供理论支撑。后殖民批评家罗伯特·扬（Robert Young）指出，赫尔德的言论带有根本性的矛盾：在民族文化相对性和平等性这一点上，赫尔德既是自由主义思想的先知，也是第一位自觉的文化民族主义者，在德国思想史上留下了一道深深的原型法西斯主义的思想烙印。[97]

世界文明同源论和印欧语系论之间可能并无直接的联系，但两者在思想和意识形态上的重叠显而易见。它们几乎同时出现，应该说这并非巧合。自20世纪初起，比较语文学就在我国享有特殊的学术地位，我们似乎至今尚未充分认识到这门学科内存在的问题。[98]指出印欧语系论和比较语文学的局限并非否认其历史和学术价值。学术思想史的意义不在于它是否可以为当下的学术研究继续提供有用的理论和观点。事实上，不少曾经流行的理论和观点不仅无用，而且是错误的，甚至颇为荒谬。它们的价值在于展示了人们在思考有关问题时付出的劳动，取得的进步，犯下的错误，迫使我们正视自己学科的过去。回避学科中的种种难堪和尴尬只能

---

〔97〕Robert Young, *Colonial Desire: Hybridity in Theory, Culture and Race*（London: Routledge, 1995），p. 42.

〔98〕造成这种状况的原因之一，是对印欧语系论的历史缺乏充分的认识。20世纪60年代，高名凯、石安石从语言学的角度提醒过我们，所谓的"亲属语言"和语言间的"亲属关系"只不过是"一种比喻的说法，和生物学上所说的'亲属'是两回事"。不仅"印欧语系"，就是"汉藏语系"也都是"比喻"，"尽管语言学家们把原始汉藏语称为汉语和藏语的'母语'……但谁也不能说出这个'母语'是怎样'怀胎'生出这一些'子语'的，谁也不能说出汉语和藏语的'父亲'是谁"。遗憾的是，学界似乎已经淡忘了这类语言理论的常识，常有研究者毫无保留地以这样的分类法作为世界语言体系划分的基础。见高名凯、石安石主编，《语言学概论》（北京：中华书局，1963），239—240页。

是自我麻痹，丝毫无助于学科的健康发展。每门学科都有自己的光荣和屈辱，我们应全面认识学科谱系，梳理学科的过去，就不必回避学科本身的问题、偏执和谬误，更不应掩饰那些不为外人所知的学科的心魔。

第五章

自我东方主义和汉语的命运

当然，作为古典科学的语文学不可能长盛不衰，其组成部分并非不可穷尽。不可穷尽的是不断创新地将古典文化应用于自己的时代，是两者的比较。如果我们的任务是通过古典文化更好理解当代，那么我们的任务将会具有永久的生命力。

尼采，《我们语文学家》[1]

各种学问到了现在，都有他因循的轨道。这种轨道并不是学术界上的无理的权威，强迫人家去服从的；而是这数十百年来许多学者苦心孤诣的推求出来，凡是有理性用的人去研究这项学问时不容得不遵从。我们生在此机，应该永远想着：这个时代是一个怎么样的时代？我们研究的学问有怎么大的范围？我们向那里寻材料？我们整理学问的材料应当用怎么样的方法？能够这样，我们自然可

以在前人的工作之外开出无数条的新道路，
不至拘守前法，不能进步。

傅斯年（？），《〈语言历史研究所周刊〉发刊词》[2]

盖学术为人类之共有物，既无国界之可言，
焉有独立之必要？

陈独秀，"致钱玄同信"[3]

拉丁化是东方的伟大革命。

列宁[4]

---

[1] Friedrich Nietzsche, *We Philologists*, trans. J. M. Kennedy, in *The Complete Works of Friedrich Nietzsche*, ed. Oscar Levy（New York: Macmillan, 1911），vol. 8, p. 112.

[2] 傅斯年（？），《〈语言历史研究所周刊〉发刊词》，《傅斯年全集》，欧阳哲生主编（长沙：湖南教育出版社，2003），第 3 卷，12—13 页；《全集》编者注云"此文发表时未署名，有关作者现有两说：一为傅斯年，一为顾颉刚"，故引文作者后以"（？）"存疑。但作者身份并不重要，重要的是这段话本身所表达的《周刊》的立场及其自我期许。

[3] 陈独秀，"致钱玄同信"，《钱玄同文集》（北京：中国人民大学出版社，1999），第 1 卷，169 页

[4] Quoted in John DeFrancis, *Nationalism and Language Reform in China*（Princeton: Princeton University Press, 1950），p. 90.

1. 传教士和汉语改革

　　学界一般认为，语言文字改革运动始于清末。胡适是语文改革运动的参与者和见证人，他的看法具有一定的代表性和权威性。胡适认为，国语运动始于 19 世纪 90 年代出现的白话大众传媒，并将国语运动的发展分成白话报时代、字母时代、读音统一会、国语研究会和国语文学运动等几个阶段。[5] 在《国语运动的历史》中，胡适说，"有一部分人要开通民智，怕文言太深，大家不能明了，便用白话做工具，发行报纸，使知识很低的人亦能懂得"。[6] 和胡适一样，黎锦熙也是国语运动的参与者和见证人，他的《国语运动史纲》（1935）记录、描述了这场运动的过程，是这一领域早期的代表作。在这本专著中，黎锦熙与胡适略有不同，采用了历史学家的视角。他将国语运动分为以下几个时期：切音运动

---

[5]　胡适，《国语运动的历史》，《胡适学术文集·语言文字研究》，姜义华主编（北京：商务印书馆，1993），306 页。

[6]　同上书，307 页。

时期、简字运动时期、注音字母与新文学联合运动时期、国语罗马字与注音符号推进运动时期。他认为国语运动发轫于1897年前后，标志性的事件包括：商务印书馆在这一年开馆，前一年，即1896年，《时务报》出版，并在同年11月刊发了梁启超《沈氏音书序》；后一年，即1898戊戌变法年，"所谓'厦门卢汉章等所著之书'，居然见诸煌煌明谕；三十几年前的大清政府，居然也在那儿提倡'谐声增文'"。黎锦熙写道："大凡一种'运动'，总是起于少数先知先觉者一种有意思的宣传，跟着社会上一般人士受其影响而相与追随，跟着政府也就受其影响而起了反应。"[7]黎锦熙强调梁启超和1898年清政府的作用，在他们的推动下，卢汉章的《一目了然初阶》（1892）、《新字初阶》（1893）和沈学的《盛世元音》（1896）才能够产生一定的社会影响。可见，获得政府和学界领袖的重视和支持是民间汉语改革工作取得成效的前提。不过，所谓"先知先觉者"当是在主流社会关注汉语改革之前，便以一己之力推动汉语改革的人士。如此，语言文字改革的"先知先觉者"还应当包括《六斋卑议》（1891）的作者宋恕，甚至更早的西方传教士。[8]

在国语运动何时兴起的问题上，胡适、黎锦熙二人的观点颇为相近。他们都认为晚清是这场运动时间上的起点，白话大众传媒的出现标志着这场运动的全面展开。那么，为什么晚清会出现大规模的语文改革运动呢？普遍认为，引发这

---

[7]　黎锦熙，《国语运动史纲》（上海：商务印书馆，1935），1—2页。
[8]　参见倪海曙，《清末汉语拼音运动编年史》（上海：上海人民出版社，1959）。

场运动最主要的社会历史动因来自中国社会内部：受到鸦片战争以来中国传统文化面临全面解体的命运的刺激，有识之士萌生出革故图新的冲动和愿望，试图通过普及教育和启迪民智，延续中国传统文化，进而实现国家的自强。他们在对汉语进行"会诊"后，认为实现教育的普及必须改革中国的语言文字。[9]从这个角度看，语言文字改革运动近乎是完全自发的本土的文化教育运动，与外界并无必然的关联。然而，这一缺乏历史纵深感的观点忽略了几个基本问题：改变中国的落后为何需要从改造汉语开始？在什么意义上，汉语需要对中国文化和社会的衰落负责？语言和社会现代化之间到底有怎样的关系？就白话传媒的出现而言，到底是白话报纸催生了语文改革运动，还是改革汉语的努力促使了白话报纸的出现？语文改革运动如何从第一阶段的"白话报"发展到"字母注音阶段"？两者之间联系何在？汉字何以需要注音？注音的观念源于何处？为什么注音汉字便于启迪民智？这一系列问题都有待深入思考。

　　清末文字改革运动以汉字"切音"为中心，主要为了解决汉语口语和书面语分离的问题，具有明确的针对性。当然，"切音运动"的鼓吹者未必认识到其中的"语音中心主义"的意识形态，极有可能是受到传教士的影响，出于克服汉字"难学""难记"等所谓"弊端"和普及教育的需要，提出了各种切音方案。如果说这些方案是对汉语"会诊"后开出的药方，那么"会诊"则是在西方传教士、比较语文学家等的

---

[9]　吴晓峰，《国语运动与文学革命》（北京：中央编译出版社，2008），33 页。

影响下进行的，至少也是在其研究和实践的基础上进行的。
更重要的是，汉语必须改革的结论首先是在西方汉语观的话
语体系中形成的，并由在华传教士最先提出。19 世纪末 20
世纪初，中国有识之士对汉语的"会诊"是一次历史的重演，
在不同的时间和不同的地点，以自己的方式重复了西方汉语
观的结论，并在此基础上开出了"药方"。"会诊"预设了汉
语是"患病"的语言：若无病，何需诊治？这一假设性前提
明显带有先验的价值取向，而这正是西方汉语观的核心内容。
然而，此时的中国思想界和知识界对西方汉语观并无清醒的
认识，更谈不上在吸收采纳的同时进行具有针对性的解读和
批判了。[10]在对国语运动时间上的起点的界定上，胡适和黎
锦熙等人都忽略了西方汉语观这只无形的手对中国语言文字
改革运动的影响和推动，因而未能充分认识到，中国语文改
革运动其实是世界语文现代性话语体系的一部分，中国现代
白话文学是现代世界文学史的一部分。

---

[10] 有关清末民初汉语改革运动的历史意义和社会价值的研究成果颇丰，这里
不再赘述。可参看倪海曙，《清末汉语拼音运动编年史》；《清末文字改革文
集》，文字改革出版社编（北京：文字改革出版社，1958）（本书汇编了历史
上文字改革相关言论的一手材料）；费锦昌主编，《中国语文现代化百年记
事》（北京：语文出版社，1997）；陈永舜，《汉字改革史纲》（长春：吉林大
学出版社，1995）；黎锦熙，《国语运动史纲》（上海：商务印书馆，1935）；
John DeFrancis, *Nationalism and Language Reform in China*（Princeton: Princeton
University Press, 1974）; Elizabeth Kaske, *The Politics of Language in Chinese
Education: 1895–1919*（Leiden: Brill, 2008）; Shang Wei, "Writing and Speech:
Rethinking the Issue of Vernaculars in Early Modern China," in *Rethinking East
Asian Languages, Vernaculars, and Literacies, 1000–1919*, ed. Benjamin A. Elman
（Leiden: Brill, 2014）; Theodore Huters, *Bringing the World Home: Appropriating
the West in Late Qing and Early Republican China*（Honolulu: University of Hawai'i
Press ,2005）, especially Part 1. Late Qing Ideas; W. K. Cheng, "Enlightenment and
Unity: Language Reformism in Late Qing China," *Modern Asian Studies*, Vol. 35, No.
2（May, 2001）, pp. 469–93.

西方汉语观通过各种途径浸透在"五四"前后语言文字改革运动参与者的相关言论著述之中，在不同程度上直接或间接地影响了他们对汉语在现代社会中的价值和作用的认识。比如，西方思想家和语文学家对象形文字的贬抑，对单音节汉字的"庞大"数量的批评，直接影响了中国知识分子对汉语的再认识，成为"五四"前后改革汉字呼声的有力理据。汉语中言、文分离的现象是汉语改革的重点所在，而在这一点上，在华传教士和教会对文字改革的影响最直接，也最深远。前文提到，传教士在汉语方面的工作，特别是介绍、分析和评论汉语的文字著述是西方汉语知识的主要来源，主导了西方汉语观的形成和发展，也为后来的思想家、语文学家在评论和想象汉语时提供了原始材料和例证。其实，欧洲汉语观早就注意到汉语内部严重分化的情况。杜赫德（Jean Baptiste du Halde，1674—1743）在《中华帝国全志》中写道："中国人有两种语言，第一种是普通人讲的大众语，因省份地区不同而不同，第二种叫作官话，犹如欧洲的拉丁文，在学界使用。"[11]这里，将"官话"比拟为拉丁文不仅是简单的语言学上的比较。众所周知，在欧洲早期现代性的语境中，拉丁文与白话的关系喻指着帝国和殖民地的关系，封建王朝和民众的关系，梵蒂冈腐败的教廷和广大信众的关系；以此类比，使用文言文和"官话"文体的中国知识精英犹如以拉丁文研究教义、注释经典的神职人员，已经与时代、民众和社

---

〔11〕Jean Baptiste Du Halde, *A Description of the Empire of China and Chinese-Tartary, Together with the Kingdoms of Korea and Tibet*（London: Printed by and for John Watts, 1736）, vol. 2, p. 389.

会严重脱节。从这一角度看，中国的语文改革运动和早期现代欧洲去拉丁化的过程，遵循着相同的语言政治的逻辑。在社会实践的层面上，建立和推广大众语（白话）也是为了改革精英主义的特权教育，在最大范围内普及基础教育，让普通民众受惠于现代知识，推动国家和民族的复兴。因此，中国语言文字改革运动与早期现代欧洲持续了几个世纪的去拉丁化运动一样，始终带有浓厚的政治和社会改革的色彩。这样，以传教士的工作为中介，语言文字改革运动与早期欧洲现代化进程，特别是欧洲新科学运动以及普世主义的价值理念遥相呼应。

在技术层面上，对于如何改革汉字，如何注音汉字，传教士的方案往往极为实用，颇具启发。他们设计出了比"反切"这类传统手段更简便、规范的汉字注音法。可以说，没有传教士注音汉字的实践，很有可能就没有早期的"切音运动"。有不少学者已经注意到传教士在汉语研究方面取得的成就，从不同的角度高度评价了他们对汉语研究的贡献，尤其是他们在汉语音韵学方面的巨大贡献，甚至敏锐地指出早期传教士的注音工作与"五四"语言文字改革运动的关系。[12]然而，这些论述和观点的视野大都囿于语言学学科，将汉字注音等问题视为语言技术性的问题，很少从语文学的角度，从宽广

[12] 早期这方面有代表性的学者包括罗常培、陈望道等，他们都有专文论述传教士的注音实践及其与语言文字改革运动的关系。稍后，周法高在其《论中国语言学的过去、现在和未来》中充分肯定了传教士对中国语言学的贡献，见周法高，《论中国语言学》（香港：香港中文大学出版社，1980）。何九盈在《中国古代语言学史》（广州：广东教育出版社，2000）中详细评述了利玛窦、金尼阁等明末传教士在汉语音韵学上的突出成就。

的历史和社会的角度，探讨西方汉语观以及中国语言文字改革运动中包含的现代性思想。众所周知，清末民初的语言文字改革运动的意义远不止于语言学，严格说来，这场运动本质上并不是语言文字的改革运动，而是一场思想启蒙、知识再造、文化改革的运动。如果说，传教士在汉语和翻译方面的工作启发了这场语文改革运动，那么他们同时也启发了知识、思想和文化改造的运动。传教士对于中国现代知识发展的贡献是多方面的，他们的汉语研究及其对中国思想知识转型的影响有待更加全面和充分的评估。

从 16 世纪末 17 世纪初到 20 世纪上半叶，在这漫长的三百多年中，西方思想界和知识界产生了大量有关汉语的论述，形成了一套完整的话语体系，它所考察、批判的对象不仅是汉语本身；在西方认识中国的知识版图上，汉语渐渐演变为中国文化的象征和代表。通过不断自我确认和自我合理化，西方汉语观悄然从较为单一的语言观扩展为整体性的中国观。以利玛窦为代表的早期传教士首先将汉语的知识传入西方，为西方汉语观的形成和发展奠定了基础，定下了基调。在相当长的时间内，西方汉语观在自身的话语体系内不断自我生产和自我复制，而这些观念又被后来的传教士带回中国，冲击着国人对汉语的认识，并在全球的传播扩散中增强了其合法性和权威性。观念的传播不受民族、语言和文化等疆界的限制，知识的扩散并无天然的壁垒。在知识全球化的大背景下，西方汉语观走出了自己的话语领域（the discursive field），在更大的知识空间游走，在更多的领域施展影响。作为（前）东方主义的产物，西方汉语观对中国语言和文化的

认识充满了谬误和偏见，然而当它传播到中国后，便开始强
烈地冲击着中国语文的自我认识和中国文化的自我理解，带
来了令人意想不到的后果。观念，即使充满了想象和谬误，
都有可能改变现实，并创造出新的事物的秩序。

中国文字改革运动，无论从历史的角度，还是从其理
念谱系的角度，都直接或间接地受到了西方汉语观的影响，
可以说是在和西方汉语观的互动中源起、发展和完成的，
其最初灵感当源于早期在华西方传教士为汉语注音的实践。
尽管早期传教士对汉语的局部修正或改良并非真正意义上
的语言改革，但在晚清和民国期间，不少传教士明确提出
了中国语言改革的必要性，并直接参与了中国本土的语言
改革，特别是中国文字拼音化的实践。陈望道将传教士汉
字注音、拼音工作的过程分为三个阶段：第一阶段是来华
的传教士为了自学汉语而使用注音的时期；第二阶段"为
随地拼音、专备教会中人传道给不识字人之用的时期"；第
三阶段是为了普及教育而推广拼音的时期。[13] 这三个阶段
的工作为 19 世纪尚未全面展开的文字改革运动，做了必要
的铺垫和准备，也可以说，后来的文字改革运动是早期传
教士工作的延续和发展。

明万历十一年（1583），利玛窦偕同罗明坚入端州，"初
时语言文字未达，按图画人物，情人指点，渐晓语言，旁通
文字"。[14] 后以拉丁字母注音识字，利玛窦的汉语水平遂大

---

〔13〕陈望道，《中国拼音文字的演进——明末以来中国语文的新潮》，《陈望道文集》
　　（上海：上海人民出版社，1981），第 3 卷，159 页。
〔14〕参见罗常培，《汉语拼音方案的历史渊源》，《罗常培语言学论文集》（转下页）

增。1584年至1588年期间，他与罗明坚合编《平常问答词意》，这是一部葡华字典抄本，附有罗马字母注音，方豪称其为"第一部中西文字典"。[15]经过长期的实践，利玛窦的汉字注音识字法从个人研习汉语的辅助工具，发展成为较为规范的汉字注音系统，简便而实用，在实际操作上，完全能够用于大规模的文字工作，不仅可以用来翻译中国经典，甚至在中文写作上也大有可为。1593年底，利玛窦将朱熹的"四书"以拉丁文注音的形式译出；1605年，利玛窦在北京出版《西字奇迹》一卷，这是利玛窦以拉丁文拼写汉字的作品，含宗教画四幅，文字三段，在明末清初广为流传。陈垣说："明季有西洋画不足奇，西洋画而见采于中国美术界，施之于文房用品，禁之于中国载籍，则实为仅见。其说明用罗马字注音，亦前此所无。"[16]《西字奇迹》的出版使中国有了第一份用拉丁字母拼写汉字读音的方案。1625年，金尼阁在利玛窦拼音方案的基础上编成一部以罗马字注音的汉字字汇《西儒耳目资》，次年在杭州出版。金尼阁在《西儒耳目资·自序》中释题，并说明编撰此书的目的："幸至中华，朝夕讲求，欲以言字相通之理。但初闻新言，耳鼓则不聪；观新字目镜则不明。恐不能触理动之内意，欲救聋瞽，舍此

　　（接上页）（北京：商务印书馆，2004），406页。明代尝试以罗马字对汉字注音的传教士，除了利玛窦，还有不少，其中重要的有郭居静（Lfizaro Catfino, 1560—1640）和庞迪我（Diego de Pantoja, 1571—1618）。见罗常培，《国音字母演进史》（北京：文字改革出版社，1959），2页。
〔15〕方豪，《中西交通史》（台北："中国文化大学"出版部，1983），下册，947页。
〔16〕陈垣，"跋"，《利玛窦中文著译集》，朱维铮主编（上海：复旦大学出版社，2001），288页。

药法，其道无由：故表之曰'耳目资'也。"[17]《西儒耳目资》"所定字母凡自鸣者五，同鸣者二十"，简明且有规律，容易上手，便于记忆，"方诸反切旧法，其繁简难易，实不可以道里记"，[18]"把向来被人认为繁难的'反切'，开了一条'不期反而反，不期切而切'的简易途径"。[19]当然，利玛窦、金尼阁等传教士的汉字注音工作并非自觉的学术行为，而是以实用方便为主要目的。但《西儒耳目资》的出版意义重大，"是一部具有划时代意义的著作"，[20]其注音法实际上颠覆了中国传统的汉字注音法，尽管其重要性直到近三百年后的文字改革运动中才充分显示出来。

《西儒耳目资》出版后，立刻引起了当时中国音韵学者的注意。方以智、杨选杞、刘献廷等人受到了极大的启发，此后，"三家所著之书虽犹未能径用罗马字母拼音，而于声韵之理，颇多新悟"。杨选杞在《声韵同然集纪事》中回忆，他偶然看到《西儒耳目资》，未读完，"顿悟切字有一定之理，因可为一定之法"。方以智在《通雅》中说："字之纷也，即缘通与借耳。若字属一字，字各一义，如远西因事乃合音，因音而成字，不重不工，不尤愈乎？"[21]罗常培认为，明朝万历、天启年间欧洲来华的耶稣会士，总体说来，"挟着［耶稣］会里特殊的精神跟学养，相继来到中国""对于明清之

〔17〕金尼阁，《西儒耳目资》（拼音文字史料丛书）（北京：文字改革出版社，1957），上册，50 页。
〔18〕罗常培，《国音字母演进史》，2 页。
〔19〕倪海曙，《中国拼音文字运动史（简编）》（上海：时代书报出版社，1948），7 页。
〔20〕何九盈，《中国古代语言学史》，251 页。
〔21〕参见罗常培，《国音字母演进史》，2—3 页。

交的学术思想，发生了很大的影响"，对中国音韵学做出了特殊的贡献。他认为，利玛窦的罗马字注音法和金尼阁的《西儒耳目资》在中国音韵学史上的地位，绝不亚于守温参照梵文所造的三十六字母和李光地在《音韵阐微》中参照满文所造的"合声"反切。罗常培提供了三条理由："1. 用罗马字母分析汉字的音素，使向来被人看成繁难的反切，变成简易的东西；2. 用罗马字母标注明季的字音，使现在对于当时的普通音，仍可推知大概；3. 给中国音韵学的研究开出一条新路，使当时的音韵学者，如方以智，杨选杞，刘献廷等受到了很大的影响。"[22]其实，当时受到利玛窦罗马字注音法和《西儒耳目资》影响的远不只语言学家。一般士大夫文人以能得到利玛窦以拼音文字所作的文章为荣，哪怕是只言片语，[23]利玛窦在当时中国知识界的影响和声望由此可见一斑。《西儒耳目资》的影响更是广泛而深远，据金尼阁自己说，受到该书的影响，有佛教徒改信天主教；前礼部尚书不但慷慨解囊资助《西儒耳目资》的出版，还代为作序。[24]《西儒耳目资》1626 年问世后，一直受到后人的重视，其影响"迄清初百余

---

[22] 罗常培，《耶稣会士在音韵学上的贡献》，《罗常培语言学论文集》，252—253 页。

[23] 如《西字奇迹》，由于是罗马字写成，人多有不识，有人竟"信手剪裁，任意联缀，不顾其汉音文意如何，欺当时识罗马字者希，特取其奇字异形托之利赠，以惊世炫俗。可见当时风尚，士大夫以得利玛窦一言为荣也。"见陈垣，"跋"，《利玛窦中文著译集》，289 页。

[24] 金尼阁对他和利玛窦创立的汉字注音系统对中国社会的影响颇为得意，他不无自负地说，《西儒耳目资》"使汉字与吾邦之元音辅音接近，俾中国人得于三日之内通晓西洋文字之系统。此一文典式工作，颇引起中国人之惊奇。彼等目睹一外国人矫正其文字上久待改善之疵病，自觉难能可贵也，此书且为吸引偶像教人进入天主教网罟之饵，前礼部尚书某公捐资刊刻，并作一极有价值之序，为之增色"。方豪指出，"所谓某公，当指张问达。其任官礼部者，问达父也，尼阁偶误为其本人"。方豪，《中西交通史》（下），948 页。

年未衰"。[25]虽然有识之士认识到西文注汉字的便利、规整、统一、易学，但此时若以罗马字母取代汉字是不可想象的，即便是用作汉字的辅助音标系统，也很难为知识精英接受。[26]

"雍正元年（1723）因耶稣会士党允祁，乃徇闽浙总督满宝请：除在钦天监供职之西洋人外，其余皆驱往澳门看管，……此后二百年间，闭关为治"，汉字注音方面的研究也因此减少，渐渐衰落。[27]直到19世纪后半叶，教会和传教士才又重新开始有组织地推广拼音汉字的工作。鸦片战争后，海禁大开，中国永远不可能再回到闭关自守的过去，这为西方传教士的传教工作扫除了最大的政治障碍，教会可以在更大范围内推广教义，吸纳教徒。传教的道路必然是大众的道路，传播基督福音的重要一环是在普通人中普及《圣经》，而普及《圣经》又要求普通人能识字断文，因此，扫除文盲成为传教工作的重要组成部分。为了在更大范围内更有效地推广《圣经》，1843年，传教士在香港集会并做出如下决议："应将《圣经》译成中国文字，比之先前所出版的，更加注意普通，以求广布。"[28]于是，教会开始着手进行有组织、有系统的《圣经》翻译工作。译文不以官话为限，涉及各地区方言。为了便于民众识记，有些译文不用汉字，而直接使用罗马拼音，这大概是教会翻译《圣经》这项集体工程中最富创意的部分了。这些以罗马字拼音的方言文字，被称作教会

---

〔25〕方豪，《中西交通史》（下），950页。
〔26〕有关《西儒耳目资》引起的争论，参见罗常培，《耶稣会士在音韵学上的贡献》的"余论"部分，《罗常培语言学论文集》，307—309页。
〔27〕参见罗常培，《国音字母演进史》，3页。
〔28〕陈望道，《中国拼音文字的演进》，《陈望道文集》，第3卷，159页。

罗马字。[29]

　　传教士翻译《圣经》，在语体上或白话，或方言，在形式上或汉字，或罗马字，后来，以西文字母翻译《圣经》，又产生了多种不同的方案。汪晖在《现代中国思想的兴起》中讨论"方言问题与现代语言运动"时，论及19世纪来华传教士以方言拼音翻译《圣经》的实践。他注意到，传教士的翻译"有些用汉字""有些用罗马字"，产生了多种《圣经》方言译本，"据统计，19世纪末到20世纪初，至少有十七种方言用罗马字拼音，不同方言的《圣经》广为流传"。以方言翻译《圣经》的运动"对其后的中国现代语言改革运动产生了重要的作用，并渐渐地从方言注音转向统一语言和语音的创新，即在民族主义的动力之下，以拼音化为主要方式促进统一语音的形成"。使用方言翻译《圣经》，主要是为了让未受过多少教育的普通民众尽快用自己熟悉的言语识读《圣经》。19世纪末，中国尚未形成统一普通话的共识，在这种情况下，方言应是最容易上手，最容易为当地人所接受的语言，从传教的角度看，方言当然是最有效的传播《圣经》的手段。但是汪晖认为，早期传教士的"口语化运动不仅是一种方言口语运动，而且是西方宗教文化和语言对中国文化和语言的侵蚀，它并不是一种语言上的民族主义运动，毋宁是语言上的殖民主义运动"。[30]西方传教士在中国的存在和实践，本来就是西方文化扩张侵略的表现，这一点无需赘述和

[29] 见倪海曙，《中国拼音文字运动史（简编）》，10页。
[30] 汪晖，《现代中国思想的兴起》（北京：生活·读书·新知三联书店，2004），第2部，下卷，1517页。

强调。这里,"西方文化扩张侵略"只是问题的一个方面。使用和强调方言主要是出于普及《圣经》的需要,从语言的角度而言,这将会强化地方语言身份,致使民族身份进一步碎片化,因此,传教中的方言主义既不是语言上的"民族主义运动",也不仅仅是"语言上的殖民主义运动",实际情况要复杂得多。

对于用何种语言翻译《圣经》,19世纪在华传教士之间存在着不同的意见。一般来说,天主教传教士倾向于以"标准"汉语翻译《圣经》,而新教传教士则认为应该以地方白话或方言译经。表面上看,两者间的分歧仅是选择标准汉语书面语还是地方性白话,但这背后的分歧可以追溯到欧洲的宗教改革与去拉丁化运动。在语言问题上,新教的政治伦理坚持民族的和地方的身份认同,拒绝普遍的语言文化身份认同,认为即使在宗教实践中,也应该以民族语言作为工作语言,路德就是以德语翻译《圣经》,为统一标准的德国民族语言的形成奠定了坚实的基础,这点前文已经论及。19世纪末,在民族国家观念还未形成的中国,新教伦理的逻辑指向必然是以地方白话翻译《圣经》,宣讲教义。就语言而言,将19世纪前的中国与宗教改革前的欧洲相比,历史似乎有着某种惊人的相似,在新教的语言伦理中,文言文如同拉丁文,中国的士大夫犹如宗教僧侣阶层,而清廷就像梵蒂冈一样,只有"腐败的仪式、秘密的官僚制度和古语"。[31]约300

---

〔31〕 Christopher Hutton, "Writing and Speech in Western Views of the Chinese Language," in *Critical Zone: A Forum of Chinese and Western Knowledge*, eds. Q. S. Tong, Wang Shouren, and Douglas Kerr(Hong Kong: University of Hong Kong Press and(转下页)

年前欧洲与拉丁文的战斗，就是现在中国必须进行的和文言文的战斗。

如此说来，早在胡适之前，新教传教士就已经提出了废除文言的主张，尽管他们尚未提出统一白话的方案。[32] 就语文改革运动来说，值得注意的是，新教传教士们翻译《圣经》的理念和实践，在宗教以外的领域产生了意想不到的影响，在理论和实践的两个层面上成为中国语文改革运动的资源。讨论传教士以方言口语翻译《圣经》以及与此相关的办学扫盲工作，不仅需要指出其文化帝国主义的本质，同时应该客观评价他们在大众语问题上的探索和实践对汉语改革的启示和贡献。表面上看，传教士的方言口语运动进一步确认了方言的价值，强化了方言的地位，这与后来的语言改革运动通过正音统一读音的思想和目标相悖，但以罗马字注音汉字，翻译《圣经》的实践至少为汉语读音的统一开辟了一条可行的道路。

传教士们通过罗马字翻译、传播和普及《圣经》的工作，在时间上和清末民初的文字改革运动十分接近。但以罗马字转写汉字，至少可以上溯到利玛窦，陈望道因此而断言，20 世纪初声势浩大的文字改革运动滥觞于利玛窦等人的汉字注音工作。陈望道又说，《西儒耳目资》的出版为中国声韵研究的发展和中国拼音文字运动奠定了拉丁化的基础，"就此引起了汉字可用字母注音或拼音的感想，逐渐演进，形成

（接上页）Nanjing: Nanjing University Press, 2006）, vol. 2, p. 92.

[32] Hutton, "Writing and Speech in Western Views of the Chinese Language," p. 88.

二百年后制造推行注音字母或拼音字母的潮流"。[33]当然，早期传教士在这方面工作的意义并不局限于语言学上的贡献。以西文字母注音汉字这个看起来简单而平常的语言实践，在中国近代史上产生了巨大的影响，直接启发和推动了新文字和新文化运动，仅从语言学和汉语发展史的角度看，根本无法充分认识和解释其历史意义。今天，重新回顾这段历史，毫不夸张地说，传教士在汉语注音上的工作对中国现代性工程的启动，以至对现代中国文化形态和中国现代知识的建立都有直接的影响和实际的贡献，其意义远远超越了语言学的范围。他们的注音工作对后来中国文字改革运动的影响似乎是历史的偶然，但当外来文化可以从全新的角度解读、批判、补充本土文化时，跨文化交流的过程便可以释放出改变现状的巨大能量。

2. 比较语文学和中国知识分子

　　语言文字改革运动，包括早期的切音运动、国语运动、拉丁化运动、直至后来的汉语拼音和汉字简体字等，与西方汉语观和比较语文学有着千丝万缕的联系。在一定意义上，"五四"时期的知识分子在语言文字改革问题上的自我东方主义倾向，可以理解为西方汉语观在中国的延续和发展。今天，我们对这一时期普遍存在的东方主义一定会有严重的保留，然而，置身于特定的历史进程中，语言文字改革运动中

---

[33] 陈望道，《中国拼音文字的演进》，《陈望道文集》，第 3 卷，157 页。

的自我东方主义倾向又是不可避免的，甚至是必然的。这不仅因为"五四"知识分子大都受到欧美和日本现代文化的影响，他们其中很多人都曾出国留学，"求新声于异邦"，而国外现代知识带来的巨大冲击在他们的知识构成中不可避免地留下东方主义的痕迹。就20世纪初中国社会的现实而言，自我东方主义可以是一种手段，一个工具，一项策略，一条最直接、最有效的改造中国传统，构建中国现代性的捷径。中国语言文字改革的代表性人物如胡适、鲁迅、钱玄同等虽然未必认真研究过比较语文学，但他们对西方汉语观的主要论点和立场应该有一定的了解，受到过不同程度的影响，并以各自不同的方式，直接或间接地在自己的有关文字中传达了这些论点和立场。20世纪初，先后留学欧美的吴宓、陈寅恪、傅斯年、姚从吾、罗家伦、毛子水，以及稍后的季羡林等，他们对语言文字改革运动的态度不同，但都折服于比较语文学博大精深的学术传统，在留学期间专门研习或关注过比较语文学的研究进展，其中部分人回国后更是将语文学理论和研究方法引入中国传统文史的研究。这一辈学者中，相对来说，傅斯年对欧洲比较语文学的传统和现状以及语文学的人文关怀，有比较深刻的认识和体会，能够在自己的研究和学术实践中自觉运用比较语文学的相关理论和方法，并坚持不懈地推动扩大语文学在中国的影响。在语言文字改革、传统文化的现代化、中国现代学术进步等一系列问题上，傅斯年观点鲜明，与吴宓等人的立场截然相反。

　　1919年夏，傅斯年负笈英国，入伦敦大学学习实验心理学，1923年赴德国，入柏林大学就读。从英国转到德国，既有偶然的机缘，又有必然的因素。当时，陈寅恪、俞大维等人正在柏林，去德国，傅斯年既可以与他们结伴，又可以在比较语文学大师葆朴曾经工作过的柏林大学攻读比较语文学。傅斯年对语文学重视，并非仅仅因为比较语文学在欧洲，尤其在德国是曾经的显学而追随其后，也不仅因为通晓梵语或许可以让他戴上某种学术的光环，而是因为傅斯年深切感受到语文学深厚的人文主义传统及其对改造中国传统学术的价值。长期以来，由于种种原因，国内学界对于语文学，特别是比较语文学对傅斯年等人的学术思想和知识构成的影响，未有充分重视。近期才有相关论著出版，如张谷铭的《Philology 与史语所：陈寅恪、傅斯年与中国的"东方学"》（2016），比较全面地评价了语文学对傅斯年等人的影响。张谷铭指出，"今天中文世界的研究者和一般读者，对 philology 在世界学术史中的意义所知不多，对 philology 与中国学术界及史语所的渊源也不熟悉"，又云，"philology 对陈、傅的意义，光从两人公开谈论的部分，就大有可观，更遑论潜移默化、尚未明言的部分"。[34] 张谷铭所言指出了中国学术史研究中一处令人遗憾的空白，尽管张谷铭自己对语文学的理解并未完全摆脱德国比较语文学学科的界限。如张谷铭所说，中国学界对于比较语文学对傅斯年、陈寅恪等人的影响，以及对中国现代学术的形成和发展的影响已渐渐淡忘，或者说，这一问题从未引起学术思想史研究者的重视。

---

〔34〕张谷铭，《Philology 与史语所：陈寅恪、傅斯年与中国的"东方学"》，《"中央研究院"历史语言研究所集刊》，第 87 本，第 2 分（2016 年 6 月），444 页。

20世纪初，了解学习比较语文学并非一项简单的工作，这首先需要对西方语文学的传统和历史有足够的了解，其次是通晓包括梵语在内的几种古典语言，要做到这两点，需要有国外（主要是欧美）留学的经验。在中国延续和发扬语文学的传统，主要依赖傅斯年等海归学者。1928年，傅斯年回国后不久便创办了"历史语言研究所"，研究所冠名的学科之一正是语文学（研究所的英文名为Institute of History and Philology），这足以显示傅斯年对语文学的重视及其借助学科建制在中国弘扬比较语文学的计划。在历史语言研究所成立之际，他写下了《历史语言研究所工作之旨趣》，刊登在《国立中央研究院历史语言研究所集刊》首期。他向读者这样介绍欧洲比较语文学：

> 欧洲近代的语言学在梵文的发见影响了两种古典语学以后才降生，正当18、19世纪之交。经几个大家的手，印度日耳曼系的语言学已经成了近代学问最光荣的成就之一个，别个如赛米的系，芬匈系，也都有相当的成就，即在印度支那语系也有有意味的揣测。19世纪下半的人们又注意到些个和欧洲语言完全不相同的语言……所以以前比较言语学尚不过是和动物植物分类学或比较解剖学在一列的，最近一世语言学所达到的地步，已经是生物发生学、环境学、生理学了。无论综比的系族语学，如印度日耳曼族语学等，或各种的专语学，如日耳曼语学、芬兰语学、伊斯兰语学等，在现在都成大国。……在历史学和语言学发达甚后的欧洲是如此，难道在这些

学问发达甚早的中国，必须看着他荒废，我们不能制造
别人的原料，便是自己的原料也让别人制造吗？[35]

这段引文清楚地表明德国比较语文学传统对傅斯年的影
响及他建立中国语文学传统的愿望，同时反映出傅斯年忽略
或淡化了英国人威廉·琼斯爵士在比较语文学上不可替代的
历史地位。值得注意的是，在这段看上去略带随意的描述中，
印欧比较语文学被描绘成普世的人文科学研究范式，可以推
广应用到其他地区和语言社群的分类研究上。以家族、家庭、
血缘这类概念作为划分世界语言的模式，是比较语文学中有
机主义理论的逻辑使然。傅斯年熟悉比较语文学的理论、实
践和方法，意识到比较语文学并非实证型的科学，他敏锐地
指出，同一语系里的比较研究以"揣测"为主。"语言家族"
之类的说法不过是一种比喻。然而，这似乎并不影响傅斯年
将比较语文学定义为"科学"，更不影响他继续以"最光荣"
一词来描述印欧比较语文学所取得的"成就"。傅斯年的这
段话，几乎是对欧洲语言思想的总结，明确勾勒出19世纪
语言学研究的两种重要的趋势：比较语文学的发展和语言学
研究的自然科学化（尤其是生物学化）。

在实践的层面上，傅斯年推动建立语文学研究的学术机
构和建制，在《工作之旨趣》中更是不厌其烦反复推介比较
语文学，鼓励将比较语文学的方法移用于中国历史语言研究，

---

[35] 傅斯年，《历史语言研究所工作之旨趣》，《傅斯年全集》，欧阳哲生编（长沙：
湖南教育出版社，2003），第3卷，3—4页。

以期通过比较语文学的传统、理论、方法及其"光荣的"学术地位发展和振兴中国现代学术。他认为，作为一门学术，一种研究范式，比较语文学超越了中国的学术传统："即使中国近代学术的高峰，也就是乾嘉考据，和西方的 philology 的方法、视野和成就相比，都相形失色。"陈寅恪持相同的观点："如以西洋语言科学之法，为中藏比较之学，则成效都较乾嘉诸老，更上一层。"张谷铭感叹道："这是深知中国学术的底蕴，又深入学习西方学术的傅斯年、陈寅恪等人，所发出的由衷赞叹。"[36]在《中国古代文学史讲义》（1928）中，傅斯年论及语言、思想和文学的关系，以生物学的语言介绍了比较语文学的谱系，仍然称之为"光荣的学问"：

> 近来所谓"比较言语学"者，就是这一个认识语言亲属之学问，到了十八九世纪之交，因梵语学之入欧洲才引生。德意志、丹麦两地的几个学者，经数十年的努力，又因印度、希腊、拉丁三种语学以前各有很好的成绩，可以借资，而欧洲又很富于各种方言的，于是所谓"印度日尔曼语学"（或曰印度欧洲因东起印度西括欧洲）成为一种很光荣的学问。到现在欧洲各国的大学多有这一科的讲座，各国大家辈出，而这一族的语言中之亲属关系紧，大致明白了。[37]

---

[36] 见张谷铭，《Philology 与史语所：陈寅恪、傅斯年与中国的"东方学"》，416、437 页。
[37] 傅斯年，《中国古代文学史讲义》（1928），《傅斯年全集》，第 2 卷，17 页。

联系上一章对比较语文学历史的简略回顾，可以看出，
傅斯年明确指出比较语文学 18 世纪末 19 世纪初首先在欧洲
出现，但完全忽略了"梵语学之入欧"的帝国主义和殖民主
义的历史条件和背景，而这种历史条件和背景对认识比较
语文学的兴起和发展至关重要。没有充分的证据或材料显
示，傅斯年了解自维柯以来的欧洲语文学博大精深的人文主
义传统，及比较语文学 20 世纪初已经开始在欧洲衰落的情
况。这一点可以间接地从张谷铭对傅斯年的研究中看出。他
对 philology 和傅斯年思想源流的论述牢牢地将语文学限定在
德国印欧比较语文学的框架内，未涉及傅斯年等人在认识西
方语文学传统上的局限，更未意识到，他们推崇和挪用当时
已经走向衰落的比较语文学，这本身便是一种历史的讽刺。[38]

　　20 世纪早期，中国学者对比较语文学的接受似乎有一
定偶然性。季羡林在德国选择比较语文学的经历便能说明这
一点。据他自己回忆，他 1935 年初入哥廷根大学时，对自
己的专业方向尚无清楚的想法和明确的规划，只有主修"德
国语文学"和"欧洲古典语文学"的初步想法。在德国研
习"德国语文学"的理由显而易见，这个专业也是相对容易
的选择。至于"欧洲古典语文学"，他考虑到自己在希腊语
与拉丁语上无法与德国大学生竞争而放弃。但经过一番犹
豫之后，季羡林最后选定的专业却是"印度学"。他回顾自

---

[38] 见张谷铭，《Philology 与史语所：陈寅恪、傅斯年与中国的"东方学"》及
其英文文章 "Philology or Linguistics？ Transcontinental Responses," in *World
Philology*, eds. Sheldon Pollock, Benjamin A. Elman, and Ku-ming Kevin Chang
（Cambridge, Mass.: Harvard University Press, 2015），pp. 311-31。

己选择"印度学"的过程时这样写道："1936年的夏季开始了。我偶尔走到大学教务处的门外，逐一看各系各教授开课的课程表。我大吃一惊，眼睛忽然亮了起来：我看到了Prof. Waldschmidt开梵文的课程表。这不正是我多少年来梦寐以求而又求之不得的那一门课程吗？"季羡林选择学习梵文几乎完全出于偶然，然而，有意思的是，他却赋予了这一偶然某种学术传承的必然性。他回忆自己出国前在清华读书时，曾和几位同学一起请求陈寅恪为他们开设梵文课，陈寅恪没有答应。"焉知在几年之后，在万里之外，竟能圆了我的梵文梦呢？"季羡林兴奋地写道，"我喜悦的心情，简直是用语言文字无论如何也表达不出来的"。[39]

这样的描述让人不禁莞尔。老师的专业领域、学问所长不必是（甚至不应该是）学生日后专业选择的起点或原因；陈寅恪学过梵文不构成季羡林选择学习"印度学"的理由。无论如何，选修"印度学"是临机的决定，他似乎尚未找到真正的学术志向。季羡林的另一个解释同样说明他在专业选择上并不是完全自觉的。他告诉读者："印度学"和梵语研究在德国是显学，而在解释德国人何以重视比较语文学、印度学时，他说厚古薄今，厚彼薄此是德国人的"民族心理因素"。[40]梵语可谓既"古"又"彼"。上面提过，德国自赫尔德以来就是所谓"民族心理"和"民族性格"等概念的发源地和理论重镇。季羡林以此解释德国学术界何以看重时间

---

〔39〕季羡林，《我的学术人生》（北京：中国社会出版社，2012），27页。
〔40〕同上。

久远的欧洲古典语文学和空间上遥远的印度学，当然可以说得通，但这也不必是选择专业的充分理由。以鲜为人知的绝学标榜一门学科，不能完全排除有为该学科及其实践者制造学术精英光环之嫌。可能是由于历史和学术条件的限制，此时追随比较语文学的留学生们尚未充分了解比较语文学的谱系，但也不能完全排除这样的可能：他们身上崇古抑今、厚彼薄此的倾向和为学术而学术的理念，致使他们忽略了这门学科的政治、历史和意识形态。

在 20 世纪初的德国，在学院的高墙深院里，梵语依旧神秘，比较语文学依然辉煌。然而，此时在其发源地英国，比较语文学大势已去。致使这门学科在英国和欧洲大陆衰落的原因主要有两点。首先，自琼斯之后，比较语文学在 19 世纪下半叶日益专门化，渐渐远离早期语文学的目的、对象和方法。从维柯的涵盖历史、哲学、文学等各门学科的语文学，到琼斯对梵语和欧洲语言的比较研究，再到后来德国式的，专门化的比较语法、比较语音、比较词法的研究，语文学的历史可说是现代学术发展的缩影。这一发展过程就是持续不断的学术思想碎片化和专业分化的过程，直至在学院内的学科之间筑起森严的壁垒。随着传统人文学科门类的进一步分化和专业化，维柯语文学的人文主义的初衷及其饱含的温情几乎丧失殆尽。此时，语文学（包括古典语文学和比较语文学）长期以来形成的教条而僵化的研究方法令人深感厌烦，对语文学的批判在欧洲日益增多。在德国，早在 1874 年，尼采在《我们语文学家》中就对语文学进行了凌厉的批评，尽管这部尼采式的片段集直到他去世后才发表。尼采所谓的语文学主要指古典语文学，"语文学家"主要指德国大学里的古典学教授。在他看来，此时的德国语文学已经完全脱离了古典精神，完全不能适应新时代的需要，而学院内现行的文科教育犹如被宗教原则扭曲的人文学科。尼采强调的是古典的创新和人文学科对此时、此地的关怀。19世纪末期的德国语文学的表现令尼采十分失望，语文学教授们擅长的是混日子、领薪水；"语文学家就是那些为了自己的三餐，剥削现代人淡淡的不满情绪及追求'好一点的东西'的欲望的人"。[41]《我们语文学家》的英文译者肯尼迪（J. M. Kennedy）由此想到英国古典语文学的状况。在英国，语文学家的地位没有德国同行那么高，然而，他们的声誉却与他们理论的混乱程度成正比：理论越是混乱，似乎影响越大。这些语文学家们，德国的、英国的，全都一样，都是披着语文学外衣的神学家（theologians in disguise）。[42]在英国学院建制里，传统语文学受到了严厉的批评。威廉斯论及20世纪初剑桥大学现代文学批评兴起的背景时指出，此时，语文学的研究和教学都已经到了非改不可的地步，他所能看到的文献材料显示，20世纪初期剑桥大学的语文学，特别是"当代语文学和词语形态学方面的研究工作，都让人有充分理由感到不耐烦"，[43]必须进行脱胎换骨的改造。现代文学批评的兴起适应了时代的需

―――――――

〔41〕 Friedrich Nietzsche, *We Philologists*, in *The Complete Works of Friedrich Nietzsche*, vol. 8, p. 146.

〔42〕 J. M. Kennedy, Translator's Introduction, in *The Complete Works of Friedrich Nietzsche*, vol. 8, p. 107.

〔43〕 Raymond Williams, "Cambridge English, Past and Present," in *Writing in Society* (London: Verso, 1983), p. 179.

要，彻底取代旧式语文学研究只是时间的问题。

其次，比较语文学是学术想象的产物，充斥着假设虚构的成分，虽然未必是伪科学，但并无可靠材料的支撑，其方法论远不够科学，多为建立在异同类比基础上的推测和假设，局限性很大，却举着"科学"的旗号。傅斯年认为比较语文学是一门"光荣的学问"，一个重要的原因是他深信"'比较言语学'已经达到自然科学的地位"："19世纪的'比较言语学'只和'动物植物分类学'或'比较解剖学'相当，因其方法在分类与比较；但'比较言语学'最新的发展，已经是生物发生学（genealogy）、环境学（ecology）、生理学（physiology）。"〔44〕此时，英国知识分子眼里的"比较语文学"与傅斯年眼中的"比较语文学"几乎是两个完全不同的概念，两门不同的学科，两个不同的学术世界。也是在论及剑桥文学批评兴起时，蒂利亚德（E. M. W. Tillyard）将语文学置于现代文学批评的对立面，指出发展现代文学批评的目的之一就是颠覆（比较）语文学在学院内的主导地位。他这样描述"语文学"和"比较语文学"在当时人们心目中的变化：

> "语文学"一词带有的情感意味发生了很大的变化。此时此刻，语文学的含义不是学究式的枯燥，就是专门化的知识，让受过教育的人反感。但曾几何时，大概一百多年前吧，"比较语文学"具有优越的情感内容，可以产生神奇的、令人眩晕的效果。不久前，当我听说

---

〔44〕张谷铭，《Philology 与史语所：陈寅恪、傅斯年与中国的"东方学"》，430 页。

> 有人声称血液检查可以辨别不同种族时，我感受到突如
> 其来的、非理性的兴奋。比较语言学声称可以解决一切
> 种族和历史问题，带来的也是这种兴奋。[45]

比较语文学的神话在英国早已破灭。在蒂利亚德略带戏谑的描述中，我们可以感受到有关比较语文学的双重讽刺。其一，尽管在 20 世纪初，比较语文学在德国学院内还带着某种光环，但在其发源地的英国，不仅谈不上"光荣"，而且已经成为一个自以为是，以至令人厌烦的学科，不仅在方法上枯燥，更为严重的是它毫不掩饰其种族主义的思想倾向。其二，正值比较语文学在欧洲衰落之际，中国不少学子却趋之若鹜，而对比较语文学背后的政治及其对汉语和中国文化的偏见和歧视，或一无所知，或视而不见，更谈不上批判，在他们的推动下，比较语文学在 20 世纪初的中国获得了在欧洲也未必拥有的荣耀。

跨文化交流中，常有此情形：貌似是双方的互动，实际上却是单向运动，貌似是交流和理解，其实是误解和挪用，貌似是对话，实质却是各自的独白。我将这类跨文化交流中脱节、断裂的现象，这些实际上没有交流的"交流"称为"否定性"交流（negativities）。值得注意的是，"否定性"交流案例在中外关系史上并非偶发现象，而是一种常态，尽管此类"否定性"跨文化案例在实际历史中的作用和价值并不完

---

〔45〕 E. M. W. Tillyard, *The Muse Unchained: An Intimate Account of the Revolution in English Studies at Cambridge*（London: Bowes & Bowes, 1958），p. 45.

全是负面的。这个问题留待下一章详细讨论。

虽然傅斯年等中国学者对比较语文学的理解不同于尼采和此时英国学界的看法，但这并不影响比较语文学在中国的传播。诚如张谷铭所说，傅斯年创办的历史语言研究所"是西方 philology 在中国留下最明显的印记"。[46]但史语所最终未能如傅斯年所愿，开创新的东方学研究传统，取代巴黎，成为世界东方学的中心。事实上，傅斯年的期望多有不切实际之处，对比较语文学的研究难度严重估计不足，史语所最终成了单纯的"中国"历史语言研究所。张谷铭指出，中国东方学的研究还是以汉语材料为主，从未能够真正达到比较语文学的要求，同时也未能以多种传统语言为研究对象和媒介，对历史文献进行细致、深入和全面的研究。[47]

傅斯年不仅在语文学学科发展上，而且在学术思想方法和研究模式上，甚至在文化与民族性格等问题上，都受到了比较语文学传统的影响。此时，他所推介和传播的那些带有明显偏见的比较语文学的观点和理论，似乎从理论上支撑了他本人十多年前就表露出来的自我东方主义倾向。1918 年他在《新青年》上发表的《中国学术思想界之基本误谬》历数中国学术传统的"弊端"，而他批判的出发点正是西方的中国观。文章开篇引用了他三年前读到的一本英国杂志上谈"东方民性"的文章，其中涉及东方学术，曰："东方学术，病疴生于根本；衡以亚利安人之文明，则前者为无机；后者为

---

[46] 张谷铭，《Philology 与史语所：陈寅恪、傅斯年与中国的 "东方学"》，377 页。
[47] 同上书，439 页。

有机，前者为收敛，后者为进化。质言之，东方学术，自其胎性上言之，不能充量发展。"傅斯年的摘译偏短，原文中的具体所指不明。引文中的"后者"当指与"东方学术"相对的"西方学术"。引文结尾处还有这样的结论："所谓近世文明者，永无望其出于亚细亚人之手；世间之上，更不能有优于希腊、超越罗马之政化。"初读此文时，傅斯年"深愤其狂悖"；不过，三年后，他对这一论述有了不同的认识，"及今思之，东方思想界病中根本之说，昭信不诬"，并据此在七个方面对中国学术传统做了全面的否定：

> 一、中国学术，以学为单位者至少，以人为单位者转多。前者谓之科学，后者谓之家学……二、中国学人，不认个性之存在，而以为人奴隶为其神圣之天职。每当辩论之会，辄引前代名家之言，以自矜重，以骇庸众，初不顾事理相违，言不相涉……质而言之，中国学术思想界，不认有小己之存在，不许为个性之发展……三、中国学人，不认时间之存在，不察形势之转移。每立一说，必谓行于百世，通于古今……中国学者，专以"被之四海"、"放之古今"为贵，殊不知世上不能有此类广被久延之学术，更不知为此学术之人，导人肤浅，贻害无穷也。四、中国学人，每不解计学上分工原理（Division of labour），"各思以其道易天下"。……究之，天下终不可易，而学术从此支离。……其才气大者，不知生也有涯而知无涯，以为举天下之学术，皆吾分内应知，"一事不知，以为深耻"。五、中国学人，好谈致用，其结

果乃至一无所用。……六、凡治学术，必有用以为学之
器。学之得失，惟器之良劣足赖。……名家之学，中土
绝少，魏晋以后，全无言者；……中国学术思想界之沉
沦，此其一大原因。七、吾有见中国学术思想界中，实
有一种无形而有形之空洞间架，到处应用。……此病所
中，重形式而不管精神，有排场不顾实在；中国人所想
所行，皆此类矣。[48]

　　傅斯年的基本判断是，中国传统学术无法抵御西学的强
大势力，我们别无选择，唯有全面吸收和采纳西学："中国
与西人交通以来，中西学术，固交战矣；战争结果，西土学
术胜，而中国学术败矣。"[49]这里，傅斯年对其文化和学术的
达尔文主义毫不掩饰，传统和现代这对时间上的概念对应着
空间上的东方和西方，正如未来必然取代过去一样，现代的
西方学术必然战胜传统的东方学术。傅斯年的思想方法典型
地体现出自我东方主义的运作模式：首先接受西方的理论假
设，继而在其理论话语体系的原则指引下，得出与上述假设
相符的结论。他所援引的英人杂志中有关东方文化是无机文
化的论点，与德国比较语文学话语体系的结论如出一辙，而
傅斯年对这类观点的征引和扩展无疑进一步延伸扩大了东方
主义的影响。在 20 世纪初特定的学术思想条件下，以傅斯
年为代表的一批杰出的知识分子却有意无意地陷入了自我东

────────────

〔48〕傅斯年，《中国学术思想界之基本误谬》，《傅斯年全集》，欧阳哲生主编（长
　　沙：湖南教育出版社，2003 年），第 1 卷，22—26 页。
〔49〕同上书，27 页。

方主义的陷阱，比较语文学的盲点和谬误成为他们学术话语建构的灵感和起点。

比较语文学中的汉语观是典型的东方主义。将汉语研究中得出的结论用于对中国国民性和中国文化的整体认识和解读，是19世纪西方思想界普遍的叙事方法。不无讽刺的是，不少这类东方主义的观点后来却成了中国语言文字改革运动的理据。萨义德在《东方主义》中集中讨论和批判了西方对东方的想象和建构，但并未深入讨论东方主义对东方自身的影响，特别是东方知识界如何通过挪用东方学知识来影响和引导本国或本地区的现代化路程。本书讨论的西方汉语观不仅是对汉语的想象和建构，而且对中国本土文化，特别是对语言文字改革运动产生了直接的影响，而这种影响又是通过中国学者对西方汉语观的反向挪用实现的。东方主义和自我东方主义之间的关系，是我们亟须进一步思考的问题。

3. 自我东方主义：想象和创造

在比较语文学理论的影响下，"五四"知识分子对语言的认识发生了根本性转变。这段时期知识界普遍认为，汉字直接阻碍了中国社会和文化的现代化，对中华文明发展的极端滞后负有责任。在这一点上，傅斯年的言论颇具代表性。前文提过，在《历史语言研究所工作之旨趣》中，他认为"本来语言即是思想，一个民族的语言即是这一个民族精神上的富有"，理清其中的关系是语文学的任务，"所以语言学总是一个大题目，而直到现在的语言学的成就也很能副这一个大

题目"。[50] 从语言和思想，语言和民族精神之间的关系去认
识和解读语言的社会历史作用，不同于传统语言理论的视角
和方法，却是比较语文学理论中基本的原则，也是西方语言
思想史中语言本体论的要义。傅斯年虽没有点明，但显而易
见，他的这些语言本体论的言论与施勒格尔、洪堡特等人的
有关言论如出一辙。众所周知，在西方思想史中，语言从来
就不仅是交流和表达的工具，语言具有本体论上的地位和价
值，是构成思想的元素和材料，用海德格尔的话说，语言是"存
在的居所"（the house of being）。[51]

相比之下，中国古典思想并不重视语言在认知中的作用，
认为语言有可能影响甚至阻碍和扭曲认知。所谓"道可道，
非常道，名可名，非常名"，实际上否定了语言在认知过程
中的积极作用。人们无法通过语言把握和表达代表终极真理
的"道"，一切能够通过语言表述的"道"，都不可避免地失
去了永恒性和完整性，因而严格说来不再是"道"。就此来说，
语言只能是所指的对立物和他者，在语言和"道"之间横亘
着一道不可逾越的鸿沟。在一定程度上，语言和"道"是一
对不可调和的矛盾，彼此以对方的缺位为自身存在的条件和
理由。这样的认识自然不会承认思想、文化和社会的进步与
语言有内在的必然联系。

任何根本性的社会和文化变革，都需要理论上的自我合
理化和舆论上的支持。中国社会的改造为何从语言开始？对

---

〔50〕傅斯年，《历史语言研究所工作之旨趣》，《傅斯年全集》，第 3 卷，3 页。
〔51〕Martin Heidegger, *On the Way to Language*, trans. Peter D. Hertz（New York: Harper
    & Row, 1971），p. 5.

中国传统文化和传统思想的批判为什么必须从语言的批判开始？国家的现代化为什么首先是语言的现代化？什么是语言的现代化？什么样的语言是现代语言？这些都是"五四"时期呼吁改革汉语的知识分子思考的问题。或许这些问题并没有明确的答案，却推动着他们对语言社会功用的认识由原来的工具语言观渐渐转变为带有浓重本体论色彩的语言观。这一转变之所以重要，是因为这种新的语言观确信，在语言与文化、语言与思想、语言与现实之间存在着某种内在的、必然的、有机的联系，因此认识和解读中国语言也是认识和解读中国文化和思想传统。语言不仅是思想、知识和文化的载体，其本身就是思想、知识和文化的体现，文化和思想首先存在于语言中，语言之外没有文化、思想、知识可言。只有承认这一点，才会得出改造中国，必须首先改造汉语和汉字的结论。这正是傅斯年的观点，也是西方汉语观的基本立场。当然，另一种可能是，"五四"知识分子采纳比较语文学的语言本体论未必是在理论上认同西方汉语观，这只是他们推动语言文字改造运动的策略。不管动机如何，有一点是明确的："五四"知识分子对汉语，尤其是对汉字的批判，远远超越了语言的范围，涉及中国文化、历史和社会等各个方面，至少在表面上呼应了西方汉语观对汉语的批判，同时也充分体现了西方汉语观在中国的传播和影响。

"五四"语言文字改革运动以及稍后的拉丁新文字运动的自我合理化，主要是围绕着两个方面展开的：一是充分揭示汉语，尤其是汉语书写系统的所谓"弊端"，二是充分说明和展示拼音文字或汉语拼音化的"优越"。对汉语，特别是汉字"弊端"的责难，大概集中在以下这几个方面。第一，"五四"新文化运动的代表人物大都认为，汉字为原始落后的前现代文字，完全不能适应新时代的交流需要，与现代工业文明和科学技术的发展严重脱节，在中国自强的道路上，汉字的"弊端"日益暴露出来，与科学理性的兴国之道南辕北辙，成为中国现代化的障碍。第二，汉语书写系统中凝结了中国传统的思想、文化、习俗和知识，承载着一切与现代文明相悖的过去，废弃汉字可以丢下历史的包袱，轻装前进，是中国走向现代化的前提。倪海曙在回答一直关注和支持中国文字改革的美国友人德范克（John DeFrancis）的问题时，一再强调汉字拉丁化是中国走向现代化的必要条件，即使牺牲用汉字书写的传统经典也在所不惜，因为"广大的人民并没有人人去读四书五经的必要"。[52]第三，汉字书写无严格的系统和语法，字与字之间，缺乏互为参照、彼此相关、此呼彼应的内在机制组织，汉字的构造没有科学性，无规律可循，除去死记硬背外，别无捷径可走，在实际使用中，汉字难记、难学、难写，拒人于千里之外。第四，汉字是僵化的书写系统，其单音节形态是束缚思想的枷锁，有人甚至将汉字的单音节比拟成女人的裹脚布，钳制思想的自由，导致思想的畸形，改造汉语的一个主要任务是解放"被单音节的汉

----

〔52〕倪海曙，《答复美国 John DeFrancis 君关于中国文字改革的问题》，《倪海曙语文论集》（上海：上海教育出版社，1991），25 页。倪海曙出生于 1918 年，不是"五四"一代，但他从 20 世纪 30 年代起，即投身文字改革运动，1949 年后继续从事文字改革工作，直到 1988 年去世，将一生贡献给了文字改革事业。在中国近一个世纪的语言文字改革运动中，倪海曙承上启下，具有一定的代表性。

字所束缚和歪曲了的语言"。[53] 第五，汉字发展到现在，从其书写形态上看，已经与其初建时的旨趣大异，方块字不再象形、指事、会意和形声，其最初形义上的实用性几乎荡然无存。[54]

语言现代性和社会现代性之间的联系基于这样一个简单的设想：没有现代知识体系就没有社会现代化的可能，而没有现代语言体系，也就失去了延伸和扩展现代知识体系的物质基础。上文提过，在这个问题上，傅斯年的观点颇有代表性。他曾明确指出，语言和思想实为一体，民族语言与民族精神密不可分，有什么样的语言文字，就有什么样的思想。钱玄同认为，中国文字最适合儒、道学术："欲废孔学，不可不先废汉文；欲驱除一般人之幼稚的野蛮的顽固的思想，尤不可不先废汉文。"又说："欲废孔教，欲剿灭道教，惟有将中国书籍一概束之高阁之一法。何以故？因中国书籍，千分之九百九十九都是这两类之书故；中国文字，自来即专用于发挥孔门学术，及道教妖言故。"[55]

鲁迅在《中国文与中国人》中记录了他读汉学家高本汉的《中国语和中国文》中译本的感受。他十分赞同高本汉的汉语观，并加以引发，鞭挞了中国知识界对汉字拜物教式的崇拜。高本汉（Klas Bernhard Johannes Karlgren）在比较汉字和西洋文字时指出："中国文字好像一个美丽可爱的贵妇，

---

[53] 倪海曙，《答复美国 John DeFrancis 君关于中国文字改革的问题》，《倪海曙语文论集》，24页。
[54] 见钱玄同，《汉字革命》，《钱玄同文集》，第3卷。
[55] 钱玄同，《中国之今后文字问题》，《钱玄同文集》，第1卷，162—163页。

西洋文字好像一个有用而不美的贱婢。"受过良好教育的精
英们使用文言文，以显示自己与未受教育的贫民的区别。高
本汉忆及自己在中国的经历，切身感受到中国人在使用语言
上的分裂。他不无感慨地说："本书的著者和亲爱的中国人
谈话，所说给他的，很能完全了解；但是，他们彼此谈话的
时候，他几乎一句也不懂。"汉语使用者通过语言对不同听
众的区分竟可以如此鲜明，其排外性由此可见一斑。鲁迅不
禁就此写道："美丽可爱而无用的贵妇的'绝艺'，就在于'插
诨'的含混。这使得西洋第一等的学者，至多也不过抵得上
中国的普通人，休想爬进上流社会。这样，我们'精神上胜
利了'。为要保持这种胜利，必须有高妙文雅的字汇，而且
要丰富！"〔56〕

　　汉语书面语与口语差距极大，几乎成了社会特权阶层
的专利。传统文人普遍认为文字能力与教育程度和修养水平
成正比，书面语与口语的差异也是是否受过教育的差异；与
口语俗语相比，知识精英自然倾向于经过高度提炼、充满玄
机和隐喻的文学语言。汉字难，以汉字写成的文言更难，这
样的书写系统实际上剥夺了大众学习和掌握汉语的机会和权
利。鲁迅对此深感不满："文明人和野蛮人的分别，其一，
是文明人有文字，能够把他们的思想，感情，藉此传给大众，
传给将来。中国虽然有文字，现在却已经和大家不相干……
所以大家不能互相了解，正像一大盘散沙。"〔57〕鲁迅又说："汉

〔56〕见鲁迅，《中国文与中国人》，《鲁迅全集》(北京：人民文学出版社，1981)，
　　　第5卷，363—364页。
〔57〕鲁迅，《无声的中国》，《鲁迅全集》，第4卷，11—12页。

字和大众，是势不两立的。"[58]他的结论是："汉字也是中国
劳动大众身上的一个结核，病菌都潜伏在里面，倘不首先除
去它，结果只有自己死。"[59]在鲁迅眼中，汉字乃是专制的象
征，制造社会不公的工具，封建专制的卫道士："方块汉字
真是愚民政策的利器，不单劳苦大众没有学习和学会的可能，
就是有钱有势的特权阶级，费时一二十年，终于学不会的也
多得很。"[60]汉字给中国人带来了什么呢？在鲁迅看来，汉字
使用者为了学习掌握汉字，除去投入大量的资源和时间外，
心甘情愿地将自己置于由语言划分的等级社会中，不是奴役
人就是被人奴役，或者是既奴役人又被人奴役。鲁迅写道：
"为了这方块的带病的遗产，我们的最大多数人，已经几千
年做了文盲来殉难了，中国也到了这模样。到别国已在人工
造雨的时候，我们却还是拜蛇、迎神。如果大家还要活下去，
我想是只好请汉字来做我们的牺牲了。"[61]汉字与"拜蛇""迎
神"一样，是前现代社会的产物和代表，面对传统和现代的
抉择，在如何对待汉字的问题上，鲁迅没有丝毫的犹豫："不
错，汉字是古代传下来的宝贝，但我们的祖先，比汉字还要
古，所以，我们更是古代传下来的宝贝。为汉字而牺牲我们，
还是为我们牺牲汉字呢？这是只要还没有丧心病狂的人，都
能够马上回答的。"[62]

　　文字书写的政治带来的后果是社会的阶层分化和不平

[58]鲁迅，《答曹聚仁先生信》，《鲁迅全集》，第6卷，76页。
[59]鲁迅，《关于新文字》，《鲁迅全集》，第6卷，160页。
[60]同上。
[61]鲁迅，《汉字和拉丁化》，《鲁迅全集》，第5卷，556页。
[62]同上书，557页。

等，汉字已远远脱离了广大的口语社群，因而不再是民族语言的代表，难以担负起凝聚社会、整合民族共同体的责任。以批判的眼光重新审视包括语言在内的传统文化似乎成了某种共识，然而，"五四"时期对汉语和汉字的拷问过于严厉，批判过于激烈，拒绝过于彻底。将中国社会的问题全数归咎于汉语汉字不仅言过其实，有失公允，而且有可能掩盖或淡化中国社会发展滞后的更加重要的根源。本书的目的不是讨论这些观点本身的得失，而是想通过这一现象说明，西方汉语观对"五四"知识分子，对语言文字改革运动产生的直接和间接的影响。不难看出，"五四"时期批判汉字传达出的诉求与在华教会推广罗马字的工作有着相似的政治取向。虽然两者的出发点和目的完全不同，但都强调语言的实用性和大众语的必要性，坚持语言教育旨在让绝大多数人可以自由、平等地学习和使用汉语，认为语言，尤其是书面语，不应成为分化社会、区分阶级的工具，不应只是社会精英的特权。陈望道将推广文字改革的知识分子称为"民众教育家"，[63] 他们视文字改革为救国救民的良方，是扫盲、普及教育、消除社会不公的手段，因此这场运动具有广泛的群众基础。在语言问题上，"五四"知识分子反精英、为大众的立场，多少可以解释他们对待传统文化的偏激，或许可以令我们理解其苦衷。通过挪用西方汉语观，他们为语言文字改革运动做好了理论上和舆论上的准备，同时也在自我东方主义的道路上渐行渐远。

---

[63] 陈望道，《语文运动的回顾和展望》，《陈望道文集》，第 3 卷，173 页。

语文改革运动需要解决两个关键的问题，一是废弃文言，走白话的道路；二是废除汉字，走拼音文字的道路。第一点是统一书面文字和口语的句式、语法和表达形式，第二点是统一书面语和口语的发音，使书写系统准确反映口语的语音。全面彻底废除文言，代之以白话是大多数"五四"知识分子的共识。文言作为文人的书面语，发展到 19 世纪已迥异于口语，成为俨然独立的书写系统。在保留汉字的前提下废弃文言，拉近书面语和口语之间的距离，这是一种妥协。但从促进现代文学发展的角度看，白话文是必须的选择。胡适提倡以白话代文言，以大众的口语替代文人的书面语，首先是为了文学形式的变革。他在 1920 年发表的《谈新诗》中清晰地表述了这样的观点：

> 文学革命的运动，不论古今中外，大概都是从"文的形式"一方面下手，大概都是先要求语言文学文体等方面的大解放。欧洲三百年前各国国语的文学起来代替拉丁文学时，是语言文字的大解放；十八、十九世纪法国嚣俄，英国华次活（Wordsworth）等人所提倡的文学改革，是诗的语言文字的解放；近几十年来西洋诗界的革命，是语言文字和文体的解放。这一次中国文学的革命运动，也是先要求语言文字和文体的解放。新文学语言是白话的，新文学的文体是自由、是不惧格律的。初看起来，这是"文的形式"一方面的问题，算不得重要，却不知道形式和内容有密切的关系。形式上的束缚，使精神不能自由发展，使良好的内容不能充分表现。若想

有一种新内容和新精神，不能不先打破那些束缚精神的枷锁镣铐。因此，中国近年的新诗运动可算得是一种"诗体的大解放"。因为有这一层诗体的解放，所以丰富的材料，精密的观察，高深的理想，复杂的感情，方才能跑到诗里去。[64]

这里，胡适的参照系是欧洲去拉丁化，在建构民族语言身份的基础上推进民族文学发展的实践和历史。他将语言、文字、文体的改革与新精神和新内容的表达结合在一起，认为只有白话文和白话诗才能适应新社会的需要和表达新的时代精神。值得注意的是，胡适这里公开表明，他的文学观受到了欧洲浪漫主义文学语言理论的影响，凸显出他对西方现代语言观和现代文学思想的引进是自觉的、主动的。在废除文言的问题上，与胡适相比，鲁迅更加直截了当地表明，文言文既是古代的语言，表达的当然是古代的思想和观念，而现代人只能运用现代白话文进行思想和生活："张三李四是同时人，张三记了古典来做古文；李四又记了古典，去读张三做的古文。我想：古典是古人的时事，要晓得那时的事，所以免不了翻着古典；现在两位既然同时，何妨老实说出，一目了然，省却你也记古典，我也记古典的工夫呢？"[65]

［64］胡适，《谈新诗》，《胡适学术文集·新文学运动》，姜义华主编（北京：中华书局，1993），385—386。胡适提到的英国诗人华兹华斯（华次活）在理论和实践的两个层面上同时推动英国诗歌改革，身体力行，引领英国诗歌创作完成了从古典主义向浪漫主义的转变。胡适有关新诗的观点与华兹华斯的观点重叠相似之处甚多。见华兹华斯，《抒情歌谣集·序》，收入《十九世纪英国诗人论诗》，刘若端编（北京：人民文学出版社，1984），1—27页。
［65］鲁迅，《随感录·四十七》，《鲁迅全集》，第1卷，335页。

　　总的说来，语文改革在废除文言文、采用白话文这一工作上进行得相对比较顺利，但在废除汉字或汉字拼音化的问题上受到极大的抵制，不仅需要在理论上更加充分说明汉字拼音化的必要性，还有一些相当棘手的技术问题需要解决。论证拼音文字的"优越"和说明汉字的"弊端"是同一问题的两个方面，展现使用汉字的种种"弊端"往往可以凸显拼音文字的"优越"。"五四"期间赞成文字改革的知识分子提出了不同的拼音方案，甚至为了各自的方案而互相激烈争辩，但分歧是局部的、技术性的，他们的共同之处在于几乎全盘接受了西方汉语观，认为汉语拼音化是汉语的唯一的出路。倪海曙在《中国拼音文字概论》（1948）中将在福州传教的美国传教士哈伯（Geo. M. Habber）的一段话置于卷首，以示汉语拼音化是历史的必由之路：

　　　　罗马字母在横的方面看来，可以使思想的传达迅速。中国语文中繁难的方块字是二十世纪最有趣的时代错误。为那些能够贡献生命于读写和训诂它意义的人，它看来是足够的；作为一种驱使全国学者去保守在旧形式中的工具，使他们没有时间再能在思想领域上作更深的进取，它也是最成功的……但是交换思想的老方法，必须逐渐让位给新方法……既然罗马字母在西方完成了一个空前的工作，它必须也在东方完成同样的工作。

　　　　激底精通旧文字的学者，在将来的一个长时期中应该继续用方块字作古典学问的研究。但为向一切人有效地打开智识的大门，无疑地罗马字拼音是一把钥匙！[66]

这段文字引自 1903 年的《教务杂志》(*The Chinese Recorder and Missionary Journal*)。作者哈伯与历代学者一样，重复着那些已经深深植入欧洲现代知识体系的汉语观，其中有几点值得注意：一、方块字是文人的书写工具，并非大众的文字；二、方块字是前现代语言产物，是过时的社会形态和生产模式，与现代社会格格不入；三、罗马字母是可以通用的文字，已经在西方取得了成功，现在应该在东方，特别是中国加以推广。倪海曙对这位传教士的观点深信不疑，在书中以此为纲，回顾中国拼音运动史，完全将中国文字改革的道路纳入"世界文明"（西方文明）体系。他认为，中国虽落后于西方诸国，但不应该，也不能回避现代化的历史道路，西方语言演变的历史过程可以成为中国新文字运动的榜样。在倪海曙宏大的历史叙述中，10 世纪后，西方各民族摆脱了罗马帝国最后的控制，纷纷走上了民族自决的道路，先后建立起自己的民族国家，以罗马字母拼写民族语言，这才有了今天的英文、法文、德文、西班牙文、意大利文等，这是欧洲民族国家语言在早期发展中取得的成就，也是这些民族能够在后来的几个世纪里实现工业化和社会现代化的前提。这条由语言现代化到社会现代化的道路应该是中国现代化的必由之路。倪海曙写道：

---

[66] 倪海曙，《中国拼音文字概论》(上海：时代书报出版社，1948)，题页。

后来经过十八世纪的工业革命，拉丁字母被那些资本主义先进国家长期应用之后，进步为一套和现代文明分割不开的、最科学化和最国际化的文字记号……二十世纪，资本主义的发展到了烂熟期，东方各民族为了民族的独立解放，掀起反帝反封建的浪潮，于是也纷纷实行文字拉丁化，用这套容易识、容易记、容易写、容易用的文字记号拼写各自的语言，来普及教育，启发民智，争取西洋资本主义国家皆所已达到的文化水准。[67]

在倪海曙看来，中国显然属于那些摆脱了或即将摆脱封建主义和帝国主义奴役的新兴民族国家，依照这样的历史叙事和语言现代化规律的设定，中国选择拉丁拼音字母书写系统是再自然不过的事。然而，中国 20 世纪初的语言状况与欧洲前现代社会的语言条件之间究竟有多大可比性？20 世纪初的中国与 13、14 世纪的欧洲诸国又有多少相同之处？倪海曙在书中没有说明，或许他也无意在这方面做深入探究，将两者并列考察表明了作者的取态和思维模式及其依赖的理论框架。倪海曙的这些文字，又一次清楚地表明西方汉语观的痕迹以及作者的自我东方主义倾向，尽管他本人未必清楚意识到这一点。

注音汉字和拼音标准化还有更重要的社会政治意义。19 世纪末 20 世纪初的中国风雨飘摇，内忧外患，维护国家统一、领土完整是迫在眉睫的任务。纵观中国语言分布状况，各地

─────────────

〔67〕倪海曙，《中国拼音文字概论》，3 页。

都有根深蒂固的方言传统，四分五裂。方言的实践和使用客观上强化了本土主义和地区主义，不利于形成和发展整个民族国家的身份认同，在缺乏强有力的中央政府的情况下，任由方言发展，有可能萌生方言区要求政治独立的分裂主义，"如广东人等提出建立广东国的要求"。[68]蔡元培充分认识到文字改革对汉语言文化的重要性，呼吁统一口语，主张以北方方言为标准音，在此基础上制定统一的拼音系统。从民族认同角度审视语言文字改革运动，其意义当不下于两千多年前李斯实施"书同文"。李斯统一文字，改变了先秦时期天下"文字异形"的状况，但未能扭转各地"言语异声"的情况，方言的隔阂竟然延续了两千多年，这不能不说是中国语言文化史上一个巨大的问题和遗憾。"五四"语言改革运动取得的最大成果是以白话替代文言，并为汉字设计了拼音方案，为汉语口语的统一和最终消除方言的隔阂，提供了必要的技术准备。中国在建设现代化国家的历史过程中，虽然没有帝国语言和民族白话的矛盾，但却面临着类似的问题，即如何发挥语言在民族身份认同中的作用，克服方言的障碍，最大限度地凝聚和强化国家主体意识。消除方言阻隔的有效方法是找到，或者创造一种能够超越各种方言的共同（口）语，并通过国家行政和政策的指引普及这一共同（口）语。

新兴民族国家在争取独立的过程中，碰到的首要问题之一是民族语言问题，即如何摆脱外来语言的统治或主导，

----

〔68〕见倪海曙，《答复美国 John DeFrancis 君关于中国文字改革的问题》，《倪海曙语文论集》，22 页。

使本土的民族语言获得合法的国语地位。前面讨论过，欧洲民族国家在 10 世纪前后，先后以民族白话取代拉丁文，以大众语书写民族文学。亚洲的现代民族国家是否走过同样的道路呢？柄谷行人以日本和韩国采用地方语言作为民族书写系统基础为例，说明语音中心主义并非仅仅是西方的问题。他所说的日本和韩国的语音中心主义其实是一种方言民族主义。柄谷行人认为，追求以民族方言为国语的努力是新兴民族国家形成中的普遍现象，"世界各地无一例外地出现了同样的问题"，18 世纪日本的古学运动就是例证。但汪晖并不完全同意这种看法，认为中国可能就是一个例外。晚清以降的印刷文化和语言革命并没有以方言民族主义为方向，而是以帝国的书面语为中心，通过书面语来促进方言的统一，将地方性纳入"全国性"的轨道之中。汪晖认为："'五四'至 30 年代的语言革命是近代民族文化运动的重要内容，但其主要的取向不是在方言民族主义与帝国语言之间展开的，而是在贵族与平民、精英与大众、传统与科学之间阶级性和文化性的对立之中展开的。"[69] 诚然，中国语言改革并非源于本土语言和帝国语言的冲突，然而，"贵族"与"平民"、"精英"与"大众"、"传统"与"科学"之间的阶级和文化冲突，在语言上的表现仍是书写中心主义和语音中心主义的冲突。一方面，中国语言改革推动方言统一，这其实是通过规范语音，在横向上实现民族语言的统一。另一方面则要求简化汉语书写系统，解决纵向的

---

〔69〕汪晖，《现代中国思想的兴起》，上卷，第 1 部，74—75、77 页。

"阶级性"和"文化性"冲突，具体措施是废除文言，推广白话、注音或拼音汉字，建立接近口语的书写范式，在全国范围内实现语言资源的全面共享和语言的平民化。最终，语言文字改革旨在消除文言书面语和地方方言在纵向和横向两个维度上对社会的分化。中国的语言改革针对的并非外来帝国语言的统治，其内容和指向是推动"科学的"、平民的、大众的语言，但实施语言改革的途径却是汉语书写系统的拼音化。这两方面的工作——推广大众语和书写拼音化，都遵循着语音中心主义的逻辑。因而，世界上新兴民族国家基本上都经历过语音中心主义的变革，柄谷行人的这一判断基本上是可靠的。

　　一旦在理论上说明社会文化的现代化首先是语言的现代化，下面就是技术性的问题，即如何通过拼音汉字实现汉语的现代化。1891年，宋恕在其《六斋卑议》中首先发出了文字拼音化的呼吁，此后，在清末的最后二十年中，改造汉字书写系统的呼声不断高涨。清末汉语拼音运动的重点是以下几个问题：1.用什么字母注音汉字（是否用拉丁字母注音汉字）；2.拼什么音（是否以北方语音作为标准音）；3.写什么话（是否以北方白话为书写模式）；4.怎样写（以字还是以词为单位）；5.拼音的步骤（是注音还是直接以拼音取代汉字）。1912年以后，救国兴亡，维护国家统一成了紧迫的任务，汉语拼音运动渐渐转变成统一语言运动，即"国语运动"。1913年，在蔡元培的推动支持下，"读音统一会"在京召开。会议有两个主要议题：一、"决定每个汉字的标准读音"；二、"拟定一套全国通用的汉语拼音方案"。1923年，"国语统一筹备会"推举钱玄同、赵元任、黎锦熙等 11 位委员,组成"国语罗马拼音研究委员会"。1924 年,研究委员会在京以聚谈形式开始工作,经过 22 次聚谈,于 1925 年推出"国语罗马字"拼音方案,并于 1926 年经委员会正式通过。1930 年,"全国教育会议"又决议推行注音字母。[70]

　　除去以罗马字母(或其他表音符号)注音汉字,还有更激烈的主张和提议。钱玄同建议废除汉字,直接采用拼音文字。和傅斯年一样,钱玄同的有关论述与西方汉语观有着惊人的相似之处,从语言的本质到使用,全面否定了汉语,尤其是汉字的价值。在《中国今后之文字问题》一文中,他对汉字的批判涉及中国传统文化、思想和社会的最根本的问题;如此全面、彻底否定中国文字在现代条件下存在的合理性,等同于拒绝中华民族身份的认同。没有语言,民族身份从何谈起?钱玄同不仅在理论上排斥汉字,更是鼓吹在确定本国的拼音文字前,引进外来的拼音文字取代汉字。他认为"世界语"(Esperanto)"文法简赅,发音整齐,语根精良",可以成为中国的国语。[71]钱玄同对世界语的推崇,不免使人联想到前述 17 世纪威尔金斯建构世界通用语的实践及其语

〔70〕参见倪海曙,《汉语拼音史话》,《倪海曙语文论集》,62—110 页及《清末汉语拼音运动编年史》(上海:上海人民出版社,1959)。

〔71〕钱玄同,《中国今后之文字问题》,《钱玄同文集》,第 1 卷,167 页。毛泽东也曾对世界语在中国语文改革运动中的作用给予了高度评价。邱及动情地回忆了自己学习、推动世界语的经历,特别提到毛泽东 1939 年在延安为世界语写的题词:"我还是这一句话:如果以世界语为形式,而载以真正国际主义之道,真正革命之道;那么,世界语是可以学的,是应该学的。"邱及,《关于世界语的作用和前途问题》,《语言教学与研究》(北京:语言学院,1979),第 4 集,125 页。参见本书第四章"人造通用语、比较语文学和西方汉语观的形成",注 48。

言乌托邦思想。由于"世界语"初创不久，仍在推广期，而汉语又不能"遽尔消灭"，因此以世界语全面替代汉语，仍需一段相当长的时间。钱玄同建议设立一段介乎汉语和世界语之间的过渡期，在过渡期中，不妨选用一种强势的欧洲拼音语言，如英文或法文。[72]

今天看来，钱玄同等人以世界语或其他拼音文字取代汉字的想法和建议，可谓匪夷所思，近乎荒唐，但却表明了 17 世纪人造通用语运动以来的西方汉语观及其语言思想在中国的回响。废除汉字不仅是语言技术问题，更涉及语言民族身份等重大问题，而民族自我意识、自我身份和语言的内在关系同样十分复杂。要废除生于斯、长于斯的汉字，语言使用者在情感上很难接受。今天我们回顾这段历史，不仅可以感受到那个时代知识分子的激情和理想，同时也清楚地看到他们的偏激和幼稚。出于改造中国社会、文化的目的和需要，知识界、思想界对汉语和汉字进行了毫不妥协的批判和排斥，

---

[72] 钱玄同，《中国今后之文字问题》，《钱玄同文集》，第 1 卷，167 页。当然，钱玄同也不断修正自己的观点。据朱我农介绍，1918 年前后，教会罗马字在厦门、汕头、台湾等地已相当流行，这似乎证明用罗马字母拼写汉字是可能的。钱玄同思想因此转变，收回不可以罗马字拼音汉字，直接采用世界语的观点："我个人的意见，以为中国文字不足以记载新事新理，欲使中国人智识长进，头脑清楚，非将汉字根本打消不可。……但文字易废，语言不易废；汉语一日未废，即一日不可无表汉语之记号。此记号，自然以采用罗马字拼音为最便于写识。我一年前也有此种主张，后来因为想到各方面困难之点甚多（如单音之词太多，一义有数字，声音之平上去入等等），恐一改拼音文字，反致意义混淆，于是改变初衷，主张仍用汉文，而限制字数，旁注'注音字母'。……今见朱先生之信，证明罗马字拼中国音之可行，并知已有以此种文字撰写为医书的，于是使我一年前的主张渐渐有复活之象。……中国今后果能一面采用一种外国文，作为第二国语，以求学问，一面将中国语改用拼音，以适于普通说话、粗浅记载之用，则教育上可谓得到很好的一种工具了。"钱玄同，《关于 Esperanto 讨论的两个附言》，《钱玄同文集》，第 1 卷，212—213 页。另见倪海曙，《中国拼音文字运动史（简编）》，95 页。

言辞之激烈，批判之彻底，令人感到惊诧、困惑、沮丧甚至愤懑。何以中国人竟会如此厌恶自己的语言？欧洲思想家、语文学家对汉语的百般诋毁已极为荒唐，但与这段时期中国知识分子的言辞相比，他们的论点可谓相当的温和与宽容。

　　"五四"时期有关汉语的激烈言论和观点并非钱玄同一人独有。很多知识分子在不同程度上都认同汉字确有改革的必要，即使不同意立即废除汉字，但也认为汉字已是过去的书写系统，最终会被淘汰。比如，陈独秀并不赞同钱玄同的主张，指出文字改革必须清楚区分两个问题："惟仅废中国文字乎？抑并废中国言语乎？"他说这两个问题之间虽有紧密的关系，却是"性质不同之问题"。与钱玄同相比，陈独秀的思考要细致缜密得多。然而，陈独秀同样认为汉字是已死的书写系统："中国文字迟早必废之，浅人闻之，虽必骇怪，而循之进化公例，恐终无可逃。"他所说的"进化公例"大概就是社会达尔文主义和有机主义的语言进化论，汉语这门"落后"的语言必然会被"先进"的语言所取代。陈独秀主张"先废汉文，且存汉语，而改用罗马字母书之"，[73]这似乎是一种折中的道路。胡适赞同陈独秀的主张，但他对取消汉字的难度有更深的认识，认为"文字是最守旧的东西，最难改革，——比宗教还更守旧，还更难改革"，非要"社会的大力量"不能改造汉字。而中国并没有这种能够改造汉字的社会力量，"所以我不期望在最近百年内可以废除汉字而采用一种拼音的新文字"。胡适认为语文改革在当时最主要的任务就是"提

---

〔73〕陈独秀，"致钱玄同信"，《钱玄同文集》，第1卷，169页。

倡白话文，用汉字写白话的白话文"。[74]拼音文字的方向是
对的，但不能操之过急，"凡事有个进行次序"；中国的语言
革命可分两步走："先用白话文字来代替文言的文字；然后
把白话的文字变成拼音的文字。"[75]在语言改革的问题上，胡
适是自由主义者和改良主义者的结合。

　　其实，陈独秀和胡适等人与钱玄同之间没有根本性的分
歧，他们都主张汉语必须改革，汉字书写系统必须拼音化。
不同之处在于技术层面的考虑，如完成汉字拼音化的途径和
时间表。在对待中国文字的问题上，立场不同，意识形态相
异的思想家、学者成为了同道。胡适、钱玄同自不必说，左
翼知识分子也持有类似态度，各派知识分子表现出少有的统
一。左翼知识分子和以启蒙为指归的自由主义知识分子有着
政治分歧，但对于改造中国语言文字形成了基本共识，而其
主要差异则在于，左翼知识分子在汉字拼音化（拉丁化）上
的立场更为激进：以瞿秋白为代表的汉字拉丁化运动的目标
是以拉丁新文字全面取代汉字。

4. 红色的语文想象：拉丁新文字

　　可供汉字用作注音、拼音符号的选择其实并不多，或取
自西文字母，或从汉字书写系统中提取一定数量的注音符号。
其实，两者本质上区别不大，在语言技术的层面上说，两者

---

[74] 胡适，《国语与汉字——复周作人书》，《胡适学术文集·语言文字研究》，329 页。
[75] 胡适，《〈中国今后之文字问题〉的附识》，《胡适学术文集·语言文字研究》，
288 页。

都是首先设定限量的基本发音符号，然后通过发音符号的组合系统注音汉字。从使用的方便和广泛程度来说，拉丁字母已经较为普及，比较容易付诸注音、拼音实践，在国际上的认受度更高。使用汉字偏旁注音有利于增强语言的亲和力和认同感，但这首先需要统一汉字音素的读音，而在非汉语地区使用汉字注音符号可能会受到限制。相比之下，拉丁字母的实用性和广泛性更具吸引力。在汉字拼音化（包括选择何种拼音符号）的问题上，左翼知识分子的态度更趋激进。其中，瞿秋白竭力推动的拉丁新文字运动在中国文字改革运动史上有着独特的历史地位。

为什么选择拉丁新文字作为替代汉字的拼音文字？这一选择与欧洲去拉丁化过程中的世界通用语运动有没有一定的历史联系？前面讨论过，去拉丁化的过程是欧洲现代化过程的准备阶段，是想象和建构现代民族国家的必要条件。随着罗曼语以不可逆转之势成为新兴国家的民族语言，拉丁语失去了国家、民族和社群的依托，犹如无根的浮萍。然而拉丁语有着悠久的传统，特别是在知识界有着广泛的基础，在现代欧洲语言全面独立后，仍然长期在形式上扮演着欧洲通用语的角色。拉丁字母在中国的传播，以至最终被选用为汉字的拼音符号，显然与它在欧洲历史上的重要地位有着密切的关系，而拉丁字母在中国的传播进一步扩展了作为通用语的拉丁语在全球范围内的能见度、存在感和影响力。

西方传教士们到达中国后，首要的任务是学习汉语，以自己的语言为汉字注音或标音本是非常自然的语言行为，不论葡萄牙语、意大利语、荷兰语、法语，只要是拼音文字即可。然而，如果传教士们都用自己的母语为汉字注音、拼音，由于罗曼语并不完全互通，注音方案无法统一，来自不同罗曼语系统的传教士未必都能受益。传教士研究学习汉语的工作毕竟是一项集体工程，在这样的情况下，拉丁语便成为旅华传教士社群的"通用语"，这一点虽在意料之外，却在情理之中。曾几何时，拉丁语雄视欧洲文坛长达十个多世纪，当罗马帝国随着新兴民族国家的崛起渐渐衰亡，帝国的语言却并没有彻底消失，它不仅在欧洲知识界扮演着通用语的角色，其影响还延伸到中国。[76] 有了传教士，特别是早期天主教传教士这一中介，拉丁字母在中国的认可度远远高于现代欧洲语言，在 20 世纪成为汉字拼音和拼音文字的首选符号，并不是历史的偶然。由于拉丁文通过传教士传入中国，且拉丁新文字运动使用拉丁字母，中国 20 世纪初的拉丁化运动和千年前的罗马帝国之间似乎有了某种意味深长的关系，至少可以说，拉丁新文字运动是在作为通用书面语的拉丁文的辐射影响下发生的。欧洲的去拉丁化在 13 世纪前已基本完成，而 20 世纪 30 年代的左翼知识分子却全力以赴，执意推行拉丁化汉字，这不能不说是一种历史的悖论。

　　语言改革运动有着明显的工具理性的倾向。在外来侵略的强烈刺激下，中国在图新求变中对语言变革有了新的期待和要求。怀有理想主义的知识分子，无不以追求社会公正和平等为目标。社会的不平等，突出表现在受教育机会的不平

〔76〕 有关拉丁语传入中国情况，参看方豪，《拉丁文传入中国考》，《方豪六十自定稿》（台北：著者自刊，1969），上册，1—38 页。

等和教育资源分配的不合理。教育机会均等，扫除文盲，成
为全面实现民主社会的前提和可能性条件。以拉丁字取代汉
字，能以最少的社会投入、在最短的时间内，以最高的效率
让最大多数的民众掌握汉语书面语，将识文断字这一曾经的
社会特权向大众开放。知识分子必须考虑如何让普罗大众克
服汉字的困难，接受现代教育，参加到全社会的文化活动中
来，同时应该重新审视自己的社会定位，思考自己与社会底
层的，无法接受教育的工人和农民的关系。1922 年，应蔡
元培邀请，俄国盲诗人爱罗先珂（Vasiliǐ Eroshenko, 1890—
1952）在北京大学教授世界语期间，在北京女子高等师范学
校做了题为"知识阶级的使命"的演说，从普世主义政治道
德的角度，论证中国文字必须改革的理由：

　　　　在这四万万人民的国中，怎么只有少数喜欢文学的
　　人呢？这件事很奇怪的，可是也很容易解释的。作工的
　　人，没有空闲去学习，更没有空闲去研究白费功夫而难
　　见功效的希奇古怪的中国字……全世界没有一个民族的
　　文学和民众完全隔离，象不幸的中国文学这种样子的。
　　现在一般工人并不是对于文学没有兴趣，他们也许是非
　　常有兴趣的；他们不爱文学，只是因为终日要工作，没
　　有希望能制胜这种希奇古怪的文字的困难。因为中国有
　　这种文字的障碍，你们知识阶级不但与欧美的土蛮相隔
　　绝，并且与你们自己的人民相隔绝。这种障碍比古代的

万里长城更要坚固，比专制君主的野性更要危险。[77]

　　此时，正值邻国新生的苏维埃政权蒸蒸日上，苏俄的文字改革更是直接影响了中国共产党和左翼知识分子。无论从建构国家认同的角度，还是从意识形态的取向上看，苏联拉丁化运动都为中国文字改革提供了极好的范例。倪海曙指出，苏联和中国同为多民族国家，"全国共有一百八十种民族，一百五十种语言。有些地方有语言但没有文字"，1920 年苏联成立"化除文盲协会"，一方面在全国范围内扫除文盲，另一方面为那些有语言，但没有文字的民族"创造一种用拉丁字母就是罗马字母拼写当地语言的新文字"。[78]其实，早在 1917 年，苏联拉丁化的实践就首先在民间开始了。雅库特（Yakut）语言学家诺夫高罗道夫（Semyon Novgorodov, 1892—1924）根据国际语音学会的注音字母，设计出一套拉丁字母书写系统，后经官方批准，成为雅库特扫盲运动以及知识分子从事文化活动的语言媒介。[79]20 世纪 20 年代，苏联已经有了这样的共识：苏联社会主义的发展和繁荣，取决于拉丁化运动的成功与否，因为，"拉丁文字不仅是现代科学技术的载体，更是所有文明国家共同的书写文化。采用拉丁字母，在我们迈向无产阶级 – 农民的英特纳雄耐尔（international）的同时，可以

〔77〕演讲记录稿分两期刊登在 1922 年 3 月 6 日和 7 日的《晨报副刊》。
〔78〕参见倪海曙，《中国拼音文字运动史（简编）》，114 页。
〔79〕Simon Crisp, "Soviet Language Planning 1917–1953," in *Language Planning in Soviet Union*, ed. Michael Kirkwood（London: Macmillan, 1989），p. 26.

利用国际文化的成果"。[80]

中国共产党早期领导人瞿秋白是中国设计和倡议拉丁化新汉字的第一人。1921年,他在苏联受到拉丁化运动的影响,开始研究汉语拉丁化的可能性,写出了中国第一份"拉丁化中国字"的草稿。1927年大革命失败后,瞿秋白与其他共产党人到了莫斯科,重新开始汉字的改造工作。据当时参加过这项工作的吴玉章回忆说,"经过一年的研究,作了几次草案,结果由瞿秋白等同志作成了一本小册子,叫做《中国拉丁化字母》"。这个字母表和相关的"几条简单的规则"便是拉丁化汉字的起点,吴玉章称其为"中国新文字",并自豪地指出,这种新文字是中国共产党人的发明,而钱玄同和赵元任等早期的文字改革家在这方面的贡献和共产党人相比是有限的。[81]创造这种新文字的直接目的是在苏联远东工作的中国工人中扫除文盲。据称,新文字在工人扫盲中获得了极大的成功。1931年9月,在苏联远东的中国工人在海参崴召开了中国新文字第一次代表大会,通过了《中国汉字拉丁化的原则和规则》,其中"原则"共计13条,清晰地表达了语言革命与中国政治和社会革命的关系,值得详细摘录如下:

（一）大会认为中国汉字是古代与封建社会的产物,已变成了统治阶级压迫劳苦群众工具之一,实为广大人民识字的障碍,已不适合于现在的时代。（二）要根本

---

[80] Lenore A Grenoble, *Language Policy in the Soviet Union* (Dordrecht: Kluwer Academic Publishers, 2003）, p. 50.

[81] 吴玉章,《文字改革文集》(北京:中国人民大学出版社,1978),56—57页。

废除象形文字，以纯粹的拼音文字来代替它。并反对用象形文字的笔画来拼音或注音。如日本的假名，朝鲜的拼音，中国的注音字母等等的改良办法。（三）要造成真正通俗化、劳动大众化的文字。（四）要采取合于现代科学要求的文字。（五）要注重国际化的意义。（六）大会认为要达到以上的目的，只有采用拉丁字母，使汉字拉丁化，才有可能。也只有这样才能发展形式是民族的，而内容是国际的社会主义的中国工人及劳动者的文化。（七）中国旧有的"文言"，是中国统治阶级的言语，……学习文言的困难并不少于学习汉字本身。这种特权的言语，成了中国劳动群众普遍识字的"万里长城"。……（八）……大会认为拉丁化的中国文字和中国劳动群众的口头语，不仅有发表政治的、科学的、技术的思想之可能，而且也只有中国文字拉丁化，只有中国劳动群众口头语之书面的文字底形成，才能使他们的言文有发展的可能。（九）大会反对资产阶级的所谓"统一国语运动"。所以不以某一个地方的口音作为全国的标准音。……（十）大会认为有些不正确的说话，或翻译的意思不恰当，尤其是在苏联远东的中国工人，特别错误的厉害，而且有些腐旧不好的意思……都必须在拉丁化的过程中，加以纠正和改进，来建设新的文字与文化。（十一）同时，大会认为只有拉丁化，才是国际革命的、政治的、科学的及技术的各种术语有机的灌注到中国言语中的一条容易的道路……（十二）……实行新文字并不是立刻废除汉字，而是逐渐把新文字推行到大众生活

中间去，到了适当的时候，才能取消汉字。……（十三）
因为拉丁化的出发点，在于根据劳动者生活的语言，所
以研究中国方言的工作，在文化政治的意义上，有第一
等的重要。[82]

　　这份带有强烈纲领性和政策性的文件给汉字判了死刑，
为拼音文字的近期任务和长远目标都定立了明确的方向。《原
则和规则》特别强调拼音文字在大革命时代的重要作用，不
仅可以成为扫除文盲，团结劳苦大众的武器，更是中国与世
界接轨的一条捷径。这里，拉丁新文字似乎成了另一种"世
界通用语"，或者说，一种便于世界识认的新汉字，其中西
方汉语观的身影若隐若现。[83]《原则和规则》明确指出，文
字改革必须全面彻底，采用拉丁字母，反对像日文、朝鲜文
那样注音，反对用象形文字偏旁笔画作为音符。新文字的倡
导者们认为，"五四"时期的"统一国语运动"是资产阶级
自由主义者妥协的结果，白话文运动是不彻底的运动。《原
则和规则》不认同"五四"时期的语言文字改革运动，但坚
持中国新民主主义运动的文化前提是设计易认、易写、易记

---

[82] 吴玉章，《文字改革文集》，58—61 页。
[83] 推动拉丁新文字的冲动主要来自共产主义本身带有的世界主义之理念，但与欧
　　 洲早期语言乌托邦思想有一定的联系，在语言技术的层面上更是依靠比较语文
　　 学的相关观点。吴玉章认为中国文字"高深虚伪，毫无实用"，"不仅不能提高
　　 文化，倒反而阻碍文化的发展，并且汉字写起来很困难，因为中国从前造字，
　　 原是拿一个形体表示一个音段，又大都是一个音段表示一个概念，所以世界语
　　 言学家，都说中国是单音段语系（mono syllable）"（吴玉章，《文字改革文集》，
　　 83 页）。有意思的是，《原则和规则》第七条中，将汉字类比为维护语言特权
　　 的"万里长城"，令人想起施勒格尔将单音节汉字比喻为清王朝闭关锁国的语
　　 言长城。

的新文字。就这一点而言，拉丁新文字运动与早期各派文字
改革者的工作并不矛盾，也是以反对精英语言、普及教育、
开启民智为首要目的。

1931 年，瞿秋白从苏联回国，在上海继续研究中国文字
改革方案，并写出了系列文章，批判"五四"文学革命的妥
协和软弱，提出发动第三次文学革命运动，主张建立现代普
通话的新中国文。[84] 瞿秋白认为，革命文学若要真正起到宣
传群众、教育群众和组织群众的作用，就必须采用通俗易懂
的形式和语言。在上海领导党的文化工作期间，他要求"左
联"到学生、工人群众中去，以大众能够听懂的语言，进行
团结抗日宣传。据夏衍回忆，瞿秋白是"身体力行地主张用
拉丁化来代替汉字的。记得 1932 年底，秋白曾花了很长时间，
向我宣传拼音文字的好处和汉字的难学难懂，认为用拼音文
字代替汉字是大势所趋"。夏衍虽支持语文改革和使用大众
语，但对取消汉字，代之以拼音文字不以为然。[85] 1935 年底，

----

[84] 参见瞿秋白，《论文学革命及语言文字问题》《新中国文草案》，收入《瞿秋白
文集》（北京：人民文学出版社，1953），第 2 卷。
[85] 夏衍不反对汉字拉丁化或拼音化，但反对废除汉字："解放后，国家成立了文
字改革委员会，我亲耳听过周恩来同志对文字改革问题的讲话，他提出用拼音
来普及普通话，有计划地简化汉字，但并没有说一定要废除汉字……中国是
世界上独一无二的有四千年文字记录的文明古国，十三经、二十四史、诸子百
家、类书、传奇、小说，古籍渺如烟海，废止了汉字之后，试问如何对待这笔
精神遗产？能把它们译成拉丁拼音么？即使译了出来，在乡音未改的情况下，
有多少人能看懂？……记得鲁迅先生逝世之后，香港开的追悼会上有一副对
联：'先生虽死，精神永存；汉字不灭，中国必亡。' 这是香港新文字研究会送
的，上联我完全赞同，下联则未免有点荒唐。"[夏衍，《懒寻旧梦录》（北京：
生活·读书·新知三联书店，2000），149—151 页。]"汉字不灭，中国必亡"
一般认为是鲁迅临终前，在病榻上接受采访时所言。但胡适认为，这是伪造的
鲁迅"遗言"，是"某个不负责任的宣传鼓动者"移植在鲁迅头上的。[见 Hu
Shih, Review of *Nationalism and Language Reform in China*, by John DeFrancis, *The
American Historical Review* 56, no.4（1951）: 897。] 然而，从上文所引鲁迅的有
关言论可以看出，"汉字不灭，中国必亡"符合鲁迅的思想。

以蔡元培和鲁迅为代表的 688 位文化知识界人士联名签署被
吴玉章称作"拉丁化运动的革命宣言"的《我们对于推行新
文字的意见》，积极支持拉丁化新文字。[86]

    正如德范克在《中国的民族主义和语言改革》（1950）
中所说，拉丁新文字是在苏联语言改革运动的直接影响下出
现的，在意识形态和社会实践两个层面上都带有早期苏联语
言政策的痕迹。德范克的书出版不久，胡适 1951 年用英文
在《美国历史评论》（*The American Historical Review*）上发
表书评，对德范克同情新文字，轻视他所倡导的白话运动非
常不满，以颇为尖锐的语言称德范克"充满偏见"和"无知"。
胡适声称，拉丁新文字并不比他所倡导的以方块字写的白话
文优越。有趣的是，他引用鲁迅和共产党人的例子，似乎意
在说明他自己的语言观和共产党人的语言文字改革的理念并
不矛盾。胡适写道：

    人们不禁要问：著名的鲁迅有没有用新文字写过文
章？徐特立、吴玉章或任何其他鼓吹新文字的共产党人
用它或能够用它写过东西吗？毛泽东和刘少奇不会也不
愿意用新表音文字写自己的发言稿或文章，因为他们知
道如果他们用它写的话，没有人会读。故而他们继续用
在孩童时代通过偷偷阅读自己热爱的伟大的白话小说学
到的白话（用方块字写的活的口语）写作；文学革命让

---

[86] 周有光，《汉字改革概论》（修订本）（香港：尔雅社，1978），46 页。

白话小说受人尊敬。[87]

　　胡适的诘问中，隐含着一丝庸俗社会学的倾向：提倡新文字者不必以尚未建立的新文字写作，提倡新文字而未使用新文字也不能说明新文字之不可行。然而，从根本上说，他认为语言革命的主要目的是革文言的命，建立白话的正统地位，而不是以表音字母文字取代汉字，今天看来，这是对的。在他发起文学革命近半个世纪后，胡适以鲁迅和共产党人的实践再次证明白话的活力，可以看出，他对自己早年推动白话和白话小说的历史遗产十分珍惜。对于本书来说，特别值得重视的是，胡适在这篇书评中还指出，中国的语言改革运动并不是封闭的文化民族主义运动，而是国际主义思想和实践的一部分：

　　　　中国所有的语言改革，无论是白话运动，还是鼓吹字母表音体系，必定由国际主义者（internationalists）领导（包括无政府主义者和共产主义者），也必定是为民族主义者（nationalists）所反对（包括国民党；我对国民党的不满是公开的：在20年的统治中，它对白话文运动只是口头上的承认）。甚至革命领袖，中华民国的缔造者孙中山先生写道，文言文远较白话文优越和美丽。[88]

---

〔87〕 Hu Shih, Review of *Nationalism and Language Reform in China*, 898.
〔88〕 Hu Shih, Review of *Nationalism and Language Reform in China*, 899.

　　胡适以对语言改革的态度区别民族主义者和国际主义者，并将自己划入了国际主义者阵营。这一区分是否正确，这里暂且不论，但这至少说明，中国的语言文字改革运动自始至终都是在世界主义的框架下展开的，是一场具有世界意义的语言运动。中国共产党人确实也是从世界革命的角度来思考中国文字改革的问题的。毛泽东在《新民主主义论》中认为，中国文字的改造是中国社会改造的一部分，他说："文字必须在一定条件下加以改革。"[89] 1951 年，毛泽东再次表示："文字必须改革，要走世界各国共同的拼音方向。"[90] 中华人民共和国成立后，拼音字母和简化汉字的制定和修订受到中央政府的高度重视，在新中国文化工作日程表上占有醒目的位置。新中国成立仅仅几天后，中国文字改革协会便于1949 年 10 月 10 日在京成立。中国文字改革研究委员会于1951 年 12 月 26 日成立；1954 年 12 月 23 日，中国文字改革委员会（简称文改会）成立，为国务院直属机构。1958 年2 月 11 日，全国人大一届五次会议批准汉语拼音方案。"文革"后，文字改革工作重启。1980 年 3 月，国务院任命倪海曙为文字改革委员会秘书长。1981 年 4 月 26 日倪海曙开始编辑全部以汉语拼音写成的小报 *Pinyin Bao*，第一期于同年7 月 31 日出版，前后共出版六期。倪海曙在 1983 年 10 月号《文字改革》上撰文《我们能够消灭这个差距》，又一次重复

---

〔89〕毛泽东，《新民主主义论》（1940），《毛泽东选集》（北京：人民出版社，1991），第 3 卷，708 页。关于延安时期的新文字运动，参见潘磊，《鲁迅在延安》（桂林：广西师范大学出版社，2008），第 4 章 "鲁迅的文艺大众化思想在延安的实践"。

〔90〕转引自吴玉章，《文字改革文集》，3 页。

着西方汉语观的论点。他指出，由于汉字难认、难写、难记，中国小学的语文水平比国外差两年："拿苏联小学来比，他们一年级到四年级的语文课本，有人作过统计，阅读量是我们的七倍。他们的小学一年级语文课本已经采用著名作家的儿童文学作品为课文，是厚厚的一本，而我们每课只有三五个字、几句话。"又说："尽管我们的孩子资质很聪明，可是由于文字制度的关系，他们硬是要吃亏两年，注音识字、提前读写试验使我们完全有把握地说：'我们能够消灭这个差距！'"[91]

前面提过，西方对汉语批评最多之处，乃是汉字难写难记，词汇量大。利玛窦在17世纪已有论及，其后论者，言及汉语时，大都会重复这类套话，而此类观点至今仍有一定的市场。就倪海曙而言，"五四"时期兴起的语言文字改革运动是一场未完成的运动，汉语拼音方案是一项暂时的妥协。1937年因抗战爆发，倪海曙辍学，便全身心投入拉丁新文字工作，直至1988年病逝，历时整整半个世纪，他初衷不改，仍然期望用拼音文字取代汉字。弥留之际，他留下了最后一句话："文改万岁！"[92]这位被称为著名语言学家、中国拉丁化新文字运动的"杰出代表"、文字改革活动家的倪海曙，为汉字的拼音化贡献了自己的一生。面对这样一位一生执着，将青春和生命倾注于"文改"的学者、活动家和领导者，我们肃然起敬，但同时又有一丝莫名的遗憾和失落。

---

[91] 参见倪海曙，《倪海曙语文论集》，537页。
[92] 同上书，544页。

　　"五四"以来语文革命的两个主要对象是文言文和方块字，前者终于退出了历史的舞台，而后者在近一百年后的今天仍然生机勃勃。随着电脑技术和汉语拼音的进一步普及，书写汉字的繁难大为降低，可以断言：数字技术条件下的汉字已完全不同于过去的书写系统，汉字拼音化、拉丁新文字等建议和方案不啻是明日黄花。这是否意味着倪海曙及其前辈们为之奋斗的目标，可能永远无法完全实现？毋庸置疑，20世纪上半叶，在轰轰烈烈的民族革命和解放运动中，文字改革运动在中国现代化的道路上留下了深深的历史烙印。现代中国意识的形成在很大程度上是以对汉语的否定为起点的。"五四"新文化运动以狂飙激进之势，对传统文化进行了彻底全面的清理，文字改革是其中最为重要、意义最为深远的一部分。包括胡适、鲁迅、蔡元培、傅斯年、钱玄同等在内的"五四"时期具有代表性的思想家、学者、教育家，或多或少，直接或间接地受到西方汉语观的影响，将中国现代社会的发展，民族认同，国家的统一和富强与汉语汉字改革紧密联系在一起，把中国的现代化和中国语言的现代化等同起来。轰轰烈烈的语言文字改革运动，终于在传统与现代、落后与文明之间划出了一道泾渭分明的界线。对汉语的解读代表着对中华民族的未来与过去，成功与失败，光荣与屈辱的解读。今天，我们回顾这一段并不久远的历史，感到语言、文化、民族认同仍然是极为沉重和充满挑战的论题。

第六章

旅行的观念：
重复、误读和传播

他们刚从一场文字的盛宴上，偷了些吃剩的肉皮鱼骨回来。

莎士比亚，《爱的徒劳》，第5幕第1场[1]

我们现在知道，文本并非一组文字，仅仅释放出单一的"神学"的意义（作者–上帝的"信息"），而是一个多维度的空间，这里有多种书写，其中没有一种是原创的，它们既交融又冲突。文本是一片薄薄的棉纸，上面书写着引自无数文化中心的引文。

罗兰·巴尔特，《作者的死亡》[2]

机缘凑巧，这些错误又带来了新的发现，这只能说明：甚至谬误也能产生有趣的副作用。

翁贝托·艾柯，《机缘凑巧：语言和疯癫》[3]

绝不应该假设东方主义的结构只不过是一组

谎言或神话，只要坚持揭露它们的真相，它们便会荡然无存。

爱德华·萨义德，《东方主义》[4]

---

〔1〕 莎士比亚，《爱的徒劳》，《莎士比亚全集》，朱生豪译（长春：时代文艺出版社，2010），第 2 卷，615 页。
〔2〕 Roland Barthes, "The Death of the Author," in *Image–Music–Text*, trans. Stephen Heath（New York: Hill and Wang, 1977）, p. 146.
〔3〕 Umberto Eco, *Serendipities: Language and Lunacy*, trans. William Weaver（San Diego: Harvest, 1998）, p.53.
〔4〕 Said, *Orientalism*, p. 6.

　　本书的重点是叙述、考察、讨论西方汉语观形成、发展和传播的过程及其在现代思想史上所起的作用。诚然，西方汉语观是广义的东方主义知识形态的一部分，但其传播的过程和扩散的特点为思考世界文学提供了新的视角和具体的例证。从根本上说，19世纪末20世纪初，我国新文化运动和语言文字改革运动源于中国社会发展的内在冲动和需要，但催发语言文化现代化运动的直接动因是西方现代知识对中国传统知识体系和语言文学观的巨大冲击。在此意义上而言，包括语言文字改革和新文学运动在内的新文化运动并非完全本土的运动，在一定程度上体现出思想、理论、观念和文本在世界范围内的流通体系和传播机制。讨论某种知识形态的形成当然应该关注其构成的内容，但深入考察其生产方式、传播形式和扩散过程往往更为重要。

　　现代理论、观念和知识是"旅行"的理论、观念和知识。"旅行"不仅是理论、观念、知识传播的途径，更是它们存在的形式和条件；很难想象在封闭的情况下，在和外界断绝交流的条件下可以产生现代理论、观念和知识。"旅行"意味着运动和行走，出发和回归，周期性的开始和结束；"旅行"
又是发展和变化的过程，处在出发点的理论、观念和知识与
完成旅途后回归的理论、观念和知识已是大相径庭了。萨义
德在著名的《旅行的理论》一文中写道：

> 观念、理论和人与批评流派一样，也是在人与人之
> 间，地方与地方之间，时代与时代之间旅行。观念的流
> 通传播一般都会丰富，并常常延续文化和精神生活。观
> 念和理论从一地到另一地的运动，可以是自觉的或不自
> 觉的影响，创造性的借用，或彻头彻尾的挪用，不管采
> 取何种形式，都是生活中的事实和一般情况下有助于思
> 想活动的条件。[5]

接着，萨义德具体描述了理论和观念"旅行"的过程
和路径。首先是起点或可能的起点。在起点，理论或观念
在公共记忆中最先出现，产生影响，并逐渐向其他地方开
始运动、延伸和扩散。其次是"旅行"完成的历程，即从
一点到达另一点的物理过程；这个历程可以是空间上的概
念，也可以是时间上的概念，可能是地理空间意义上的移动，
也可能是从一个时代到另一个时代的传承。第三，当理论
或观念行至陌生的时间段和空间时，需要与当时当地的条
件进行必要的协商，以达成一定的妥协，外来的理论和观
念可能受到欢迎而被接受，也有可能会遭遇抵制和排斥，

---

[5] Edward Said, "Traveling Theory," in *The World, the Text, and the Critic*, p. 226.

但富有生命力的理论和观念最终会在此时此地的抗拒和排斥中，落地生根，在新的环境下枝繁叶盛，并有可能在他乡取得主导地位。第四，理论和观念在旅行中同时也完成了自身的转换，在新的使用者和挪用者手中获得新的形式和新的生命。萨义德对观念和理论的传播方式的描述基本上是正面的，认为这种跨文化传播和交流最终带来的是积极的思想认识，这与他对东方主义的叙述截然不同。然而，旅行的观念和理论不都是正面的，未必每次都能圆满完成旅行的历程，在新的家园生根发芽，衍生出新的思想和观念。西方汉语观在旅行传播中，主要是不断地自我重复，鲜有新的思想和创造，经过漫长的时间和空间之旅后，最后陷于陈腐和僵化而不能自拔。

　　观念、理论和知识传播的过程同时也是自我建构和自我定义的过程。跨文化的交流与人际交流相似，我们习惯于积极的交流，期待交流带来相互理解、同情，甚至赞赏，确信积极的交流可以带给我们有益的经验和知识，认为跨文化交流中的误读、挪用、歪曲、偏见不仅毫无价值，更是造成矛盾、冲突、敌意的历史根源。跨文化和比较文学研究大都倾向于选择正面的个案作为讨论的对象和例证，负面的文本、人物和事件长期处于边缘，甚至尘封于历史的档案中，无人问津，最后被彻底遗忘，似乎从未存在过。作为一种话语体系，汉语观是特定思想文化条件下的产物，在漫长的历史过程中汇集了来自不同时代、不同领域、不同学科的言论、观点和立场，其中有对汉语的赞颂，而更多的则是对汉语以及汉语文化的想象、误读和歪曲。然而，应该承认，赞颂和排斥的言论对于讨论汉语观的形成和发展同等重要，具有相同的价值，一样可以在方法论上提供深入讨论的切入点和扩展分析的平台，引出具有普遍意义的问题。比较语文学对汉语近乎暴力的解读如何"意外"地被中国知识分子挪用，成为中国现代知识、语言和文学的思想资源？如何解读汉语观中无意或有意的误读、歪曲、偏见？怎样理解它们在认识论上的意义和价值？这些"负面"的交流案例是否有助于我们在理论的层面上思考跨文化知识建构的特征？这些问题我在前几章中有所涉及，但汉语观的发展过程表现出一些典型的否定性和负面特征，值得进一步思考。

1. "剽窃"还是自我建构？

前几章的讨论表明，重述和引用前人的言论和观点是汉语观发展过程中的显著现象，这也表明，作为话语体系的汉语观是通过其内部的互文性联系建立起对汉语的集体想象，并逐渐发展为集体立场和集体意志。汉语观的缘起可能纯属偶然，但其自我生成、扩展和延续的形态和方式显示出知识生产机制内部的问题。前面讨论过，为了便于识认汉字，利玛窦等早期传教士以拉丁字母注音汉字，这种个人的语言实践带有一定的偶然性。然而，正是这一看似偶然的行为，在中国文化的集体意识中埋下了语文现代化理念的种子，为近三百年后声势浩大的语言文字改革运动，为"五四"知识分子批判以汉字为代表和象征的传统文化提供了理论上、舆论上和技术上的支持，在中国历史上书写了重要的一页，这是利玛窦和其他早期传教士始料未及的。

　　自利玛窦《中国札记》的出版到 19 世纪下半叶，西方思想界和知识界积累了大量有关汉语的论述，逐渐形成了一套固定的讨论汉语的话语知识体系及特定的叙述方法和程序。包括威尔金斯、贝蒂、施勒格尔、洪堡特和黑格尔等在内的思想家、哲学家、语文学家都认定，汉语是有"缺陷"的语言，而他们眼中笔下的所谓"缺陷"，利玛窦和其他传教士此前早已讨论过了。在两个多世纪中，西方知识界、思想界对汉语的认识基本上没有超出利玛窦等早期传教士的论述范围，对汉语和中国文化的理解鲜有新的突破，习惯性地征引和袭用这一话语体系内既存的材料、观点和立场，在思想方法上逐渐形成强大的惯性和惰性，失去了汲取新知识和新观点的愿望和动力。西方汉语观不可避免地成为思想贫困、叙述僵化的话语体系。威尔金斯转引利玛窦，贝蒂转引其他传教士的论述，德国思想家论及汉语时主要依赖传教士的言论和文字，他们无需学习和深入了解汉语，只是相互征用援引，从前人那里搬运观点和论述，而这些衍生的观点和论述又继续影响着后来的论者。

　　在大量重复引用的过程中，汉语观得以进一步强化，逐渐演变成约定俗成、带有相当权威性的话语体系。这个过程与罗兰·巴尔特（Roland Barthes）在《作者的死亡》中所说的文本的互文性和互指性颇为相似。巴尔特认为，作者并非个别的、有着鲜明个性的主体，而是语言文字建构出来的主体，并非作者写出了自己的作品，而是先于作者存在的语言、文本和观念等，定义并规范了主体及其作品。这里，主体不过是语言互相征引的媒介和渠道，文本则是语言征引的结果，是"作者"重新组装语言材料后的产品。[6]西方汉语观就是这样一个没有作者的文本，一个由引述、语录和摘要等组成的话语体系，其文本互指性的明显标识就是循环不断的相互征引。

置身这一话语体系中的思想家、学者和文人，在反复不断地相互引用中，逐渐形成相同的思维定式，依照话语体系的内在逻辑，以汉语为切入点或例证，讲述着他们所关注的历史、社会、文化等方面的问题，而这些问题多为欧洲的问题，未必与汉语、汉语文化和汉语社会有直接和紧密的关系。西方主流思想界、知识界对汉语和中国文化的认识，历经二百多年，生产出大量的言论，然而，其基调并无根本改变，在不停地自我重复中延伸着自己的存在。可以设想一下，如果将西方论述汉语的文字汇辑成书，当我们翻阅这本文集时，会有怎样的感受呢？一定是无休止的重复和不断的自我引用。在西方汉语观的话语体系中，经过传教士、"新科学"家、原始语言论者、人造世界语的实验者、比较语文学家和汉语改革家等的挪用、想象和评论，汉语早已面目全非。这并不是说，原先存在一种汉语的"真"面貌，而是说，他们笔下的汉语，较之大多数中国人心目中的汉语，几乎是另一种语言。今天，我们重读这些思想家有关汉语的论述，难免感到可笑、无奈和沮丧。

汉语观和其他思想史中的观念一样，在自我建构和发

---

[6] See Barthes, "The Death of the Author," in *Image-Music-Text*, pp. 142–48.

展的过程中，没有零的开始。由于无法置身于前人观点和理论的影响之外，思想和书写不能从一张白纸开始，只能在业已存在的话语体系中进行；首先需要接受话语体系中主导的例证、观点和结论，才有可能进一步阐发，为后来的论者提供依据、材料和启发。正如福柯所说，话语体系即权力体系，置身于这一系统中进行知识生产的个体，必须接受话语体系已经形成的话语模式和表达方法。换言之，在话语体系的霸权下，个人的话语位置——即主体可能形成的观点和立场——几乎完全受制于话语体系的意识形态和思想倾向。严格说来，话语体系内没有个人的观点和立场，只有话语的观点和立场。论者的谬误不仅是个人的谬误，而是整个话语体系的产物。因此，需要关注的并非某位思想家个人言论的得失对错，而是应该追问，为什么会产生这些"对"或"错"的解读？为什么那些明显的误读甚至偏见，经过众多论者的反复引证，竟然可以成为思想史上主流的观点和共识？

应该承认，西方思想界对汉语的评论和判断并非都是负面的，比如，前文提到的约翰·韦伯对汉语的想象和莱布尼茨有关汉语作为通用语的研究和思考，表明西方汉语观对汉语的想象是多方面的。然而，正面与负面的论述至少有一点是相同的：两者都是在自我重复的模式中延续着对汉语的想象。赞颂汉语与诋毁汉语的思想家、学者、作家一样，不谙汉语，韦伯、莱布尼茨自不必说，后来因为"翻译"中国古典诗歌，开创意象派一代诗风的庞德也基本不通汉语。他们对汉语（汉字）的褒扬，所发议论大多似是而非，与历史上责难汉语的言论没有本质区别；他们同样重复前人的观点，沿用前人有关汉语汉字的论述，从中摘取可用的材料、个案和论点，加以想象和发挥，只不过，在他们笔下，汉语（汉字）的"缺陷"被翻转过来，成为独特的优点。

福柯在《知识考古学》（*The Archaeology of Knowledge*）中谈到知识生产话语体系时，特别论及一种常见的表达方式，即以"据说"或"据称"（it is said）引导的主语缺位的被动语态。福柯指出，这种句式的最大特点就是不点明具体主体，甚至根本无需主体，因此比较典型地展示了话语体系的生产模式。在以上引用的西方思想家论述汉语的文字中，不乏使用这种句式或表达模式的例子。例如，我在第四章中引用的贝蒂的一段话，就反复出现了这样的句式。为了方便讨论，这里再次摘引如下：

> 如果我们相信旅游者带回来的报告，在中国书写的艺术也有三四千年了，但他们至今尚未有表音字母系统。每个单词由固定的方块字表示。**据说**（it is said），词汇总量有八万个。如此说来，中国的学者学到老死时，才不过学会一半词汇……**又据说**（It is further said），中国话说起来每个单词都是单音节；依据发声的音调，一模一样的音节可能表达十几种不同的意思。如果这些是事实的话，中文比起我们迄今所听到的任何一种语言的声调都多。中文对外国人之困难，就毫不足怪了。[7]

---

[7] Beattie, *The Theory of Language*（1788），pp. 113-4。

这段短短的引文中，贝蒂两次使用了主体缺位的被动语态。在被动语态的表达模式中，话语主体不必出现，作者不必为句中的论断或结论做出说明，进行辩护，提供证据，更不必为句中的观点和论述承担任何责任。贝蒂以这样的句式援引某种论点，无需解释其来源，似乎引用的方式足以确认所引材料的可靠性。"据说"引导出间接引语，引用部分以匿名的形式出现，好像所引论点是无需证明的历史共识或常识，因而具有极大的权威性。但是不能排除这样的可能：间接引语是编造和想象的引语，也许从未存在过，只是以引文的形式确认一种既存的论点。这样的句式说明，知识的生产既是集体行为，同时也是话语行为（discursive behaviour），论者个人的表述只是重复话语体系的表达方式，再次确立其合理性和合法性。然而，福柯提醒我们，应该充分重视这一表达方法在知识生产中所起的作用：

> 论断的分析并不涉及主体意识（cogito），并不提出有关讲话的主体（the speaking subject）的问题：这一主体在自己所说的话中是显示出自己还是隐藏了自己，他在讲话的过程中拥有自主的自由，抑或在不知不觉中受到连他自己也不完全清楚的种种限制的支配。事实上，它停留在"据说"（it is said）的层面上——我们不可将此理解成某种强加在个人头上的群体意见或集体表述，不可将此理解成一种必须通过个人的话语体系才能发出的无名的、巨大的声音。我们只能将此理解成所有说出来的东西是一个整体，我们可以观察到其中的种种关

系、规律和变化，在此领域内，某些身影的交错，显示
出讲话的主体的特殊位置，可以将其称为作者（author）。
"任何讲话的人"，但他所说的话不是在任何地方都可以
说。[8]

　　福柯和巴尔特的观点十分相似，所谓"作者"只是话语
体系中"讲话的主体的特殊位置"。"主体"可以是"任何讲
话的人"，但"任何讲话的人"未必可以讲任何的话：他只
能在合适的地方讲合适的话。按照福柯的说法，个体在话语
体系中几乎不可能对知识体系做出原创性的贡献。就西方对
汉语的认识而言，早期传教士有关汉语的论述构成了汉语观
知识谱系的主要学术源流，为西方汉语观提供了话语意义上
的论点和结论，成为可供直接或间接援引的信息源。置身于
这样的话语体系中，后代论者是否认真阅读研究过这些著述
以及这些著述的对象，是否具有一定的汉语知识，并不是问
题的关键所在，重要的是早期传教士的观点已经成为现成的、
可供援引的公共知识（public knowledge），以征引、沿用的
方式在欧洲思想界和知识界广为流传，并在传播中完成了自
我的话语建构。

　　当代学院研究日趋规范化，形成了一套完整的价值判断
体系，未标明出处的引文和引用通常被认定为剽窃。依照现
行研究规范和标准，上述诸多思想家，均有剽窃之嫌。当然，

[8]. Michele Foucault, *The Archaeology of Knowledge*, trans. A. M. Sheridan Smith (London: Tavistock Publications, 1974), p. 122.

在学术规范制度化之前，现代意义上的学术"剽窃"尚未被提上议事日程。例如，英国浪漫主义时期的批评家、诗人柯勒律治在其著名的《文学传记》(*Biographia Literaria*)和其他著作中，大量引用德国哲学家谢林(Fredrick Schelling)的观点和论述，均未一一注明出处。20世纪前，思想界、知识界互相征引的现象十分普遍，而循环征引带来的互文性本身构成了现代知识生产过程的一部分。汉语观在形成和发展过程中相互援引的情况同样说明，话语内部的"抄袭"和重复在知识发展过程中难以完全避免。在现代学术规范指引下，注明出处的引文不在"剽窃"之列，然而，这只不过是形式上的道德约束，并不能改变知识体系自我重复的特性和事实。注明出处的引文还是引文，仍然是话语性重复(discursive repetition)。事实上，话语性重复或"抄袭"不仅是现代知识生产中必不可少的手段和途径，同时也构成了现代知识的内容。

"抄袭"和重复未必是主体自觉的行为或有意为之。在福柯看来，个体难以从根本上摆脱话语体系的制约。即使我们自认为在做着独立的学问，进行着自由的思想，一套先于个体存在的话语体系，早已规定和制约了我们的思想行为和说话方式，换言之，我们无时无处不受制于福柯所说的"历史的先验存在"(a historical *a priori*)。抄袭、重复和引用非但不能带来新思想、新观念，甚至新视野，只会不断强化已被普遍接受的观念和立场，使得那些"历史的先验存在"自然化、合法化、合理化，成为既定事物秩序中的一部分，而事物的秩序也因此进一步获得了自身存在的理由，并通过自

我重复不断延续其存在的合理性和权威性。在这样的情形下，
正如萨义德所说：

> 　　知识不再需要应用于现实；知识在不加评论的情况
> 下，悄然无声地从一个文本传递到另一个文本。观念在
> 匿名的情况下被大量推销和传播，不明出处地重复，成
> 了真正的"既定观念"（*ideas reçues*）：重要的是它们**在
> 那儿**，可供人们重复，以及不加批判地反复附和。[9]

　　重复、抄袭、挪用构成了跨文化传播的体系和机制。如果
知识生产的主要形式是话语体系的自我重复，那么个体观点意
义何在？我们又如何确认某种知识、观念和理论的原创性？

2."误读"和想象：跨文化理解的伦理

　　西方汉语观以持续不断的重复、引用甚至抄袭实现了自
我的延续和传播，其中充斥着谬误、偏见和想象，由此引申
出有关中国社会、文化和历史的言论及立场，直接影响甚至
塑造了西方眼中的中国形象，成为中外交流史上一项布满阴
霾的知识传统。跨文化研究中，如何解读、界定、处理类似
汉语观这样充满负面观点、知识、形象和事件的话语体系，
具有相当的挑战性。漠视它们的存在，任由其尘封于历史档
案中固然容易，但这不利于深入跨文化理解和研究，不利于

──────────

[9]　Said, *Orientalism*, p. 116.

全面认识中外交流史，同时也暴露出研究方法论上的盲点。

在中西交流史上，成功的出访，有益的对话，双赢的贸易，文化间的互敬互认，译介推广彼此的经典文本等，都是人们喜闻乐见的跨文化交流形式，似乎只有这样的交流和互动才是成功有效的。跨文化交流中，人们通常期待相互尊重和理解，并在此基础上通过交流达成共识。"人同此心，心同此理，往古来今，概莫能外"，陆九渊精练地概括了儒家的普世人性观以及在此基础上产生的"此心"和"此理"，与亚当·史密斯（Adam Smith）所说的道德情感的基础，即人所固有的"共情"（sympathy）极为相似。[10]与此相反，负面的、失败的交流带来的是歪曲、断裂、相互排斥和彼此猜疑，往往导致交流互动的终止，甚至兵戎相见。以武力解决争论，改变对方的"偏见"，推行自己的立场和观点是帝国主义推进其"文明使命"的常规方法。

跨文化知识的传播似乎只限于"正面"的交流，否则便是没有意义和价值的。一切曲解、误读、偏见、矛盾和冲突，非但不能视为交流的成果，更是对我们所期待的正面交流的否定、消解和破坏。"失败"的互动之于成功的交流，恰如不受待见的他者（the undesired other）。然而，在真实的历史中，绝大多数情况恰恰是负面的或否定性互动，如将它们完全排斥在"正常"的交流之外，不予考虑，那么历史上还有多少值得研究的人和事呢？进而言之，更为重要的问题是：我们

---

[10] Adam Smith, *The Theory of Moral Sentiments*, ed. D. D. Raphael and A. L. Macfie (Indianapolis: Liberty Fund, 1984).

何以觉得矛盾、冲突、偏见、误解等所谓"负面"的跨文化交流个案无价值和无意义？判断正面或负面交流的标准是什么？谁又有权做出这些判断？不难想象会有这样的情况：在同一时空中，面对同一事件，交流双方中的一方持否定的态度，而另一方则坚持肯定的立场，双方的观点完全相反。这类分歧通常归因为双方观点立场或文化传统的差异。这固然不错，但是双方讨论的事件本身到底是正面的还是负面的呢？双方不同观点和立场的背后，又隐藏着什么样的问题？历史上，跨文化交流中"正面"的例子为数不多，而其中又有不少"成功"个案也是误读、误解和挪用的结果。在真实的历史中，更常见的则是"负面"和"失败"的案例。如果误解、偏见和冲突就意味着"失败"，那么一部中外交流史，特别是鸦片战争前后的中外交流史，几乎每一页都写着"失败"两个字。

　　1792 年，著名的马戛尔尼使团出访中国就是一次典型的跨文化交流的失败案例。然而，在历史的语境中，完全没有理由期待英国的首次对华外交之行会皆大欢喜。扩大双边贸易，建立稳固的对华贸易机制和平台是使团的主要目的之一。此时，对于英国来说，自由贸易已经成为资本主义的市场原则和国际关系的基础，[11] 而对大清朝来说，马戛尔尼

---

〔11〕比如，浪漫主义作家德·昆西论及鸦片战争时，强调自由贸易是建立平等的国际关系的基础："当时东印度公司垄断了广州的茶叶贸易，后来垄断了鸦片贸易……我们向中国人提出的要求总体上说非常合理，对我们在平等的基础上建立我们民族的名誉至关紧要，关于这一点是无可争辩的，因为任何有关这种平等的争辩的企图已经表达了否定它的目的。"见 Thomas De Quincey, "China（I）," in *The Works of Thomas De Quincey*, vol. 18, pp. 88–9。包令（John Bowring, 1792—1872）在 1854 年至 1859 年任香港总督期间直接（转下页）

有关双边贸易的种种要求，不啻是对大清意识形态根基的挑战，甚至是全面的否定；要求或期待乾隆理解和接受英国的贸易请求，无异于异想天开。使团的失败绝不仅因为马戛尔尼拒绝对乾隆行三跪九叩之礼，乾隆给英王的回信清楚地表明两国在对双边关系的理解上有极大落差。在乾隆看来，两国通商不过是再次确认天朝物产的丰富自足。马戛尔尼带着极度的失望离开了中国，不管对他个人，还是对大英帝国，这次出使中国都是一次失败之旅。然而对乾隆而言，拒绝英国使团的要求是宣誓和维护了天朝的尊严，同时也让万里之外的"英吉利红毛小国"认识到大清的威严和富足。在现代资本主义的大英帝国和前现代的大清朝之间，很难想象可以达成任何共识。在马戛尔尼觐见乾隆时是否应行跪礼的问题上也许双方有误解，但彼此都清楚对方的立场，了解对方的关切，而这并不意味着双方可以相互妥协、互让一步达成某种共识，促使谈判向"正面"方向发展。历史学家们尽可用相互间的误解来解释这次使团最终的失败，但误解既在，且不能消除，这只能说明这种误解是不可避免的，因而是必然的。马戛尔尼日记的编辑 J. L. 克兰默－宾（J. L. Cranmer-Byng）指出：马戛尔尼使团"从一开始就毫无成功的机会。中英两国不存在相互理解的共同基础（the common ground of understanding）"。[12] 像马戛尔尼使团这样"失败"的案例在

_____

（接上页）引发了第二次鸦片战争；他曾任实用主义哲学家边沁的私人秘书，竭力鼓吹自由贸易："自由贸易就是耶稣基督，耶稣基督就是自由贸易。"参见 K. Theordore Hoppen, *The Mid-Victorian Generation*（Oxford: Clarendon, 1998），p. 156。

[12] J. L. Cranmer-Byng, Introduction to *An Embassy to China: Lord Macartney's* （转下页）

中英（西）交流史上比比皆是。一般认为，目的和结果的高度统一与否是衡量成功还是失败，正面还是负面的标准。然而，在真实的历史中，失败和成功是相对的。从马戛尔尼使团的案例可以看出，一方的成功可能意味着另一方的失败，没有失败的交流也就没有成功的互动。

跨文化互动中的误解和冲突并非偶然的、孤立的现象。如何理解交流中的错误、失败等负面性因素在认知上的作用是一个重要的理论课题。德里达指出，语言交流中词不达意的表述导致的误解是交流中正常的一部分，带有某种必然性，是一种"结构性的可能"（a structural possibility）。[13] 在对牛津大学语言哲学家奥斯汀（J. L. Austin）的语言理论的批判中，德里达充分肯定了交流中"负面"性因素的认知价值。奥斯汀在《如何以言行事》（How to Do Things with Words）中指出，虽然语言表述不能以真实或虚假一类的价值类别评判，但语言研究的对象只能是意义明确的、成功的（因而也是正面的）语言表述。语言交流是"演示性"（performative）行为，讲话即为演示，如果在交流过程中"出了错，那么演示……至少在一定程度上是失败的"。奥斯汀认为错误的表达"未必是假的"表达，却是"不幸的"和不必要的表达，他将"这

（接上页）*Journal, 1793–1794*, ed. J.L. Cranmer-Byng（London: Routledge, 2000），p. 34. 另参斯当东，《英使谒见乾隆纪实》，叶笃义译（上海：上海书店出版社，2005）; James Hevia, *Cherishing Men from Afar: Qing Guest Ritual and the Macartney Embassy of 1793*（Durham: Duke University Press, 1995）; 黄一农，《印象与真相——清朝中英两国的觐礼仪之争》，《"中央研究院"历史语言研究所集刊》，第 78 本，第 1 分（2007）。

[13] Jacques Derrida, "Signature Event Context," *Limited Inc*（Evanston, IL: Northwestern University Press, 1988），p. 15.

些言语表达中的错误或可能出错的原则称作**不恰当表达**原则（the doctrine of the *Infelicities*）"。[14]奥斯汀将这些"不幸的"和"不恰当"的表述排除在考察的范围之外。

德里达对奥斯汀语言哲学的批判是一次解构主义的经典演示，语势磅礴，读来格外酣畅淋漓。他首先将奥斯汀的理论置于英国实证主义传统之中，继而揭示其逻辑上的矛盾：奥斯汀承认，"负面的可能性（这里指不恰当表达的可能性）其实是结构性的，失败是他考察语言演示中的固有的危险；然而，几乎与此同时，又以某种理想化了的规则的名义，将这种危险排斥在考察的范围之外，视它为偶然的，外在的危险，对其所考察的现象毫无启发意义"。[15]正如德里达所说，奥斯汀理论中存在着内在的逻辑矛盾。既然词不达意是语言交流中不可避免的现象，是结构性的存在，就应该承认这些负面性的表述是语言交流的常态，是正常语言交流的一部分。然而，奥斯汀区分正面和负面，恰当和不恰当的语言表述，却是将后者归诸反常的、否定性的、无价值的语言现象，将它们打入另类，不予考虑，只愿讨论他认为是正面的语言"演示"。这正是奥斯汀理论中的自我矛盾之处。德里达指出：

> 在描述所谓的"正常的""规范的""中心的""理想的"结构时，必须包括［负面的］可能性，而这种可

---

[14] J. L. Austin, *How to Do Things with Words*（Oxford: Clarendon, 1962），p.14.

[15] Jacques Derrida, "Signature Event Context," *Limited Inc*, p.15. 德里达和塞尔（John Searle）关于奥斯汀理论的辩论，见 Raoul Moati, *Derrida/Seale: Deconstruction and Ordinary Language*, trans. Timothy Attanucci and Maureen Chun（New York: Columbia University Press, 2014）。

能性不能简单地视为是偶然的——次要的或寄生的……
在对所谓正常案例的分析中，要保持理论的活力，我们
不能，也不应该排斥违规的可能，即使是暂时的，或出
于所谓方法论上的考虑。[16]

　　这里较为详细讨论德里达对奥斯汀语言哲学的批判，主
要是因为奥斯汀对待语言交流"失败"的态度具有一定的代
表性。奥斯汀自己也认为他所讨论的语言问题不止于语言，
因此，德里达对这类问题的思考和批判有助于我们重新认识
中外交流史上负面的案例。西方汉语观的发展过程充分说明，
知识的生产和语言的交流一样，其中存在大量的负面认识：
误读、挪用、虚构、歪曲、偏见、抄袭等；"不恰当"的表
述比比皆是，"非正常"的叙述备受青睐，而"违规"的论
点广为流传。所有这些"不恰当"、"非正常"和"违规"的
表述或论点都构成了汉语观的话语体系，也构成了西方思想
史的一部分，是无法回避的事实。它们与对汉语的赞颂一样，
至少在方法论上，对于我们认识真实的跨文化历史具有同等
的价值和意义。

　　知识形态发展的一个特点是，在自我重复的基础上，
依据未经证实，甚至不能证实的二手、三手材料，建立知
识体系自身的正当性。汉语观既是历史的产物，必然充满
误读、谬误、偏见，这一点前面多处论及，无需赘言。但
这里我想强调的是，这些误读、谬误和偏见是汉语观存在

---

[16] Jacques Derrida, "Afterword: Toward an Ethic of Discussion," in *Limited Inc*, p.133.

的唯一可能的形态，换言之，没有这些负面的成分和表现，也就没有汉语观，很难想象完全摆脱误读和偏见的汉语观。萨义德建议，我们可以从不同的角度看待交流过程中的误读，"完全可以认为误读（在它们出现时）是观念和理论从一种环境到另一种环境历史转换的一部分"。[17]讨论西方汉语观的发展和建构，固然需要指出并充分认识其中的谬误，但这不应该成为讨论的重点，更不应该是研究的唯一目的。热衷于查找、确认汉语观中的误读、误解和偏见，最终得到的可能是一张勘误表，一份错误的清单。对我来说，更加值得重视和考虑的问题是：何以谬误百出的汉语观能够流传几百年，构成欧洲东方主义思想中的重要组成部分，影响甚至规范了西方对中国文化、社会、历史的认识和表现？更为重要的是，这些有关中国语言错误百出的论述，在历史的长河中辗转循环传入中国后，何以竟能影响中国知识分子，为声势浩大的语言文字改革运动，为中国文化的现代化，为中国知识界的自我东方主义化提供理论上的依据？"五四"时期普遍存在着自我东方主义的现象，这是不争的事实，而在语言和文字的改革问题上，西方汉语观的影响更为明显。追寻它跨越时代和国界的影响的轨迹，描述并分析它如何游走到中国，在多大程度上影响了中国知识分子，又怎样改变了中国自身的学术传统，这无疑是一项迫切的理论工作，也是重新认识中国现代思想和学术的一个至关重要的起点。

---

〔17〕 Edward Said, "Traveling Theory," in *The World, the Text, and the Critic*, p. 236.

中外交流史上不乏这样的情况：交流双方看似在同一平台上，同一历史背景下，针对同一个话题进行对话、交流和商讨，然而，彼此在起点、目的、方法上均不相同，有时甚至截然相反，双方自觉或不自觉地受制于各自话语体系的逻辑，顺着各自思想传统的定势，重复着自己熟悉的语言和叙事模式。这种对话的实际效果是，双方并无真正意义上的交流，貌似认真的对话，实质却是各自的独白，这是跨文化交流中的"戏剧反讽"，就如同两个戏剧人物在同一舞台上，却不知道对方的真实存在。这种情形在 20 世纪的中西交流中并没有得到根本性的改变。英国现代文学批评之父瑞恰慈在中国推广基本英语的经历就是一例。前文提过，20 世纪 20 年代末 30 年代初，瑞恰慈应聘赴清华大学任教。在清华，瑞恰慈的中国同事们理所当然地视他为剑桥批评的代表，希望借他在清华任职的机会，推动中国现代文学批评和文学研究的进步。然而，瑞恰慈却志不在此，他更关注的是语言对社会政治生活的影响，准备在华试行并推广"基本英语"。瑞恰慈和他的清华同事有着不同的社会关注和学术倾向，而当时很少有人意识到他们之间的区别。时任外语系负责人的吴宓自然不会在思想上认同瑞恰慈的基本英语，而瑞恰慈对包括吴宓在内的一些清华同事的学术工作恐怕也有不少保留。据瑞恰慈书信记载，1930 年秋，吴宓计划出访欧洲，有意在英国拜访瑞恰慈的朋友，此时名满天下的诗人、批评家 T. S. 艾略特，希望瑞恰慈为其引荐。1930 年 7 月 13 日，瑞恰慈在给艾略特的信中提到吴宓，用语略带讥讽，这封信从不同的侧面显示出瑞恰慈和吴宓在观念上的隔阂，颇具代表性。瑞恰慈在信中写道：

> 今年秋天一个中国人可能会拿着我的名片找你。他
> 年轻，天真，简单得如休伦族人，带有很浓的旧学者的
> 气质，他是反白话文学语言，推崇文言文运动的领袖。
> 他还在清华讲授（！）浪漫主义诗歌。（天知道他都讲
> 些什么！）他是一份颇似华北文学副刊的主编。他的名
> 字叫吴先生（中文吴宓）。我肯定他可以就现代中国的
> 文学问题（或准确地说，乱象）做点有意思的事，中国
> 现在需做的工作和西方过去从拉丁文转向以白话为文学
> 语言一样困难。他是为数不多的懂文言文的较年轻的中
> 国人，能以文言作文而受人尊重。[18]

瑞恰慈的这段文字散发着压抑不住的东方主义，在给朋
友的信中，如此议论一位中国同事，实属不厚道。然而，瑞
恰慈和艾略特可算是"公共知识分子"，在学术尚未完全职
业化、专业化的 20 世纪 30 年代，他们心里清楚，彼此之间
的私人信件很有可能会被编辑出版，信中所论将立刻成为公
众知识领域的话题。因此，瑞恰慈信中对吴宓的评价未必完
全是朋友间的八卦。他对吴宓在清华讲授浪漫主义诗歌尤其
感到惊讶，表现出相当的保留和不信任。这里，瑞恰慈是否
另有所指，我们今天无从知道。但我们知道，瑞恰慈对中国、

---

[18] I. A. Richards, *Selected Letters of I. A. Richards*, ed. John Constable (Oxford:
Clarendon Press, 1990), p. 57.

中国文化和中国知识分子怀有深厚的感情。李欧梵教授曾亲口对笔者提到，在哈佛大学期间，瑞恰慈曾与他谈起在中国的经历，很是动情，说到徐志摩，双眼湿润。这似乎表明，瑞恰慈与吴宓之间缺乏最基本的了解，他们的学术立场及其背后的意识形态南辕北辙。值得重视的是，瑞恰慈将吴宓完全归入语言文字改革运动的对立面，指出吴宓对文言的坚持犹如欧洲现代化早期精英知识界对拉丁文的捍卫，而这正是中国语言改革运动最大的阻碍，可能也是瑞恰慈在中国推动基本英语的最大障碍。对于吴宓这位誓死坚持文言文、旧式文学、旧式诗歌的复古主义者，瑞恰慈的基本英语是没有价值、没有意义、必须加以抵制的东西。既然如此，在语言文学上如此保守的吴宓又如何能够深切理解英国浪漫主义诗歌的政治？如何正确向学生解释浪漫主义诗歌在语言、美学、形式上的主张和立场？须知，讲英国浪漫主义诗歌，必然绕不开华兹华斯，讲华兹华斯必然绕不开他在著名的《抒情歌谣集·序》中提出的文学主张。华兹华斯认为，诗歌语言必须直接取自生活，以口语白话入诗，甚至颇为极端地声称，诗歌的语言和散文的语言在本质上没有区别，废除诗歌格律，不必追求韵律节奏，摈弃诗歌语言（poetic diction），不用或尽量少用倒装句，去除诗歌语言修辞上的雕饰。前文提到，"五四"白话文学运动的旗手胡适，正是打着华兹华斯的旗帜鼓吹文学语言改革，推行白话文学的主张。华兹华斯在诗歌创作的实践和理论上，皆与吴宓的文学主张相悖，反对白话文学的吴宓如何能够真正理解以华兹华斯为代表的英国浪漫主义诗歌的政治和价值？讲授与自己学术、文化和政治主张有着根本冲突的课题，至少说明，吴宓在课程选择上不是完全自觉的。也许正是这些因素，触发了瑞恰慈的感叹："天知道他都讲些什么！"而另一方面，瑞恰慈也许永远无法理解，饱受传统文化熏陶的吴宓对文言文及其代表的价值不可撼动的认同和情感依恋。瑞恰慈和吴宓的隔阂虽然是两个个体之间的，但在一定意义上象征着中英（西）交流史上类似的断裂和讽刺。

3. 汉语观的美学：一个未结束的故事

误读、重复和挪用是观念和理论必然的组成部分。汉语观的发展过程其实就是一部误读、挪用甚至贬抑汉语的历史。作为知识形态的汉语观不过是互相征引、自我重复的话语体系，其高蹈的理论背后是陈旧、僵化的偏见。误读、重复和挪用在形式上是负面的，但在特定的历史条件下也会产生正面作用。20世纪初，中国对西方汉语观的误读、重复和挪用催生了语言文字改革运动，推动了中国文化和社会现代化的发展。与此同时，汉语观也启迪、催发了英美现代主义文学和艺术的美学趣味，在西方文学艺术史上留下了浓墨重彩的一笔，也在中外跨文化交流史上留下了一个美丽的误会。这方面较为著名的例子，是庞德对汉字和汉语古典诗学的想象和苏联导演爱森斯坦将汉字构造原则用于开发电影语言的试验。有关现代主义文学艺术和中国传统美学的关系已有不少研究成果，本来不必赘述，但为使本书叙述的汉语观能相对完整，这里简单回顾一下庞德和爱森斯坦对汉字和中国诗学的误读、重复和挪用。

诚然，没有庞德的汉语观是不完整的汉语观。在英美现代主义诗歌史上，庞德的诗歌及其诗歌理论是一座丰碑，而构建这座丰碑的主要材料来自汉语和汉语古典诗词。庞德对汉字和中国古典诗词的误读和挪用的程度，远远超过了本书中论述的和尚未提及的语文学家、哲学家和传教士。不过，对于庞德对汉语的误读和挪用，我们乐见其成，因为他的汉语观堪称英美现代派诗歌对以汉字为代表的中国文化的集体致敬。汉语在西方哲学、语言学、思想史上曾经受尽了误解、歧视和屈辱，此刻在庞德的笔下却完成了一次华丽的转身，成为纯美的象征，代表了诗歌意象的最高境界。

庞德获取汉字和汉语诗歌知识的方式与大部分西方知识分子类似，也是通过间接的、二手的途径，不同之处在于，他得益于意外获得的一批有关中国和日本语言文化的笔记手稿。19世纪后期，急于实施现代化的日本政府邀请一批年轻的美国学者来日本大学传授西方文化和现代知识。这批年轻人大都来自哈佛大学，厄内斯特·费诺罗萨（Ernest Fenollosa, 1853—1908）是其中的一位。1878年起，费诺罗萨在东京大学讲授西方哲学。在日期间，费诺罗萨对日本语言艺术产生了浓厚的兴趣，开始学习东方艺术、汉语和中国古典诗歌，做了大量的笔记。费诺罗萨去世后，他的夫人感到这些珍贵的手稿和笔记应该交与一个合适的人来整理、出版。此时，她已读过庞德的诗作，认定这位天才的年轻诗人是不二的人选。1913年，经一位孟加拉诗人介绍，费诺罗萨夫人结识了庞德，并将这些文稿无条件地赠送庞德，共有16

本之多，希望庞德"能对这些材料有兴趣，以自己的方式吸纳这些材料，然后进行新的翻译"。得到这些材料后，庞德喜出望外。庞德此前对中国传统文化就已产生了浓厚的兴趣，此时，这个儒家传统的文明古国在他的心中已经取代了希腊，成为人类文明的灯塔，中国是他心中的"新希腊"。[19]

庞德立即开始整理编辑费诺罗萨的手稿和笔记。他对费诺罗萨在东方语言和艺术方面的研究及其取得的成果，予以高度评价，称费诺罗萨的一生是"现代学术的出色的传奇（romance）"。[20]在费诺罗萨留下的材料中，有他研读150多首中国古典诗歌写下的笔记。庞德选择其中15首，整理"翻译"成英文，编入《华夏集》（Cathay），于1915年出版；翌年，他删除其中一首，另增四首，这就是现在我们所见的《华夏集》，共收入18首中国古典诗歌，其中11首为李白的作品。《华夏集》到底是翻译还是原创，引起过不少争论，这里不去赘述。[21]其实，这样的争辩对于理解庞德帮助不大。庞德基本不通中文，当然无法进行翻译。费诺罗萨的原稿是他研习中国古典诗歌时记下的释义和笔记，自然也算不上译文，而以费诺罗萨的汉语水平，似乎也不足以独立翻译中国古典诗词。庞德"译"中国诗与林纾"翻译"欧美小说有几分类似（如果林纾的"翻译"可算是翻译的话）。不管是翻译、

---

〔19〕 A. David Moody, *Ezra Pound*: *Poet*, *A Portrait of the Man and His Work*（Oxford: Oxford University Press, 2007），vol. 1, pp. 238–39.

〔20〕 See Ernest Fenollosa and Ezra Pound, *The Noh Theatre of Japan*（New York: Dover Publications, Inc., 2004），p. 3.

〔21〕 See Wai-lim Yip, *Ezra Pound's* Cathay（Princeton: Princeton University Press, 1969）.

创作，还是翻译和创作的糅合，庞德的《华夏集》都是英美
现代派诗歌史上的一座里程碑。还是 T. S. 艾略特说得好："庞
德是我们这个时代中国诗歌的发明者。"[22]

如果说，《华夏集》在创作实践上吸收了中国古典诗歌
和汉字中的意象诗学，那么五年后，庞德整理出版的费诺罗
萨的论文《作为诗歌媒介的中国文字》则对意象诗学做出了
理论上的阐述。庞德为论文写了简短的题解，高度评价费诺
罗萨的研究。庞德写道：

> 这里我们看到的并非干枯的语文学的讨论，而是美
> 学中根本性问题的研究。在通过艺术进行探索的过程中，
> 费诺罗萨接触到一些未知的主题，一些尚未被西方承认
> 的原则，他因此而进入到许多已经在西方的"新"画
> 和"新"诗中取得成效的思想模式。他是一个不为人知，
> 也不自知的先行者。[23]

费诺罗萨文中讨论的汉语诗歌的原则和特点，与西方现
代诗歌和绘画中的创新意识异曲同工，显示出相同的美学追
求，昭示了现代艺术的未来。费诺罗萨以及包括庞德在内的
新诗人和新画家们恐怕此前都没有认识到这一点。庞德编辑
整理此文发表，实际上是通过费诺罗萨对汉字和中国古典诗

---

[22] T. S. Eliot, "Introduction" to Ezra Pound, *Selected Poems* (London: Faber & Gwyer, 1928), p. 14.

[23] Pound, Headnote to Ernest Fenollosa, *The Chinese Written Character as a Medium for Poetry* (San Francisco: City Lights Books, 1936), p. 3.

歌美学原则的论述，首次在理论上系统阐释了现代艺术的美学原则。

　　费诺罗萨的论文是一首汉字和汉语诗歌的赞美诗，但从论文的内容看，作者是刚刚入门的中国文化爱好者，识得一些汉字，对汉字的间架结构稍有了解。也许正是由于初识汉字和汉语古典诗歌，费诺罗萨才有可能写出这样充满想象，甚至有些无拘无束的论文。在他眼中，中国律诗用词精炼隽永，意韵深远悠长，这种独特的风格主要得益于大量使用意象。诗歌是语言形象的艺术，汉语诗歌的意象又是由象形的汉字表达的，而汉字绝非"主观随意的符号"，每一个汉字都是一幅图画，一幅描写"自然行动的生动的简笔画"；[24]每一个汉字似乎都是一个故事，带有一段与众不同的叙事。由这些带着故事的简笔画组成的诗，既是意象的集合体，同时又在讲述汉字自己的故事，构建另外的叙述；一首古典诗中排列着一组组的意象，意象里镶嵌着一幅幅汉字的简笔画，画面里夹杂着一个个汉字的故事。汉语古典诗是多么绚丽、神奇的世界啊！

　　费诺罗萨的字里行间跳动着按捺不住的兴奋，也展现出诗人的想象力。在他眼里，象形汉字对诸如"日""月"等这些有形物体的表现力自不必说，对于抽象的概念，甚至动态的过程，汉字同样具有出色的表现力。比如，"人見馬"三个字组成的简单句，在他的眼中，简直就是一套动画片，从主体（"人"）由动作（"見"）到客体（"馬"），费诺罗萨

〔24〕Fenollosa, *The Chinese Written Character as a Medium for Poetry*, p. 8.

以拆字法讲述着这些汉字里的故事：它们构字的共同之处是
"腿"："人"，是两条腿的动物，"見"字是"双腿"架着的
眼睛，而"馬"字则是四条腿呼啸生风的动物。简单的三个
字，却以意象描述了整个动态的过程：行走中的人通过运动
中的双眼看见奔跑的骏马。在他看来，句子的意义和文字生
成的意象获得了完美的统一。如果用英语说同样的话：（A）
Man sees（a）horse，即使是描述性的句子，读者接受到的仍
然是抽象的意义。相比之下，读汉字时，读者读到的，或者
更准确地说，读者看到的，是一幅连贯的动态画面，就是"人"
和"馬"这样的名词也具备动态的神采。费诺罗萨由衷地赞
叹汉字的神奇："有关中文最有意思的事实之一就是，读中
文时我们不仅能看到句子的形式，而且可以确实看到不同词
性的字生长、绽放在一处。中国文字和大自然一样，有着生
命的具体形态，因为物与动作在形式上是一体的。"[25]汉字之
美，如诗如画。显然，费诺罗萨的赞叹反映的仍然是由比较
语文学发展出来的有机主义的语言观，只不过，汉语，尤其
是汉字这次成了有机语言理论最好的例证。

　　20 世纪初期的欧洲，现代艺术蓬勃发展；"象形"的汉
字成为现代主义艺术家们探索新的表现形式的灵感。以象形
字写成的充满意象的中国古典诗歌终于突破了语言表述上的
限制，在线性的语言中创造出动态的空间视觉效果。这是一
种全新的美学感受。众所周知，打破时间对语言艺术（特别
是叙事性语言艺术）和空间对视觉艺术的限制，是包括庞德

〔25〕Fenollosa, *The Chinese Written Character as a Medium for Poetry*, p. 17.

在内的现代主义诗人和作家关注的课题和努力的方向。[26]差不多就在庞德埋首于费诺罗萨的手稿笔记，探索现代诗的语言形式的同时，苏联导演爱森斯坦（Sergei Eisenstein, 1898—1948）也在思考着如何进一步丰富电影艺术语言和表现手段。

1917年至1918年之交的冬季，还在大学专修工程建筑的爱森斯坦和他的同学一样受到了苏维埃革命的感染，为了保卫十月革命取得的成果，粉碎反动派的反扑，参加了苏联红军。作为一名年轻的红军知识分子，爱森斯坦充满了对未来新社会的憧憬和期待，他真诚地相信，这个社会应该没有阶级的差异，人人平等。在红军中他负责宣传工作：为运送战士的专用列车制作标语、宣传口号、旗帜等。爱森斯坦似乎是为鼓动宣传工作而生，他在视觉艺术上的天分得到了充分的表现和发挥。爱森斯坦很快晋升为政治指导团委员，被派往明斯克前线。在前线，他与其他委员们同住，其中有一位委员曾经做过日文教员，从他那儿，爱森斯坦第一次接触到其实是汉字的"日本文字"。这次与汉语的偶然相遇成就了我们所认识的爱森斯坦。爱森斯坦的传记作者这样写道：

> 此时，许多俄国学生也许对日本有那么点兴趣……但一千个人中也不会有一个像爱森斯坦那样决心了解日文的本质，而且还学会了三百个字。他对象形文字着迷，

---

[26] 约瑟夫·弗兰克（Joseph Frank）是首位明确将现代主义小说形式上的某些特征总结为"空间形式"的批评家。参见他的论文，《现代文学中的空间形式》（"Spatial Form in Modern Literature", 1945），in *Critiques and Essays on Modern Fiction, 1920–1951: Representing the Achievement of Modern American and British Critics*, ed. J. Aldridge（New York: Ronald Press,1952）。

并追根溯源到汉字……从日本象形字的结构，爱森斯坦发现了日本歌舞伎（Kabuki Theatre）的基本特征及其创造效果的相应技术。[27]

汉字深深地吸引了爱森斯坦。对这位年轻的红军文宣战士来说，汉字的构成和表意就是一个奇妙的魔幻世界。比如"馬"字，就生动地保留了其所指物的形体；而他更加感兴趣的是复合型汉字，两个互为独立的部分拼放在一起却生成了全新的字义："门"和"耳"的叠加，并非"门之耳"，而是"闻"；"犬"加"口"，不是"犬之口"，而是"吠"；"鸟"加"口"就有了"鸣"；等等。爱森斯坦将这种汉字称为复合型字（corpulative）：

两个最简单的象形字复合（或者说，相加）不能被看作是两者的总和，而是两者的产物，具有另一程度和层面的价值；分开来，两者各有所指，或物体、或事实；但两者相加意指一个概念。通过两个可以"描述的东西"的相加，得到了一个无法在视觉上描述的东西。[28]

汉字的表意方式和表意能力给爱森斯坦带来极大的冲击和启发。汉字结构中两个意象相加带来了意象空间的扩展以及不同于两者的新的意象或概念，这一方法，如果运用于电

〔27〕 Marie Seton, *Sergei M. Eisenstein* (New York: Grove Press, Inc., 1960) , p. 37.

〔28〕 Sergei Eisenstein, *Film Form: Essays in Film Theory*, edited and translated by Jay Leyda (New York: A Harvest/HBJ Book, 1977) , pp. 29–30.

影胶片剪辑，效果如何呢？胶片上孤立的意象，孤立的蒙太奇细胞，投射到屏幕上会产生新的连贯的意象群，新的意义吗？爱森斯坦敏锐地感到，他似乎触摸到了尚未有人实践过的电影语言和表现手段。几年后，汉字的启示"将成为他自己的'蒙太奇'戏剧和电影技术的基石之一"。[29]蒙太奇艺术可谓爱森斯坦对电影艺术的最重大的贡献，而灵感就来自他对汉字的象形构造的理解。可以想象爱森斯坦初识汉字时的兴奋，在他身上似乎闪动着那个为汉字着迷的美国年轻人费诺罗萨的身影。

　　庞德、费诺罗萨和爱森斯坦对汉字的解（误）读及其成果，让我们这些母语读者为之振奋。不过问题是，在日常的母语使用中，我们大概从来不会像他们那样以拆字法解读汉字，更不会像他们一样，解读汉字背后的"深层"的意象或潜藏的意象空间。我没有考证过，庞德、费诺罗萨和爱森斯坦对历史上的汉语观有多少了解，他们三位是否知道威尔金斯曾经因为象形的汉字其实并不形意而感到失望。如果汉字历史上真的曾经以形会意的话，时至今日，也只有在那些受过专门训练的汉语专家眼里，汉字才是象形的。然而，对庞德、费诺罗萨和爱森斯坦来说，这些并不要紧，重要的是，他们可以通过汉字做些什么。此时的中国，语言文字改革运动正如火如荼，打倒汉字的呼声一浪高过一浪。汉字在自己的文化传统中遭受责难、批判的同时，却在海外经历了这般美丽的邂逅。这似乎从另一个角度说明，中西跨文化交流中的戏

---

〔29〕Seton, *Sergei M. Eisenstein*, p. 37.

剧式反讽十分普遍，几乎是一种常态。

4. 作为"事件"的汉语观

庞德、费诺罗萨和爱森斯坦对汉字和汉语的想象和挪用可以说是汉语观在文学艺术领域的延伸。汉语观的意义不在于它所理解的汉语的本质、特点和文化意义是否正确或真实，也不在于它所蕴含的对汉语和汉语文化的价值评判是否客观和公平。历史上的汉语观不仅是抽象的观念，也不仅是思想史上积累的档案材料；有关汉语汉字的文字著述，都是文化知识的实践和改变现实的力量。用萨义德的话说，观念和文本一样都是曾经发生过的历史"事件"。他认为，文学是物质的存在，而不是"反映""表现"或依附于其他实体的抽象存在。在著名的《世俗批评》一文中，萨义德宣称："我的立场是，文本是世俗性的（worldly），在一定程度上说，它们是事件（events）；即使当它们似乎在否认这一点时，它们依然是社会世界、人类生活尤其是历史时刻的一部分，并在这些具体条件下被解读。"[30] 这里，萨义德将文学文本定义为"事件"——社会事件和历史事件，历史上的文本，就像大大小小的"事件"，构成了社会、生活和历史的一部分。这些文本"事件"总是在特定的时刻出现，而它们出现的时刻，便是有意义的历史时刻，需要我们去认识和解读。因此，文学文本不仅描写、反映或再现某个历史"事件"，文本的

----

[30] Said, "Secular Criticism," in *The World, the Text, and the Critic*, p. 4.

出现或存在本身就是历史"事件"。萨义德对文本及其历史作用的解读在一定程度上颠覆了传统文论中的反映论、文以载道论、浪漫主义的情感外溢说和唯美主义的形式至上论等等，也完全超越了文学理论中形形色色的二分法：表现与被表现，形式与内容，文学与现实，等等。在萨义德文本"事件"论的背后，可以清楚看到威廉斯的文化唯物主义理论的影响。在20世纪60年代末70年代初横空出世的后现代文学理论的冲击下，几乎所有传统的文学观念都受到了解构和破坏，而这场思想的狂欢后，却鲜有脚踏实地的建设；来自不同政治光谱的批评家，无论左翼，右翼，还是中间派，像威廉斯和萨义德这样认真思考文学和语言，以及文本的物质性、历史性和实践性的批评家，寥寥无几。

萨义德曾经公开承认威廉斯对他有过重要的影响。他以威廉斯在《乡村和城市》中对17世纪英国乡村别墅诗歌的分析为例，指出威廉斯所关注的并非这些诗歌反映了何种英格兰乡村生活，或是表现了什么样的主题思想。威廉斯关注的是如何认识和解读推动这些诗歌创作的社会关系及其带来的冲突和博弈。换言之，在威廉斯看来，这些诗歌不仅反映了17世纪英国农业社会中的阶级关系，置放在今天读者眼前，它们就是一桩桩英格兰乡村曾经发生过的事件。[31]威廉斯对马克思主义文学理论的最大贡献，是他对庸俗马克思主义和机械唯物主义反映论的批判，他拒绝将文化、语言、文学简单归类为上层建筑的范畴，坚持认为文学和语

───────

〔31〕Said, "Secular Criticism," in *The World, the Text, and the Critic*, p. 23.

言并非抽象的精神活动，而是人的"实践意识"（practical consciousness），具有实实在在的物质性。解构反映和被反映的两分法需要精细的理论说明，威廉斯著名的"情感结构"（structures of feeling）论就是其文化唯物主义在文学史研究中的结晶。以"情感结构"为框架解读英国文学史，特别是19世纪英国现实主义小说，威廉斯的文学批评达到了罕有的深度。[32]

　　威廉斯和萨义德对文学的历史作用和价值的解读同样适用于作为话语体系的观念和理论，自然也适用于本书讨论的汉语观。我所说的"汉语观"乃是广义的文本和具体的历史"事件"，也是中西在政治、文化、思想、语言等各个方面交流、冲突、调和、博弈的过程，其内容的构成可能充满谬误、偏见，甚至谎言，但作为"事件"的汉语观在中西交流史上——在具体的思想史运动中，在知识范式和分类理论的发展中——都曾扮演过重要的角色。作为历史事件的观念和作为事件的文本一样，要求我们关注催生这些观念出现的历史条件和社会关系，要求我们充分认识到观念带来的现实后果。以汉语观对我国语言文字改革的影响为例，今天也许不

----

［32］威廉斯以"情感结构"描述从传统农业社会向现代工业社会转变的过程以及这种转变给日常生活带来的巨大冲击。有机的"可知的社群"（knowable community）悄然变成"不可知"的社群，随之而来的是焦虑和不安。"情感结构"在威廉斯文化批评体系中占有重要地位，自始至终贯穿在威廉斯论述英国文学，尤其是维多利亚小说的文字中。在《文化与社会》（Culture and Society）、《漫长的革命》（The Long Revolution）、《乡村与城市》（The Country and the City）、《英国小说：狄更斯到劳伦斯》（The English Novel: From Dickens to Lawrence）等多部著作中，威廉斯都曾解释、运用、扩展过"情感结构"，而在《马克思主义与文学》中，更是独辟一章，集中阐释、讨论和深化了这一概念。

应该再纠缠这类问题："五四"时期语言改革者们是否应该自我东方主义化？他们对汉语，特别是汉字的批判是否合理、客观和公平？如果没有语言文字改革运动，中国传统文化是否可以得到更好的传承？实现中国现代化是否需要从语言文字改革开始？如此等等。这些问题在本质上是假设性问题；提出这样的问题，容易让人误认为我们今天仍然可以行使自由意志，对这些问题做出不同的选择。然而，"五四"新文化运动已经发生，声势浩大的语言文字改革运动已经构成了中国现代史和现代语言意识的一部分。就汉语来说，文言文作为集体书写的文字系统已经是消亡的书面语，完全被白话文取代，而普通话和拼音系统也已经是汉语体系的组成部分。对于今天的读者来说，这些都是曾经的"历史事件""历史的先验存在"。承认和接受历史既存事实是讨论汉语观的前提条件。在方法论上，也许更值得思考的是以下这些问题：为什么在"五四"时期，西方汉语观和中国知识分子对汉语的认知之间可以产生如此强烈的共鸣？为什么钱玄同呼吁用拼音文字（比如法语）取代汉语？为什么鲁迅认为汉字和儒教一样钳制青年自由的思想？语言文字改革运动是如何在与汉语观的互动中实现和完成的？这场运动在多大程度上促进了"五四"新文化运动的总体发展，又在多大程度上促进了中国现代意识的形成？如何处理民族语言与旨在建构大同世界的世界通用语之间的关系？

世界通用语的乌托邦，帝国语言理论的霸权，"五四"时期中国新文字运动中的自我东方主义等现象说明，汉语观一直都在世界知识空间游走和传播。普世主义思想和欧洲中

心主义一脉相承，汉语观最终转化为权力体系，跨越欧洲的
疆界，向中国传播。一定意义上说，这也是知识全球化的过程，
对此，我们可以做出正面或负面的不同反应，但应该首先承
认，知识一体化也是"历史的先验存在"，套用卡萨诺瓦的
说法，不妨将这种跨越民族国家的知识生产空间称为"世界
知识共和国"。这一空间的形成与"文学共和国"的形成在
时间上几乎是同步的，其间，多种现代性话语体系汇聚在一
起，共同叙述着现代思想的方方面面，包括东方主义、世界
文学、语言哲学、比较语文学、历史哲学、语言与民族认同、
语言与现代知识结构等等，并在此基础上持续不断地重复着
相同或相似的论述、立场和结论。在对汉语的认识上，西方
思想家无须通过自己的努力掌握一定的汉语知识，而是不断
地引用彼此的观点和例证，同时生产出更多想象的、错误的、
充满神秘主义的言论。这里，汉语到底是一种什么样的语言
并不重要，重要的是，如何在自身的话语体系中描述和解释
汉语，同时通过对汉语的解读建构自身的话语体系，以及如
何在讨论汉语的同时，将批判性思辨扩展到中国社会、政治
和文化的各个方面。不同时代的汉语观在内容上具有明显的
同质性。在汉语的问题上，西方思想界、知识界犯下的错误
不计其数。按照德里达的说法，这类认识中的错误并非无知
造成的，它们只是误解而已，而误解又是认识过程中不可避
免的。德里达指出："汉字概念因此成了欧洲人的一种幻觉。
这丝毫不是偶然的：汉字概念所起的幻觉作用遵循严格的必
然性。幻觉更多地表现了误解而不是无知。它不受我们掌握

的有限而实在的汉字知识的影响。"[33]正如德里达所言,既然不存在绝对的正确,不同形式和程度的误解则是必然的。

　　讨论汉语观的形成和传播,由于材料文本冗繁,出于论述的方便,也考虑到本书的重点,我的注意力可能集中在特定时段或特定问题上,挂一漏万,远未能全面展示汉语观的话语体系的复杂性和多样性。尽管如此,我想本书的意图和观点还是清楚的,即在现代知识和思想的世界体系框架下,描述和解读旅行和流动的汉语观,不是将其固化为一个概念,而是将它理解为历史留给我们的一个问题。本书讨论的西方汉语观在研究的对象、范围和方法论上与萨义德的东方主义多有重合之处,萨义德批判审视东方主义的理论、原则和立场基本适用于汉语观的讨论。然而,两者之间的差异也十分明显,[34]这突出表现在以下几点。第一,汉语观不同于一般意义上的东方主义,它是以汉语和汉语文化为对象的思想和知识活动的积累,包括长期以来形成的有关汉语的想象、叙述和言论。汉语观以话语的形态出现和传播,是集体的知识系统,参与建构汉语观的包括传教士、哲学家、作家、科学家、比较语文学家和汉学家等。应该强调的是,汉语观发挥影响的场所不仅是西方,19世纪末20世纪初,中国本土也成为它的另一个重要的活动场域。"五四"知识分子积极介入了汉语观的话语体系,在语言改革和新文化运动的平台上戏剧性地演绎了汉语观的影响和能量。在萨义德的理论叙述

---

〔33〕德里达,《论文字学》,汪堂家译(上海:上海译文出版社,1999),117页。
〔34〕参见 Edward Said, Introduction to *Orientalism*。

中，东方主义主要是西方针对东方的表现和想象，在这一话语体系中，东方只是无声的存在，而本书讨论的汉语观在一定意义上却是中西合作的产物。在汉语观的构成中，不仅有西方的声音，也有中国的声音，汉语观因此而成为真正的跨文化历史"事件"。作为历史"事件"的汉语观最为重要的社会实践，就是它在语言文字改革运动和新文化运动中起到的作用。

第二，从思想史的角度看，汉语观更是一种特定的思想方法，一种看待他者和"异质"文化的模式，触及的领域远远超出了语言和语言学，牵涉到文化、社会、历史、文学、政治，甚至民族性格等各个方面，范围之广，历时之长，足以说明它在思想史上的重要影响。在方法论上，汉语观最主要和常用的工具是比较，并由比较得出带有本体论性质的结论。比如，通过对世界语言的比较和划分，印欧语系论在所谓"科学"的层面上定义了汉语的历史地位和命运。汉语观的方法论在很大程度上代表了传统知识体系内的思维模式，将在比较框架下观察到的异同，设定为本质意义上的异同。这是导致误读、偏见和想象等否定性知识的根源。

第三，汉语观不仅是抽象的观念存在，或纯思想、纯学术的论题，也不仅是思想家和学者讨论的对象。观念的作用不会停留在抽象的领域，而是可以带来切实的后果。汉语观在西方认识中国的过程中扮演过不同的角色，既为帝国主义的扩张和所谓的"文明使命"提供过理论支持，也为西方思想史的总体发展提供过丰富的思想资源，还为"五四"知识分子想象现代中国提供了灵感，并通过国家的权威和机制，将其部分思想转换为行政政策和既定的组织形式，至今仍然影响着我们的生活。

第四，汉语观的扩散形式表明，思想、知识和文学的传播并非单向线性的运动，并非由一点传向另一点，始于一处而终于另一处的单向过程。汉语观的扩散典型地表现出现代知识传播的过程和机制：双向对流，循环往复，在流动传播中完成多重的互动。从中国出发的汉语知识，到作为话语体系的西方汉语观，再到中国语言文字改革运动及其给传统知识和文学体系带来的冲击和变化，从中可以清楚地看到现代思想知识在世界范围内互动和循环影响的过程。在这个意义上，将中国 19 世纪末 20 世纪初的语言文字改革运动视为欧洲罗曼语和民族语言运动在中国的重现也未尝不可。语言现代性在西欧和中国经历了相似的实验，走过了相似的道路。

第七章

走向共同的文学

世界：人的生存；人的生存的阶段；……与人在地球上的生存有关的志趣、追求和关注……。（影响人的）生活的事物和条件；人类事件的潮流。

《牛津英语词典》

小说是一个被上帝抛弃了的世界的史诗。

卢卡奇，《小说理论》[1]

无论如何，我们的语文学之家是地球，再也不可能是民族了。

奥尔巴赫，《语文学和世界文学》[2]

在道德上独立于自己成长的社会是一切文学中最宏大的主题，因为这是道德进步，建立更高伦理概念的唯一途径。

威廉·燕卜逊，《〈福尔蓬奈〉》[3]

〔1〕 卢卡奇,《小说理论》,杨恒达编译,丘为君校订(台北:唐山出版社,1997),61 页;笔者根据英译本 Georg Lukács, *The Theory of the Novel*, trans. Anna Bostock (London: Merlin Press, 1971),对中译文做了个别文字调整;下同。
〔2〕 Erich Auerbach, "Philology and *Weltliteratur*," p. 17.
〔3〕 William Empson, "*Volpone*," in *Essays on Renaissance Literature*, ed. John Haffenden (Cambridge: Cambridge University Press, 1994),vol. 2, p.72.

在当代文学理论批评界的集体记忆中，萨义德的标志性成就也许是对"东方主义"的批判。他在 1978 年出版的《东方主义》是当代文学批评中的一座里程碑，在理论和实践两个层面上，同时拓展了文学批评和研究的空间，影响深远。1988 年夏，《东方主义》出版 10 周年之际，萨义德应邀出任美国著名的批评和理论暑期学校（School of Criticism and Theory）导师，他讲授的课程正是"东方主义"。那年的暑期学校由常青藤大学中最小的达特茅斯学院（Dartmouth College）承办。我有幸成为一名当期学员，从伦敦飞往纽约，再转车前往达特茅斯学院所在地，新罕布什尔州的小镇汉诺威（Hanover）。在近两个月的学习期间，目睹和感受了《东方主义》在美国文学理论批评界和学术界的巨大影响。此时的萨义德正值壮年，英俊、潇洒，在课室里，在演讲台上，淋漓洒脱，雄辩优雅，深深吸引了来自世界各地的学生，以至课余午后他在网球场上的一举一动，映照着新英格兰夏日柔和的阳光，也成了学员们关注和议论的话题。《东方主义》获得了巨大的成功，我实在想不出，20 世纪后期英美学术界还有哪一部文学批评著作可以与之媲美。然而，不无讽刺的是，《东方主义》的巨大成功却在一定程度上掩盖了萨义德在文学批评研究和其他领域的成就，将这位视野极其开阔的批判知识分子（critical intellectual）的形象狭隘化了。学界固执地将萨义德定义为"东方主义"批评家和后殖民主义批评和理论的创始人，尽管他本人以及对其文学理论和批评实践有较为全面了解的读者都不会认同这样的标签。萨义德的贡献和成就远不止《东方主义》，甚至可以这么说，在萨义德的批评思想中，《东方主义》并不是他最富理论想象力的著作。

萨义德本人十分重视的"世俗批评"（Secular Criticism）至今尚未引起我国学术界充分的重视，然而"世俗批评"的思想自始至终流淌在萨义德批评文字之中，是他写作、研究和教学的起点，散发着浓郁的人文主义情怀。现为加州大学洛杉矶分校比较文学教授的阿米尔·穆夫蒂（Aamir R. Mufti）曾是萨义德的学生，他在《奥尔巴赫在伊斯坦布尔》一文中，呼吁我们重视萨义德"世俗批评"的理论和实践，指出萨义德一生的关怀是那些置身政治文化版图边缘地带的少数派以及那些自觉逃离主流社会的自我流放者。逃离包括宗教在内的主流意识形态，在思想上与其保持距离，在情感上与其疏远，这是一种策略，一种姿态和立场，也是自我保护的机制。流放的意义和价值在于，面对霸权和强权，还可以在体制外的空间寻找生存的可能和发展的机遇。因此，萨义德说，流放并非"特权"，而是"有别于掌控着现代生活的大众建制的**另一种方式**（*alternative*）"。[4]

"流放"在萨义德的世俗批评中有着多重的意义。"流放以故乡的存在，对故乡的爱，与故乡千丝万缕的联系为前提。流放的真实意义并非丢失家园和对家园的爱；丢失本来就是家园和对家园之爱的题中应有之义。"[5]有"家"和"爱"，才可能有"丢失"；"丢失"中蕴含着不同的爱，别样的充实。在第一章中，我提到奥尔巴赫以圣维克多的雨果为例，强调流放和超越本土意识的重要。在萨义德的心中，奥尔巴赫和雨果都是流放的杰出的代表，在相隔遥远的两个完全不同的时代，他们以亲身经历演绎了流放的意义和价值。奥尔巴赫之于萨义德似乎已经形成了全新的意义，穆夫蒂对萨义德和奥尔巴赫二者的关系有精辟的解释。他认为，对于萨义德来说，奥尔巴赫不仅是位杰出的语文学家，更是一部意蕴丰富的文本，与其说萨义德分析和解读奥尔巴赫的著述、观点和立场，毋宁说他是通过奥尔巴赫的文字解读流放中的奥尔巴赫本人。这样，文本与作者之间的距离消失了，文本流淌进作者的生活，作者转化为文本，萨义德解读的是奥尔巴赫这本大书，关注的是"作为文本的奥尔巴赫"。[6]奥尔巴赫不就是雨果所说的那种"视整个世界为他乡"的"完美之人"吗？萨义德真切地感动了。他在自己的文字中多次转引奥尔巴赫

---

[4] Edward Said, "Reflections on Exile," in *Reflections on Exile and Other Essays*（Cambridge, Mass.: Harvard University Press, 2002）, p.184.

[5] Edward Said, "Reflections on Exile," in *Reflections on Exile and Other Essays*, p. 185.

[6] Aamir R. Mufti, "Auerbach in Istanbul: Edward Said, Secular Criticism, and the Question of Minority Culture," *Critical Inquiry*, Vol. 25, No. 1（Autumn, 1998）, p, 106.

引用雨果的那段话，据穆夫蒂统计，至少达四次之多。[7]一位批评家反复引用另一位批评家文中的引文，实属罕见，不免令人产生种种联想。在萨义德的批评想象空间中，奥尔巴赫和雨果似乎完成了一次穿越时空的重叠，两者合二为一，升华为"流放"的象征。只有愿意"流放"，才能感受到"世界"的存在，才能真正地去爱。雨果的为世界而"爱"，构成了奥尔巴赫世界文学观的道德基础。

1. 奥尔巴赫："个别的"和"普遍的"

　　语文学和世界文学的概念中本来就在一定意义上蕴含着普世的价值理念。坚持世界文学的实践是否意味着必然回到普世主义的霸权时代？回到放弃民族文学、民族文化甚至民族国家的乌托邦式的世界主义？讨论世界文学是否需要重启19世纪宏大叙事的模式？奥尔巴赫的世界文学观可能遇到的最大挑战和难题，就是如何处理和限制其中普世主义和理想主义的成分。相对于国别和民族文学，世界文学当然具有更明显的综合性和普遍性特点，然而，奥尔巴赫深信不疑，语文学的思想方法仍然是20世纪世界文学发展的方向，其关注和研究的对象仍然是综合性的、带有普遍意义的文本、现象和个案。经历了"二战"，语文学和世界文学不能重蹈比较语文学和比较文学的老路，更不应该对多元的世界进行肆意妄为的划分，为法西斯种族主义再次提供语言、文学和文

〔7〕　Mufti, "Auerbach in Istanbul," p. 97.

化上的辩护。我们应该永远记住 19 世纪德国比较语文学的教训。

奥尔巴赫认为，走向世界文学的未来，应该从回到过去开始，从现代语文学的源头重新起步。语文学和世界文学都必须重返维柯开创的传统，以"为世界而爱"的精神，解读人类总体的经验和世界历史的整体进程，目的则是为了思考改进此时此地的生存条件和文化条件。奥尔巴赫当然清楚世界文学概念内的张力，知道过分强调"综合"和"普世"对民族文化造成的不良影响，以及可能带来的理论上的苍白和空洞。为了解决"一般"和"个别"、"世界"和"民族"等一系列矛盾和冲突，奥尔巴赫提出了具有特殊意义的世界文学研究方法论。他指出，虽然世界文学是综合性文学现象，不完全隶属于国别文学体系，然而，个别和一般、民族和世界之间的矛盾并非不可调和。他以库尔提乌斯（Ernst Robert Curtius, 1886—1956）的新著《欧洲文学和拉丁中世纪》（1948）为例，指出综合性文学研究的前提和方法是确立具体个别的讨论之起点，在寻找和确立起点、个例的过程中，个别性的分析和一般性的综合可以得到一定程度上的统一。观念上的问题可以是一般的和抽象的，但在方法上，研究者必定是从个别的和具体的例证开始。因此，研究方法可以界定较为抽象的概念，使得一般性和综合性的问题变得具体而明确。奥尔巴赫在《摹仿论》一书中精彩地演绎了这种研究方法，以语文学的方法对世界文学的观念做了一次逆向的界定。我在第一章中简单讨论过作为批评方法的"起点"和"抓手"。其实，奥尔巴赫语

文学的方法论的意义远不止于"方法"二字。让我们重新
回顾一下奥尔巴赫有关"起点"和"抓手"的论述：

> 为了完成一本综合性的主要的著作，必须要找到一
> 个起点（*Ansatzpunkt*），或者说一个可以让我们把握论
> 题的抓手（handle）。这一起点一定要选择一组清晰界定、
> 明了易懂的现象，对它们的阐释由此辐射出去，而对这
> 组现象观照和解释的范围远远大于现象本身。[8]

尽管语文学是综合性的研究领域，关注的是具有普遍性
意义的问题，但在研究和批评的实践中，在研究和批评的具
体过程中，语文学家应该杜绝使用抽象的观念、总体的分类
或概念性的框架等，研究的切入点必须是个别的和具体的。
奥尔巴赫进一步解释道：

> 一个好的起点必须准确而客观，不可使用形形色色
> 的抽象类别。故而以下这些概念："巴洛克的"或"浪
> 漫的"，"戏剧性的"或"命运的观念"，"强度"（intensity）
> 或"神话"，"时间的概念"或"视角论"（perspectivism）
> 等等，都是危险的。这些概念的意义在具体的上下文中
> 清楚时是可以使用的，但用作起点，它们意义含混，不
> 够精确。因为起点不应该是由外部强加在某一主题上的
> 普遍化的概念，而应该是该主题有机的，内在的组成部

---

[8] Auerbach, "Philology and *Weltliteratur*," pp. 13–4.

分。应该让研究对象自己说话，但如果起点不具体，且又未清楚界定，就做不到这一点。[9]

"应该让研究对象自己说话"，诚哉斯言。好的起点，可以自然延伸到一般意义上的讨论。但何为好的、合适的、意蕴深远的起点？应该如何寻找这样的"起点"或"抓手"？奥尔巴赫解释道：

> 一个好的起点的特点是，它一方面具体而精准，另一方面具有由中心点向外辐射的潜能。一则语义的解读，一个修辞手法，一种句式排列，一个句子的解释，或者一组议论——这中间任何一项都可以是起点，但一旦选定，就必须有辐射的力量，庶几可以让我们讨论世界史（*Weltgeschchte*）。[10]

"起点"必须"具体"而"精准"，但不应该是孤立的、封闭的，其内在的逻辑应该将讨论引领至综合、普遍的层面。所以，起点的选择实际上是由个别（一则语义、修辞手法、句式等）到一般（世界史）的思想之过程。读过《摹仿论》的读者应该记得，全书共 20 章，每一章都以具体的实例为出发点，从奥德赛的"伤疤"到伍尔夫的小说《到灯塔去》中的"棕色的袜子"，由此生发开去，引导出具有

---

[9]　Auerbach, "Philology and *Weltliteratur*," pp. 15–6.
[10]　Auerbach, "Philology and *Weltliteratur*," p. 15.

普遍意义的现象、原则、规律或方法，既具体，又全面。《摹
仿论》几乎囊括了欧洲文学史上各个主要阶段的叙事模式，
堪称一部欧洲文学史，视角独特新颖、评述纵横捭阖，至
今无人超越。奥尔巴赫注重"起点"，在思想和理论上的最
终目的则是有效地考察他所说的"世界史"，尽管在当时的
条件下，这个"世界史"可能只是欧洲史，甚至只是西欧史。
奥尔巴赫写道：

> 无论如何，我们的语文学之家（our philological
> home）是地球，再也不可能仅是民族了。自己的民族文
> 化和语言仍然是语文学家传承中最珍贵、不可或缺的部
> 分。然而，只有当他首先从自己的传承中分离开来，继而
> 超越它，这种传承才会真正地发挥作用。诚然，现在的
> 情况变了，但我们必须重返前民族（prenational）的中世
> 纪文化已经具有的知识：精神（*Geist*）不是民族性的。[11]

奥尔巴赫在《语文学和世界文学》中以"精神"（*Geist*）
描述人类的共性，因为"精神不是民族性的"。何谓"精神"？
我在第一章中提过奥尔巴赫对此的解释。他认为，人在努力
理解外部世界，创造社会历史的同时，也在书写着对自己内
心世界的理解，并据此表达改变或改进自身生存条件的欲望
和努力。奥尔巴赫所说的"精神"包括人类共同怀有的"要
求"、"愿望"、"意志"和"期待"等等，具体而言就是：在

---

[11] Auerbach, "Philology and *Weltliteratur*," p. 17.

真实的社会历史中，群体的人（社群、民族等）和个体的人在改善、改进自身生存条件的过程中，同时增进了自我认识，并将获得的新知再度付诸改造自我、社会和世界的实践。奥尔巴赫的"精神"类似人改进生存条件的集体意志、集体品格和集体努力，而这种具有普遍意义的意志、品格和努力构成了世界文学的可能性条件和"物质"性基础。奥尔巴赫指出中世纪思想家们早就认识到这一点了，然而不幸的是，随着民族国家的发展，人们似乎又淡忘了这一点。因此，人文学者，尤其是语文学家的迫切任务是重拾"前民族"时代的知识传统，因为确立共同拥有的"精神"是发展语文学的必要条件，也是发展世界文学，乃至整个人文科学的必要条件。

世界文学的综合性与民族文化和民族语言的个别性之间并非零和博弈。民族语言、民族文学仍然是语文学家的传承中最为重要的组成部分，因为语文学家无法置身民族文化、民族语言之外，然而，只有当他们超越了自己的文化、语言和文学，语文学的意义和价值方能得到充分的展现，其作用方能得到充分的发挥。同样的，世界文学的研究只有从具体的、个别的、民族的出发，才有可能准确进入"精神"的空间，进入"世界史"的领域。语文学和世界文学的综合是由个别和具体演化出来的综合，是基于"有限的、部分的和地方性的"材料之上的综合。[12]因此，奥尔巴赫的"综合"并非根据某种先验的、放之四海而皆准的普世性原则得出的结论，恰恰相反，是"让研究对象自己说话"的结果，是从研

––––––––––

[12] Mufti, "Auerbach in Istanbul," p. 105.

究讨论中的个别具体对象自然延伸出来的，具有一般意义的
方法和原则。如此获得的"综合"是对普遍性中的地方性、
世界性中的民族性、一般性中的具体性的认识、把握、肯定
和超越。在对地方性、民族性和具体性的认识、把握、肯定
和超越的过程中，语文学的综合思考得以完成，世界文学的
综合性得以实现。

从具体的、本地的、民族的实例辐射至具有普遍意义的
一般性，这是奥尔巴赫语文学的基本方法和原则。需要注意
的是，这不同于我们常见的论断：越是民族的，就越是世界
的，越是地方的，就越是普遍的。事实上，一些典型的本土
艺术形式的地方特色既是其独特和吸引人的地方，同时也是
其局限性所在。虽然优秀的民族艺术形式可以在世界上受到
广泛的欢迎，但由于其品质独特，不能被复制，通常并不具
备广泛适用于其他民族或地区文化生产的普遍性原则，缺乏
向外"辐射"和被其他文化移用的潜能。"越是民族的，就
越是世界的"，这主要指民族艺术在世界上的能见度和认受
度。但是，民族艺术形式的世界性与其在国际上的认可度并
不成正比，越是民族的，不等于越是世界的，有时甚至相反。
历史上西方对东方民族艺术的追慕大都出于东方主义的冲
动，他者的艺术由于形式独特，不能被复制，常常只能是东
方主义猎奇或审美的对象。他者只能作为对象而存在，自我
和他者之间横亘着不可跨越的鸿沟。应该说明的是，这并非
否定传统的、民族的或地方的艺术形式本身具有的价值，事
实上，很多民族的和地方性的文化艺术形式之美，令人叹为
观止。这里做这样的区分，意在从不同的角度说明，地方性

和普遍性、民族性和世界性的复杂关系。相比之下，奥尔巴赫所说的世界文学的"世界性"的基本要求之一，就是个别中体现出的普遍性原则能够超越自我身份认同，可以在其他的语言文化体系内生根发芽、枝繁叶茂。

2. 范式的转变：白话、小说和世界文学

前面提过，世界文学不是文本的总和或集合体，并非简单的单向线性的文学体系，甚至不能完全归类于狭义的想象性文学的范畴。与语文学一样，世界文学既是历史现象，也是理论框架和批评方法，同时代表着研究者的态度和立场。歌德 19 世纪初对世界文学的呼吁以及稍后马克思对世界文学的预言，都说明世界文学是历史的产物，有一定的时代性，至少歌德和马克思都认为，世界文学属于他们各自生活的时代。卡萨诺瓦则认为，早在 16、17 世纪，世界文学就已经显露出旺盛的生命力，我们甚至可以上溯到更早的时期。对世界文学的起点可以有不同的意见，但学术界在以下几个方面是有共识的：世界文学是现代社会、现代知识的产物，借用奥尔巴赫的观点，它与现代人文科学和语文学有着共同的历史渊源；世界文学是传播流通的过程，而非置于某文化语言体系内孤立静态的经典文本，或经典文本的集合体；在世界范围内的流通构成了世界文学存在的方式和基础，在流通和传播中，世界文学获得了自己的身份，及其可持续发展的资源和能量。这里，"传播"和"流通"不仅是一般描述性概念，而是限定了世界文学的存在形态。世界文学在方法论

上要求我们在动态的传播条件下认识和理解语言、文学和文化，从具有典型共性的经验出发，把握人类共同的"精神"（*Geist*），并在此基础上书写奥尔巴赫所说的"世界史"（*Weltgeschchte*）。

我在前几章中回顾了西方汉语观的形成和发展的过程及其与思想史上一些重要潮流的关系，其中包括罗曼语的兴起，寻找原始语言的运动，世界通用语运动，印欧语言论和我国"五四"前后的语言文字改革运动。可以看出，这些貌似孤立、各不相关的事件之间存在着某种内在的联系；发生在不同历史时段、不同历史空间的语言改革运动表述了相同或相似的诉求和期待，即都希望通过改革语言达到改进人的生存状况和条件的目的。从这个角度看，置于这段历史两端的两场运动：西方 12 世纪前后的罗曼语运动和中国 19 世纪末 20 世纪初的语言文字改革运动，更是试图通过建设和发展适合本土语言社群的现代白话，建构现代意识，催生现代文化，促进现代民族文学的成长。罗曼语运动针对的是外来的拉丁语，由于后罗马帝国时代的拉丁语已是失去口语社群的"死语"，将中国现代社会中的文言文类比为拉丁文不无道理。也许，正是因为我国语言文字改革运动的对象是本土的，而非外来的文言，它所面临的工作更加复杂，需要解决的具体问题更多，除去建构现代白话，还要考虑西方汉语观长期以来对象形汉字的诘难。然而，罗曼语运动和我国的语言文字改革运动表明，在语言现代性和社会现代性的问题上，不同文化之间可以追求共同的目标，并使用相同的手段实现这一目标。维柯说过，人可以了解自己创造的一切，并可以改变或改进自己创造的一切，包括语言。语文学和世界文学的主要任务不正是揭示、理解和把握这些跨越历史和文化的共识和相通之处吗？奥尔巴赫提醒我们，语文学和世界文学属于我们共同拥有的人文主义的传统，我们需要关注一切保留在文字中的曾经活跃的理想、信念和努力。

如果说现代欧洲是随着罗曼语的兴起而诞生的，那么与此同时，现代欧洲也随之发生了全面分化。欧洲的分化首先是语言的分化，拉丁白话的分化导致的欧洲语言碎片化是现代欧洲与生俱来的问题。在分析 17 世纪通用语运动背后的历史动因时，翁贝托·艾柯指出："白话催生了欧洲。对突然涌现出的白话的反应常常感到惊恐，这是欧洲批判文化（critical culture）的起点。欧洲从诞生的那一刻起，就必须面对语言碎片化这一幕，欧洲文化的兴起其实是对自己包含了多种语言文明的未来的反思。"[13]这也是为什么语言，特别是语言的改良和整合，一直都是欧洲批判文化的关注点。从 17 世纪寻找"原始语言"和人造通用语运动，到 18 世纪后期兴起的印欧语系论，再到 19 世纪末 20 世纪初出现的种种世界语方案，以至后来的基本英语运动，都是这种批判文化的具体表现和历史延续。在一定意义上说，现代中国诞生于现代统一的白话，而"五四"前后的语言文字改革运动同样是对既存的汉语碎片化的反应：书面语和口语的分离，文言与大众语的分离，方言之间的分离，等等。此时的共识是，建构统一的白话是纠正这种语言支离破碎局面的最有效的

———————

[13] Eco, *The Search for the Perfect Language*, p. 18.

手段。

　　白话不仅是建立现代民族国家身份的前提，也是现代民族文学发展必不可少的条件。现代文学发展史告诉我们，不同文化语言体系内的现代民族文学在一些重要的领域有着共同或相近的特点，走过相同或相似的发展道路。这是以流通形态存在的世界文学的突出表现。我们可以从两方面思考现代文学的普遍性特征。首先，建构统一的民族白话，以白话取代文言书写现代民族文学，是中西现代社会共同走过的历程；现代文学是白话的文学，是以白话为媒介的文学。其次，现代文学的内容可以是地方的、民族的，但其主要形式和体裁，包括小说、诗歌、戏剧和文学批评，并非地方性和民族性的，而是普遍存在和共同拥有的。

　　首先讨论第一点。前面提到，世界文学是历史的，是现代社会的产物，因而，世界文学首先应该是现代文学。这里，"现代"不仅是时间上的概念，更是内容和形式上的概念。从语言媒介上看，现代文学必须是白话的文学。很难想象，约10世纪后开始流行的罗曼司传奇不是以民族白话写成的，就像很难想象，我国20世纪初期出现的新文学作品可以继续以文言为媒介。现代文学必然是大众的和世俗的文学。毋庸置疑，白话不仅是语言媒介，它所记录的是不同的时代精神，全新的文学种类，现代的社会内容。以白话取代文言是现代文学的前提，白话的建构和合法化是现代文学的必要条件。在这一点上，中国现代文学和欧洲现代文学走过了相同的道路。

　　1917年，在庞德演示中国古典诗学的经典之作《华夏集》

出版后两年，胡适在庞德的祖国美国发出了改革中国文学的
宣言。在《文学改良刍议》中，胡适提出了八点改革方案，
其中至少有五条针对的是文学语言。[14] 在胡适看来，建构现
代文学的根本问题是语言媒介问题，而语言问题的关键是言
文一致。胡适主张文学创作中使用"活字"的正当性建立在
简单的、近乎直觉的观察之上。他认为，当代口语是活的语
言，面向当代口语社群的文学媒介自然应该是这种活的语言
的书面语："吾主张今日作文作诗，宜采用俗语俗字。与其
用三千年前之死字……，不如用二十世纪之活字；与其作不
能行远不能普及之秦汉六朝文字，不如作家喻户晓之《水浒》
《西游》文字也。"[15] 现代人自然应该使用现代人的语言，胡
适的论点几乎无需理论的支撑。文学的语言媒介是历史性的，
因此有时间上的限制，过去的媒介已成过去，文言是"死"
文字。然而，白话也是历史的，"俗语俗字"同样受到时间
的限制。也许是对《水浒》《西游记》等古典小说情有独钟
吧，胡适不愿意以同样的语言进化论的观点看待"俗语俗字"
的演变，也未看到"白话"小说形式本身的历史性及其演变。
不过，胡适的主要观点是清楚的，现代文学几乎等同于他所
说的以现代"活字"写成的文学。几十年以后，胡适仍然坚
信白话是现代文学的基础：

---

[14] 这五条分别是："须讲文法""务去烂调套语""不用典""不讲对仗""不避
　　俗语俗字"。参见夏晓虹，《中国现代文学语言形成说略》，《文学语言与文章
　　体式——从晚清到"五四"》，夏晓虹、王风等著（合肥：安徽教育出版社，
　　2005），15页。
[15] 胡适，《文学改良刍议》，《胡适学术文集·新文学运动》，姜义华主编（北京：
　　中华书局，1993），28页。

但是文学革命该走什么路呢？大家都觉得应该从内容改革起，我觉得文学是根据文字，而文字是根据语言；说话是文字的根本，文字是文学的根本。……中国每一个文学发达的时期，文学的基础都是活的文字——白话的文字。但是这个时期过去了，时代变迁了，语言就慢慢由白话变成了古文，从活的文字变成死的文字，从活的文学变成死的文学了。[16]

作为新文学运动的旗手，胡适对新文学的看法有一定的代表性。他的文学媒介观带有明显的语音中心主义和语言有机主义思想的痕迹，与 20 世纪初在欧美学术界仍有影响的印欧比较语言学理论有一定程度的契合。至少在直观感觉上，语言媒介是现代文学和传统文学之间最明显的区别，但如果仅以此论证新旧文学的区别则严重低估了文学转型的复杂性。文学变革首先是观念的变革，而文学观念的变革首先反映在文学创作中最敏感的部位：文学形式和体裁。语言媒介是形式的重要组成部分，文言之于传统文类体裁恰如白话之于现代文学形式。白话全面取代文言当然是形式上的革命，但推动这种转换的却是整个语言观念的转变，而语言观念的转变标志着社会历史条件的变化。值得注意的是，胡适将文学语言媒介的改变与欧洲现代文学兴起的过程联系在一起。在《刍议》中，他较为详细地向国人介绍了这场发生在欧洲的漫长的文学革命：

————————

[16] 胡适，《白话文的意义》，《胡适学术文集·新文学运动》，274 页。

　　欧洲中古时，各国皆用俚语，而以拉丁文为文言，凡著作书籍皆用之，如吾国之以文言著书也。其后意大利有但丁（Dante）诸文豪，始以其国俚语著作。诸国踵兴，国语亦代起。路得（Luther）创新教始以德文译《旧约》《新约》，遂开德学文之先。英法诸国亦复如是。今世通用英文新旧约乃一六一一年译本，距今三百年耳。故今日欧洲诸国之文学，在当日应为俚语。迨诸文豪兴，始以"活文学"代拉丁之死文学，有活文学而后有言文合一之国语也。[17]

　　法英两国的现代民族文学，即胡适所说的"俚语"白话文学，都先于意大利民族文学出现，比如，在8世纪至9世纪间，英国已经出现了以（古）英语写成的史诗和民谣了，远在但丁之前。此外，严格说来，成就各国民族文学的不仅是各国的"文豪"（英国文学初创期并没有出现可与但丁比肩的"文豪"），白话的兴起是历史的必然。在一定意义上，可以说是民族白话成就了"诸文豪"，至少应该说，"诸文豪"和白话运动相互成就了彼此。除去上述这些不够严谨之处，胡适对欧洲现代文学兴起的语言条件的描述基本上还是准确的。

　　这里，胡适特别强调民族语言对于建构现代文学的重要性，他的理据之一是欧洲各现代民族文学的兴起和发展尽管先后次序不同，但是都经历了十分相似的过程。当然，中国

────────

〔17〕胡适，《文学改良刍议》，《胡适学术文集·新文学运动》，28页。

从未有过真正意义上的殖民经历，不存在以民族语言取代帝国语言，建立独立的民族文学的问题，中国面临的问题是由传统向现代转型的挑战。然而，在胡适看来，建构中国现代文学的过程和欧洲民族文学独立的过程两者之间，至少在文学媒介的转变这一点上，是可比的，这也是为什么胡适将他那个时代的文言比作但丁和路德时代的拉丁文，呼吁"但丁路德之伟业"也能在神州大地上演。[18]虽然没有明确地、有意识地表达出来，胡适的论述中已经蕴含着世界文学的思想：欧洲现代文学的道路也是中国现代文学的道路，中国现代文学与欧洲民族文学成长的经历应该是一致的。尽管此时的胡适未必能够充分认识到这一论点的意义，但他似乎已经初步表达出这样的思想：中国现代文学与传统文学才是本质相异的文学体系，而与欧洲现代民族文学却有着相同或相似的特质和属性，相对于传统文学体系，胡适心目中的新文学与欧洲现代民族文学之间有着更多的相通和类同之处。欧洲民族文学的历史、社会和文化条件各不相同，但它们的发展道路大体相同，都先后走上了大众的、白话的文学之路，可见"现代文学"的概念本身已经蕴含着普遍性原则，具有奥尔巴赫所说的"综合性"意义，或许可以说，"现代文学"显现出文学的世界体系，具体表明了世界文学的存在。

在同时代知识分子中，胡适有着较为宽广的国际视野和全球意识，能够自觉地在世界（当然主要是欧美）文学发展的框架下思考中国文学必须经历的根本性的转变。此时，胡

---

[18] 胡适，《文学改良刍议》，《胡适学术文集·新文学运动》，28页。

适的文学改良论，明显受到文化进化论的影响，对他来说，文学语言媒介的变换是文学进步的要求。然而，至于为什么会有这样的进化，为什么白话必然是现代文学的媒介等问题，胡适未做理论上的说明，他在《刍议》中提出的理据大都为直觉的、经验的和实用性的：现代人应该使用活的语言，现代文学应该用"活字"，每个时代应该有每个时代的文学形式。身为新文学运动的旗手，胡适的理论解释之简单，可能会令今天的读者感到失望。

　　再看第二点，即现代文学的主要体裁和形式并不囿于民族文化和民族文学传统，在很大程度上是世界性的。胡适的一个基本论点是，新文学运动追求文学形式的变革。上文提过，他所谓的形式的转变主要是文字媒介的转变。但形式的更迭不仅是媒介的变换，不仅是白话取代文言，或"活字"取代"死字"，更加值得注意的是文学表现形式和体裁的转变。"五四"前后的文学已经出现了明显的形式上的转换：现代小说取代旧式小说，新诗取代旧诗，"文明剧"取代旧剧，新型的文学批评取代以诗话为代表的点评式批评。这些形式上的转变和替换超出了文学语言媒介的范围。胡适写道："文学者，随时代而变迁者也。一时代有一时代之文学；周秦有周秦之文学，汉魏有汉魏之文学，唐宋元明有唐宋元明之文学。此非吾一人之私言，乃文明进化之公理也。"[19]胡适敏感地意识到形式变换对于构建新文学身份的重要性，但遗憾的是，他始终未能深入探讨这个问题，充分揭示新文学体裁和

─────────

[19] 胡适，《文学改良刍议》，《胡适学术文集·新文学运动》，21 页。

表现形式在现代文学发展过程中扮演的角色，及其带来的文学观念上的变化。对胡适来说，历史上文学形式的交替变更似乎只能进一步强化其有机主义文学观，他强调白话媒介的重要似乎最终是为了说明，与所有旧文学形式相比，白话小说才是代表现在和未来的文学形式："今人犹有鄙夷白话小说为文学小道者，不知施耐庵，曹雪芹，吴趼人，皆文学正宗，而骈文律诗乃真小道耳。"[20]当今中国，能进入世界文学殿堂的也只有白话小说："吾每谓今日之文学，其足与世界'第一流'文学比较而无愧色者，独有白话小说……一项。"[21]

胡适似乎感觉到现代小说的形式是世界性的，并非某个民族文学所独有的专利，但并未充分认识到文学形式的发展有它内在的逻辑，不仅是语言媒介的问题。以白话定义新小说和新文学，最大的问题在于，他不仅将白话的文字媒介作用局部化、教条化，而且以此为基础，进一步做出价值上的判断和选择，得出这样的结论：以白话写作的文学作品是"活"的文学，因而是"现代"的、甚至是"伟大"的。从这样的白话文学观出发，自然不可能认识到古典白话小说和现代白话小说在本质上的区别。虽然《水浒》《西游记》等是以作者所处时代的白话写成，但完全不同于现代（现实主义）白话小说。仅从语言媒介角度认识中国小说的演进，不可能看到传统白话小说和现代小说其实是两种不同的形式和文类，更不可能预见传统白话小说最终被现代白话小说替代

---

〔20〕胡适，《文学改良刍议》，《胡适学术文集·新文学运动》，27页。
〔21〕同上书，22页。

的结局。诚然，现代文学是白话的文学，但还应该看到，白话之于新文学的意义不囿于其媒介的作用，还应该认识到白话建构的世界——新的社会关系、事物的秩序等，对于新文学创作在观念上和内容上的指导意义，以及在形式上为新小说预设的一些原则，包括现实主义的叙事和人物塑造原则。仅以媒介定义白话小说形式显然是不够的。

陈平原在《中国小说叙事模式的转变》中引用周作人的话，说明形式之于小说的重要性："新小说与旧小说的区别，思想固然重要，形式也甚重要。"[22] 周作人在 1918 年已然意识到形式之于理解新小说的决定性作用，而这形式不仅是语言媒介。在一定意义上说，形式决定文类。19 世纪后半期，英国唯美主义批评家瓦特·佩特（Walter Pater, 1839—1894）甚至认为，文学研究中内容和形式的区分既无必要，也无道理，文学只有形式，而无内容，如果一定说有内容的话，内容也只能通过形式表现出来。[23] 陈平原提醒我们注意中国现代小说的历史性：它出现在 19 世纪末 20 世纪初，经过两代人的努力，现代小说才最终找到和确认了自己的形式身份和叙事模式。也就是说，现代小说在叙事模式上与传统白话小说是不同的："中国小说叙事模式的转变，基本上是由以梁启超、林纾、吴趼人为代表的与以鲁迅、郁达夫、叶圣陶为代表的两代作家共同完成的。"1902 年，《新小说》创刊，为梁启超倡导的"小说界

---

〔22〕陈平原，《中国小说叙事模式的转变》（上海：上海人民出版社，1988），2 页。

〔23〕See Walter Pater, "The School of Giorgione," in *The Renaissance: Studies in Art and Poetry* (Oxford: Oxford University Press, 1986).

革命"提供了实验的平台和空间,而鲁迅的《狂人日记》
"在主题、文体、叙事方式等层面全面突破传统小说的藩篱,
正式开创了延续至今的中国现代小说"。[24] 如此说来,新小
说和传统小说之间有着根本的区别,严格来说,现代小说
并非从传统小说转化而来,尽管它们都被称作"小说",两
者其实属于不同的文类。陈平原指出:

> 就叙事模式而言,唐传奇无疑高于同时期的西方小
> 说。第一人称叙事、第三人称限制叙事、倒装叙述以及
> 精细的景物描写,都不难在唐传奇中找到成功的例子。
> 只是由于文言表现功能的限制,文言小说在中国文学中
> 很难真正发展。中国小说主潮实际是由宋元话本发展起
> 来的章回小说。白话利于叙事、描写乃至抒情,可章回
> 小说脱不掉说书人外衣,作家就只能拟想自己是在对着
> 听众讲故事。……自觉把写作对象定为"读者"而不是
> "听众",这是晚清才开始的。……中国小说这一传播方
> 式的转变——从口头化(拟想的)到书面化,无疑为中
> 国小说叙事模式的转变提供了必要的文化背景。[25]

陈平原认为,唐传奇高于同期的西方小说,但与唐传奇
同期的西方小说所指为何?有哪些代表性文本?陈平原没有
点明。前文提过,西方现代小说作为文类集体出现应该在18

---

[24] 陈平原,《中国小说叙事模式的转变》,7页。
[25] 同上书,21—22页。

世纪初，如果将《堂吉诃德》也算作现代小说的话，可以上溯到 17 世纪。散文叙事文学的前身罗曼司传奇也要等到 10 世纪前后首先在法国出现。唐传奇繁盛期，西方小说还未充分发展，至少不具规模，因此，两者之间并无多少可比性。然而，陈平原的论点是清楚的：新型的大众传媒，即以白话为媒介和"读者"为对象的大众传媒，特别是报纸，催生了现代小说，换言之，大众传媒是现代小说兴起和发展的可能性条件。

当然，现代小说兴起的历史条件远不只大众传媒。伊恩·瓦特（Ian Watt）的《小说的兴起》（1957）从社会、历史、哲学等多个角度讨论英国现代小说在 18 世纪初兴起，及最终取代罗曼司传奇的过程，指出现代小说兴起需要多项条件，包括思想观念的转变，关注普通人的生活条件的人文主义思想，现代社会制度（包括民主政治），新兴中产阶级的成长和壮大及公民社会的形成，大众传媒的兴起和教育的普及，等等。这些特定的社会历史条件，不但决定了现代小说在内容上有别于传奇和话本小说中的神灵怪异或才子佳人的故事，而且要求它在创作方法上是现实主义的。"现实主义"的概念本身的内涵和意义并不固定，我们可以列举出多种不同的"现实主义"的定义和描述，但作为表现方法和模式的现实主义是现代小说的"限定性特征"，可以有效地"使 18 世纪的早期的小说家的作品与先前的虚构故事区别开来"。[26]

---

〔26〕伊恩·瓦特，《小说的兴起》，高原、董红钧译（北京：生活·读书·新知三联书店，1992），2 页。

唐传奇故事有可能采用第一人称叙述，但这第一人称的"我"往往不是作为具体的、代表市民社会的一分子，在故事中同时扮演人物和叙述者；至于现实主义小说中的重要的一支，个人成长故事（*bildungsroman*）中的"我"，比如英国小说《简·爱》中的女主人公简·爱，可以肯定，不会出现在传奇和话本小说中。体裁研究（genre studies）中重要的问题之一是充分认识到文学表现形式的社会条件和文学关系的变化，正如诺思罗普·弗莱（Northrope Frye）所说：文体批评（criticism by genres）的主要目的是，在解释文本形式的源流的基础上"凸显大量的文学关系，而这些关系在没有上下文的情况下往往为人所忽视"。[27]

　　这里无法详细讨论中国传统小说和现代小说的区别，这既不是我的专长，也不是本书的重点。还应该说明的是，这里对传统小说和现代小说所做的简单区分，并非价值上的判断，更非在两种叙事模式中分出孰优孰劣，而是以小说为例，说明文学形式和体裁的历史性。就小说本身而言，上面简单的讨论挂一漏万，远不能全面概括和展现传统章回小说和现代小说之间的区别，主要是为了强调一个基本的观点，即叙事形式的转变反映出文学关系的变化及其背后的历史社会条件的改变；现代小说和传统章回小说是两种不同的叙事形式，尽管都以"小说"二字冠之，"五四"前后出现的新小说与《水浒》和《西游记》等传统小说有

---

[27] Northrope Frye, *Anatomy of Criticism*: *Four Essays*（Princeton: Princeton University Press, 1957）, pp. 247–48.

着根本的区别。[28] 在一定意义上说，中国现代白话小说与
欧洲现实主义小说在理念上、形式上更加相近。小说中的
内容：人物、事件、故事等，可以是民族的、地方的，而
小说的体裁和形式及其基本的创作原则却不拘于民族文化
的传统和框架，可以跨越语言、跨越国界。包括小说在内
的民族现代文学体系在体裁、形式或文类上有着惊人的相
似或相同之处。在此意义上说，中国现代文学和欧洲现代
文学同属世界文学的一部分，世界文学通过各个民族文学
体系的发展实现了自我。是否可以认为，这就是奥尔巴赫
所说的"世界史"的一种呢？

　　现代小说不是民族性的文学体裁，现代小说形式的起源
是世界性的，这不是我原创的观点，对于小说形式的世界性
这一点，已有不少理论家和批评家做过相同或相近的论述。[29]
瓦特的《小说的兴起》关注的重点是 18 世纪英国小说，但
他探索的不仅是英国小说的兴起，而是小说的兴起，英国小
说是小说在地方性和民族性条件下的具体表现。小说这一文
学体裁的发展史典型地体现了我想象中的世界文学，因而小
说为讨论、描述和界定世界文学提供了最佳的例证。首先，

---

[28] Judith T. Zeitlin 在 "Xiaoshuo" 中，详细描述了作为文学分类的 "小说" 的由
　　来和发展，并与日本和韩国接受和使用 "小说" 的情况做了比较；另可参看
　　Andrew H. Plaks, "The Novel in Premodern China"。两文均收入 The Novel: History,
　　Geography, and Culture, ed. Franco Moretti（Princeton: Princeton University Press,
　　2006）, vol. 1。

[29] 对此课题有兴趣的读者，可参看 Franco Moretti, ed. The Novel（Princeton:
　　Princeton University Press, 2006）, 2 volumes; Margret Cohen and Carolyn Dever, eds.
　　The Literary Channel: The Inter-National Invention of the Novel（Princeton: Princeton
　　University Press, 2002）; Michael McKeon, The Origins of the English Novel 1600–
　　1740（Baltimore: The Johns Hopkins University Press, 1987）。

由于小说形式的起源不限于某一民族，其缘起就已经在很大
程度上决定了小说的世界性。其次，小说的形式有着其他主
要体裁所没有的明确的时间性和历史性。不同于诗歌和戏剧，
小说完全是现代文学的形式，现代社会的产物，是新型的文
学形式，在前现代社会条件下不可能存在，这就从历史的维
度限定了小说以及世界文学的时间性。

　　卢卡奇在著名的《小说理论》中指出，小说形式是现
代社会的产物，它的出现就是重新寻找和定义生命的意义。
卢卡奇写道："小说是一个被上帝抛弃了的世界的史诗。"[30]
（The novel is the epic of a world that has been abandoned by
God.）在失去了超验秩序的世界里，现代人只能尽可能地挽
救正在消解的意义，小说是这种努力的自我表现，它是"观
念的超验的流离失所"（the transcendent homelessness of the
idea）的文学形式。[31]例如，塞万提斯的《堂吉诃德》就是
在这样的历史节点上出现的："世界文学的第一部伟大小说
[《堂吉诃德》]，就矗立在基督教上帝开始抛弃世界的那个时
代；这时代人变得孤独，只能在自己无家可归的灵魂中寻找
意义和实质……"[32]小说是社会危机的产物，卢卡奇对小说
起源的哲学解释，使人联想到前面讨论过的寻找"原始语言"
和人造通用语的运动。这两场运动的兴起与《堂吉诃德》的
出版差不多同时代，可以说它们也是人们对失去超验性世界
秩序作出的反应，只不过与小说相比，它们的反应更直接，

―――――――
〔30〕卢卡奇，《小说理论》，61 页。
〔31〕同上书，91 页。
〔32〕同上书，75 页。

更具体，目的性更强。巴别塔的诅咒使交流永远失去了意义的基础；失去了统一语言的家园，在后原始语言时代，在语言破碎的世界版图中，人所能做的只能是修补破碎的意义，尽管我们知道，想要完全恢复过去的完整注定只是徒劳。卢卡奇对小说形式意义的解读，还让人联想到，10 世纪前后，罗曼司传奇取代史诗的历史过程。其实，上帝早在小说出现之前就已经抛弃了这个世界，只不过那时的罗曼司传奇尚未认识到失去超验故土的深远影响，在后英雄和后史诗时代，人们混淆了英雄和骑士、史诗和传奇的区别。小说、罗曼司传奇和寻找世界通用语一样，都是在被上帝抛弃的世界里寻找意义的家园，精神的故土。这大概就是奥尔巴赫所说的语文学和世界文学的发展史：在过去的一千多年里，人类就是这样以不同的方式，通过具体的努力，探寻自己的过去，书写自己内在精神的历史。

3. 共同的文学之路

现代文学的主要体裁和形式或许首先出现在西方，但这不等于说它们是西方的发明，更不意味着后起的中国现代文学是西方现代文学的模仿和翻版。来自于西方，不等于属于西方。以胡适所说的白话文学为例，前面提过，"五四"前后，白话兴起，取代文言而成为文学创作的主要的语言媒介，这就已经改变了中国文学创作的语言生态环境和物质条件，为现代文学形式的产生和发展打下了坚实的基础。可以假设，中国现代文学在没有受到西方文学体裁影响的情况下，

也同样会创造出适合于白话文和现代生活的文学体裁，走出
自己的现代文学之路，而这条道路与欧洲现代文学发展的路
径应该不会相差太远。当然，历史不能假设，但思想史和文
学史上却不乏这样的实例。奥尔巴赫敏锐地看到了思想、观
念共同生长的可能性。在《维柯和民族精神》一文中，他讨
论了相同或相似的思想范式在不同地区先后出现的情况及其
意义。奥尔巴赫写道：

> 经常有这样的情况发生：相似的思想和思想范式在
> 不同的地方几乎同时出现，但它们又是完全相互独立的。
> 我们有理由认为，这意味着它们到了该出现的时候了，
> 由完全不同的人提出来；由于这些不同的人所处的环境
> 和时代相似，他们的经验和活动的发展方式相似。[33]

在没有明显交叉影响的情况下，相同或相似的思想和思
想方法可以在不同的、甚至是互不相知的社会和文化中出现，
而这种情况在历史上时有发生；这只能说明，思想和思想方
法的发展有着一定的共性和普遍性，处于不同空间和时间段
的不同民族或社群有着相同或相近的关怀。发展出相似思想
的思想家和社群此时并不相互了解，甚至不知道彼此的存在，
然而，一旦他们之间有了接触、交流和相互了解，不管后来
是敌是友，都能够相互充实和丰满彼此的思想。奥尔巴赫以

---

[33] Erich Auerbach, "Vico and the National Spirit," in *Time, History, and Literature:
Selected Essays of Erich Auerbach*, p. 46.

维柯和赫尔德为例：相隔整整半个多世纪，两位思想家在语言、诗歌和历史等问题上的观点却极为相近，几乎如出一辙，读他们的文字，如果掩去两人的名字，有时竟难以分辨孰为维柯，孰为赫尔德。奥尔巴赫进一步指出，不仅维柯与赫尔德思想相似，后来的浪漫主义作家，甚至黑格尔的一些观点和言论都与维柯高度重合。

欧洲思想史上不同国家出现如此相似的理论和观点，我们也许会认为，这可能是因为维柯首先影响了赫尔德，进而影响了整个德国思想界。然而，事实并非如此。赫尔德生前没有读过维柯，甚至从未听说过维柯的名字。维柯的著作此时尚未翻译成德文，而"阅读意大利原文并非易事，加之他〔维柯〕在本国的名声尚不足以让他引起外国人，特别是德国人的注意"。[34] 德国思想界对维柯的认识要晚得多，始于维柯去世80多年后，也就是1820年前后。在这样的情况下，赫尔德提出的理论和观点和维柯的思想竟不谋而合，令人惊奇。当然，这并不是说，维柯的思想与以赫尔德为代表的德国浪漫主义思想的观点完全一样，置于不同的历史条件下，维柯和赫尔德的"出发点"和"目的"必然有所不同。[35] 然而，奥尔巴赫提出的论点，即不同民族在没有交叉影响的情况下，可以独立发展出相同的思想和思维方式，这对我们认识中国现代文学道路的世界性有着积极的意义。某种新思想和新形式可能有着多种不同的来源，或许还有先后的区别，但这并

---

[34] Auerbach, "Vico and the National Spirit," in *Time, History, and Literature*, pp. 46-7.
[35] Auerbach, "Vico and the National Spirit," in *Time, History, and Literature*, p. 55.

不意味着首先提出该思想、首先使用该形式的个人或集体就是该思想或该形式的发明者和拥有者。

奥尔巴赫描述的情形，在全球化之前特别明显。地理上的阻隔限制了观念、知识、文本的传播，国别文学的发展沿着各自已经踏出的道路前行，相对独立、有效的交叉影响几乎不存在。在这样相对封闭的情况下，相同或相近的思想、观念和形式完全有可能独立发展起来。在全球化的条件下，当各种隔阂和壁垒被陆续打通后，思想史上和文学史上"人同此心，心同此理"的情况必然更加显豁。现代文学的交叉影响、相互补充、彼此启发是文学世界化的条件，也是世界文学的可能性条件。尽管不同民族文学身后有着不同的民族传统，但在发展现代性这一点上，它们有着相同的要求、愿望和期待，走过相同或相似的道路。这些共同之处构成了世界文学的物质基础。

总的说来，现代中国知识形态以及中国新文学的主要体裁：现代小说、现代诗歌、现代戏剧和现代批评，是在与西方现代知识和现代文学的接触、碰撞、交流和融合的基础上产生的。在全球化的现代社会中，严格说来，纯粹本土的现代文学形式是不存在的。在文学形式的问题上，相比中西间的差异，也许更有意义的课题是考虑传统文学和现代文学在形式上的区别，及其背后蕴含的思想流变。同样，就知识生产而言，纯粹民族的或地方性的现代知识形态，在现代社会和文化条件下生存的空间十分有限。现代知识并非西方的发明，也不等同于西学。如果说没有只属于美国、法国、英国或德国的现代学术，也不可能有独属中国的现代学术。如何在现代知识和学术全球化的条件下重新理解和认识民族学术传统在现代知识体系中的地位和作用是不可回避的问题。这需要超越中、外二元对立，既不必固守传统，更不必如傅斯年所说，中国学术思想已成为历史，我们只能全盘接受西学。其实，"中学""西学"的提法本身就有问题，现代知识内部的分类和界定是学科自身的产物，如何以国界而定？早在上世纪初，陈独秀就对此提出了疑问："盖学术为人类之共有物，既无国界之可言，焉有独立之必要？"[36]中国学术界应该有这样的国际视野和抱负，而不必自困于已经属于历史的知识体系，投入巨大的资源，希望将其改造成适合当代并为世界普遍接受的知识体系。当然，这并非否认各国有其独特的学术方法、传统和表达手段。现代学术所以"现代"，就在于它能够、而且应该在流动和旅行中获得生存价值和发展机遇。

对"五四"时期的狂飙激进，对那个时代的知识人对中国传统文化批判之激烈，今天我们不免有所保留。然而，自鸦片战争以来，革新求变是不可逆转的历史潮流，对中国传统的积愤大于对传统衰落的伤感，弃旧图新的向往多过抱残守缺的固执，全面革新求变是"五四"知识分子唯一的选择。文学革命引领和催动着思想和文化的转型。在变革的大潮下，不仅是汉字和文言，整个传统文化的生产形态都受到了全面的挑战。梁启超发出了小说革命的呼喊，将现代（西方）小说视为中国文学，甚至是中国社会现代化的方向。传统的

---

〔36〕陈独秀，"致钱玄同信"，《钱玄同文集》，第1卷，169页。

文学形式如律诗成为摒弃的对象，而中国独有的诗话和词话
也在 20 世纪初黯然退出历史的舞台，王国维的《人间词话》
成了古典诗话和词话的绝响。[37]新文学运动全面颠覆了以文
言或旧白话为创作媒介的传统文体形式，代之以与西方现代
文学形式一致的现代文体：新诗、现代小说、话剧和文学批
评等文类体裁。现代文学体裁既是西方现代文学的体裁，也
是中国现代文学的体裁。中国现代文学是世界现代文学的一
部分，其存在本身丰富了世界现代文学的形式、内容和审美
趣味，同时又一次证实现代文学形式和体裁具有普遍性和世
界性。讨论 20 世纪初文学变革和形式的转型，不应简单地
认为，本土传统文学体裁的消退是全盘西化的结果。文学史
家有必要说明，传统文学体裁何以如此全面彻底地退出历史
的舞台，有必要清楚描述和解释新文学体裁取代旧文学体裁
的过程以及新文学体裁的源流和发展的基础等问题。尽管
"五四"时期集中出现的新体裁是在和西方现代文学的接触
下发展起来的，但推动其发展的更为关键的因素是其内在的
冲动，反映出急剧变化中的中国社会的文化需求。我们至少
可以从两方面理解中国现代文学形式的世界性：首先，建构
统一的民族白话，以现代白话书写现代民族文学，是中西现
代社会共同走过的历程；其次，包括小说、诗歌、戏剧和文
学批评在内的中国现代文学的发展道路与西方现代文学中相
应的体裁形式的发展道路是一致的。

———————

[37] 见童庆生、周小仪，《文学类别的历史性和中国文论产生的条件》，《开放时代》，
2005 年，第 6 期，65—75 页。另见南帆，《后革命的转移》，特别是第 6 章"现
代性、民族与文学理论"（北京：北京大学出版社，2005）。

4."世界"的"文学"

确认观念、思想、形式等可以平行生长，或先后自行发展，有助于消除欧洲中心主义的阴霾，同时可以避免跨文化研究中常见的狭隘的文化民族主义和浅薄的民族竞争心理，鼓励研究中更多关注"人同此心，心同此理"的现象以及不同学术传统在思想方法和研究手段上的相通之处。即使是在影响研究中，也应该看到，跨越文化疆界的民族文化在传播的过程中，可以发现与其他民族文化的相通之处。首先起源流行于某地、某语言、某文化的观念和形式，在发展的早期尚未和外界接触，往往带有明显的地方性或民族性特点。而此后，不管由于何种原因，通过什么样的渠道，跨入"世界文学共和国"后，由地方性和民族性带来的限制便会减弱，甚至消失，可以在实践的层面上，成为其他语言和文化发展相类的观念和形式的原型和模本。前面讨论过，赫尔德正是在这样的基础上挪用莎士比亚，对推动莎士比亚的德国化、欧洲化起到了重要的作用；对于无法摆脱欧洲中心主义的赫尔德来说，此时的欧洲化或许等同于世界化。

在承认历史的限制和民族文化传统独特性的同时，应该看到现代思想、知识和文学中带有普遍性的元素，这些普遍性元素往往通过一些具体的形式表现出来。对歌德来说，它们就表现在那本他正在阅读的中国小说中，对马克思来说，它们是资本主义的经济商品，对卢卡奇来说，是后上帝时代的"史诗"小说，对奥尔巴赫来说，是人类共同的心路历程，等等。而对于我来说，这些元素则有可能就是一种循环往复，流动不止的现代观念。我所理解的"世界文学"首先是流转传播的过程，以及这一过程中留下的观念、文本、言论和痕迹。

　　本书讨论的汉语观就是典型的流动的话语性观念，它游走在漫长广袤的时空中，留下了难以计数的文字痕迹。汉语观的形成和发展与现代知识体系的发展几乎同步，不仅构成了现代知识话语体系中重要的一支，而且为其发展提供了至关重要的思想材料。在语文学传统的早期发展阶段，汉语就已经进入了语文学家的视野。培根对汉语的想象，尤其是对汉字的想象，从根本上说，是对现代知识的想象：如果作为知识最重要的载体的文字能够像汉字那样可以直接表达思想，毫无扭曲，客观而公正地书写认知对象，这对促进知识进步的意义不言而喻。回顾关于汉语的历史想象，特别是17世纪寻找原始语言和建构人造世界通用语运动中的汉语想象，目的是为了说明汉语在西方思想史以及在现代知识发展中扮演的角色，特别是汉语观对汉语自身的改革和中国文化现代身份建构的影响，以及在建构新的社会关系和思想秩序中起到的参照作用。汉语观如文化旅者，在不同的话语体系之间频繁来往，假以时日，慢慢出现了一条跨文化的道路，正如世上本来是没有路的，走的人多了，就有了道路。在这条道路上，汉语见证了自己地位的转换和变化，有光荣，也有屈辱，有崇高，也有荒诞，既见证了西方现代知识在兴起发展期的自信、清晰和蓬勃的创造力，也见证了它成熟后的自恋、幻想和偏执。汉语观漫长的时间之旅，划出了一个共同的想象空间。

　　这样，讨论又重新回到何谓"世界文学"的问题上来了。对世界文学的定义已经够多了，众说纷纭，侧重点各有不同，各有短长，据我所知，迄今为止，似乎还没有任何一家之说得到普遍认可。[38]定义概念在方法论上具有先天性不足，它最大的问题是将定义的对象，即概念，视为先验或超验的存在，而不是历史过程中不断变化的现象。定义何谓文学，何谓美，文学和美的本质是什么等这类本体论意义上的问题，最终难以逃脱这一思维陷阱。文学和语言的发展既是历史的，必然处于不断变化之中，内容丰富，形式多变，远非任何定义所能涵盖和囊括。定义不可避免地带有形而上的思想倾向，提出"何谓文学"这类本体论上的问题，同时也就预设了问题的范围，而这个预设的范围并不包括被定义的对象在历史过程中因变化而产生的多面性和矛盾性。威廉斯认为，像"文化"、"语言"和"文学"等现象是不同形式的"实践意识"（practical consciousness），并非可以固定下来的概念，或是可以被概念定型的分类，与其说它们是稳定的概念，不如说是悬而未决、仍在发展中的问题。[39]概念也许可以定义，而问题则不能定义。我总有这样的感觉：形形色色的定义在对世界文学的理解上都有重要的缺失。也许，我们应该抵制定义的冲动，换个角度

────────────

〔38〕介绍、综述"世界文学"理论、方法和历史方面的著述甚丰，可参看 C. Prendergast & B. Anderson, eds., *Debating World Literature* (London: Verso, 2004); Theo D'haen, César Domínguez and Mads Rosendahl Thomsen, eds., *World Literature: A Reader* (London: Routledge, 2012); Theo D'Haen, David Damrosch and Djelal Kadir, eds., *Routledge Companion to World Literature* (Milton Park, Abingdon, Oxon; New York: Routledge, 2012)。

〔39〕Williams, *Marxism and Literature*, p. 11.

重新理解世界文学的内容、意义和价值。那么，是否可以
从语文学的角度重新检视世界文学？

"世界文学"中的限定词是"世界"，正是这个限定词赋
予了"世界文学"特殊的意义。那么，理解、限定和确认"世界"
的意义是否可以成为把握"世界文学"意义的一个"抓手"？
我们不妨再一次依照奥尔巴赫的语文学的方法论，从具体的、
个别的地方开始，从"世界文学"的词义开始。《牛津英语词典》
"世界"条下有多种释义，现摘录主要的相关意义如下："人
的生存；人的生存的阶段；……与人在地球上的生存有关的
志趣、追求和关注……。（影响人的）生活的事物和条件；
人类事件的潮流"；"与特定文化、思想和经济特点或条件联
系在一起的人类历史上的某个时段和时代"。[40] 依据《牛津
英语词典》对"世界"一词的释义去理解和解释"世界文学"，
"世界文学"应该是以上述"世界"一词的意义为内容的文学，
即有关人的生存和人的生存历史的文学。这里，没有依照不
同分类原则拆解开来的文学类别或体系；没有按地理区域划
分的文学种类，如民族文学、国别文学等；没有按语言媒介
区分的文学种类，如英语文学（Anglophone literature，不同
于英国文学）、汉语文学（Sinophone literature，不同于中国文
学）；没有按时间段划分的文学种类，比如古典文学、19 世
纪文学、20 世纪文学；也没有按照性别或地缘政治分类的文
学研究种类，如"女性文学"、"后殖民主义文学"等等。"世
界文学"中的"世界"既是限定词，但在一定意义上，又是

---

[40] See "World" in *Oxford English Dictionary*.

对各种限定的解构，是没有限定的限定，并在最大程度上还原了"文学"的原有意义。以上列举的文学类别中的种种限定，如"英国文学"中的"英国"、"汉语文学"中的"汉语"、"19世纪文学"中的"19世纪"等，究其渊源，均来自学院建制内的设定，反映了学科分类的需要，并非文学研究的内在逻辑使然。前学科和前建制时代的"文学"本来只是反映、再现和反思"世界"的文学，并不属于上述任何一种文学或文学研究类别。

显然，"世界文学"中的"世界"是综合性的，要求世界文学在研究和考察的对象上，注重具有普遍意义的内容和题材。那么，"世界文学"中的"文学"（literature）呢？"文学"是个耳熟能详的概念，然而，我们今天理解的"文学"——想象性的创意写作（或其他类似的定义），较为晚近才出现。维柯的时代还没有我们现在所说的"文学"的概念，或者说维柯不可能懂得我们今天所说的"文学"的意义。威廉斯在《关键词》中指出，"文学"大约14世纪进入英语词汇，原意中并不包含"想象性"或"创意"书写的意思，主要意指"通过阅读"学习和积累知识，像"a man of literature"这样的称谓，不是指进行创意写作的"文学人"，而是饱读诗书之士，与"a man of letters"（文人）的意义相近。[41]作为想象性书写的"文学"迟至18世纪末19世纪初才出现。"文学"一词的意义经历了从"饱读诗书"到"想象性文学"和"创意写作"（creative

〔41〕Raymond Williams, *Keywords: A Vocabulary of Culture and Society* (London: Fontana Press, 1988), p. 184.

writing）的转变。

威廉斯对这一转变的解读，揭示了文学思想史上阅读书写的社会条件的转变。这是一个复杂、充满矛盾的过程，简单说，在机械工业文明和资本主义体制条件下，人的创造性思维能力受到根本性的压制，个人创造的空间受到前所未有的挤压，社会整体的美学趣味大幅下降，平庸成为主流趣味的主旋律。在这种情况下，继续发展以人为本的人文主义传统，必须重新确认个人的创造力，而想象是这种创造力的具体表现。在威廉斯看来，现代意义上的"文学"实际上是工业文明条件下一次十分重要的"肯定性反应"（affirmative response），即以文学的方式肯定了精神创造在个人发展中的中心地位。[42]换言之，在"被上帝抛弃的世界"里，文学成为个人思想自救和自我保护的手段和工具——"文学"原本也是危机的产物。值得注意的是，随着现代意义的文学的发展，与此相关的另一主要变化是18世纪70年代起，民族文学（Nationalliteratur）的概念在德国开始发展，这也与前面讨论过的赫尔德对民族文化的定义及其在文学上挪用莎士比亚有着密切的关系。

在威廉斯对"文学"词义的描述中，有几点值得重视。首先，严格说来，文学词义的变化表明，文学一词中已经包含了"现代"文学的意义。仅从词源看，文学的概念是现代社会的产物，只有在现代社会中才可能出现现代意义上的"想象性文学"或"创意写作"的实践；在前文学时代，

---

〔42〕See Williams, *Marxism and Literature*, p. 50.

可以有史诗、悲剧和诗，但它们都不同于文学，都不含有抵抗现代工业文明的色彩。今天，我们将它们统称为"文学"，是后人对历史活动进行分化归类，将过去的实践纳入现代知识、现代思想体系的结果。作为想象性书写的形式，文学的出现深刻表明，现代工业文明和资产阶级社会内部的不和谐，在精神和个性都被严重异化的情况下，文学既是对现实的拒绝，更是现代人自我救赎的行为，同时也是对失落的人文主义的哀悼。作为历史现象的文学是现代社会中的"挽歌式的人文主义"（elegiac humanism）。[43]其次，文学并没有具体区分虚构书写的形式和体裁，而是将想象性书写作为整体来看待。如果参照 literature 词源的意义，即"饱读诗书""满腹经纶"，而不必仅指虚构的想象性书写，那么文学的内涵则更加显现出其综合性倾向，因而也就更加接近维柯式的语文学的理念。

在语文学传统的框架下，以其词源的意义为"抓手"和"出发点"来考察"世界文学"，世界文学的意义似乎越来越接近奥尔巴赫的思想了。他坚持将世界文学与语文学视为同源而生的人文主义传统，意在提醒我们，世界文学是批判性人文主义（critical humanism）的实践，对我们把握和理解自我与世界的关系具有重要的理论价值和现实意义。既然我们只有通过语言才能真正走进过去，走进历史，尤其是走进人的内在的精神史，研究历史人文主义也就是研究语言中的人文

---

〔43〕 "elegiac humanism" 的概念转引自 Ken Seigneurie, *Standing by the Ruins: Elegiac Humanism in Wartime and Postwar Lebanon*（New York: Fordham University Press, 2011）。

主义；既然语文学的材料包括一切有意义的历史档案，包括所有历史活动的文字记录：社会的、军事的、经济的、政治的、文化的和心灵的活动，那么世界文学和语文学一样，是最佳的人文科学档案馆和检阅人类过往的思想博物馆。奥尔巴赫的世界文学观有两个鲜明的倾向：第一，以语文学方法为基础的世界文学所包含的文字材料，必然是我们能够看到的一切相关的文献、文本和档案材料，超越地区、语言和传统的偏好；第二，与第一点紧密相关，在全球化进程日益加快的今天，强调文化和文学的地方性和民族性，不仅不会模糊世界文学的综合性视野，恰恰相反，可以进一步丰满世界文学的普遍性。奥尔巴赫承认，语文学家和世界文学学者也是全球化的参与者。我们无法改变全球化这一历史的先验存在，我们的研究甚至在一定程度上促进了全球化的过程，我们所能做的，就是在这一过程中，以最宽容的心态和最宽广的视野去接纳和解读不同的文学和文化传统，这不仅是世界文学研究方法的要求，更是学术伦理上的期待。这种心态和视野，在研究方法上的表现就是寻找有意义、有辐射能力的"出发点"。"出发点"（a point of departure）是离开之起点，是走向未知的第一步，也是象征性"流放"的开始。

奥尔巴赫倡导的世界文学观，没有形而上的抽象，也无人为的、满足学科需要的分析性归类，但它要求我们首先承认"世界"的重要，认识到文学研究是由个别到一般、由具体到抽象的综合性研究，注重考察和追问具有普遍性意义的问题。这里所说的"普遍性意义的问题"，不必是本体论上的"本质性问题"，而是指一定历史社会条件下，我们需要共同解决的问题、共同面临的威胁、共同走过的道路，以及在具体时空中可以共享的资源、材料和知识等等。还应该再一次强调，这些"共同"之处必然是历史的，可能随着时间的流逝而改变。然而，正因为有了这些"共同"之处，我们才相互需要，相互依赖，并在此基础上发展出"世界"的概念。否认这些"共同"之处，不仅会使"世界文学"成为空洞的概念，而且会令民族国家赖以存在的"世界"失去具体的意义。"世界"（the world）不同于自然物理的地球，是人与人、民族与民族、社会与社会、文化与文化、文学与文学之间的关系交织而成的空间。

因此，奥尔巴赫呈现给读者的世界文学和语文学的传统，不同于单纯的学术或文学研究传统，它更多体现了现代人文主义的精神，洋溢着厚重的人文主义的情感。世界文学通过解读语言记录的过去审视历史中的人和事，它所关注的是沉淀在文本中的人的历史性和历史中的人性，不以语言和文化传统限制和设定思考的范围。奥尔巴赫的世界文学与维柯式的语文学在精神和方法两个层面上完全一致，自觉地将追寻、发现和重温消逝了的过去作为了解自我、充实自我和重塑自我的手段和过程。世界文学的这种自觉意识来自于超越了狭隘的地方主义和民族主义的"爱"。在奥尔巴赫看来，世界文学的思想方法要求世界文学的实践者自觉走出自己与生俱来、习以为常的语言、文化和传统的框架，培养"为世界而爱"的精神境界。显然，奥尔巴赫已经不是简单地讨论文学和文学研究了，而是在诠释他所理解的人文主义的世界观、人生观和价值观。这正是世界文学和语文学的任务和目的。从这个角度考察世界文学，就不难理解奥尔巴赫、威廉斯和萨义德等批评家何以认同世界文学的政治伦理，何以认为世界文学和语文学构成了维柯以来的人文科学的伟大传统。逆着时间的走向溯流而上，从萨义德和威廉斯到奥尔巴赫，直追18世纪的赫尔德和17世纪的维柯，可以清晰看到语文学和世界文学在欧洲人文科学传统中的承续和延伸。重塑人文主义的传统，绕不开世界文学，绕不开语文学。只要我们还需要人文科学，还需准备应对可能共同遇到的问题和挑战，还愿意想象共同的未来，那么语文学和世界文学的历史任务就远远没有完成。早在一百多年前，尼采就做出了这样的预言："人们一般认为语文学已经完了，而我相信它才刚刚开始。"[44]

---

[44] Nietzsche, *We Philologists*, p. 120.

附 录 一

第三次年会演讲 *

1786 年 2 月 2 日

威廉·琼斯

威廉·琼斯（William Jones, 1746—1794）是欧洲比较语文学的奠基人。他出生在伦敦，自幼就表现出极高的语言天赋，除了母语英语和威尔士语，他在很小的时候就学会了希腊语、拉丁语、波斯语、阿拉伯语、希伯来语以及汉语的基本书写。琼斯曾就读于哈罗公学，于 1773 年在牛津大学获得硕士学位。1783 年 4 月 12 日，他与妻子安娜·玛利亚启程前往印度，任孟加拉最高法院法官。琼斯醉心于印度文化，是欧洲学者中最早对其进行深入研究的学者之一。抵达印度的第二年，琼斯就在加尔各答创立了亚洲学会，并创办学刊《亚洲研究》。此后十年中，琼斯完成了大量关于印度的著作，涉及当地律法、音乐、文学、植物学和地理学，同时翻译了

---

* 本附录译文注解均为中译者注。

许多重要的印度文学作品。在他的影响下，众多相关的人文
社科领域都纷纷开始了对印度次大陆文明和历史的研究。琼
斯的主要贡献在于，他发现并阐述了印欧语言之间可能存在
的亲缘关系，还组织成立了"亚洲学会"。1786 年 2 月 2 日，
在著名的第三次亚洲学会年会演讲中，他提出，梵语、希腊
语和拉丁语是同源的假设。琼斯的这项研究不仅奠定了现代
比较语文学的基础，给语言和历史研究带来了革命性的突破，
更改变了欧洲对东方的传统观念，让被殖民者以新的、优越
的姿态出现在殖民者的视野中。琼斯多次提出，欧洲人只有
先摈弃对殖民地人民的偏见，才能认识理解印度人民在知识、
艺术及宗教方面的成就，并承认亚洲社会在人类文明中的地
位。琼斯还强调，欧洲对印度的统治只是暂时的，他并不支
持英国的殖民统治。作为东方学的代表人物，琼斯的学术理
念在一定意义上超越了欧洲中心论，在世界思想史上有着深
远影响。《第三次年会演讲》也被认为是欧洲第一篇重要的
比较文学论文。1794 年，年仅 47 岁的琼斯病逝于加尔各答。

中译文根据 "The Third Anniversary Discourse, delivered
2 February 1786," *The Works of Sir William Jones* (London:
Printed for G.G. and J. Robinson, 1799) , volume 1 (of 6
volumes) 译出。

译　者

先生们，在此前的演讲中，我有幸向大家报告了学会
的建制和目标，我特意只讲了一些总体性问题。第一次年
会上，我描绘了启动此项宏大事业之远景；第二次年会，

我描述了通过对亚洲文献的研究，我们可以期待在历史、科学和艺术等各方面获得的发现，我的描述更为宽泛，且依然比较浅显。这一次，我提议全面充实这一描述，不要遗漏任何关键内容，同时，力求表述简练，避免冗繁。如果身体状况允许我在这样的气候下继续长期工作，并且你们也同意的话，我打算为每次的年会准备系列短篇论文，题目和主题未必彼此关联，但都会从重要的共通之处入手，探求有价值的真知。

无论是当代还是其他时代，围绕"古代世界的历史"和"这个宜居星球的先民"这两个主题，一些著作已有所探讨，其中，令我敬爱的雅克布·布莱恩特（Jacob Bryant），巧妙地运用深厚的学识，广泛从周边汇聚知识之光，圆满阐明了新的理论，最值得赞誉。[1]不过人的作品都有缺点，他的作品也不完美，恐怕其中最无法令人满意的地方就是有关亚洲语言的派生词汇。词源学无疑有助于历史研究，但作为论证的手段，则是很不可靠的。因为，它在阐明一件事实的同时，模糊了其余的一千种，常引出荒谬的、脆弱的结论。词源学未能从语言中相似的发音和字母出发，发展出自身内部的可靠判断标准，离开这种便利，它便只能依靠外部论据来论证。通过归纳（ à posteriori），我们了解到，*fitz* 和 *hijo*，虽然来自两种不同的方言，但都源于 *filius*；*uncle* 来自 *avus*，*stranger* 来自 *extra*；*jour* 可推断来自意大利语的 *dies*；*rossignol* 来自 *luscinia*，即"林

---

[1] 雅克布·布莱恩特（Jacob Bryant, 1715—1804）为琼斯好友，著有三卷本《新体系，或者，古神话分析》（*A New System, or an Analysis of Ancient Mythology*, London, 1774–76）。

中歌者"（the singer in groves）；sciuro, écureuil 以及 squirrel 是
由描述该动物的两个希腊词语合成的。尽管词源并不能靠演
绎（à priori）证实，但在必要时，它可以用来证实一个庞大
帝国各成员之间的关联。但是，由于不明就里的旅行者误拼
了 khanjar（这实际上是另一种武器），我们误以为 hanger（短
悬剑）来自波斯语；仅仅因为我们觉得 sandal-wood（檀香木）
可以是制作 sandals 的材料，就推断 sandal-wood 来自希腊语，
这样研究词源，是无法证明民族之间的亲缘性的，相反，只
会削弱原本强有力的论证。CÚS 或者 CÚT，在某种古代的方
言中它确实是这么写的，在其他一些方言中，可能写作 CÁS，
因此我们或许很有理由相信，它进入了不少专有名词的组合
中；还可以确定的是 Algeziras 来自于阿拉伯语词汇中对岛的
称呼。但是，当欧洲学者告诉我们，印度的一些地名和邦名
确实来自这些词语，这时我们必定会首先注意到：我们会场
所在的城市，无论是书面语还是口语都很清楚地写作或叫作
Calicātà（加尔各答）；而 Cātā 和 Cūt 毫无疑问是"力量之地"
（places of strength）的意思，或者，更普遍的一种意思是"圈地"
（inclosures）；Gujaràt 至少在声音和地理位置上都与 Jezirah 相
距甚远。

　　针对《古神话分析》这本书的另一点质疑是（再直言
不讳的批评应该也找不出第三个缺点了）：如此博学的著作，
无论是在论证方法上还是在主题安排上都与书名不太契合，
全书几乎都是综述。[2] 尽管在纯科学中，综述法可能更合适，

———————

[2]　"综述"（synthesis）与书名中的"分析"（analysis）相对。

因为科学定理无可辩驳，但对于史学研究来说，这种方法就不那么让人满意，因为史学研究中任何假定都可能被推翻，每种定义都会有争议：这看起来只是小小的批评意见，但这个题目本身十分有趣，让人渴望说服所有理智的人，因此用纯粹的分析法去讨论相同或相似的理论，并且在众所周知的、毫无争议的事实基础上，探寻起初未知或尚未辨明的真相，就不算是白费力气。

在不同时期，印度人、中国人、鞑靼人、阿拉伯人和波斯人这五大主要民族占据着众岛环绕的广袤亚洲，这形成了传统。他们是谁，从哪里来，什么时候来，现居何处，充分了解他们会给欧洲世界带来什么好处，我想，这些问题将会在五篇不同的论文里面找到答案；第五篇论文会解释他们彼此之间的关联或者差异，也会解决巨大的疑问：他们是否拥有共同的源头？是否像我们通常认为的那样，这个源头是同一个？

我的研究从印度开始，并不是因为我已经确信它就是人口或知识的中心，而是因为我们现在正住在此地，从这里探索周边地区最为合适。这就像是，虽然在很早以前太阳已被想象为行星系的中心，现在也证明了这一点，但在日常语言中，我们仍然说太阳"升起"，并"沿着黄道带运动"。这里说明一下，关于印度历史，我研究的时间下限是 11 世纪初穆斯林对印度的征服，但会尽可能上溯至最早的关于人类的可靠记载。

对古人来说，印度史上疆域最广袤的阶段，是它的每一面都覆盖将近 40 经纬度的区域，大小几近整个欧洲；西面，印度与波斯被阿拉霍西亚山脉（the Arachosian mountains）隔开，在东面半岛远端与中国接壤，北面紧邻鞑靼的荒野，向南绵延至爪哇群岛。因此，这种梯形结构，包含了博域（Potyid）或西藏的巨型山脉，克什米尔美丽的山谷，以及古老的印度赛西亚人（Indoscythians）的全部领地。还包括尼泊尔、不丹、卡姆如普（Cámrùp）又称阿萨姆（Asàm）、暹罗、缅甸（Ava[3]）、拉堪（Racan）以及邻近王国，一直延伸到中国，当时被印度人称作"支那"（Chīna），被阿拉伯地理学家称作"秦"（Sīn）；更包括整个西部半岛，其最南端有著名的斯里兰卡岛屿（island of Sinhala[4]），即"类狮人"（Lion-like men）岛屿。简言之，我所指的印度是一个整体区域，这个区域中印度人（Hindus）原始的宗教和语言多少保留着古代的纯粹性，直到今天依然广泛使用。其中，天城体文字（Nāgarì letters）仍在使用，只是多少偏离了其原始形态。

印度人（Hindus）自负地称本国为 *Medhyama*，意为"中心的"，还有 *Punyabhumi*，意为"美德之地"，他们相信自己的国家是婆罗多（Bharat[5]）的一部分，婆罗多及其兄弟共有九人，其父统治着整个地球；他们代表着横亘于北边的喜马拉雅山，西面的文迪亚（Vindhya）山脉，希腊人称之为 *Vindian*；旁边就是印度河（the Sindhu），经几条支流汇入海中，交汇点差不多正对着德瓦拉加（Dwáracá），这里是

---

〔3〕 Ava，即 Burma（缅甸）。
〔4〕 Island of Sinhala，即 Sri Lanka（斯里兰卡）。
〔5〕 婆罗多（Bharat）是里沙巴那（Rishabhanatha，又作 Rsabha）的长子。

著名的牧神（Shepherd God）所在地。在东南面，有条大河萨拉瓦提亚（Saravatya），也可能指缅甸河，其流域的一段也叫艾拉瓦提（Airávati），或许就是用它古时候的名字给萨巴拉（Sabara）海湾命名。他们把婆罗多的领地看作詹普岛（Jambudwipa）的中心，西藏人也称此岛为"赞普之地"（Land of Zambu）。这一称谓非同小可，因为 *Jambu* 是一种美味水果的梵语名称，而穆斯林将这种水果称为 *Jáman*，我们称之为葡桃（rose-apple），其中长得最大而多汁的被称为"阿姆梨塔"（Amrita），意为"不朽"，西藏的神话作者也以之命名一种会结"敬神果"（ambrosial fruit）的圣树（celestial tree），并将其与四大巨岩联系起来，多条圣河正是从这里细分出数个支流。

对这片广阔土地上的居民，洛德先生（Mr. Lord）有精准的描述，其文字如古语一般生动、优雅：我面前的这一民族身着垂坠的亚麻布服，在我看来，他们的姿态和服装文雅柔美，几近女性化，面孔羞涩，略显拘谨，笑起来有一种掩饰和羞涩的亲切。[6] 印度史学家奥姆先生（Mr. Orme）[7] 借助对美术的精致品位来准确了解亚洲人的行为举止，他在早期的精练的论文中写道："自古以来，这个民族的人就在这片国土栖息，无论是体形还是举止，他们与邻近的人都不相同。"而且，"尽管不同时期的征服者先后控

---

〔6〕 摘自 Henry Lord, *A Display of Two Forraigne Sects in the East Indies*（London, 1630）。
〔7〕 罗伯特·奥姆（Robert Orme）是琼斯的朋友，被认为是研究印度的英国历史学家权威，他的代表作是两卷本 *A History of the Military Transactions of the British Nation in Indostan from the Year 1745*（London, 1763–78）。

制了印度的不同区域，但是这里的原住民的传统几乎没有
改变"。事实上，早期的旅人证实了古人对印度人的描述，
而且我们自身对他们的了解也能够大致加以印证；在狄奥
尼索斯（Dionysius）的《地理诗篇》（*Geographical Poem*）
的选段中可以感知到这一点，这首诗在《古神话解析》中
翻译得十分传神：

> 印度，向东一直延伸，美丽的国家，
> 边境是宽广的海洋；
> 太阳刚刚升起，愉快地向她微笑，
> 溢出东方的光芒。
> 这里的人们黑黝黝的，他们的头发，
> 露出黑色风信子的色彩。
> 这里的人们聪明能干；
> 能从石头里挖出金矿；
> 能将纬纱巧妙地变成亚麻布；
> 还能把那象牙打磨得光滑漂亮：
> 就算退到河岸浅滩，还能寻得绿宝石，
> 躺在河床上，似一团绿火在燃烧，
> 也能找到钻石，光芒闪耀。
> 更常见的是碧玉，绿油油，轻盈透明；
> 黄玉的光线清澈悦人；
> 最后还有可爱的紫水晶，温和的紫色，
> 或明或暗，或深或浅。
> 这一片富饶的土地上，流淌着千条河流，

　　　　带给这一众人民，滚滚涌来的财富。[8]

　　虽数次经历革命与入侵，印度人民依然拥有丰富的财富
来源，棉花制造业一直领先世界；而且几乎可以肯定，他们
的民族特征自狄奥尼修斯时代以来就一贯如此。不管今天的
印度人看起来多么颓然与卑微，都没有理由质疑他们早期的
辉煌，艺术上和军备上都曾显赫一时，政府令人满意，法律
严明，对各门类知识的掌握程度出类拔萃。然而，距今十九
个半世纪之前的印度文明史都笼罩在传说的烟雾中，似乎只
剩下四个途径来满足我们的好奇心；首先是他们的语言文
字，其次是哲学宗教，第三是现存的古老雕塑和建筑，最后
是科学与艺术研究的回忆录。

　　一、令人惋惜的是，无论是追随亚历山大进入印度的希

―――――――

〔8〕 英文原文为：

　　　　To th'east a lovely country wide extends,
　　　　INDIA, whose borders the wide ocean bounds;
　　　　On this the sun, new rising from the main,
　　　　Smiles pleas'd, and sheds his early orient beam.
　　　　Th'inhabitants are swart, and in their locks
　　　　Betray the tints of the dark hyacinth.
　　　　Various their functions; some the rock explore,
　　　　And from the mine extract the latent gold;
　　　　Some labour at the woof with cunning skill,
　　　　And manufacture linen; others shape
　　　　And polish iv'ry with the nicest care:
　　　　Many retire to rivers shoal, and plunge
　　　　To seek the beryl flaming in its bed,
　　　　Or glitt'ring diamond. Oft the jasper's found
　　　　Green, but diaphanous; the topaz too
　　　　Of ray serene and pleasing; last of all
　　　　The lovely amethyst, in which combine
　　　　All the mild shades of purple. The rich soil,
　　　　Wash'd by a thousand rivers, from all sides
　　　　Pours on the natives wealth without control.

腊人，还是在巴克特里亚诸王（Bactrian Princes）治下的、
长期与印度打交道的那些人，都没留下任何资料能清楚地说
明当时的口语白话是什么样的。可以肯定的是，伊斯兰教徒
听到当地人，或者说一定范围以内的印度人，讲一种"帕沙"
（Bhāshā）话，这是一种鲜活的、结构独特的口语，其中最
纯正的方言以诗意的马图拉语（Maťhurà）为基础并流行于
阿格拉（Agrà）一带，这通常被称作腊加（Vraja）土语。[9]
这一语言中，每六个词中可能就有五个来自梵语。梵语是宗
教和科学书籍所使用的语言，而且就像梵语这个词所暗示的，
它是某种未经润饰的土语按照精细的语法设计构成的。但
是，印度斯坦语的基础，特别是动词的屈折变化与情态，都
与上述两种方言不一样，这就像阿拉伯语不同于波斯语，德
语不同于希腊语一样。印度被占领后，虽然其民众的日常语
言在根本上并未发生变化，或者说变化微小，但融入了指称
事物及行为的大量外来词汇，这在遭到他国侵略及占领的国
家中很常见，我所知道的都是如此。同时，征服者的语言也
不可避免地受到当地人影响，比如，当土耳其人征服了希腊，
撒克逊人占领了不列颠，都有类似的情形。这样的类比可能
会引导我们相信：纯粹的印地语，不论其源头是鞑靼语还是
察尔丁语，在印度北部都是十分古老的语言，梵语正是在极
久远的时代被其他王国的征服者引入当地语言的；这是因为
《吠陀》中的语言在印度大部分地区都在使用，前面已经讨
论过，这和梵天宗教在当地盛行有关。

---

[9]　Vraja，即 Vraga，也作 Braja，是印度神克利须那（Krishna）度过青春岁月的地方。

不管其古语形态是怎样的，梵语结构完美，比希腊语更完善，比拉丁语更丰富，比二者更精致高雅，但无论是在动词词根上，还是在语法形式上，与二者有着极强的亲缘性，这不可能是偶然的现象；三者之间的紧密关联，让语文学家们不得不相信它们是同源的，尽管这一源头或许已经消失了。出于类似的、尽管不那么充分的原因，我们可以假设，尽管哥特语和凯尔特语与不同的方言融合，它们也与梵语同源。如果我们在这里进一步讨论波斯古迹的相关话题，古波斯语或许也可以加入这一家族。

印度原先使用的文字叫作 Nāgarì（天城体），来自于 Nagara 一词，意为城市，前面有时冠以前缀 Dēva[10]，因为人们相信这些文字由神亲自传授，神的声音自天上飘下，硬性规定了词汇字母的次序。这些字母外形的曲直变化和库斯克（Cusick）字母进入印度过程中的变化相仿，现在仍然在二十多个王国和国家中被使用，包括从卡什加（Cashgar）和科坦（Khoten）边境到罗摩桥（Rāma's bridge），从信德河（Sindhu）到暹罗（Siam）；虽然完美雅致的天城体（Dēvanāgarī）可能比不得贾拉山塔（Jarasandha）大山洞的石碑文字那样古老，但我不能不相信的是，用以誊抄了大部分希伯来著作的察尔丁（Chaldaick）方形文字与印度和阿拉伯的文字同源，或者说派生自同一原型（prototype）；腓尼基语也有着同样的来源，经由各种变化及倒置后形成了希腊文字和罗马文字，这是没有什么疑问的。现在，你们手头也有了卡那拉（Canārah）

———————

[10] Dēva，梵语，意为"神"。

刻写字符的精确版本，看起来是天城体和埃塞俄比亚字母的混合体，它表明二者关系很近，都是从左向右书写，元音和辅音组合的方式都很奇特。这些说法佐证了时下很流行的一种观念：起初，可能所有的声音符号都只是人类发音的粗略模拟，都有同一源头。而表意符号，目前用于中国与日本，可能以前用于埃及和墨西哥，特性则大为不同。但值得注意的是，中文结构形式里的语音序列跟我们观察到的西藏语的序列几乎是对应的，极少有不一致的情况，而印度人认为藏语是他们的神创造的。

二、关于印度的宗教和哲学，在此只能略谈，如要完整讨论，每个主题都要一卷书才能说清楚。在本文中，只需讨论以下无可争议的情况：我们现在生活在神灵的崇拜者之中，只不过在古希腊和古意大利，这些神灵[11]有着不同的名字；我们还生活在宣讲哲学信条的信徒之中，爱奥尼亚（Ionick）和阿提卡（Attick）的作家们用最动听、最美丽的语言描述了这些信条。一方面，我们看到了海王神的三叉戟、朱庇特的鹰、罗马酒神的狼、丘比特的弓、太阳神的马车；另一方面，我们听到了莉雅的铙声、缪斯的歌声、阿波罗·诺缪斯（Apollo Nomius）的田园故事。[12]在离群隐居之处，克莱门斯[13]提到过，在小树林，在神学院，都能看到

---

〔11〕琼斯的论文《论希腊、意大利和印度之神灵》（"On the Gods of Greece, Italy, and India"，1784）确立了他的印欧比较神话之父的地位。

〔12〕Nomius 意为"田园"；阿波罗因在塞萨利（Thessaly）为阿德墨托斯（Admetus）放牧七年而得此名。

〔13〕克莱门斯（Clemens Alexandrinus），基督教神学家，深受希腊哲学，特别是柏拉图及斯多葛派学者的影响，他在公元 3 世纪写下了 Stromata，意为拼缀物（patchwork），顾名思义，这本书所涉及的主题极其广泛，试图在 （转下页）

婆罗门和萨满教徒，他们进行逻辑学辩论，讨论人类欢愉之虚妄，灵魂之不朽，灵魂出自恒久之心智，灵魂之堕落、徘徊，最终归于来处。《哲学论》（*Dersana Sāstra*）中梳理了六个哲学流派的主要理论学说，其中详尽地归纳了柏拉图学派（the Academy）、斯多亚哲学（Stoa）和亚里士多德学园派（the Lyceum）的全部形而上学。如果读过《吠檀多》（Vēdānta），或者读过许多该书的精细注疏，便不能不相信毕达哥拉斯（Pythagoras）和柏拉图都是从印度圣贤的同一源头出发，阐发宏伟的理论学说。塞西亚人和极北净土之人（Hyperborean）的经论与神话也可以从东方这片土地上找到踪迹。我们确信，北方的史学家也已经承认，沃德神（Wod）或奥登神（Oden）与佛陀（Buddha）是相似的，其宗教由外民族传入斯堪的纳维亚，佛陀这一宗教仪式极有可能是在同一时期传入印度，进入中国则要晚得多，而且中国人用更柔和的"佛"（Fó）字来代替佛陀的名字。

借此机会，我们正好可以确定印度教徒的编年史中十分重要的一点，因为无论是出于想象还是实际，佛教僧侣在西藏及整个中国都留下了佛在印度出现的确切年代的记录，基督教传教士和学者们将僧侣们保存的文字记载与我们的时代对比。伯应理（Couplet）、金涅（De Guignes）、乔治（Giorigi）、贝利（Bailly）等人对那个时代的陈述有所不同，其中伯应理的说法看起来最为正确[14]：不管怎样，

（接上页）《圣经》及传统的基础上阐释基督教信仰。

[14] 伯应理（Philippe Couplet，1623—1693），比利时耶稣会教父，17世纪曾活跃于中国，他的著作 *Confucius, Sinarum Philosophus sive Scientia Sinensis*（转下页）

我们取四个不同时间的中间点，可以确定佛陀，即毗湿奴（Vishnu）的第九世化身的时代是在基督诞生前的 1014 年，距今 2799 年。现在，克什米尔人自豪地认为佛陀降生在他们的王国，并肯定他是在克里希那（Chrishna）二百年后来到世间的。克里希那是印度的阿波罗，他在摩诃婆罗多战争（the war of the Mahābhārat）[15] 中起了决定性的作用；如果有词源学家指出：雅典人在亚洲关于帕都斯（Pāndus）和优蒂希提（Yudhishtir）的故事中发现了本民族史诗的影子，如潘迪翁（Pandion）被驱逐和埃勾斯（Aegeus）复辟，尽管他们连 Pāndus 和 Yudhishtir 这两个词都不会拼读，我绝不会急着嘲笑他的推测。潘都曼德尔（Pāndumandel）被希腊人称为潘迪安的邦国，这确有其事。我们将克里希那确定在距今三千年的时期，就可以确定另一个有趣的时代；前三次天神降世（Avatàrs），即毗湿奴降临凡间，和那场仅有八人被救出的普世大洪水（an Universal Deluge）有明确关联，就像第四、第五次转世与不敬神灵和侮辱德行（humiliation of the proud）有关。因此，目前可以假定：印度教徒的第二时代，即白银时代，发生在巴别塔夭折，人类散居各地以后；所以，我们有着约一千年的黑暗间歇期，这段时间中，各民族安居，国家与帝国始具形态，民间社会逐渐成长。这一过渡期中，两个伟大的神灵都被命名为 Rāma，但别称不同，其中一位与印度酒神巴克斯惊人地相似，他参与的战争成为数首英雄

（接上页）*Latine Exposita*（Paris, 1687）中包括早期儒家经典著作的翻译。

[15] 摩诃婆罗多战争发生在公元前 1478 年（一说前 1500 年）。史诗《摩诃婆罗多》详细记载了这场战争。

诗歌的主题。他被描述为苏利亚即太阳神（Sūrya）的后代，西多（Sītā）的丈夫，考赛利亚（Caūselyā）公主之子。令人称奇的是，据印加人称和自己同一血统的秘鲁人，竟按照罗摩西多（Ramasitoa）的传统来庆祝他们最盛大的节日，据此，我们可以推断，南美洲居民来自同一种族，他们把罗摩神奇的历史和习俗带入了亚洲最边远的地方。这些习俗和历史极为奇特；虽然我不赞同牛顿所说的古神话只是披着诗歌外衣的历史真相，也不赞同培根（Bacon），他认为神话只是一些道德和玄学故事[16]，布莱恩特的观点同样难以令我信服，他认为所有的异教神灵都只是对由太阳象征的已故祖先的种种寄托和描述，而他同时却又推想，整个的宗教寓言体系就像尼罗河一样是发源于几处截然不同的源头，但是有一点，我是不得不认同的，全世界所有偶像崇拜的最根本的源头是人类对太阳这个巨大火球的顶礼膜拜，它"从它那独有的领地望来，有如此世的上帝"；另一源头是极度的崇拜和缅怀强大或有德的先祖，特别是王国的创立者、立法者和武士，人们普遍相信他们是太阳和月亮的后代。

三、我这里提到的印度古代残存的建筑和雕塑，仅指古代文明丰碑，而非古代艺术的样本，它们似乎可以证明印度与非洲之间早期的关联：埃及金字塔，帕萨尼亚斯（Pausanias）及其他人都描绘过的巨型雕塑，斯芬克斯和赫尔墨斯犬（Hermes Canis），后者极像瓦拉哈瓦塔（Varāhāvatār）

---

〔16〕 这里指艾萨克·牛顿的著作《古代王国编年史校勘》（*The Chronology of Ancient Kingdoms Amended*，London，1728）以及弗朗西斯·培根的著作《古人的智慧》（*De Sapientia Veterum*，London，1609）。

的雕塑，即化身为野猪的毗湿奴，这些雕像展示了那些不屈不挠的工匠们的风格与神灵观念，他们雕凿了巨大的卡那拉（Cānārah），佛陀的各种庙宇及肖像，还有神灵群像；在伽雅（Gayā）及附近地区，此类雕塑正不断出土。正如我之前所说，这些纪念碑上的很多文字看起来部分源于印度语，部分源于阿比西尼亚语，即埃塞俄比亚语。所有这些不争的事实可以合理地推论，在埃塞俄比亚和印度居住或殖民的是同一个了不起的种族；为了证实这一点，可以补充的是，孟加拉和巴哈尔的山地人的一些特征很难和埃塞俄比亚人区别开来，特别是他们的嘴唇和鼻子。阿拉伯人将埃塞俄比亚人称为库什之子：根据斯特拉波（Strabo）的说法，[17] 古印度人，跟非洲人一模一样，只不过他们的头发是直顺的，而非洲人的头发卷曲、毛茸；这一区别主要源于当地气候的干湿程度。所以，据我们对古人有限的了解，阿普列乌斯（Apuleius）说过，迎接第一缕阳光的人是阿鲁人（Arü）和埃塞俄比亚人，可以肯定，他说的是某些印度民族；在印度，我们常看见佛像的头发被设计成卷曲的，这显然是为了展现其本来的面貌。

四、《楔尔毗论》（*Silpi Sastra*），即《工艺与制造业论集》，包含许多关于印染、绘画及冶金等方面的宝贵信息，但不幸的是它的价值长期被忽视，以至于很少能找到它的相关信息。不过，印度的纺织业（织布机和梭子的作业）却闻名世界，精制亚麻布被称作"信登"（Sindon），我们有理由

---

〔17〕斯特拉波（Strabo, 约公元前64—公元24）著有17卷《地理学》，其中第15卷专论波斯和印度。

相信，这种工艺完美的亚麻布得名于其制作地：信登河附近。科钦人（people of Colchis）也因这项制造而著名，埃及人更甚，对此，可在一些典籍中发现相关记载，特别是《以西结书》（*Ezekiel*）中优美的一章十分逼真地还原了古代贸易情形，其中泰尔（Tyre）是当时非常重要的交易场所。自远古以来，印度人就制作丝绸，尽管一般将这项技艺归功于赛利卡（Serica）或坦卡特（Tancùt）人，他们用 Sèr 这个词指金子，这种用法现在还能在西藏看见，这个词在希腊则指蚕。事实证明印度人早年是善于经营的民族，他们早期的神圣法典据说是数百万年以前由摩奴神（MENU）传授的。其中有一段十分有趣，讲到了货币的法定利息，即在不同个案中的限定利率，而海上探险则是例外；虽然直到查理一世执政以后，司法部门才在涉及海事合同时完全认可上述做法，但此类例外情况是人类理性认可的，也是贸易需要的。

希腊作家宣称印度人是最聪慧的民族，他们在道德智慧方面尤为出色：他们的《尼楸论》（*Nīti Sāstra*）即《伦理制》（*System of Ethicks*）至今尚存。还有《毗湿奴萨曼寓言》（*Fables of Vishnuserman*）〔我们将毗湿奴误称为皮尔佩（Pilpay）[18]〕，即便不是最古老的，也是世界上最美丽的：6 世纪，布泽楚米尔（Buzerchumihr）下令将它们从梵语翻译过来，布泽楚米尔被尊称为"明亮如太阳"，是重要的物理学家，后来成为伟大的安鲁施雷万（Anūshirevān）的宫廷大臣（Vēzīr）。这本寓言以不同的书名存在于二十多种语言中，其最初的名

---

〔18〕皮尔佩是一位古印度智者的阿拉伯语译名，他善用寓言教导人们。

称是《益世嘉言》(*Hitōpadēsa*)或《友善箴言》(*Amicable Instruction*)。伊索其人是否真实存在尚有疑问,阿拉伯人相信他是阿比西尼亚人。鉴于此,我倒是有意做出推测:最早出现在欧洲的教导性寓言,其源头正是印度或埃塞俄比亚。

让印度人十分自豪的三大发明的确值得钦佩:寓言的训导、十进位制(现为所有文明国家采用),以及象棋。关于象棋,他们还有些趣味横生的著述。印度关于语法、逻辑、修辞、音乐的著作难以计数,且至今仍可读到,如果能以一种通行的语言来解释,印度人将更有资格被誉为多产的、创意十足的天才。印度短诗生动雅致,史诗则辉煌崇高,其《往世书》(*Purānas*)以无韵诗写成,包括自创世直到佛陀降世的系列神话历史。《吠陀》中的精要《奥义书》(*Upanishat*)显示此书富于高贵的思辨和哲理,很好地解说了神之存在及其属性。印度最古老的医书是《遮罗迦集》(*Chereca*),据说是湿婆神(Siva)的作品。在其三位一体的各种神性(*divinities*)中,至少有一种归属于湿婆。完全由人写就的历史与地理方面的著作,据说在克什米尔是有的,但是我未能找到。他们的天文和数学著作又包含什么呢?我相信,这个答案很快将能揭晓。此类书籍易得,其重要性也无可置疑。一位名叫耶槃·阿查亚(Yavan Achārya)的哲学家的著作据说涉及宇宙系统,该系统建立在太阳引力和日心说原则之上,据说他曾旅行到爱奥尼亚(Ionia),这也是他名字的由来。[19] 如果这是真的,那么他就是跟毕达哥拉斯谈过话的人之一。

---

[19] Yavan Achārya 意为"希腊老师"。

至少可以确定的是一本梵文写就的、关于天文学的书，名为《耶槃那宗》(*Yavana Jātica*)，可能指的是爱奥尼亚宗派(Ionic Sect)；阿拉伯人从希腊人那里借来了行星名和黄道十二宫的恒星名，而我们在最古老的印度文献里也发现了这些名字，其实它们都是由同一个机敏而进取的种族创造的，[20]希腊人和印度人都源于这一种族。这一种族，就像狄奥尼修斯所说：

> 最先探知了深海，
> 将货物送至未知的海岸，
> 他们首先领悟了星空的合唱，
> 记录他们的运行，称呼他们的名字。[21]

以上关于印度人的浅显观察，若要深入扩展和解释，将需要好几卷本的篇幅，以下是初步结论：古印度人与古代的波斯人、埃塞俄比亚人、腓尼基人、希腊人、托斯卡纳人、塞西亚人（即哥特人）、凯尔特人、中国人、日本人和秘鲁人自远古以来就有亲缘关系；至此，尚没有论据表明印度和这些民族到底哪一方是殖民者，哪一方被殖民，因此我们可以公允地总结：双方都源于同一个中心国家，至于到底是

[20] 琼斯于1789年11月5日在亚洲学会宣读论文《论印度黄道带的古老性》("On the Antiquity of the Indian Zodiac")，他认为印度的黄道十二宫图不是从希腊或阿拉伯借来的。

[21] 英文原文为：
> — first assayed the deep,
> And wafted merchandize to coasts unknown,
> Those, who digested first the starry choir,
> Their motions mark'd, and call'd them by their names.

哪一个国家，这将是我未来演讲要探讨的主题。我们的一位
极有才华的成员，[22]是他最先开启了梵语文学这座无可估量
的宝藏，尽管他已经离开这里，回到欧洲，我们因此失去了
有关印度语言和古文物的精确可靠信息的来源，但我仍然充
满信心地期待，你们今年所收集的材料将带来许多有价值的
发现。

                                                        陈柳　译

---

〔22〕指查尔斯·威尔金斯爵士（Sir Charles Wilkins），他首次将《薄伽梵歌》
     （*Bhagavad–Gita*）译为英语，于1785年出版。

附录二

论印度语言[1]

弗里德里希·冯·施勒格尔

弗里德里希·冯·施勒格尔（Friedrich von Schlegel, 1772—1829）是 18 世纪至 19 世纪初德国早期浪漫派的旗手之一，他和其兄奥古斯特·威廉·施勒格尔（August Wilhelm Schlegel）一道，对浪漫主义批评思想有重要贡献。与此相比，他在语文学领域的重要成就则较少受到中国学界关注。施勒格尔是继威廉·琼斯之后比较语文学的又一先驱。他早年就表现出对欧洲不同民族文学传统的广泛兴趣，对但丁、歌德和莎士比亚都有较深入的研究。耶拿浪漫派解体后，1802 年，施勒格尔来到巴黎，并将目光投向了东方，尤其是印度。施勒格尔师从欧洲梵文研究的首位受聘教授、英国学者亚历山大·汉

---

[1] 印度全国的官方语言是印地语和英语，但在实际使用中并没有一门统一的语言。施勒格尔所讨论的"印度语言"，指的是印度历史上和现实中使用的各种方言和书面语，包括梵文、印地语、孟加拉语、泰米尔语等，因印度各邦及使用者的情况而异。为表述方便，中译有时统称为印度语。——中译注（如无特殊说明，则均为作者原注。）

密尔顿（Alexander Hamilton）学习梵文。在此基础上，施勒格尔发表了《论印度人的语言和智慧》（1808），这是他的首部比较语文学著作，也是德国梵文研究的奠基之作。该书包括一百余页的导论，论及印度语言、文学和哲学，并节录了代表性梵文作品译文，包括史诗《罗摩衍那》和剧作《沙恭达罗》。施勒格尔的主要贡献在于，奠定了比较语文学新的方法论。在比较世界各语言关系的研究中，他摒弃了外观相似性（词音和词形）这一浅显的评判标准，转而以语法结构（特别是构词法则）的相似性为标准。施勒格尔旁征博引地比较了三十余种语言的构词规则和语法体系，试图证实琼斯主张的印欧语系的同源性和同构性。受浪漫主义影响，施勒格尔并非志在纯粹实证的语言研究，而是要进一步探索世界文明体系。他将印欧语系和其他语系之间的差异归结为文明的差异，认为印欧语言是"有机"的，其屈折变化恰似生命的生长过程，而汉语等缺乏屈折变化的语言则是"机械"的。施勒格尔的比较语文学和同时代的比较解剖学、动植物分类学等互相呼应，推动了认识论变革，为19世纪欧洲的东方学奠定了基础。

中译文据施勒格尔《论印度人的语言和哲学》英译本（收入《弗里德里希·冯·施勒格尔美学及杂著选》）的前言和第一部分译出，这一部分论述印度的语言（"On the Indian Language," *The Aesthetic and Miscellaneous Works of Friedrich Von Schlegel*, trans. E. J. Millington , London: George Bell & Sons, 1900）。

译　者

前 言

如今，古典研究者对于古代印度文献和遗迹充满期待，尤其在威尔金斯（John Wilkins）和威廉·琼斯爵士（Sir William Jones）丰硕的研究披露了原始社会先前鲜为人知的众多重要史实之后；《沙恭达罗》的出现让全体诗歌爱好者都有理由期待，许多类似的、同样美妙的亚洲天才之作，像传承着美好和爱的《沙恭达罗》一样，不久便会来到我们面前。

因此，我相信我这本著作的主题会受到公众的关注。本书是我自 1803 年投身梵文和古印度文献研究以来的成果。关于资料的来源，我要感谢亚历山大·汉密尔顿先生的友情相助，他是英国协会加尔各答分会会员（the British Society of Calcutta），目前在伦敦任波斯和印度方言教授。在 1803 年至 1804 年之交的春天，我曾蒙他亲自指教。[2] 在研究中，帝国图书馆东方手稿馆藏员德·郎格日（M. de Langlés）先生给了我更多帮助，他以大量宝贵的著作而闻名于世。这位先生允许我免费使用公共图书馆的一切馆藏，同时还向我开放他的私人收藏，其收藏内容丰富，品位高雅，整理有序，同样宝贵。

除了以上各位的指导，一份巴黎帝国图书馆所藏的手稿（馆藏目录 183 号）也对我学习印度语言帮助极大，该手稿由一位未具名的传教士所写。它包括，第一，简明的梵语语法，

---

〔2〕 汉密尔顿加入了威廉·琼斯创办的亚洲协会（Asiatic Society），后改名为孟加拉皇家亚洲协会（The Royal Asiatic Society of Bengal），协会地址在加尔各答。原文采用了简称。——中译注

模仿了伐婆提婆（Vópadéva）所作的《启蒙》（*Mugdhabódha*）；[3]
其二，阿马拉辛哈（Amarasinha）编纂的实用辞书，附有拉丁
文释义；[4]其三，有"诗人的宝树"之称的辞书（梵文为 Roots
Kovikolpodruma，英译 poet-treasure-tree）。印度语用孟加拉字母
书写，全部笔迹都很清晰——少数情况下，原文无法用拉丁字
母拼写，就用法语和葡萄牙语代替。就词根表而言，亚历山大·汉
密尔顿先生为我修订并勘误的那一稿，只有极少的错误和疏忽，
而对于这样一部综述性的著作来说，初稿难免有误。

我曾想发表一部印度语的文选（Chrestomathie），同时以原
文字母和拉丁文书写，除了语言的基本规则外，还包括一批最
重要的印度语作品的选段，附以拉丁文译注和术语表。该书的
出版已万事俱备；除了语法和两篇词汇表，我又附上了大量类
似篇目，用原文字母书写，预备添入书中。除了附录中选自《薄
伽梵歌》、《罗摩衍那》和《摩奴法典》（*Menù's Book of Laws*）
的各类选段，我还收入了迦梨陀娑《沙恭达罗》的第一幕，以
十分精美的孟加拉字母誊抄，附有注释，其中普拉克里特语
（Pracrit）撰写的部分译成了梵文，以及《益世嘉言》（*Hitopadesa*）
的选文，书名直译为"有益的教诲"，一部对初学者极其重要
的书。[5]然而，该书的巴黎本不是很准确，和威尔金斯用来翻
译的底本时常相去甚远。加尔各答印本我尚未见到。我希望仔

---

〔3〕《启蒙》，又称"知识之美"，尊者伐婆提婆著，在短短 200 页的篇幅中讲述了
　　梵语学习者所需要的全部知识；见《威廉·琼斯爵士著作集》，卷一。（《启蒙》
　　为著名梵语语法手册，出版于 13 世纪，在印度孟加拉地区使用广泛，影响很
　　大。——中译注）
〔4〕此书为现存最早的梵文词典，主要收录梵文中的同义词。——中译注
〔5〕该书近期已由赫特福德镇的黑利伯里学院（Haylebury College）的梵文教授翻译。

细誊抄最精致的手稿,同时用"天城体"(Dévanágarí)[6]和孟加拉字母书写,力求完美,以便制成上好的字模,供制模机使用。但我发现,备制字模需要更高效的协作,非我一人之力可成。牺牲个人爱好追求科学成就是值得的;但如因缺乏外援而被迫半途而废,则令人懊丧。

因此,我目前必须专注于从丰饶的印度文献中搜集更多例证,其中埋藏的丰富宝藏值得我们努力研究;我们要点燃德国对印度语的热爱,至少也得为研究造势;要打下坚实的基础,以便今后研究得以更加稳妥的推进。

印度文献研究应该得到学者和赞助人的推崇,就像15世纪和16世纪意大利和德意志突然燃起的品鉴古典学问之美的热情,并迅速获得极大重视。一切智慧和科学的形态,以及世界自身的形态,在古典知识复苏的影响下,也变化和更新了。我大胆地推想,印度语研究如果得到相同的投入,这项工程也会同样宏伟和广阔,对欧洲知识界的影响不在其下。难道哪里有什么不同吗?在美第奇家族的时代,尽管科学和艺术如此卓越,但好战和动荡破坏了意大利社会;然而以数人之力即有大成,这得益于他们个人的热忱,无比辉煌的公共事业,以及数位君主的壮志雄心,因而研究创始时期获得了所需的支持和鼓励。

下面我要历数那些曾为耕耘印度文献贡献才智的德国

---

〔6〕 "天城体"是一种书写印度语字母的优雅方式;印度语中称作纳格利(Nágari),得名于纳格利城(Nagará),通常以 Déva 作前缀(此为梵文词,意为"天"。——中译注),因为当地人相信这些字母是神授的,其次序是天神亲口颁布规定的。(施勒格尔这里直接引用了琼斯"第三次年会演讲"中的有关内容,参见本书"附录一"。——中译注)

作家。

　　第一位是我熟悉的亨利希·诺斯（Heinrich Noth），他在1664 年学习梵文，以便"他能够与新英格兰贵族（Brahmins）辩论"。耶稣会士汉斯莱登（Jesuit Hanxleden）在 1699 年访问印度，在马腊巴传（Malabar）教团工作三十余年（他死于 1793 年），在教士中声誉极隆；他用古印度语言格容松语（the Gronthon）以及日常语言（马腊巴语）创作了许多文章和诗歌，此外还编纂词典和语法。他有许多宝贵的著作残稿还在罗马，有待搜集。因论印度古代的博学著作而闻名的圣巴塞洛缪的保林（Paulinus St. Bartholomew），便常常引述汉斯莱登的著作和遗稿。

　　维尔福德上尉（Captain Wilford），在英国服役，但生于德国，因在加尔各答英国协会文集中发表的专论而闻名。

　　我也要说说我的哥哥，查尔斯·奥古斯都·冯·施勒格尔，他于 1789 年 9 月 9 日在马德拉斯去世，在生前的最后岁月中曾数次探访印度，并和当地人有许多接触，开始对印度社会、文献和印度人智慧的研究，但这一计划因其早逝而夭折了。[7]

第 一 部

第一章　印度语言概论

　　古老的印度语包括结构成熟和完美的梵文，以及写作和

---

〔7〕　查尔斯·奥古斯都·冯·施勒格尔（Charles Augustus Schlegel）是弗·施勒格尔的长兄（二哥为奥古斯特·威廉·施勒格尔），曾随其所属汉诺威军团参加东印度公司的工作，对梵语文学用力甚深。——中译注

文学中所用的语言格容松语（Gronthon）。二者与希腊文和
拉丁文，包括波斯语和日耳曼语，都极为相似。这种相似性
和亲缘性不只体现在大量词根和以上民族的语言相似，而且
延伸到语法和内部结构；这种相似性也不是语言间融合产生
的偶然现象，而是起源相同的语言所具备的根本特质。相关
的比较进一步证明，印度语是最古老的，而后演变出了其他
语种。

与此相反，相比亚美尼亚语、斯拉夫语（Sclavonic）和凯
尔特语这一语族内部惊人的一致性，印度语和这些语言的亲缘
性并不显著。但也不能完全忽视这种微弱的联系，因为在对这
些语言分类时，我们发现，它们在语法形态构成方面有很多相
似之处。这不是语言的个别现象，而是取决于语言内部的结构
和组织。

印度语词根存在于科普特语（Coptic）和许多希伯来语
方言中；[8]不过这可能只是语言融合产生的，并不能证明原
先就有联系。科普特语和巴斯克语（Basque）的语法与印度
语有着根本差别。

印度语支和尚未明确归类的大量北亚、南亚以及美洲语言
没有联系。这些方言的语法结构和印度语截然不同；尽管有一
些明显相似之处，词根始终完全不同，因此二者似乎并非同源。

语言的比较研究，对厘清各民族的历史起源和发展及其
早期的迁徙和漂泊的状况极为重要，本书后续章节将对这一

---

[8]　科普特人最早是古罗马时代生活在埃及的基督徒群体。目前世界上以科普特语
　　　为母语的人仅余 300 人左右。——中译注

丰富课题进行研讨。本书第一部的任务是，通过细致的研究得出简单而明晰的结论，确立前述观点。

第二章　论词根的关联性

稍举几例就足以清楚地证明，语言之间的总体相似性不总是遵循词源学规则，因为很多这类规则订立的时候，尚未发现真正的词源；我们应该以清楚的事实为准，这些只需很粗略的观察就能发现。

拼写体系中字母的改变和移动不能作为例证，只有原始词汇间极其相似，才能证明它们的起源。如果我们完全以史实为据，就会发现 giorno（白天）一词应该是由 dies（拉丁文）演变而来；因为拉丁文的 F 在西班牙语中常常变成了 H，拉丁文中的 P 对应德语中的 F，而 C 则时常变作 H。我们可以依此类推其他情况，尽管并不一定像上述情形那么明显，而且，上面提过，一般和个别的类推仍有待史实确证。不能单凭设计好的理论去捏造事实，但如果整体上高度一致，那些小的区别便可忽略不计。

下面我会列出一些和德语相同的印度语单词。*Shrityoti, er schreitet*［他大步走］, *vindoti, er findet*［他找到］, *schliszyoti, er umschlieszet*［他拥抱］, *onto, das ende*［结局］, *monuschyo, der mensch*［人］, *shoosa, shoostri, die schwester*［姐妹］, *rotho, das rad*［轮子］, *bhruvo, die brauen der augen*［眼珠］, *torsho, der durst*［渴］, *tandovon, der tanz*［舞］, *ondani, die enten*［鸭子］, *noko, der nagel*［指甲］, *sthiro, stier*［不可移动］, *oshonon, das essen*［吃］，等等。[9]

其他词根则对应着相应方言中的词形：*yuyon* 对应英语 *you*［你］；*shoopno*，*der schlaf*，冰岛语 *sveffn*［睡］；*lókote*［他站着］，古德语 *lugen*；*upo*，*auf*［向上］和低地德语一致；类似的还有，*vetsi*，*vetti*，*du weiszt*，*er weisz*［你知，他知］和拉丁文 *videt* 相关，尽管含义有所不同。低地德语完整地保留了许多古代词形，因而在词源学上有重要意义。*Roksho* 和 *rakshoso* 可能是古词 *reche*［巨人］的变形。

这里我只提到了少数几个特别的德语词根，以此为例来应对可能的反驳。我没有提到拉丁文和其衍生语支共有的那些词根，例如 *nasa*，*die nase*，the nose［鼻］；*mishroti*，*er mischt*，he mixes［他混合］；*namo*，*der nahme*，the name［名字］；或是和波斯语相同的词根，如 *tvari*，*die thur*［门］，波斯语 *dur*；*bondhon*，*das band*［带子］，波斯语 *bund*；*ghormo*［暖］，波斯语 *gurm*；*gauh*，*die kuh*［奶牛］，波斯语 *gâo*。我略去了一些称呼，如 *vater*，father［父亲］；*mutter*，mother［母亲］；*bruder*，brother［兄弟］，*tochter*，daughter［女儿］；印度语中对应的是 *pita*，*mata*，*bhrata*，*duhita*，我发现这些词汇的宾格都带有 *r*，也对应其他一些变格，*pitoron*，the father［父亲］等。后面会论及和这些共同词汇关联的其他突出的现象。

我将从希腊语中择例进行讨论，这些词汇或是简单和基本的词根和词缀，或是能够证明两种语言的相似性。如果我们将希腊语 *eimi* 和 *eis* 看作更古老的词形，*osmi*，*osi*，*osti*［我是，

---

［9］　各组对应词中，前者为印度语，后者为德语。——中译注

你是，他是］和希腊语中 *esmi*，*essi*，*esti* 完全一致。字母 o
不是用于强调，而是短元音，一般略去不写，除非位于词首。
在语法结构中 o 由短 a 来表达；但在现行语言中为短 o，在
少数词汇中念作短 e。有个例子足以证明其相似性。*Dodami*，
dodasi，*dodati*［我去，你去，他去］和希腊语 *didōmi* 完全
相同。长 a 近似拉丁语的 das 和 dat。*Ma* 是印度语中的否定词，
对应希腊语的 *mē*。短元音 o 是词的前缀，和希腊语 a 相同，
表示缺失或否定（*privativum*）。前缀 *dur* 和希腊语 *dus* 同义；
波斯语 *dush* 意为 *dushmǔn*［恶魔］，对应印度语 *durmonoh*。

　　印度语与希腊语、拉丁语和德语这三门语言的相似之处
在于：它们不仅都有用前缀改变动词本义的功能，而且几乎
所有这类用途的词缀都存在于这几门语言中。下列词语为希
腊语和印度语所共有：*son* 十分近似希腊语 *sum*；*poti* 对应
poti，希腊语 *pros* 的早期词源；*onu* 意为"此后"，类似希腊
语 *ana*。*Pro* 和希腊语、拉丁文同义；–*ā* 和拉丁文 *ad* 及德
语 *an* 同义；*upo* 即德语 *auf*［向上］，属于低地德语方言；
ut，即 *aus*［向外］，同属低地德语。

　　所有语言研究者都必定清楚，即使在最为简单和基础
的句法成分中也可以追溯到无数的对应关联。因此，我决
定略去许多仅仅是原始词根相似，而没有其他特别之处的
单词：如 *osthi*，希腊语 *osteŏn*［骨］；*prothomo*，希腊语
prōtŏs［第一］；*etoron*，希腊语 *hětěrŏn*［另一个，第二个］；
udokon［水］，希腊语 *hudōr*；*druh* 和 *drumoh*［树］，希腊
语 *drus*；*labho*［取得，接受］，*lobhote*［他取得］，与希腊语
labō，*lambanō* 同义；*piyote*［他喝］，希腊语 *piēi*；*sevyote*［他

尊敬，受尊敬］，希腊语 *sebein*，等等；*masoh*［月份］，希腊语 *meis*；*chonro*［月亮］，也作 *chondromah*，其中末音节其实是词根，来自 *masoh*，也来自波斯语 *mâh*，也近似德语 *mond*［月亮］，低地德语拼作 *mahn*。

拉丁语中的印度语词根可能多于其他语言，我只引一些相似点极为独特的单词为例。*Vohoti*，拉丁语 *vehit*；*vomoti*，拉丁语 *vomit*；*vortute*，拉丁语 *vertitur*；*svonoh*，拉丁语 *sonus*；*nidhih*，拉丁语 *nidus*；*sorpoh*，拉丁语 *serpens*；*navyon*，拉丁语 *navis*；*danon*，拉丁语 *donum*；*dinon*，拉丁语 *dies*［白天］；*vidhova*，拉丁语 *vidua*；*podon*，拉丁语 *pes，pedis*；*asyon*，拉丁语 *os*［脸］；*yauvonoh*，拉丁语 *juvenis*；*modhyoh*，拉丁语 *medius*；*yugon*，拉丁语 *jugum*，来自 *yunkte*，拉丁语 *jungit* 及 *jungitur*，该词根使用广泛，其派生词在印度人的哲学术语中占有重要地位。此外，如 *rosoh*［汁液］，拉丁语 *ros*；*viroh*，拉丁语 *vir*［英雄］；*dontah*，拉丁语 *dentes*，波斯语 *duntan*［牙齿］；*soroh*，拉丁语 *series*；*keshoh*［头发］，亦见于 *Caesa-ries*，由此衍变为 *Caesar* 及 *crinitus*，可能是比通行词根更准确的词源；*ognih*［火］，拉丁语 *ignis*；*potih*［所有者或所有物，引申为强大］，似乎和拉丁词汇 *potens* 一样常见于合成词中。有许多仅凭发音便可追溯词形演变的单词，如 *shushvoti*，拉丁语 *sugit*；*mormoroh*，拉丁语 *murmur*；*tumuiok*，拉丁语 *tumultus*，以及众多的单词，虽然不如前述例证那么明显，但如果仔细分析，便可确定其相似性，我这里就不赘述了。

波斯语中的印度语词汇符合波斯语的特征，缩写极其随意，极少完整保存下来，如 *rōjo*［辉煌、耀眼］，变成了

波斯语 *roshǔn*。词尾常常有所节略，双音节词一律变为单音节词，如 *apoh*［水］，波斯语 *âb*；*ospoh*［马］，（波）*asp*；*bhishmoh*，或 *bhimoh*［恐怖］,（波）*beem*；*shiroh*［头］,（波）*sir*；*shakhoh*［分支］,（波）*shâkh*；*kamoh*［欲望］,（波）*kam*。即使是重要的音节也常常被缩减，如波斯语 *pâ*［脚］，来自 *podo*，或 *pado*；（波）*pur*［满］，来自 *purnon*；（波）*tun*［身体］，来自 *tonūh* 或 *tonuh*；（波）*deh*［十］，来自 *doshoh*；（波）*seeah*［黑］，来自 *shyamoh*。单音节词波斯语 *pâk*［纯粹］，来自三音节词 *pavokoh*［净化者］，也是火的修饰词。我们很难辨认出波斯语 *mur* 来自印度语 *mitroh*［朋友］，这也是太阳的修饰词，好在古波斯的光明之神（*Mythras*）及其他相似情况下两者间的类比启发了我们。如果比较其他词例，可以进一步推论,由波斯语 *dǔm*［呼吸］演变出印度语 *atmoh*［精神］等词,这一现象仍表现在希腊语 *atmē* 和德语 *athem*［呼吸］中。古梵文在普拉克利特语和印度斯坦方言中呈现的这类新的常见缩略形式，会极大促进我们对波斯语派生现象的研究。

波斯语中缩略表达的特征鲜明，甚至影响了词根和原始音节，可谓一个突出的例子。波斯语采用拟声词，[10]并在这一方面表现出语言的创造力。在所有和印度语近似度一致的语言中，波斯语最偏爱表现声音的词汇，波斯语中和声音有千丝万缕联系的词汇也最多。

拉丁语、希腊语和德语中的印度语词汇比波斯语的变

---

［10］ Onomatopoëtic，来自希腊语 onomatopoieiō，指创造模拟感官感受的词（东尼根希英辞典）。模拟声音的单词，如碰撞声（crash），爆裂声（crack），喝倒彩（hish），示意安静（hush），等等。——英译注

化要小得多。但细致的比较往往也能证明印度语是最古老的。德语 *Roth*［红］，明显是来自 *Rōktoh*，或 *rokitoh*；德语 *schletim*［污水］，来自 *schleshmo*；德语 *viel*［许多］来自 *vohulon*。单词，就像钱币，铸币的印记虽然不易改变，但会随着频繁的使用和流通而磨灭。

派生语言的不同形式往往都出自印度语词汇，印度语词汇就像是它们共同的词根。印度语 *putroh*（和凯尔特语 *potr* 有明确关联），派生出拉丁词 *puer* 和波斯语 *pisǔr*；低地德语词 *schweisz*［汗］，和拉丁语 *sudor* 都来自 *svedoh*。波斯语 *nur* 和希腊语 *arnp*，[11] 似乎都来自印度语 *noroh*；印度语 *trasoh*［颤抖和惧怕］，派生出希腊语 *treō*，拉丁语 *tremo* 和波斯语 *turseedǎn*；*samudron*［海］，涵盖了德语 *meer*［海］和希腊语 *hudōr*［水］。德语 *Knie*［膝］，不太像是直接派生自 *janu*，除非是通过希腊语 *gonu* 和拉丁语 *genu* 逐渐转化而来。

更重要的是，有少数词汇，似乎在现代语言中找不到对应的词根，但容易在印度语中发现其来源，也可以借助印度语理解相关的复合词。例如 *prandium*，无疑来自印度语 *prahnoh*［午前］，由缀词 *pro* 和 *ohoh*［白天］构成，第五格和第六格写作 *ohnoh*；同样，*monile* 来自 *moni*［钻石］；*sponte* 的夺格意义和 *svante* 一致，而 *svanton* 则由缀词 *svo* 和词根 *oton* 复合构成，该梵文词意为"以其自身为边界"（*Quod finem suum in se habet*）。

―――――――――

［11］此处的希腊语单词，德文原著的拼写 *arnp*，和英译本稍有出入。希腊语 *arnp* 意为"人"，与同一句中的梵语词例 *noroh* 同义，前后一致，因此，此处根据德文原著译出。——中译注

即便考虑到性、格、数的变位，这些词汇间常常高度一致，令人吃惊。例如，ayonton 和拉丁文 euntem 来自 yati［他去］和 eti［它］；出现在复合词中时，是 tvarshito［看门人］，ontortvari［内门］。

颇为值得注意的是，许多异教神祇的名字，包括拉丁文名和希腊文名，如果在本语言中找不到对应词根，或可追溯到印度语。尽管这类普遍相似性已极受重视，至少还是值得一提的。但这一点似乎属于不同的研究领域，只能略述一二，以便集中讨论我现在关心的几个引人注目的问题，而不旁涉太多相关研究和比较。有一个奇特的现象，就连罗马城的名字都有着印度语的渊源。当然，希腊语有 Rōmē 一词，但这只是孤例，考察词根 roma, romoti 及其派生的 roti, ramo 等如何广泛分布在印度语中，我们便可以确定无疑地推断出该词最早所属的语言。这些词语大致都带有欢悦的意思，尤指征服者或英雄的欢庆，在古史《罗摩衍那》中常常出现，以美妙的形式喻指所赞扬的英雄的名字。

同一个印度语单词，常常以一种倒装形式融入一种相关语言，而以另一种倒装形式融入另一种语言。例如，chindonti 几乎和拉丁语 scindunt 完全一致；但动词不定式 chettun 更像德语 scheiden；tonu 像拉丁语 tenuis 而不是德语 dünn［薄，透明］；动词 tonōti（词义包括 tonu 和 dünn），相比拉丁语 extendit，和德语 dehnte［延伸］更接近。分散在这两门衍生语言中的词汇，在印度语中统一起来，找到了共同的词根。ut，低地德语写作 aus［向外］，这已经提过，由此派生出比较级的标准形式 uttoron，德语 äuszern［外部

的），通用的最高级 uttonmon，拉丁语 ultimum，但词义类似
summum［终结处］。所有拉丁语、波斯文和德语中的词汇
mors, mortalis，mǔrd，moordǔn，morden，mord［谋杀］，其
词根都是印度语 mri，也派生出 mrityuh，morttyah，moronon 等。
结论也同样适用于另一组单词，stehen 和 stand［站］，在拉丁
语、希腊语、波斯语和德语这四种语言中广泛使用；tisthoti，
er steht［他站着］，几乎和希腊语完全一致；sthanon［地方］
和波斯语 sitân 一致；sthiro［无法移动］和德语 stier 一致，
这点前面已经提到；janami，拉丁语 gigno，希腊语 gennaō，
也是派生词十分丰富的词根。这类词汇数量极多，难以尽述。

　　我将选择一些特别明显的表示思维、思想和科学的词汇，
作为其印度语起源的明证。Monoh monoson，拉丁语 mens，
动词 monyote［他想］对应德语 meinet。Motih 对应希腊语
mētis。另一种与此及德语 muth［精神，勇气］密切相关的
词是 amōdoh［愉悦］，anmuth；印度语单词 amōdo（可能也
和波斯语 omêd［希望］有关）中的字母 a 只用作前缀；同
一词根派生出 unmadoh，通常用 un 代替 ut，以使声音更悦
耳；unmadoh［绝望、愤怒］，字面上和 exmens 同义，也可
能缩写为英语中的 mad。Atmoh 表示 ipse 和 spiritus，已经在
希腊语和德语中留下痕迹，如 atmē 和 athem［呼吸］。还有
词根 vedo，派生出 vetti，德语 wissen［知道］。拉丁语 video
的含义有所不同，但形式上更接近印度语。派生众多的词
根 ina，表示知识、科学和理解，派生出波斯语 shuneedn，
shunoodǔn, shinakhtǔn。词根 dhi 表示深刻思考和反思，派生
出 dhīyote，德语为 dichtet［创作］，原意为沉思，或作诗；

dhyayo, *dhyayoti* 等和德语 *dachte*［他想］相关。拉丁文 *Vox* 可能来自 *vocho* 或 *vakyon*，两种形式均通用。词根 *re* 表示言说或语言，德语为 *rede*。*Ganon* 对应拉丁文 *cantus*，词根为 *gi*，*giyote*［他歌唱］，波斯语为 *khǒndan*［歌唱和朗读］。

印度语代词通常和拉丁文相符。显然，*tvon*［你］适用于所有派生语言；相反，*vhon*［我］只在凯尔特语 *on* 中保留着痕迹；与格形式的单词 *moya*［对我］最接近希腊语 *moi*；用于替代 *man*［我（宾格）］，并用于第四和第六格的单词 *me*，在希腊和拉丁语中相同；但词根 *svo*（拉丁文 *suus*，*-a*，*-um*［他的］的词源，且常作为前缀表示自主或自信），变格形式近似拉丁文词汇，如 *svon* 对应拉丁文 *suum*，*svan* 对应拉丁文 *suam*，等等。代词 *eschoh*，*eschah*，*etot* 实际上是 *is*，*ea*，*id* 和 *iste*，*ista*，*istud* 的共同词根，因为在这两组词汇的派生形式中都带有 *t*；*iti* 也属于这一词根，有时对应 *id*，有时对应 *ita*。*Koh*（在词句中通常作 *kos*），*ka*，*kon* 对应拉丁文 *qui*，*quae*，*quod*，甚至在少数情况下是印度语的派生词，如 *kan* 和拉丁文 *quam*，疑问词 *kim* 和拉丁文 *quid*，波斯语 *keh* 来自同一语源。相反，前面提到的 *yūyon* 对应德语，英语是 *you*；代词 *soh* 见于希伯来语，阿拉伯语，也用于早期德语；宾格 *ton* 和希腊语 *ton* 完全一样，也对应德语 *den*；属格 *tosyo* 对应德语 *dessen*；复数形式 *te* 对应德语 *die*；*tot* 中的短元音可拼作 *a* 或 *o*，对应德语 *das*，低地德语为 *dat*。*Oyom* 通常带有 *i*，且 *i* 又习惯写作 *y*，*jener* 对应的波斯语 *een* 可能是由此派生的。还有其他很多例子可供引证，但这样做就可能陷入词源研究了。

数词也有相似性。德语 *Eins*，*fünf*，*hundert*，*tausend*——即数字 1, 5, 100, 1000——对应梵文 *eko*，*poncho*，*shoto*，*sohosro*，也对应波斯语 *ek*，*punj*，*sǔd*，*hǔzar*。除第一个词 *chotur*［四］对应斯拉夫语 *chetyr* 之外，这些数词都和我们的语言近似，甚至表示数字的派生形容词也一致；*tvītiyoh*，*trītiyoh* 明确对应着德语 *der zweite*［第二］和 *der dritte*［第三］；*soptomoh*［七］（末尾的送气音 *h* 常常在句中变为 *s*，拼作 *soptomos*），*soptoma*，*soptomon*，大部分和拉丁词完全一致，如 *septimus*，*septima*，*septimum*；类似例子还有 *duadosho*，对应拉丁文 *duodecim*。

目前我仅仅列举了独立的单词间较为明显的对应关系的个例。如果继续深究词根之间的关系，我们将会发现联系是充分确定的，尽管这一联系还有待更严密的分析。例如，*moho* 和 *maho* 可追溯到拉丁文 *magnus*，德语 *mächtig*［强大］，波斯语 *meh*；*volo*，*valo* 象征着力量，对应拉丁文 *validus*；*tomo*［暗］对应德语 *dämmern*；*lōhitoh*［火红的、燃烧的］对应德语 *lohe*［火、热情］；*chestote*［他寻找、想要］和 *quaesitus* 及波斯文 *khwaheedǔn* 一致。还有很多来自同一词根的不同变格，如 *goccho*，*goto*，*gomo*，*gomino*；德语 *gehen*，英文 *going*；德语 *kommen*；拉丁文 *caminus*；但如果进行这些研究，这篇论文将会扩大成一部比较词汇录，并需要对这里提及的每门语言做大量研究。

出于同样的原因，我略述了许多类似的例子，词义略有改变，但词形不变：如 *vījon*［种子］，拉丁文 *vis*；*guno*［表示不同种类或形式中的属性，特征］，波斯语 *goon*［颜色］。

毋庸置疑，德语 *morden*［谋杀］和波斯语 *murdan* 是同一个词，尽管前者有主动意味，后者是被动意味。波斯文 *déo* 无疑就是 *devo*，对应拉丁文 *divus* 和 *deus*；虽然波斯语 *déo* 总是指邪恶，*devo* 仅用于指善的神灵。*Modkuroh* 一词在表达中变形为 *modhuros*，*modhura*，*modhuron*，我们不难发现其近似拉丁词 *maturus-a-um*，尽管该词在印度语中表示甜；名词形式 *modhu*［蜂蜜］即德语词 *meth*［蜂蜜酒］。类似的还有：*lōkoh*［世界、空间］，拉丁文 *locus*；*vesthitoh*［着装的］，拉丁文 *vestitus*；*mordjharo*［猫］，德语 *marder*［燕子］。[12] 动物的名字通常对应很远的分支，如拉丁语 *vulpis* 和德语 *wolf*［狼］；我们几乎不会把波斯文 *mūrgh*［鸟］和 *mrigo* 联系起来（后者泛指野生动物，尤其是鹿），二者只有一点共通，印度语词根也表示快速的飞行或追逐。*Topo* 和 *tapo* 在印度语书写中通常指悔恨，其本义"热"几乎被遗忘了，但这一含义保存在印度语词根及其派生词 *tapoyittun* 中，拉丁语 *calefacere*，希腊语 *thalpein*。大相径庭的词汇常常以这种方式相联系，如果知道中间的关联环节，并思考相关语言的习惯组合，很容易追溯词源。因此，波斯语 *boo*［芳香］，特别是花的气息这一义项，结合波斯语 *bostan*［花园］来看，必定来自印度语 *pushpo*［花］，这和德语 *busch* 也相近；还有很多未及详述的个例都可以表明这类变化的一般模式和进程，以及类似的词义变迁所遵循的法则。

---

［12］此处括号内英译 martin 疑为 marten（貂）。——中译注

第三章　论语法结构

虽然前一章引证了语言之间惊人的相似性，并且许多例子证据坚实，仍然有一个问题：这些是否足以证实印度语既是前述所有语言中最古老的语言，亦是其共同的源头呢？或许有另外一种可能：印度语也来自于与其他语言的融合，因此呈现出同样的相似之处？

此前引证的许多事实已经清楚地驳倒这一设想，此外，我会进一步引述足以一锤定音的证据，以无可置疑的论证，奠定印度语的古老地位。有理论认为，印度语中的希腊语词根受到统治巴克特里亚（Bactria）地区的赛琉西（Seleucidae）王朝的影响，[13]可这并不比埃及金字塔是自然结晶形成的假设高明多少。

不过，有一个问题的研究足以打消任何疑虑，解决所有难题。印度语的结构，或者说比较语法学成为了理解语言之间相似性的关键，就好像比较解剖学的研究推动了自然科学最前沿的研究。

波斯语必须和一般的语言圈子区分开来，因为长期以来波斯人和阿拉伯人之间的交流使得波斯人采用了表示人称的后缀（suffixa），并且导致其语法和印度语相去更远，甚至不如和德语相近，更不用说拉丁语和希腊语了。不过，综合考虑所有这些相似之处，还是有价值的。

关于变格，毋庸赘论：波斯语的比较级词汇 tur 肯定和

---

〔13〕赛琉西王朝是亚历山大大治下的帝国分裂后形成的四大古希腊王朝之一，统治现伊朗等中亚地区。——中译注

希腊语及印度语 *taro* 相似，而相应的表示"小"的词缀通过
k 来构成，就像德语和印度语用法一样。例如，*manovokoh* 来
自 *manovoh*〔人〕；波斯语 *duktǔrǔch*，德语 *das Töchterchen*
〔小女儿〕。动词变位更为重要。第一人称的标记是 *m*，这在
拉丁文中已经消失，但在印度语和希腊语中清楚地念作 *mi*；
i 对应着印度语和希腊语中表示第二人称的 *si*；第三人称的
标志是 *t* 或 *d*，复数为 *nd*，和拉丁文及德语一样；希腊语中
完整保留着古代的词形，即 *ti* 和 *nti*。波斯语的现在主动分词
ndeh 近似德语 *nd*，过去写作 *nde*；过去和被动分词 *deh*，加
上前面的元音，和拉丁文 *tus*，*a*，*um* 一致，也符合日耳曼语
中的古德语形式；印度语动词，如 *kritoh* 也有这一现象。

我觉得不能忽略波斯语的限定词 *kar*，*war*，*dar*，和形容
词一起使用时，表示某人以某种方式做了某事，或表示占有
的某物，或按某一模型建造某物，对应印度语 *karo* 和 *koro*，
voro 和 *dhoro* 就像波斯语限定词 *man* 对应印度语缀词 *mano*。
表示否定的波斯语缀词 *neh*，*ny* 和 *ma*，对应印度语 *no*，*ni* 和
ma；波斯语缀词 *bé*，用作表示否定的前缀，和印度语 *vi* 一样；
此外，波斯语 *andǔr* 和 *anderoon*〔在内〕，近似印度语 *ontor*
和 *ontoron*，前面提到的波斯语代词 *keh* 对应印度语 *koh*。

波斯语的助动词 *ǎst* 对应印度语 *osti*〔是（单数第三人
称）〕；波斯语 *bood*〔是（现在完成时）〕来自 *bhovoti*〔他是〕，
在普拉克利特语中写作 *bhōdi*，梵文的过去式是 *obhut*；波斯
语 *kǔrdan*，德语 *thun*〔做（不定式）〕，印度语 *korttun* 在波
斯语和现代印度方言中一样普遍。印度语词根 *kri* 的一些屈
折变化，如 *kriyan*，*kryote*，则和拉丁文 *creare* 相关。

　　我们非常期待有条件开展这类研究的人士，着手探索波斯语的起源，发掘其历史变迁，确定它在更早的时候和希腊语以及拉丁语的近似度是否高于现在。哪怕搜集无数的相关词根，都不如这些信息确凿可信。着实十分遗憾的是，在德国，对这门美丽语言的研究也并不十分受关注；诗歌如此丰富的语言是罕见的，甚至不输于希腊语。[14]此外，波斯文和德语极为相似，有理由期待发现许多新的事实和情况，有助于认识部分鲜为人知的德国历史。不过，波斯语研究应该与斯拉夫语研究结合。对二者比较，并梳理主要的异同，有助于澄清古史记载中波斯与赛西亚战争的疑点。

　　波斯语除了和德语语法相似之外，还与希腊语和印度语有更为特别的关联。N 在德语和印度语中都是宾格，s 是属格。印度语限定词 tvon 对应德语的限定词 thum，表现了印度语的创造力。动词变位部分取决于元音的变化，就像其他许多遵循古老的语法结构的语言一样。在某一类德语动词中，过去未完成时由元音变化构成，这点和其他语言一致；在另一类中，过去未完成时以增加字母 t 的形式来表达；这就像拉丁文过去未完成时中的 b，确实与众不同。不过规则并没有变，表达时间和其他情况带来的变化不是通过在主词上附加缀词，而是通过词根的变化。

　　如果我们考察古老方言的语法，以哥特语和盎格鲁 – 撒

---

〔14〕巴黎图书馆的波斯文手稿的馆藏并不是很丰富，但管理者谢兹先生（Chézy）是一位大学问家，对各类语言的知识渊博，对诗歌结构和措辞的具体的美妙和难解之处有着敏锐的判断。（安东尼奥·莱昂纳·德·谢兹，Antoine–Léonard de Chézy，是法兰西学院首任梵文教授，施勒格尔在巴黎期间曾跟随其学习梵文和波斯文。——中译注）

克逊语代表德语，以冰岛语代表德语的斯拉夫语分支——我
们会发现，就像希腊语和印度语那样，不只有完成时和增强
词义的词缀的搭配，而且还有双数形式（dual）[15]，对性别精
确的界定，缀词的关联，以及格的变化，现在这些已经消失了。
还有很多屈折变化的形式，已经有所改变，不太容易识别了。
例如，动词的第三人称单数和复数是完全一致的。简而言之，
对德语的这些古老范式的研究确凿无疑地表明，其语法结构
最初和拉丁语、希腊语是一样的。

在日耳曼语系中还能找到这种古老语言的许多痕迹，在
正统德语中比英语或斯堪的纳维亚语中要更常见。尽管现代
语法的一般规则，包括助动词变位和介词变格，似乎是普遍
适用的，但不能因此而误认为，所有源于拉丁语的罗曼语都
发生了同样的变化。现在印度斯坦的方言也不是这样，虽然
它和梵文之间的联系就像意大利语和拉丁语一样密切。没有
必要以外来影响来解释这种普遍的相似性。这一语言艺术性
的结构在日常使用中磨灭了，尤其是经历了长年的粗糙和野
蛮生活，最终完全消失了，或是缓慢地消失，或是仿佛一瞬
间就抹去了；靠助动词和介词构建的语法，最为简洁和便捷，
为广泛使用提供了简明的指导。所有语言可能都遵循这条规
律：随着结构逐渐简化，学习语言也更容易。

印度语语法和希腊语、拉丁语十分协调，可以说印度语

---

〔15〕双数形式是语法现象，双数形式的名词专用于指代两个人或事物的共同状态或
行动，是单数和复数之外的一种特殊形式，一般也有相应的谓语形式。双数形
式存在于早期印欧语系语言中，如梵文和古希腊文，并延续到许多现代语言
中，如英语中的both等。——中译注

与这两种语言的关系和这二者彼此之间的关系一样密切。规则的相似性是最关键的。任何程度的变化或是比较的表达，都不通过外加单独的缀词和助词，而是借助屈折变化，这样从始至终都清晰地保留了词根的独特形态。未来时态在希腊语中由 s 表达；*korōmi*［我做］，*korishyami*［我将做］；过去完成时由短元音前缀和限定词 *on* 构成；*bhovami*［我是］，*obhovon*［我过去是］。印度语形容词性别变格和拉丁语惊人地相似，其比较级的变化和动词的人称限定与希腊语相似，以及由增强意义的前缀构成的完成时，这些都提到过。印度语和希腊语的第一人称完成时也一致，不像其他时态用 *mi* 或 *on* 限定，也不像第三人称用 *t* 或 *ti*；二者的第一人称变位都以元音结尾。*Chokaro*［我做，他做了（现在完成时）］；*vobhuvo*［我是，他是（现在完成时）］。语言结构最为精微的细节处竟如此吻合，那些认为语言不过是巧合形成的学者，一定会震惊的。第三人称的祈使式的限定词是 *out*，复数 *ontu*；前者缀词的阳性形式是 *on*。不过，这里不必赘述了，已经有众多例证，它们惊人的相似性足以让我们得出定论。

拉丁语不定式及其限定词 *re* 构成了明显的例外。这自然是拉丁语的特点，最重要的词类之一和其他同族语言产生了差异。即使在这一点上我们也发现了某种相似的纽带和共同点，表现在印度语的不定式的词尾 *tun*，这和拉丁语的动名词形式相近，且与在不定式中一样常见，甚至更为频繁。

第五格的变位，如 *at*，对应拉丁语的夺格 *ate*；复数的第七格 *eshu*，*ishu* 等对应希腊语 *essi* 和 *oisi*；第四格和第五格 *bhyoh*，在使用中常常写作 *bhyos*，长元音前置，近似拉丁

语 *bus* 的与格和夺格。印度语的与格单数形式是 *ayo*，可参照古拉丁语 *aï*；双数的限定词是 *an*，对应希腊语 *ō*。印度语的变格的很多特点和上述语言一致，对基本语法的变更也一致。比如，中性词的表达是普遍统一的，宾格和主格一样；双数形式完全一样，而其他数式则有差别。

这里我就不再重复前述的这些共同点了，对于可能重要的其他共同点也只能略述。尽管这几种语言在重要方面是协调的，但细节上还是有很大差异，以及许多偶然的不同。主要的区别在于以下这点：印度语语法，尽管遵循着和希腊语、拉丁语相同的规律，但比二者都更为简洁和艺术。希腊语和拉丁语是变格的语言，也就是说，遵循现代语言的普遍规律，描述对象的比例和数值由词根的屈折变化来表达，而不是附加或前置某些缀词。不过，他们自身还是不够完美，无法摆脱介词的使用。印度语的变格从来不需要介词，拉丁语的夺格常用的词缀 *cum*，*ex*，*in* 所表达的差异，在印度语中通过相应的格来表达。我不是说印度语语法没有不规则动词，但可以肯定的是，与希腊语和拉丁语相比，印度语的不规则情况从数量上和比例上都可忽略不计，动词变位本身规则得多。祈使式有第一人称，这一点与一系列规则和完美的语言一致；祈使式的第二人称的缩略和缺失程度不像波斯语那么普遍，也没有其他语言那么频繁。如果简单动词变为反复动词、意愿动词、使动动词或借助其他形式行动的动词，动词变位的方式是基本统一的，适用于所有原始词根。大量从动词原形派生的单词组成了完美的序列；几乎所有印度语形容词都来自动词（*verbalia*）。世界上没有像印度语这样完美的语言，也没有哪种语言的词根之间的内在联系如此清晰可循。

如果说希腊语、拉丁语之于印度语的关系相当于意大利语之于拉丁语的关系，可能言过其实了，但确凿无疑的是，这些语言中某些不规则形态以及介词的使用，已经预示了向现代语法结构的转变，而同样情况下，印度语简洁的规则无可争辩地证明了其更为古老的地位。下面还有一个重要结论。希腊语词汇中附加的音节和原词已完全融合，但至少看上去它们最初很有可能是单独的缀词和助词。但验证这一假说，需要高超和细腻的词源学功夫，否则任何对语言起源的科学研究或历史辨析都无法完成，即使如此，这一理论也很难成立。这种词根和缀词的组合在印度语中找不到一丝迹象；必须承认，印度语的结构高度有序，由屈折变化，或是由主要的词根音节变形构成，适用于各种含义和表达法，而不是在缺乏生机、贫瘠的词根上机械地添加缀词。印度语语法是极简形态和丰富艺术性相结合的最佳范例。要合理解释这门语言的起源，需要假设存在一种思维特质：可以这么描述，这是对词根与音节的不同内涵和相应意义的细腻感觉，对语言整体的活动和影响的感知，而我们现在几乎感觉不到这些了，因为耳朵在千差万别的印象迷惑下已经迟钝，每个单词最初的印记也在长期使用中磨灭了。但无疑这种能力曾经对人的心智有着巨大影响，否则语言不可能产生，至少不可能产生印度语这样的语言。

这种对声音和音节的敏锐的感受力在产生口语的同时也会发明书写体系。不仅仅是象形的绘画，复制自然外在形态的图像，而是一种系统，可以用任意符号或有形的轮廓表达人们已经熟悉其发音的字母的本质特性。

第四章　论语言可按内部结构分为两大分支

主导印度语的独特规则，以及其他派生规则，在对照和比较中可以一目了然。极少语言的语法构成像印度语和希腊语这样惊人的简单，我在前一章阐述了其特点。大部分其他语言的特征差别很大，其法则的性质也截然不同。

意义的改变，及意义不同程度的差异，或是由原型词汇的变位或内部变化来表示，或是靠附加某些指示过去、未来或其他状况的特殊小品词（particles）[16]来表达。以上两项简要规律是我们区分两大主要语言分支的基础。其他更为细致的区别或变化，不过是这两大类别的派生的变化。原始词根看似无穷无尽，但从这两大类不同的特征入手，便能充分理解各类词根。

中文是典型的几乎无词形屈折变化的语言，通过独立的单音节词来表达各种所需的变化，每个词都有独立的含义。思考这种特别的单音节形式，以及结构的高度单一性，有助于我们理解其他语言。马来语的语法也有类似特点。美洲特殊而困难的方言表明了这一分支最重要的特性。[17]尽管这些语言的原始词根变化无穷，即使比邻而居的部族，发音往往也不同，然而，

---

〔16〕根据不同语境，文中 particle 一词，或译为"小品词"（配合动词使用的介词、副词和助词的通称），或译为"缀词"（指具体的前缀后缀）。——中译注

〔17〕借这个机会，我要感谢杰出学者 A. 冯·洪堡（Alexander von Humboldt），他帮我查找了许多词汇书和辞典，在此基础上我得出了本书前述和后续的结论；除了两部较为完整的辞书和语法书，分别关于美洲方言以及在秘鲁和基多广泛使用的克丘亚语（Oquichua），他还给了我几本简短的手册，涉及奥托米语（Othomi）、科拉语（Cora）、瓦斯泰克语（Huastec）、莫斯卡语（Mosca）、米斯特克语（Mixteca）和托托那语（Totonaca）。（这些语言是墨西哥及南美其他地区原住民的方言，参见后文对其字母的讨论。——中译注）

迄今的研究表明，它们都遵循同样的构词法则，时间或程度的种种变化体现在增加实词或小品词，这些词往往和原有词汇结合，但又保持自身的独立含义，并借助所联接的词根表意。美洲语言的语法使用词缀，并且像该语系的其他语言一样，拥有极其丰富的后缀式代词，以及联系动词和相应的动词变位。巴斯克语中此类代词有不下 21 个，通常置于助动词前后。[18] 在这类语言中，小品词可能纳入动词（如巴斯克语和大部分美洲方言那样），或是用作前缀（如科普特语），或是两种形式混用（像秘鲁语、墨西哥语和其他美洲语言），这些区分并不十分紧要。主要原则是一致的，不是靠屈折变化，而是靠增加小品词。有时，原有词汇附上小品词看上去像是屈折变化。在阿拉伯语和相关方言中，首要的变化，如动词的人称，是通过引入有着自身独特含义的单个缀词来表达的。在这种情况下，后缀不容易和原始词根区分，我们可以推断其他情况也有类似的组合，尽管可能难于追溯外来缀词的来源。至少，我们有理由将阿拉伯语归于前述的无屈折变化的语系，尽管从其更丰富和更有艺术性的发展中，或与外来方言的融合上可以看出，它在个别地方已经有明显的更为高级的特征。

从这一类型语言的语法规则来看，语言的进步可以分为如下几个阶段。就中文而言，所有指示时间、人称及其他变化的缀词都是单音节词，是完整自足的，可独立于词根存在。因此，尽管这个民族在其他方面优雅文明，其语言却位于最低阶段；

[18] 引自拉腊门迪（Larramendi）。或许老洪堡特（William von Humboldt）可以对这一特别的语言进行更丰富的，并且更为清晰和高明的分析。

看起来，中文的缺陷可能是很早发明的高度艺术化的书写系统造成的，该系统在语言的幼年期便占据主导地位，使语言过早定型了。巴斯克语、科普特语及许多美洲语言的语法完全由前缀和其他词缀构成，这些词缀往往易与词根区别，有独立含义。嵌入的缀词很快与主词结合，这常见于阿拉伯语及相关的方言。从语法结构的主要特征来看，阿拉伯语似乎属于前述语系，不过许多其他特点无法追溯到同一源头，且个别地方甚至与屈折变化机制相似。后缀的使用在凯尔特语中有所体现，但依靠助动词实现变位及靠介词实现变格的现代规则通常占主导地位。

美洲的方言没有什么美感，人们对其巨大的数量和多样性望而生畏；巴西和巴拉圭的方言就如新老墨西哥语一样，彼此差异不大，在北方甚至趋于单一，其相似性说明了语言规则的一致性。这种显著的多样性源于规则的语法结构。在印度语和希腊语中，每个词根都是实义词汇，正如活着并发育的胚胎，所有状况或程度的改变都来自内部的变化；如此便赋予了它更广阔的发展空间，活力确实无可限量。而且所有从词根演变而来的词汇都有相似性，因为共同的来源和成长过程而彼此相联。这一结构一方面赋予语言丰富性和活力，另一方面赋予它力量和持久性。可以说，由于语言结构初期即已成熟，因此很快发育成为艺术化的精细的细胞组织。这样，即使数百年后，也可以发现其中规律，并以此为线索，追溯其衍生语言之间的关联；尽管这类语言散布全世界各地，也可以追溯到单纯的原始源头。相反，那些用补充性缀词，而非词根屈折变化来构成词形变化的语言，没有这样统一的联系：他们的词根不是活的发育的胚胎，而像是一团原子，呼口气便可轻易散开。缀词只是机械相连，词汇之间没有内在联系。这类语言自其发源即缺乏充分发展所必需的活力萌芽；他们的衍变不足且欠佳，只是词缀的积累，未能产生更高级的艺术性的结构，只产生了繁冗失灵的词汇，有损语言真正的简洁和美。表面丰富，实际匮乏，并且这一类的语言，无论其结构粗糙还是精细，都一律笨重，惑人，常常过于主观、有缺陷。

研究美洲方言也是重要的，可以证明并不是所有语言的原始词根和结构都能溯及共同的源头。不过，我们必须承认每一种有屈折变化构词的语言都来自一个源头，但属于另一分支的语言有着极大的多样性，即使在源头处也无法发现任何统一性。考察亚洲和欧洲许多语言可以充分证明这一点，更不用说美洲大陆的无数方言。甚至人口稀薄的北亚也包含了四个区别较大的语言家族：鞑靼语，芬兰语，莫卧尔语（Mogul），满语（Mantcheou）；此外还有许多分布不广的语言，语文学者可能较难对其恰当定位。我们也得列举唐古特语（the *tangutische*，即西藏方言），锡兰语，日语，以及除去印度语和阿拉伯语成分的马来语。这里的马来语特指在印度和美洲之间的岛屿方言，可以追溯到分别位于马六甲群岛和以黑人为主的巴布亚岛的两大完全不同的语族。赛姆斯（Symes）列举了印度半岛东部六种不同的方言，很多甚至在数词这样的重要语言特征上有差异。缅甸语分成四大方言，最重要的是阿佤语，吸收了中文的单音节词形。居于孟加拉、阿拉坎和缅甸之间的克伦族方言，及勃固（Pegu）地区的一些方言，属于同一语支：据赛姆斯（Symes），勃固的原始语言是极其不同的，阿萨姆（Assam）的锡兰语及其南部的麦克利（Meckley）地区方言都各有不同。除了这些小的相似，相比稀少的人口，当地方言是极其多样的。大量完全孤立的语言尚遗存在中亚西部的高加索地区；在欧洲，就科普特语、巴斯克语和部分未受拉丁语和阿诺提克语（Arnautic）影响的瓦拉几亚语（Wallachian）而言，很明确的是，想追溯这些语言的共同来源注定站不住脚，无济于事。两大语言分支之间的另一大区别是：许多缀词型语言都是完全独特的；但对于屈折变化型语言，随着我们往前追溯其发展历史，其词根内部也愈发惊人地相似。

不过，我并不是单单拔高语言的一支，而忽视或贬低另一支。语言的领域涵盖极广，极多，极大，并且语言已高度发达，对语言的研究已很深入，因此不可能得出如此笼统的结论。谁能否认阿拉伯语和希伯来语的崇高的权威和活力？就结构和演变而言，它们确实站在那一分支的最高处，但它们并不彻底遵循相应规则，也吸收了另一语族的少数特点。不过，最为博学的语言研究者认为，这些相似点是后期随意移植到简陋的原生体系中的。

毫无疑问，经过充分调研和比较后，具备屈折变化语法的语言通常更好，其结构的艺术性更高；不过，不去推论希腊语和罗马语的类似情况，我们自己的高贵语言，业已有所贬损，这充分证明了即使最美的语言也会因低劣作家的失职和吸纳大量方言而败坏。

两大分支的语法发展是截然相反的。词缀型语言起初便是粗糙的，完全不成型，但随着缀词逐渐融入原始词根，变得更有艺术性。相反，对屈折变化型语言来说，最初结构的美与对称在简化和阐释的过程中逐渐磨灭了。这一点，通过比较日耳曼语、罗曼语和印度语的方言与它们的原型便可发现。

美洲的方言往往是较低等的，这表现在它们缺乏许多必不可少的字母：例如，墨西哥语缺少辅音字母 B, D, F, G, R, S, J, V；克丘亚语（Oquichua）缺少 B, D, E, F, K, X, 字母 O 亦少见；奥托米语（Othomides）缺少 F, I, K, L, R, S；柯克萨语（Coxa）缺少 D, F, G, I, L, F；托托那克语（Totonaca）缺少 B, D, F, R；米斯特克语（Mixteca）缺少 B, P, F, R；瓦斯泰克语（Huasteca）缺少 F, R, S, K。少数硬辅音会有软辅音辅助，不然就会有缺陷，就像西班牙语一样，没有任何软辅音；但如果缺少 R, I, F 等必不可少的辅音，或是 B, P, F 等同类辅音，又如何弥补呢？我们也发现，墨西哥语中常用一些复合辅音，如 TL。积累而成的庞杂词缀陆续堆积在词根上，这一现象恰恰证实了我的解释：这类语言需要大量小品词，尤其是在动词变位时，以表达人称变化，或是区分刚刚开始的动作和长期的习惯、职业、相互关系，或持续重复的动作。除去词根的差异，全体美洲方言的语法结构有多少共同特点呢？许多语言没有性、格、数的变化，也没有不定式语态；后者在墨西哥语和秘鲁语中用将来时表示，用动词"I will"表达；有时是缺少动词"to be"，或者形容词（如克丘亚语）和所有格形式一样，例如 *Runap* 来自 *Runa*，本意是"男人"，既表示男人，也表示有男性气概。

不过，许多这类语言都饱含感情，富有表现力，毫不缺乏艺术性，结构完善。尤其是克丘亚语和秘鲁语；很可能就像古老传统所说，正是因为这门语言广博而杰出，才被印加人广泛使用。在秘鲁语词汇中，偶尔有一些印度语词根，如

veypul［伟大］，印度语拼作 *vipulo*；*acini*［笑］，印度语拼作 *hosono*，等等；最明显的是 *inti*［太阳］，印度语为 *indra*。传统认为，印加人使用一门独特的语言，只有他们自己能说和理解，今则尽已失传。如果这一历史可信，那么这些流浪的词根可能从那门语言传入了大众方言；因为中国早期历史记录清楚地表明，秘鲁王国和语言的创建者肯定是从中国东部和印度群岛迁徙而来的。[19]

第五章　论语言的起源

如果以历史研究为依据，而不是用武断的理论来强行阐释的话，那么关于语言最初起源的假说，或是只能全盘放弃，或是要变换为全然不同的形式。有一种谬论认为，语言和智力的起源在各地都是相似的。相反，正由于起源类型繁多，迄今构建的任何理论，总能找到一门语言加以印证。如以满语的词汇为例，其拟声词数量比例惊人，占词汇总量的一大部分。因此，如果这门方言较为重要并分布广泛的话，我们可能会相信这一规律适用于所有语言。这个例子告诉我们，认为语言自然具备的形式都基于相似的规律，及认为相去甚远的语言有共同的起源，这样的观念必须立即放弃。我们看一下此前讨论的各种语言所属语族的情况。和前面的例子相

----

［19］值得注意的是，秘鲁的印加文明号称和印度的罗摩同源（即来自 Suryá，太阳），其盛大节日叫作罗摩斯托阿（Ramasitoa）。我们可以推想，南美的部族和将罗摩的仪式和历史传播到亚洲最边缘的先民是同一个种族（《论印度历史》，《威廉·琼斯爵士著作集》，卷一，第 30 页）。

比，德语中拟声词的数量微不足道，但仍然十分重要，并不下于吸收了鞑靼语、斯拉夫语及一些其他方言的波斯语中拟声词的地位；希腊语和拉丁语的拟声词数量更少，在印度语中则完全消失，以至我们无法想象这些语言有共同的起源。

那么，我们怎么才能找到所有屈折变化型语言的共同起源呢？印度语是如何产生的？还有，尽管印度语比其他语言要古老许多，但也是演变而来的，那么整个语族最早是如何产生的？这个重要问题至少可以部分得到满意的解答，那就是，最早的语言不仅仅是出于身体需要而发出的本能的呼喊，也不是异想天开地尝试和戏拟发声组合，并逐渐从最初粗野的声音发展为更理性的表达和形态。相反，结合其他诸多证据，语言结构可以进一步证明，人类的历史，不是在原始动物本能的基础上缓慢勤勉地发展，直至最终瞥见一线理性和智力的微光。语言结构恰恰证明了相反的观点：即使不是所有国家，至少在我们研究的语言所在地区，很早就产生了极为深入的思考和敏锐的才智；因为，如果没有足够的努力和反思，就不可能设计出印度语这样的语言。即使是最简单的印度语也能传达纯粹思想世界中的至高理念，不靠喻示的象征，而是直接清晰地展示意识的蓝图。

人类思维如此之早就具备了卓越的天赋才智，这是怎样形成的？才智是逐渐发展的，还是与生俱来就崇高和完美，或是完全出自人类心智的天赋能力？这是本书第二部要涉及的研究主题，也许能激发进一步的探讨。[20] 下面我将讨论经历史研究

---

〔20〕本书的第二部是"论印度哲学"。——中译注

证实是最古老的宗教和哲学体系，并考证和辨识是否有明确迹象表明更早的方言曾经存在。不过，这必须按照语言自然的规律和发展来分析才有效，因为它没有融入任何外来语的痕迹。我并不想争论广义上语言的自然起源，而只是质疑一种理论，即一切语言起源都是相似的，它们最初的结构同样粗糙和不规则——此前引述的大量事实已足以驳倒这一观点。

至于人的理性和才智是如何臻于崇高和完美的，这又另当别论；但相同的精神，一样深切的感受和才智无疑体现在语言中，很难找到和我们讨论的语言一样构造巧妙而精致的语言。它既能清晰地传达事物的本性意义——能精细区分用作思想表达媒介的语音的原始含义和力量，也就是说，具有很强的模仿力，可以整理和杂糅字母以及表意音节那些语言的神秘元素——又有发明、发现、决定语言的力量，并能通过不同变格把语言转化成有生命的组织，通过自身的内力和能量推动语言不停地进步和发展。这就是语言的起源；形式和结构极美，而且发展无可限量；原始词根是语言的基础，原始词根和语法结构之间的统一十分紧密，二者都源出一处——深切的感情和清晰的辨析力。与此同时，最古老的书写系统也在发展，和口语发展的方式一样；象征的形式开始没有被采纳，直到后来为适应文明程度较低的民族生活才使用，最初，书写由符号构成，以语言的最基本要素表达当时族人的情感。

如果要对带有最初粗糙而贫乏痕迹的语言结构进行分析，区分其中的外来语成分以及其他更美妙的系统的改造，本书就离题太远了。或许由于过着幸福而简朴的生活，有着

天赐的理智之光，感受清晰敏锐，人类无需在艺术方面发展
自己的能力，也可能人类最初只是稍异于不可理喻的禽兽。
无论如何，至少有一点确定无疑，言语的特性主要有赖于人
的物质条件。在许多语言中，我们看到的，并非由表意音节
和多变的词根组成的高度发达和艺术化的语言结构，而是各
类模仿，以及近乎动态的音节组合——就像是出乎本能冲动
的叫喊，而后逐渐吸收了感叹语、独特的断句和补缀，又在
不断的使用中加入了一些约定俗成的意义。

此前的所有证据清晰地表明，梵语或印度语比希腊语和
拉丁语更为古老，遑论德语和波斯语。如果我们能够核对《吠
陀》原籍，并借助早期的辞书对比《吠陀》经文和梵语间的
巨大差异，我们或可更稳妥地推断，作为最早演变而来的语
言，梵语和语言的源头之间是什么关系。传说中的罗摩是南
部蛮邦的征服者，这或许可以说明，印度语很早就吸收了大
量来自融入主体民族的各个部落的外来语。印度北部正是其
语言和哲学的中心。在锡兰，我们可以发现锡兰部落的影响，
这在早前很可能影响更广。不过，印度语规则而简单的结构
说明，外来语的影响从不像同族其他语言那么强烈和多样。

和其他民族相比，印度人的风俗和习惯变化较慢；历
史上，他们的语言很可能也经历了缓慢的发展；这根本上
取决于印度人的性情和哲学，他们不认可随意的创新和广
泛的革命，而在其他语言中，人们的疏忽或漠不关心却往
往造成了这些现象。研究语言结构可以更有力地证实这一
点。千真万确，印度语几乎完全是一门哲学语言，或者说
宗教语言，可能连希腊语都不及它哲学般的清晰和精确：

印度语没有多变而随意的抽象概念组合，而是基于恒久的系统，其中词语和表述的深层象征意义可以互相阐释和支撑。同时，如此崇高的精神亦极为朴素，原本不是通过单纯的感官体验来传达，而主要是通过最初奠定的语言基本要素的恰当和特别的意义来表达。许多语言的类属，尽管含义清晰，但只能进行纯粹形而上的阐释，于是我们在确定语言的古老历史时，往往考证术语使用的历史，或是合成词的词源。有一种无稽之谈，认为在各种语言形成的初期，都充斥着放肆而逾矩的想象。许多语言或许如此，但并非全部，尤其不包括印度语。印度语深刻的哲学内涵和清晰明了的表达胜过了诗性的灵感和意象。不过，印度语受诗的启发也颇深，在以譬喻和想象见长的迦梨陀娑（Calidas）的诗歌中，意象有了极大的发展。

　　然而，诗歌是印度语后来发展产生的。如果追溯到最古老的源头，印度语更加简朴、平淡，但并不至于枯燥抽象、了无生气。因此，摩奴的韵文法典，[21] 比印度史诗（Puranas）更为古老，结构则明显不同，可能比威廉·琼斯爵士比较的西塞罗与十二表法残片之间的差异还要大。[22]印度语变迁缓慢而琐碎，这就能充分解释为何过了许多世纪才产生了这样的差异。

----

〔21〕这部称为 Smriti 的"法典"包括十八章，每章分三部分——宗教义务、司法、惩罚和赎罪：摩奴及其他圣人制订法典以教导人类（《威廉·琼斯爵士著作集》，卷一）。

〔22〕《摩奴法典》，因传说中的人类始祖及立法者摩奴而得名，是英国殖民印度期间最早翻译的梵语文献之一，由威廉·琼斯于 1794 年译为英文，后成为殖民政府制定适用于印度教徒和佛教徒的印度法（Hindu Law）的重要依据。——中译注

第六章　论联系最为紧密的语言之间的差异，
及一些处于中间地带的特别方言

　　考虑到印度语及其他许多衍生语言的变化，马上就碰到一个问题。这些语言的相似性十分明确，很难相信这仅仅是偶然；这样一来，这就证明了这些语言全部源出一处。于是我们必须面对一个问题：这些语言最初是同一种语言吗？是什么造成了他们的差异？我们不能凭发音或形态的第一印象来判断这些差异，而要关注内在的本质特征，这需要通过研究深入到语言的表象之下。当专学希腊语或拉丁语的学生头一回同时关注这两门语言的时候，在他看来，二者的差距该有多么显著！他仿佛进入了一个万物新奇的世界。熟悉一段时间之后，他的看法会大为改变，他会发现两门语言的整体结构协调，像是遥相关联的两门方言，而不是不同的分支。

　　如果以同样的尺度评估其他语言之间的相似性，便会发现这个语言家族中不同方言之间的差异要大许多，而且这些不是局部的差异，也不是某个时期里心灵发展中多样的冲动造成的。这些差异必须从另一个角度才能充分解释，我们的论点部分来自精确的语法分析，部分以历史记录为证。

　　各种派生的语言及其部族的性格，明显经常受到了混杂各异而不协调的外来影响，这必然造成语言和民众之间更深的疏离。我指的不仅是波斯语中的阿拉伯语，或英语中的法语元素这类混合；这类外来词汇，虽然完全被主体语言吸纳，

但仍然保留了原来的形态，可以认出是外来词汇：这些例子
有力地证明了一个事实，每一种具有宏大原则的语言，也就
是说，组织完善、结构巧妙的语言，自有其稳定性和个性，
即使是最强烈的外部影响也很难征服它。英语完整地保留了
日耳曼语的特征，而波斯语和阿拉伯语中仍然存在着惊人的
差异。我也观察了更为古老年代的语言交融，那时外来成分
更彻底地融入了语言的原始结构，并且由于当时的语言更灵
活，吸纳力和创造力更强，语言更容易融合，只有仔细分析
才能找到融合的痕迹。

　　这种类比和融合往往有着重要的历史意义，而历史科学
则能提供追溯语言发展的线索。例如，我们发现希腊语有不
少阿拉伯语词根，这起初令人难以置信，因为这两种语言的
结构和性质相去甚远，以至这一共同点往往会被忽视。然而，
希腊人和腓尼基人持久的交往恰恰可以合理解释这一点。如
果了解意大利早期的定居者，就可以解释为何意大利语中有
很多凯尔特语和坎特布连语（Cantabrian）的词根。[23]德语
和波斯语的紧密联系揭示了在什么节点这两种语言从父系语
言那里分离出来，无数日耳曼语和突厥语共享的词根指示着
先民迁徙的路线，据其他历史证据表明，他们是沿着基训河
和里海海岸，一直向着西北方行进。[24]

　　不管情况和特质相去多远，很少有语言没有德语词根；
如 *das jahr*［年］，在古波斯语和满语方言中写作 *jarě*；*legen*

---

〔23〕坎特布连语是位于西班牙北部坎特布连山地区使用的方言。——中译注
〔24〕据《旧约·创世记》记载，基训河（Gihon）是四条发源于伊甸园的河流之
　　一。——中译注

［躺］，西班牙语 *poner*，菲律宾群岛的塔嘎啦（Tagala）方言 *laygan*；*rangjo*［evil seeking，寻恶］，日语是 *ranzig*；秘鲁方言中也有一些词例。这很容易归因为日耳曼民族的迁徙，他们曾在北亚和西亚停留，这一地区后来成为日耳曼各部族的交汇点，也是他们长期游荡的疆域。

在本书的第一部中，我集中论述语言，以及由此推演出来的一切现象，而本书第三部则会用历史事实和假说讲明，众多遥远的语言和民族，在被海洋和陆地分隔的情况下，如何达成美妙的一致，并释证人类最早的迁徙的状况。语言的领域会有很多发现，或能填补大量空白，或可限制其范围，或可表明其分离和转移。这里我不是指少数德语的遗迹还存在于克里米亚、高加索地区和里海周围，也不是指众多不重要的但十分显著的残存语言，来自其他失传的语言。我指的是仍然存在和兴盛的那些语言，因其混杂的结构和使用者的状况，一则可以填补介于印度语和波斯语之间的空白，二则填补了德语、拉丁语和希腊语之间的空白。

亚美尼亚方言无疑最为重要，因为它包含了无数希腊语、拉丁语、波斯语和德语词根，这些词根实际上关乎语言首要和最核心的部分：例如，数词、代词、小品词和部分最重要的动词。最明显的一些例子有：*kan*，对应拉丁连词 *quam*；*mi*［一］，对应希腊语 *mia*；*hing*，拉丁语 *quinque*［五］；*ciurch*，拉丁语 *circa*［附近］；*ham*，希腊语 *hama*，作前缀，和希腊语 *sum* 及拉丁语 *con* 相同；否定小品词 *mi*，希腊语 *mē*；*an* 和 *ab* 作前缀，和希腊语 *a*，拉丁语 *ab*，*a*，德语 *un* 用法相同；*aminajim* 对应拉丁语 *omnis*。还有一些动词：*lusauorim*，德语 *ich leuchte*［我点燃］，拉丁语 *luceo*；
luzzim，德语 *ich löse*［我拯救］，希腊语 *luō*；*uranam*［我否
认］，希腊语 *arneomai*；*zairanam*，德语 *ich zürne*［我愤怒］；
arnum，德语 *ich nehme*［我取得］，希腊语 *arnumi*；*tenim*［我
坐］，希腊语 *theinai*；*adim*［我恨］，拉丁语 *odium*；*udium*［我
吃］，拉丁语 *edo*；*garodim*［我有麻烦］，拉丁语 *careo*；*lnum*［我
填补］，拉丁语 *plenus*；*dam*［我给］，拉丁语 *do*；*im*，英语
I am［我是］；*pirim*［我承受］，拉丁语 *fero*，波斯语 *burun*；
porim［我挖掘］，德语 *bohre*；*ham*，德语 *ich komme*［我来］，
德语 *ich kam*；还有其他很多波斯语词根。它们的身份通常
是确定无疑的，只是发音较为刺耳，这一点是所有山区方言
的普遍特点，无法解释，也证明了这些词汇来自更为卓越的
古代。他们结构上的一致性更为显著，例如 *luanam*，拉丁语
lavo；*luanas*，拉丁语 *lavas*；*luanan*，拉丁语 *lavant*；未来时
态由 *ziz*，*szis*，*sze* 构成，发音总体类似印度语和希腊语。一
些小品词 *in al* 和斯拉夫语一致，类似情况还有第三人称单数
luanay，拉丁语 *lavat*。动词变位通常由屈折变化构成，部分
也依赖助动词。

　　亚美尼亚语无疑是重要的中介，是认识亚欧语言起源和
历史的线索。我无法确定格鲁吉亚语是否也是如此，我们也
缺乏有效的协助，因此对古波斯语和巴列维方言［25］的研究尚
无定论，二者都没有编纂完整的语法可供参考。古波斯语的
变格近似格鲁吉亚语；巴列维语采用波斯语间接格 *ra*，及许

---

［25］巴列维语是波斯的神圣语言之一。

多波斯语名词和形容词的限定词，如 *man*，等等；*atan* 的不定式也可以参照波斯语中的 *adǔn*。但所有这些已经发现的少量细节，还是单薄的，不够充分。我们没有在阿拉伯语和希伯来语中发现和印度语语法的一致之处，只有阴性限定词 *a* 和 *i*，以及希伯来语代词 [ππ] 对应波斯语 *an*，印度语 *soh*，日耳曼语 *sa*，*sa* 又演变为德语 *so*。这些语言的共同词根保留了许多痕迹，印证了古代民族和语言之间互相融合的进程。重要的是，精确把握来自另一主要语系的希伯来语词根数量在多大程度上超过了相应的阿拉伯语词根，这种近似性可能在腓尼基语中更强烈。

地位仅次于亚美尼亚语的，无疑是庞大而分布广泛的斯拉夫语系，其亲缘性依然明显，只是相对疏远一些。斯拉夫语方言在许多语法的屈折变化方面和相关语言一致，在一些方面，甚至连变格的符号都一致，如现在时的第一和第二人称，包括单数和复数形态。这部分研究搜集的材料不够充分，但我在斯拉夫语中发现一些其他语言中不存在的印度语词根；但离开对语法和词汇的比较，不可能确定不同斯拉夫方言的相对比例，也无法确认哪一种方言是最古老、最纯粹的，从而可以作为研究后来方言的可靠基础。不事先形成相似的系统的归类，就不可能找到独立的语言分支之间的关联。

我不能断言凯尔特语是否像斯拉夫语一样贴近高贵的原始语言世系。某些词根群表明这门语言吸纳了其他的符号和象征，形成了融合。数词的相似也不是决定性因素，科普特语采用了希腊数词和其他特殊的数词，特别是古埃及数词。

布列塔尼（Bretagne）方言[26]的介词有变格现象，而纯厄尔斯语（Erse）的变格有很大不同，很特别的一点是靠变换单词的首字母来构成变位，这种变化需要前缀配合，表明人称。例如，*mac*［儿子］，*wihic*（念作 *wic*）［儿子的］；*pen*［头］，*i ben*［他的头］，*i phen*［你的头］，*y'm mhen*［我的头］。有一个特点，类似科普特语中表示人称的小品词和前缀及主词结合的方式：*pos*［主人］，*paos*［我的主人］，*pekas*［你的主人（古称）］，*pefos*［这位大人］，*pesos*［你的主人］，*penos*［我们的主人］，*naos*［我的主人们］，*nekos*［你的主人们（古称）］，等等。在凯尔特语的布列塔尼方言中，动词变位需要助词，虽然在许多情况下，助词与后缀融合，完全消失了，如 *comp*［我们去］、*ejomp*［我们去过］、*efsomp*［我们将去］都是从 *omp*［我们］派生出来的。这种类比接近巴斯克语所属的主要语系，但它和凯尔特语之间，除了方言的融合带来的共通之处外，没有任何共同点。凯尔特语的混合性有特殊原因，即布列塔尼方言中表示"我"的代词不下于四种：*anon* 对应科普特语 *anok*；*on* 对应印度语 *ohon*；另两种是 *in* 和 *me*。有人断言凯尔特和德国在民族和语言方面存在密切联系，甚至是同文同种的，并举布列塔尼方言中融合的痕迹为证。上面的例

---

〔26〕这里的论述参考了布里刚（Le Brigant）、平克顿（Pinkerton）、肖（Shaw）、史密斯（Smith）、瓦兰西（Vallancey）及其他我尚未查阅的著作。对于其他几门语言，我也缺乏足够的材料；除了前述关于东北亚语言的主要著作，我尚未掌握最新的和最完整的关于科普特语和亚美尼亚方言的论著。我的研究尚不完备，望博学之士能够海涵，他们最清楚获取这方面作品的困难，就连许多好的图书馆也完全没有这一领域的藏书；另一方面，我的著作也能提供一些此前不为人知的细节。（布列塔尼语是法国西部布列塔尼的少数民族语言，属于印欧语系的凯尔特语族。——中译注）

子就足以驳斥这种谬论，无需赘言。

　　在和印度语、希腊语和德语相距遥远的语言中，也能轻易发现细微的相同之处。例如，巴斯克语中形容词的限定 *ezco*，类似德语 *isch* 和希腊语 *ikos*，但在西班牙语中很少见。移民、殖民、战争和商贸彻底联通了欧洲的古老民族，民族身份不再那么分明了。

　　仅仅是概述这一领域迄今搜罗的成果，就会令读者们厌倦和困惑了。如果我能大体上证明一套固定原则，为比较语法和真实的历史——即语言起源的历史，而不是迄今为止那些编造的理论——奠定基础，就心满意足了。这里所述足以证明印度研究的重要性，至少是在语言方面：在下面几个部分，我们将从东方天才的历史出发来思考印度文明。

　　在这部分的结尾，我想回顾一下威廉·琼斯爵士的著作，琼斯证实了印度语与拉丁语、希腊语、德语、波斯语之间的联系，首次开启了这一鲜为人知的研究领域，也介绍了这方面最早的通史，在他之前这是无人问津，令人困惑的。不过，他将这种关联扩大到其他微不足道的情况中，将无穷宽广的语言世界上溯到三个主要家族：印度语、阿拉伯语和鞑靼语。最终，在精细展示了阿拉伯语和印度语的巨大差异后，出于对统一的热爱，试图证明所有语言同出一源。在这一点上，我不尽然赞同这位博学之士，他的观点都是为了支撑一个相反的理论，而这无疑和我自己的看法是冲突的。

　　［下略］

王冬青　译

参考文献

中文

卞浩宇，《明清时期来华传教士汉语学习方法浅探》，《学术交流》，
　　2009 年第 12 期。

伯林，以赛亚，《刺猬与狐狸》，《俄国思想家》，彭淮栋译，南京：译
　　林出版社，2001。

陈独秀，"致钱玄同信"，《钱玄同文集》，第 1 卷，北京：中国人民大
　　学出版社，1999。

陈平原，《中国现代小说的起点：清末民初小说研究》，北京：北京大
　　学出版社，2005。

——，《中国现代学术之建立：以章太炎，胡适之为中心》，北京：北
　　京大学出版社，2010。

——，《中国小说叙事模式的转变》，上海：上海人民出版社，1988。

崔明海，《国语统一与民族国家建设——清末民初"国语"教育思想
　　的形成和发展述论》，《学术探索》，2017 年第 1 期。

陈受颐，《中欧文化交流史论丛》，台北：台湾商务印书馆，1970。

陈望道，《陈望道文集》（全四卷），上海：上海人民出版社，1981。

陈永舜，《汉字改革史纲》，长春：吉林大学出版社，1995。

但丁，《论俗语》，《缪灵珠美学译文集》，第 1 卷，北京：中国人民大

学出版社，1987。

德里达，《论文字学》，汪堂家译，上海：上海译文出版社，1999。

董明，《明代来华传教士的汉语学习及其影响》，《北京师范大学学报》，1996 年 第 6 期。

范存忠，《中国文化在启蒙时期的英国》，上海：上海外语教育出版社，1991。

方豪，《方豪六十自定稿》，台北：著者自刊，1969。

——，《中西交通史》，台北："中国文化大学"出版部，1983。

费锦昌主编，《中国语文现代化百年记事》，北京：语文出版社，1997。

傅斯年，《傅斯年全集》（全七集），欧阳哲生主编，长沙：湖南教育出版社，2003。

高名凯、石安石主编，《语言学概论》，北京：中华书局，1963。

歌德，《歌德谈话录，1823—1832》，朱光潜译，北京：人民文学出版社，1982。

顾卫民，《基督教与近代中国社会》，上海：上海人民出版社，2010。

郭嵩焘，《郭嵩焘日记》（全四卷），第三卷，长沙：湖南人民出版社，1981。

韩立群，《中国语文革命：现代语文观及其实践》，北京：中央编译出版社，2003。

何九盈，《中国古代语言学史》，广州：广东教育出版社，2000。

赫尔德，J. G.，《论语言的起源》，姚小平译，北京：商务印书馆，1998。

——，《赫尔德美学文选》，张玉能译，上海：同济大学出版社，2007。

洪堡特，《论人类语言结构的差异及其对人类精神发展的影响》，姚小平译，北京：商务印书馆，1997。

侯志平，《鲁迅与世界语》，《四川大学学报》，1982 年第 4 期。

——，《世界语运动在中国》，北京：中国世界语出版社，1985。

——，《中国世运史钩沉》，北京：首都师范大学出版社，2015。

侯志平主编，《世界语在中国一百年》，北京：中国世界语出版社，
　　1999。

——，《中国世界语运动简史》，北京：新星出版社，2004。

胡适，《胡适学术文集·新文学运动》，姜义华主编，北京：中华书局，
　　1993。

——，《胡适学术文集·语言文字研究》，姜义华主编，北京：中华书
　　局，1993。

胡以鲁编，《国语学草创》，上海：商务印书馆，1923。

华兹华斯，W.，《抒情歌谣集·序》，《十九世纪英国诗人论诗》，刘
　　若端编，北京：人民文学出版社，1984。

季羡林，《我的学术人生》，北京：中国社会出版社，2012。

金尼阁，《西儒耳目资》(拼音文字史料丛书)，北京：文字改革出版社，
　　1957。

柯勒律治，S.，《文学生涯》第 14 章，收入《十九世纪英国诗人论诗》，
　　刘若端编，北京：人民文学出版社，1984。

克里斯特尔，戴维编，《剑桥语言百科全书》，方晶等译，北京：中国
　　社会科学出版社，1995。

莱布尼茨，《莱布尼茨自然哲学著作选》，祖庆年译，北京：中国社会
　　科学出版社，1985。

黎锦熙，《国语运动史纲》，上海：商务印书馆，1935。

李奭学，《译述：明末耶稣会翻译文学论》，香港：香港中文大学出版
　　社，2012。

李赋宁主编,《欧洲文学史》,第 1 卷,北京:商务印书馆,1999。

利玛窦、金尼阁,《利玛窦中国札记》,何高济、王尊仲、李申译,何
　　兆武校,北京:中华书局,1983。

利玛窦,《利玛窦中文著译集》,朱维铮主编,上海:复旦大学出版社,
　　2001。

刘进才,《语言运动与中国现代文学》,北京:中华书局,2007。

——,《方言土语与现代汉民族共同语的建构》,《汉语言文学研究》,
　　2017 年第 1 期。

刘丽霞,《〈官话和合本圣经〉的成功翻译及其对中国新文学的影响》,
　　《南京师范大学文学院学报》,2005 年第 3 期。

李贽,"与友人书",《续焚书》(上册),北京:中华书局,1974。

刘正,《图说汉学史》,桂林:广西师范大学出版社,2005。

卢梭,让 – 雅克,《论语言的起源》,洪涛译,上海:上海人民出版社,
　　2001。

鲁迅,《鲁迅全集》(十六卷),北京:人民文学出版社,1981。

罗常培,《国音字母演进史》,北京:文字改革出版社,1959。

——,《罗常培语言学论文集》,北京:商务印书馆,2004。

罗志田,《国家与学术:清季民初关于"国学"的思想论争》,北京:
　　生活·读书·新知三联书店,2003。

马克思、恩格斯,《共产党宣言》,《马克思恩格斯全集》,第 4 卷,北
　　京:人民出版社,1958。

毛泽东,《新民主主义论》,《毛泽东选集》,第 3 卷,北京:人民出版
　　社,1991。

门多萨,《中华大帝国史》,何高济译,北京:中华书局,1998。

莫东寅,《汉学发达史》,上海:上海书店,1989。

南帆,《后革命的转移》,北京:北京大学出版社,2005。

倪海曙，《中国拼音文字概论》，上海：时代书报出版社，1948。

——，《中国拼音文字运动史（简编）》，初版，上海：时代书报出版社，1948。

——，《清末文字改革文集》，北京：文字改革出版社，1958。

——，《清末汉语拼音运动编年史》，上海：上海人民出版社，1959。

——，《语文论集》，上海：上海教育出版社，1991。

潘磊，《鲁迅在延安》，桂林：广西师范大学出版社，2008。

彭春凌，《以"一返方言"抵抗"汉字统一"与"万国新语"——章太炎关于语言文字问题的论争（1906—1911）》，《近代史研究》，2008年第2期。

钱玄同，《钱玄同文集》（六卷），北京：中国人民大学出版社，1999—2000。

钱锺书，《钱锺书英文文集》，北京：外语教学与研究出版社，2005。

邱及，《关于世界语的作用和前途问题》，《语言教学与研究》，北京：语言学院，1979，第4集。

瞿秋白，《瞿秋白文集》（四卷），北京：人民文学出版社，1953。

《圣经》，《中文圣经在线》，最后更新2016年10月4日，http://www.chinesebibleonline.com/book/Genesis/11。

施勒格尔，《浪漫派风格：施勒格尔批评文集》，李伯杰译，北京：华夏出版社，2005。

童庆生，《普遍主义的低潮：I. A. 瑞恰慈及其基本英语》，程玉梅译，周发祥校，《人文新视野：社会 艺术 对话》，第2辑，周发祥编，天津：百花文艺出版社，2004。

童庆生、周小仪，《文学类别的历史性和中国文论产生的条件》，《开放时代》，2005年6期。

瓦特，伊恩，《小说的兴起》，高原、董红均译，北京：生活·读书·新知三联书店，1992。

王冬杰，《从文字变起：中西学战中的清季切音运动》，《中山大学学报》49：1（2009）。

王焕生，《古罗马文学史》，北京：人民文学出版社，2006。

汪晖，《现代中国思想的兴起》（四卷），北京：生活·读书·新知三联书店，2008。

维柯，《新科学》（二册），朱光潜译，北京：商务印书馆，1989。

王理嘉，《从官话到国语和普通话——现代汉民族共同语的形成及发展》，《语文建设》，1999年第6期。

——，《汉语拼音运动与汉民族标准语》，北京：语文出版社，2003。

汪林茂，《清末文字改革：民族主义与文化运动》（上），《学术月刊》39：10（2007）。

——，《清末文字改革：民族主义与文化运动》（下），《学术月刊》39：11（2007）。

吴世永，《俗语与白话：全球化中的语言突围——但丁〈论俗语〉与中国、印度白话文学观之比较》，《学习与探索》，2004年第3期。

吴晓峰，《国语运动与文学革命》，北京：中央编译出版社，2008。

吴玉章，《文字改革文集》，北京：中国人民大学出版社，1978。

夏晓虹，《中国现代文学语言形成说略》，《文学语言与文章体式——从晚清到"五四"》，夏晓虹、王风等著，合肥：安徽教育出版社，2005。

——，《晚清白话文运动的官方资源》，《北京社会科学》，2010年第2期。

夏衍，《懒寻旧梦录》，北京：生活·读书·新知三联书店，2000。

熊文华，《英国汉学史》，北京：学苑出版社，2007。

姚小平，《17—19世纪的德国语言学与中国语言学》，北京：外语教学与研究出版社，2001。

游汝杰，《西洋传教士汉语方言学著作书目考述》，哈尔滨：黑龙江教育出版社，2002。

于锦恩，《清末民初国语运动的国际动力》，《中州学刊》，2004 年第 3 期。

袁先欣，《语音、国语与民族主义：从"五四"时期的国语统一论争谈起》，《文学评论》，2009 年第 4 期。

詹玮，《吴稚晖与国语运动》，台北：文史哲出版社，1992。

张谷铭，《Philology 与史语所：陈寅恪、傅斯年与中国的"东方学"》，《"中央研究院"历史语言研究所集刊》第 87 本，第 2 分，2016。

张小勇，《维柯论人文教育：大学开学典礼演讲集》，桂林：广西师范大学出版社，2005。

张中行，《文言和白话》，《张中行作品集》，第一卷，北京：中国社会科学出版社，1995。

张仲民，《世界语与近代中国知识分子的世界主义想象——以刘师培为中心》，《学术月刊》，第 48 卷，4 期（2016）。

赵毅衡，《远游的诗神》，成都：四川人民出版社，1985。

赵晓阳，《汉语吴方言圣经一本考述》，《宗教学研究》，2012 年第 3 期。

赵元任，《赵元任文存》，清华大学国学研究院主编，孟晓妍选编，南京：江苏人民出版社，2015。

周法高，《论中国语言学》，香港：香港中文大学出版社，1980。

周有光，《汉字改革概论》（修订本），香港：尔雅社，1978。

周振鹤、游汝杰，《方言与中国文化》，上海：上海人民出版社，2006。

朱星，《汉语普通话的来历》，《语言教学与研究》，北京：语言学院，1979，第 4 集。

英文

Agamben, Giorgio. *Infancy and History: The Destruction of Experience*. Translated by Liz Heron. London: Verso, 1978.

Anderson, Benedict. *Imagined Communities*. London: Verso, 1983.

Anderson, Perry. "Union Sucrée," *London Review of Books*, September 23, 2004.

App, Urs. "The Tibet of the Philosophers," *Images of Tibet in the 19th and 20th Centuries*. Edited by Monica Esposito. Paris: École française d'Extrême-Orient, 2008, vol. 1, pp. 5-60.

Auerbach, Erich. *Introduction to Romance Languages and Literature: Latin, French, Spanish, Provençal, Italian*. Translated by Guy Daniels. New York: Capricorn Books, 1961.

——. *Literary Language and Its Public in Late Latin Antiquity and in the Middle Ages*. Translated by Ralph Manheim. New York: Bollingen Foundation, 1965.

——. "Philology and *Weltliteratur*." Translated by Maire and Edward Said. *Centennial Review* 3, no. 1, 1969.

——. *Mimesis: The Representation of Reality in Western Literature* (fiftieth anniversary edition). Translated by Willard R. Trask. Princeton: Princeton University Press, 2003.

——. *Time, History, and Literature: Selected Essays of Erich Auerbach*. Edited by James I. Porter and translated by Jane O. Newman. Princeton: Princeton University Press, 2014.

Austin, J. L. *How to Do Things with Words*. Oxford: Clarendon, 1962.

Bacon, Francis. *The Advancement of Learning*. Edited by Michael Kiernan. Oxford: Clarendon, 2000.

Barthes, Roland. "The Death of the Author," in *Image—Music—Text*. Translated by Stephen Heath. New York: Hill and Wang, 1977.

Beattie, James. *The Theory of Language* (1788) . New York: AMS Press, 1974.

Berlin, Isaiah. *Vico and Herder: Two Studies in the History of Ideas*. London: Chatto & Windus, 1976.

Bernauer, James W. and Michael Mahon. "Michel Foucault's Ethical Imagination," in *The Cambridge Companion to Foucault*. Cambridge UP, 2003.

Black, Jeremy. *The English Press, 1621–1861*. Thrupp, Stroud, Gloucestershire: Sutton Publishing, 2000.

Borges, Jorge Luis. "John Wilkins'Analytical Language," *Selected Non-Fictions*. New York: Viking, 1999.

Bourdieu, Pierre. *The Logic of Practice*. Translated by Richard Nice. Stanford: Stanford University Press, 1990.

Burke, Peter. *Languages and Communities in Early Modern Europe*. Cambridge: Cambridge University Press, 2004.

Butler, Merilyn. *Romantics, Rebels and Reactionaries: English Literature and Its Background, 1760–1830*. New York: Oxford University Press, 1981.

Calhoun, Craig. *Nationalism*. Minneapolis: University of Minnesota Press, 1997.

Calvin, John. *A Commentary on Genesis*. Translated and edited by John King. Edinburgh: The Banner of Truth Trust, 1965.

Cannon, Garland. *The Life and Mind of Oriental Jones: Sir William Jones, the Father of Modern Linguistics*. Cambridge: Cambridge University Press, 1990.

Casanova, Pascale. *The World Republic of Letters*. Translated by M. B. DeBevois. Cambridge, Mass.: Harvard University Press, 2004.

——. "Literature as a World," in *New Left Review*, January/February, 2005.

Chang, Ku-ming Kevin（张谷铭）. "Philology or Linguistics？ Transcontinental Responses," in *World Philology*. Edited by Sheldon Pollock, Benjamin A. Elman, and Ku-ming Kevin Chang. Cambridge, Mass.: Harvard University Press, 2015.

Cheng, W. K. "Enlightenment and Unity: Language Reformism in Late Qing China." *Modern Asian Studies* Vol. 35, No. 2（2001）: 469-93.

Cohen, M., & Dever, C., eds. *The Literary Channel: The Inter-National Invention of the Novel*. Princeton: Princeton University Press, 2002.

Coleridge, S.T. *Aids to Reflection*. London: William Pickering, 1839.

Cornelius, Paul. *Languages in the Seventeenth- and Early Eighteenth Century Imaginary Voyages*. Genève: Librairie Droz, 1965.

Coulton, G. G. *Medieval Panorama: The English Scene from Conquest to Reformation*. Cambridge: Cambridge University Press, 1949.

Cranmer-Byng, J. L. Introduction to *An Embassy to China: Lord Macartney's Journal, 1793-1794*. Edited by J. L. Cranmer-Byng. London: Routledge, 2000.

Crisp, Simon. "Soviet Language Planning 1917-1953," in *Language Planning in Soviet Union*. Edited by Michael Kirkwood. London: Macmillan, 1989.

Curtius, Ernst Robert. *European Literature and the Latin Middle Ages*. Translated by Willard R. Trask. London: Routledge & Kegan Paul, 1953.

Damrosch, David. *What Is World Literature？* New Jersey: Princeton

University Press, 2003.

Damrosch, David, Natalie. Melas, and Mbongiseni Buthelezi, eds. *The Princeton Sourcebook in Comparative Literature: From the European Enlightenment to the Global Present*. Princeton: Princeton University Press, 2009.

Dante. *De vulgari eloquentia*. Edited and translated by Steven Botterill. Cambridge: Cambridge University Press, 1996.

Defoe, Daniel. *An Essay on Projects*. London: Printed by R.R. for Tho. Cockerill, 1697.

DeFrancis, John. *Nationalism and Language Reform in China*. Princeton University Press, 1974.

Derrida, Jacques. "Structure, Sign, and Play in the Discourse of the Human Sciences," in *Writing and Difference*. Translated by Alan Bass. Chicago: The University of Chicago Press, 1978.

——. "Signature Event Context," in *Limited Inc*. Evanston, IL: Northwestern University Press, 1988.

Doleželová–Velingerová, Milena, ed. *The Chinese Novel at the Turn of the Century*. Toronto: University of Toronto Press, 1980.

Eagleton, Terry. *The Function of Criticism: From the Spectator to Post–structuralism*. London: Verso, 1984.

Eco, Umberto. *The Search for the Perfect Language*. Translated by James Fentress. Oxford: Blackwell, 1995.

——. *Serendipities: Language and Lunacy*. Translated by William Weaver. San Diego: Harvest, 1998.

Eisenstein, Sergei. *Film Form: Essays in Film Theory*. Edited and translated by Jay Leyda. New York: A Harvest/HBJ Book, 1977.

Eliot, T.S. "Introduction" to Ezra Pound, *Selected Poems*. London: Faber & Gwyer, 1928.

Febvre, Lucien and Henri–Jean Martin. *The Coming of the Book: The Impact of Printing, 1450–1800*. London: Verso, 1976.

Feiling, Keith. *Warren Hastings*. London: Macmillan, 1954.

Ernest Fenollosa. *The Chinese Written Character as a Medium for Poetry*. San Francisco: City Lights Books, 1936.

Fenollosa, Ernest and Ezra Pound. *The Noh Theatre of Japan*. New York: Dover Publications, Inc., 2004.

Foucault, Michel. *The Order of Things: An Archaeology of the Human Sciences*. Vintage Books, 1973.

——. *The Archaeology of Knowledge*. Translated by A. M. Sheridan Smith. London: Tavistock Publications, 1974.

Frank, Joseph. "Spatial Form in Modern Literature," in *Critiques and Essays on Modern Fiction, 1920–1951: Representing the Achievement of Modern American and British Critics*. Edited by J. Aldridge. New York: Ronald Press, 1952.

Franklin, Michael J. *Orientalist Jones: Sir William Jones, Poet, Lawyer, Linguist, 1746–1794*. Oxford: Oxford University Press, 2011.

Frye, Northrope. *Anatomy of Criticism: Four Essays*. Princeton: Princeton University Press, 1957.

Grafton, Anthony. *Worlds Made by Words: Scholarship and Community in the Modern West*. Cambridge, Mass.: Harvard University Press, 2009.

Greene, Roland. *Five Words: Critical Semantics in the Age of Shakespeare and Cervantes*. Chicago: University of Chicago Press, 2013.

Grenoble, Lenore A. *Language Policy in Soviet Union*. Dordrecht: Kluwer

Academic Publishers, 2003.

Habermas, Jürgen. *The Structural Transformation of the Public Sphere: An Inquiry into a Category of Bourgeois Society*. Translated by Thomas Burger. Cambridge, Mass: MIT Press, 1991.

Haen, Theo D', D. Damrosch and D. Kadir, eds. *Routledge Companion to World Literature*. Milton Park, Abingdon, Oxon; New York: Routledge, 2012.

Haen, Theo D', César Domínguez and Mads Rosendahl Thomsen, eds. *World Literature: A Reader*. London: Routledge, 2012.

Halde, Jean Baptiste Du. *A Description of the Empire of China and Chinese-Tartary, Together with the Kingdoms of Korea and Tibet*. London: Printed by and for John Watts, 1736.

Harris, Roy. "Introduction: Comparative Philology: A 'Science' in Search of Foundations," *Foundations of Indo-European Comparative Philology, 1800–1850*. London and New York: Routledge, 1999.

Hayes, Carlton J. H. "Contributions of Herder to the Doctrine of Nationalism," *The American Historical Review* 32, no. 4 (1927) .

Hegel, Georg Wilhelm Friedrich. *The Philosophy of History*. Translated by J. Sibree. New York: Dover Publications, 1956.

Heidegger, Martin. "The Origin of the Work of Art," in *Poetry, Language, Thought*. Translated by Albert Hofstadter. New York: Harper and Row, 1971.

——. *On the Way to Language*. Translated by Peter D. Hertz. New York: Harper & Row, 1971.

Herder, J. G. von. *Reflections on the Philosophy of the History of Mankind*. Abridged and with an Introduction by Frank E. Manuel. Chicago: University of Chicago Press, 1968.

——. "Shakespeare," in Johann Gottfried Herder, *Selected Writings on Aesthetics*. Translated and edited by Gregory Moore. Princeton: Princeton University Press, 2006.

——. "Results of a Comparison of Different Peoples' Poetry in Ancient and Modern Times, " in *The Princeton Sourcebook in Comparative Literature*. Edited by David Damrosch, Natalie Melas, and Mbongiseni Buthelezi. Princeton and Oxford: Princeton University Press, 2009.

Hohendahl, Peter Uwe. *The Institution of Criticism*. Ithaca and London: Cornell University Press, 1982.

Hohendahl, Peter Uwe. ed. *A History of German Literary Criticism, 1730–1980*. Lincoln and London: University of Nebraska Press, 1988.

Honey, David. *Incense at the Altar: Pioneering Sinologists and the Development of Classical Chinese Philology*. New Haven, Conn. : American Oriental Society, 2001.

Hoppen, K. Theordore. *The Mid-Victorian Generation*. Oxford: Clarendon, 1998.

Hu, Shih. Review of *Nationalism and Language Reform in China*, by John DeFrancis, *The American Historical Review* 56, no.4 (1951) .

Huters, Theodore. *Bringing the World Home: Appropriating the West in Late Qing and Early Republican China*. Honolulu: University of Hawai 'i Press ,2005.

Hutton, Christopher. "Writing and Speech in Western Views of the Chinese Language," in *Critical Zone: A Forum of Chinese and Western Knowledge*. Edited by Q.S. Tong, Wang Shouren, and Douglas Kerr. Hong Kong: University of Hong Kong Press and Nanjing: Nanjing

University Press, 2006.

Johnson, Samuel, *Samuel Johnson's Dictionary*: *A Modern Selection*. Edited by E.L. McAdam, Jr., and George Milne. New York: Pantheon Books, 1964.

Jones, Richard Foster. "Science and Language in England of the Mid-Seventeenth Century," in *The Seventeenth Century*: *Studies in the History of English Thought and Literature from Bacon to Pope*. Stanford, Calif: Stanford University Press. 1951.

——. *The Seventeenth Century*: *Studies in the History of English Thought and Literature from Bacon to Pope*. Stanford, Cali.: Stanford University Press, 1951.

——. *Ancients and Moderns*: *A Study of the Rise of the Scientific Movement in Seventeenth Century England* (2nd edition) . St. Louis: Washington University Studies, 1961.

Jones, William. "The Third Anniversary Discourse Delivered 2 February, 1786 , by the President, " *The Works of Sir William Jones*. *In Six Volumes*. London: Printed for G. G. and J. Robinson, 1799, vol 1, pp. 19–34.

Kant, Immanuel. *Physical Geography* (1802) , in *Kant*: *Natural Science*. Edited by Eric Watkins. Cambridge: Cambridge University Press, 2012.

Kaske, Elizabeth. *The Politics of Language in Chinese Education*: *1895–1919*. Leiden: Brill, 2008.

Kennedy, J. M. Translator's Introduction, in *The Complete Works of Friedrich Nietzsche*. Edited by Oscar Levy. New York: Macmillan, 1911.

Ker, W. P. *Epic and Romance*: *Essays on Medieval Literature*. New York: Dover Publications, Inc., 1957.

Knowlson, James. *Universal Language Schemes in England and France, 1600–1800*. Toronto: University of Toronto Press, 1975.

Kōjin, Karatani. *Origins of Modern Japanese Literature*. Translation edited by Brett de Bary. Durham: Duke University Press, 1993.

Lamb, Alastair. ed. *Bhutan and Tibet: The Travels of George Bogle and Alexander Hamilton, 1774–1777*. Hertingfordbury: Roxford Books, 2002.

Lawall, Sarah N. *Reading World Literature: Theory, History, Practice*. Austin: University of Texas Press, 1994.

Leibniz, G.W. *New Essays on Human Understanding*. Translated and edited by Peter Remnant & Jonathan Bennett. Cambridge: Cambridge University Press, 1981.

Marshall, P.J., ed. *The British Discovery of Hinduism in the Eighteenth Century*. Cambridge: Cambridge University Press, 1970.

McKeon, Michael. *The Origins of the English Novel, 1600–1740*. Baltimore: The Johns Hopkins University Press, 1987.

Mehta, Uday Singh. *Liberalism and Empire: A Study in Nineteenth Century British Liberal Thought*. Chicago: University of Chicago Press, 1999.

Moati, Raoul. *Derrida/Seale: Deconstruction and Ordinary Language*. Translated by Timothy Attanucci and Maureen Chun. New York: Columbia University Press, 2014.

Moretti, Franco. *Graphs, Maps, Trees: Abstract Models for a Literary History*. London: Verso, 2005.

——. "Conjectures on World Literature," in *New Left Review*, Jan./Feb., 2000.

Moretti, Franco, ed. *The Novel*, two volumes, Princeton: Princeton

University Press, 2006.

Mufti, Aamir R. "Auerbach in Istanbul: Edward Said, Secular Criticism, and the Question of Minority Culture," *Critical Inquiry* 25, no. 1 (1998) : 95–125.

Müller, Max. *Lectures on the Science of Language*. New York: Charles Scribner, 1862.

Nietzsche, Friedrich. *We Philologists*, in *The Complete Works of Friedrich Nietzsche*. Translated by J.M. Kennedy. Edited by Oscar Levy. New York: Macmillan, 1911.

Olender, Maurice. *The Languages of Paradise*: *Race, Religion, and Philology in the Nineteenth Century*. Translated by Arthur Goldhammer. Cambridge, Mass.: Harvard University Press, 2008.

Paine, Thomas. *Rights of Man, Common Sense and Other Political Writings*. Edited by Mark Philp. Oxford: Oxford University Press, 1995.

Pater, Walter. *The Renaissance*: *Studies in Art and Poetry*. Oxford: Oxford University Press, 1986.

Plutarch. "Of Banishment, or Flying One's Country," in *Plutarch's Morals*. Corrected and revised by William W. Goodwin. Boston: Little, Brown and Company, 1878.

Porter, David. *Ideographia*: *The Chinese Cipher in Early Modern Europe*. Stanford : Stanford University Press, 2001.

Porter, James I. "Introduction" to *Time, History, and Literature*: *Selected Essays of Erich Auerbach*. Translated by Jane O. Newman. Princeton and Oxford: Princeton University Press, 2014.

Pound, Ezra. Headnote to Ernest Fenollosa. *The Chinese Written Character as a Medium for Poetry*. San Francisco: City Lights Books, 1936.

Prendergast, C., & B. Anderson, eds. *Debating World Literature*. London: Verso, 2004.

Ricci, Matthew. *China in the Sixteenth Century: The Journals of Matthew Ricci, 1583–1610*. Translated by Louis J. Gallagher, S.J. New York: Random House, 1953.

Richards, I. A. *Selected Letters of I. A. Richards*. Edited by John Constable. Oxford: Clarendon Press, 1990.

Robins, R.H. *A Short History of Linguistics*. London: Longmans, 1967.

Rossi, Paolo. *Logic and the Art of Memory: The Quest for a Universal Language*. Translated by Stephen Clucas. Chicago: The University of Chicago Press, 2000.

Said, Edward. *The World, the Text and the Critic*. Cambridge, Mass.: Harvard University Press, 1983.

———. "Foreword" to Schwab, *The Oriental Renaissance, Europe's Rediscovery of India and the East, 1680–1880*. Translated by Gene Patterson–Black and Victor Reinking. New York: Columbia University Press, 1984.

———. *Orientalism*. New York: Vintage Books, 1979, 1993.

———. *Culture and Imperialism*. New York: Vintage Books, 1993.

Schlegel, Frederick von. *The Philosophy of Life, and Philosophy of Language*. Translated by A. J. W. Morrison. London: Henry G. Bohn, 1847.

———. *The Philosophy of History in a Course of Lectures*. Translated by James B. Robertson. London: Henry G. Bohn, 1847.

———. *On The Language and Philosophy of the Indians*, in *The Aesthetic and Miscellaneous Works of Friedrich Von Schlegel*. Translated by E.J.

Millington. London: George Bell & Son, 1900.

——. *Über Die Sprache Und Die Weisheit Der Indier: Ein Beitrag Zur Begründung Der Altertumskunde*. Introductory article by Sebastiano Timpanaro; Translated from the Italian by J. Peter Maher; Prepared by E. F. Koerner. Amsterdam: Benajmins, 1977.

Schmalstieg, William R. *Indo–European: A New Synthesis*. University Park and London: The Pennsylvania State University Press, 1980.

Schreyer, Rüdiger. *The European Discovery of Chinese (1550–1615) or the Mystery of Chinese Unveiled*. Amsterdam: Stichting Neerlandistiek VU, 1992.

Schwab, Raymond. *The Oriental Renaissance: Europe's Rediscovery of India and the East, 1680–1880*. Translated by Gene Patterson–Black and Victor Reinking. New York: Columbia University Press, 1984.

Seton, Marie. *Sergei M. Eisenstein*. New York: Grove Press, Inc., 1960.

Slaughter, M. M. *Universal Languages and Scientific Taxonomy in the Seventeenth Century*. Cambridge: Cambridge University Press, 1982.

Smith, Logan Pearsall. *Words and Idioms: Studies in the English Language*. London: Constable and Co. Limited, 1925.

Sprat, T. *The History of the Royal Society of London, for the Improving of Natural Knowledge* (3rd edition). London: Printed for J. Knapton, 1722.

Steiner, George. *The Death of Tragedy*. London: Faber & Faber, 1961.

Stephen, Leslie. *Samuel Johnson*. New York: John W. Lovell Company, 1883.

Stillman, Robert E. *The New Philosophy and Universal Languages in Seventeenth–Century England: Bacon, Hobbes, and Wilkins*. London:

Associated University Presses, 1995.

Swift, J. *A Proposal for Correcting, Improving and Ascertaining the English Tongue; in a Letter to the Most Honourable Robert Earl of Oxford and Mortimer, Lord High Treasurer of Great Britain* (The second ed.). London: Printed for Benj. Tooke, 1712.

Taylor, C., Tully, J., & Weinstock, D. *Philosophy in an Age of Pluralism: The Philosophy of Charles Taylor in Question*. Cambridge: Cambridge University Press, 1994.

Tennyson, Alfred. "Locksley Hall," in *Tennyson: A Selected Edition* (revised edition). Edited by Christopher Ricks. London: Routledge, 2007.

Tillyard, E. M. W. *The Muse Unchained: An Intimate Account of the Revolution in English Studies at Cambridge*. London: Bowes & Bowes, 1958.

Tong, Q. S. "The Bathos of A Universalism, I. A. Richards and His Basic English," in *Tokens of Exchange: The Problem of Translation in Global Circulation*. Edited by Lydia H. Liu. Durham: Duke University Press, 1999.

———. "'Lost Horizon': Orientalism and the Question of Tibet," in *Essays and Studies*. 2016. Cambridge: D.S. Brewer, 2016.

Tong, Q.S. and Zhou Xiaoyi, "Criticism and Society: The Birth of the Modern Critical Subject in China," *boundary 2: an international journal of literature and culture* 29:1, 2002.

Turner, James. *Philology: The Forgotten Origins of the Modern Humanities*. Princeton: Princeton University Press, 2014.

Vološinov, V. N. *Marxism and the Philosophy of Language*. Translated by

Ladislav Matejka and I.R. Titunik. New York: Seminar Press, 1973.

Walsh, William S. *Handy-Book of Literary Curiosities*. Philadelphia: J.B. Lippincott Company, 1892.

Waquet, Françoise. *Latin or the Empire of a Sign: from the Sixteenth to the Twentieth Centuries*. Translated by John Howe. London: Verso, 2001.

Watt, Ian. *The Rise of the Novel: Studies in Defoe, Richardson, and Fielding*. London: Chatto & Windus, 1957.

Watters, Thomas. *Essays on the Chinese Language*. Shanghai: Presbyterian Mission Press, 1889.

Weaver, Richard M. *Ideas Have Consequences*. Chicago: University of Chicago Press, 1984.

Webb, John. *An Historical Essay, Endeavoring a Probability that the Language of the Empire of China is the Primitive Language* (1669). London: Printed for Obadiah Blagrave, 1678.

Wei, Shang. "Writing and Speech: Rethinking the Issue of Vernaculars in Early Modern China," in *Rethinking East Asian Languages, Vernaculars, and Literacies, 1000-1919*. Edited by Benjamin A. Elman. Leiden: Brill, 2014.

Wilkins, John. *An Essay towards a Real Character, and a Philosophical Language*. London: S. Gellibrand, 1668.

Willey, Basil. *The Seventeenth Century Background, Study in the Thought of the Age in Relation to Poetry and Religion*. London: Chatto & Windus, 1946.

Williams, Raymond. *The Long Revolution*. London: Chatto & Windus, 1961.

——. *Modern Tragedy*. London: Chatto & Windus, 1966.

——. *The Country and the City*. Oxford: Oxford University Press, 1973.

——. *Marxism and Literature*. Oxford: Oxford University Press, 1977.

——. *Keywords: A Vocabulary of Culture and Society*. London: Fontana, 1983.

——. *Writing in Society*. London: Verso, 1983.

——. *The English Novel: From Dickens to Lawrence*. London: The Hogarth Press, 1984.

Williamson, George S. *The Longing for Myth in Germany: Religion and Aesthetic Culture from Romanticism to Nietzsche*. Chicago: Chicago University Press, 2004.

Wilson, M. and J. Cayley, eds. *Europe Studies China: Papers from an International Conference on the History of European Sinology*. London: Han-Shan Tang Books, 1995.

Yip, Wai-lim. *Ezra Pound's Cathay*. Princeton: Princeton University Press, 1969.

Young, Robert. *Colonial Desire: Hybridity in Theory, Culture and Race*. London: Routledge, 1995.

后 记

2006年秋季，应孟华教授的邀请，我在北京大学比较文学与比较文化研究所为研究生讲授一门短期课程"语文学和世界文学"。当时只有简单的教学提纲，没有完整系统的讲稿。十分感谢孟华教授提供了这样的机会，使我能将片段的、散乱的想法通过课堂教学的方式整理出来。还应该感谢当时班上的同学，十多年过去了，不知你们现在何处，但我想在此告诉你们，你们以耐心和宽容听我试讲那些尚未发展出来的观点，你们的问题、讨论和作业都促使我进一步思考授课的内容，深化有关问题的思考。其间，我还受到严绍璗教授多方面的关心和指教，他曾建议我将讲稿整理出来出版，只是回到香港大学后，行政、教学和研究工作繁琐，就耽搁下来了。现在回想起来，这大概是本书的缘起。

2015年，我应甘阳教授邀请，调往中山大学工作。在中大教书的过程中，常常有似曾相识的感觉，想起在北大教书的情形。因此，我萌生了整理讲稿的念头。相信不少同行都会有这样的感受：在大学进行人文科学课题研究碰到的最大问题和困难是时间、精力和注意力的碎片化。在我正苦于研究时间不足时，所在学院同意我于 2017 年下半年休学术假，这给了我极为宝贵的半年时间，书中大部分内容是在这段时间内完成的。此外，中山大学还在出版经费方面提供了支持。谨向甘阳教授和中山大学致谢。

本书第一章和第三章的部分内容曾在 *The Eighteenth Century: Theory and Interpretation*、*Language Sciences*、《国际汉学》等国内外学术杂志上发表，但在撰写本书的过程中，我对这些曾经发表过的材料都做了不同程度的修订和改动，第一次将它们在一个相对完整的思想框架下呈现给读者。

在写作本书的过程中，我深感原始材料对于解读学术思想谱系的重要。为了让读者更好地了解本书的叙述路径和学术谱系，我决定选译两篇材料作为附录随书付印：威廉·琼斯的《第三次年会演讲》和施勒格尔的《论印度语言》。王冬青、陈柳两位在自己繁重的工作和学习中，抽出时间将这两篇材料翻译成中文，并在其他方面给予我各种帮助，在此向二位一并致谢。

三联书店的编辑王晨晨女士在本书的写作过程中，提供了诸多帮助和建议，谨此致谢。

2017 年 12 月 31 日

香港　大埔　涤涛山